呂思勉——著

呂思勉的
中國通史

LU SIMIAN'S
GENERAL HISTORY
OF CHINA

政治 × 經濟 × 社會 × 文化 × 宗教 × 外交
各個歷史時期的重大事件、思想潮流以及文化特色

揭開歷史的序幕，從上古至近現代，
呂思勉談中國的深厚底蘊與漫長歷程——

目錄

目
録

導讀

　　這部中國史，原名《復興高級中學教科書本國史》，是呂思勉先生早年為高中學生寫的一本教科書（下文簡稱《中國通史》）。呂先生是史學名家，實在也是一名文史教學家。這不僅是因為他一生都在學校任教，教的都是文史一類的課程；還因為他撰寫過好多種文史類的教科書。早年，他就撰寫過中小學使用的《國文教科書》、《修身教科書》和《地理教科書》，但他一生撰寫的教科書，最多的還是歷史教科書和歷史教授書。《呂著中國通史》是大學用的教科書。《白話本國史》原名《自修適用白話本國史》，是他歷年在學校教學時的稿子聯綴，出版後也被用作教科書。按照中小學教學要求撰寫的教科書，按出版的先後，有《高等小學校用新式歷史教授書》、《高等小學校用新法歷史參考書》、《新學制高級中學教科書本國史》、《復興高級中學教科書本國史》、《初中標準教本本國史》、《高中複習叢書本國史》、《初級中學適用本國史補充讀本》和《更新初級中學教科書本國史》等八種，還有不少刊登於報紙雜誌上的有關文史教學的學術文章。所以，說呂先生是一位文史教學家，也是名至而實歸了。

　　《中國通史》原分上下兩冊，上冊一九三四年二月初版，下冊一九三四年八月初版。這部教科書當時很受歡迎，上冊在一九三四年十月就印刷了第十版，下冊到一九三五年五月印刷了第十一版。一九四七年十二月印刷的七十九版是修正本，次年十月修正本印刷到第八十二版。自二〇〇六年以後，多家出版社都重印過此書的新版。翻印的新版，大都按照此書的初版本，本次我們採用的是一九四七年的修正本，後者比之於初版，增加了現代史部分的六章約一萬五千字的內容。

　　這部出版了將近九十年的高中歷史教科書，為什麼今天還在不斷地重

印，還值得向讀者介紹推薦呢？十六年前，我曾寫過一篇「導讀」[001]。十餘年間，我又重讀這部書好幾遍，頗有常讀常新的感覺，一些原先不甚清晰的想法，現在更清晰了，也有不少新體會、新感受。借這次機會，我把這些年得到的更清晰的新體會、新感受寫出來，與讀者分享，或可用作閱讀時的參考。

眾所周知，歷史是複雜的，史事有多個面向，任何一本史學著述，都不可能把所有的史事都寫下來，把所有的面向都寫出來。一般說來，編撰者往往只寫他所認為重要的史事，或史事的某些側面。有時，因為某些外界因素的影響或制約，編撰者還會特意淡化一些史事、迴避一些側面。然而，對於歷史學習而言，這樣的淡化和迴避，是不妥當的，因為讀者學了這樣的書，只能得到很片面的知識，甚至還有被誤導的危險。這對於只讀了中小學歷史教科書，或者只以中小學歷史教科書為標準答案的讀者來說，尤其如此。所以，呂先生教學生學史，總是強調不能只讀一本書、一類書。他說：「這不關乎書的好壞。再好的，也不能把一切問題包括無遺的，至少不能同樣注重。這因為著者的學識，各有其獨到之處，於此有所重，於彼必有所輕。如其各方面皆無所畸輕，則亦各方面無所畸重，其書就一無特色了。無特色之書，讀之不易有所得。然有特色的書，亦只會注意於一兩方面，而讀者所要知道，卻不是以這一兩方面為限的。這是讀書所以要用幾種書互相參考的理由。這一層亦是最為重要的[002]。呂先生深知一本書、一類書的局限，所以他編著史書，就要克服這個局限。如何克服這個局限，那就是盡量寫出一些為人所忽視、或者有意迴避，但實在是很重要的史事或史事的側面。比如，史書中提到關於漢初休養生息造成武帝朝的富庶，都會引用《史記‧平準書》的記載：「非遇水旱之災，民則人給家足，都鄙廩庾皆滿，而府庫餘貨財。京師之錢累巨萬，貫朽而不可校。太倉之粟，陳陳相因，充溢露積於外，至腐敗不可食。眾庶街巷有馬，阡

---

[001] 呂思勉：《中國史》，上海古籍出版社 2006 年版，導讀第 1 ～ 11 頁。
[002] 《讀書的方法》，1946 年 6 月 3 日《正言報》。

陌之間成群，而乘字牝者，儐而不得聚會^[003]。」引用這段材料，目的是印證當時「國家經濟實力的充備和民間經濟生活的富足」^[004]。

比對本書第三編第十一章，呂先生論述武帝時代的富庶，也引用了這段文字，但還引了緊接這段引文後的幾句話：「網疏而民富，役財驕溢，或至兼併。」可見，司馬遷的《史記》原是告訴讀者武帝時期社會富庶的兩個面向，但後來的編著者，卻只引述、書寫一個面向。這樣的書寫，大約是想塑造一個完美無缺的盛世景象。但只書寫史事的 A 面，不寫史事的 B 面，讀者得到的歷史知識就是片面的。所以，呂先生在引述了這幾句話後設問：「果真人給家足，誰能兼併人？又誰願受人的兼併？可見當時的富庶，只是財富總量有所增加，而其分配的不平均如故。所以漢代的人，提起當時的民生來，都是疾首蹙額。」這就把史事的另一面給揭露無遺了。唯有這樣，讀者才不會被「京師之錢累巨萬，貫朽而不可校」等記載所迷惑、誤導。

類似的情形，在第四編第四章「清初的內政」也是如此。清康熙年代的盛世，也是歷史編撰者津津樂道的話題。當然，清康熙的功績和清初政治的相對清明，這也是史實。所以呂先生說：「聖祖的聰明和勤於政治，在歷代君主中，也頗算難得的，而在位又很長久。內政外交，經其一番整頓，就頗呈新氣象了。」「而清初的政治，也確較明中葉以後為清明。」但是，這只是造成社會富庶的一個原因、一個方面，對此切不可評述過頭。讀者應該明白：「中國的國民，自助的力量，本來是很大的。只要國內承平，沒甚事去擾累他，那就雖承喪亂之餘，不過三四十年，總可復臻於富庶。」同樣，漢初行「休養生息之治」，「社會上頓呈富庶之象」，其背後也有這層原因，並不是統治者有什麼特別高明的本事。

---

[003]　此段文字，《史記・平準書》（中華書局 1959 年版，第 1420 頁）與《漢書・食貨志》（中華書局 1962 年版，第 1135 頁）所錄大致相同，故引者或注《史記》，或注《漢書》。

[004]　張豈之主編：《中國歷史・秦漢魏晉南北朝卷》，高等教育出版社 2008 年版，第 50 ～ 51 頁。這是普通高等教育的教學用書，中學歷史教科書也有這樣的書寫，見王斯德主編：《中國歷史 七年級 上冊》，華東師範大學出版社 2016 年版，第 67 頁。

歷史書寫最怕就是抱著某種目的去掩蓋史事的真相。因為普通讀者相信史書，以為書上寫的就是真實的歷史，除非他能有意識地核對史料，或查閱其他專業史書；但能夠核對史料、查閱專業史書的人，那已是歷史研究者了。這是歷史學習上特有的困難。如何克服這種困難，簡易可行的辦法，就是選一些像呂先生撰寫的可靠的史書用作學史的基本讀物。歷史讀物的挑選，並非一定是今勝於昔、新勝於舊。比如，中國作為第一次世界大戰的戰勝國，但未能在一九一九年的巴黎和會上收回山東的權益。近代以來的歷史教科書大都類似於這樣的寫法：一九一九年一月至六月在法國巴黎召開所謂的「和平會議」。作為戰勝國之一的中國政府也派代表參加了會議。中國代表在會議上提出取消帝國主義在華特權、廢除「二十一條」、收回青島主權等正當要求。然而，英法美等列強操縱了會議，對中國的要求置若罔聞，竟然將德國在中國山東的特權全部轉讓給日本。

比對本書第五編第九章，呂先生是這樣寫的：

（一九一九年）歐洲和會在巴黎開幕，中國亦派代表參與，……中國對於和會，當時頗抱熱望。……時英、美、法、意、日五國，別組所謂最高會議。一切事情，頗為其所壟斷。關於山東問題，中國要求由德國直接交還，而日本則主張德國無條件讓與日本，相持不決。到四月二十四日，最高會議開會，招中國代表出席。威爾遜朗誦英、法兩國和日本的《祕密換文》。又誦《中日條約》和《換文》的大要。問為什麼有這條約？中國代表說：「是出於強迫。」威爾遜又問：「七年九月，歐戰將停，日本絕不能再壓迫中國，為什麼還有欣然同意的換文？」這消息傳到中國，輿情大為激昂。於是有五月四日，北京專門以上學校學生停課，要求懲辦曹汝霖、章宗祥、陸宗輿之舉[005]。

兩相比對，後者沒有寫「二十一條」，前者沒有寫一九一八年北洋政府與日本簽訂的《山東問題換文》以及北洋政府在回覆日本外務省照會時表

---

[005] 見本書第 298 頁。

示的「欣然同意」等史事。哪一種更符合史實呢？我們知道，一九一五年訂立的「二十一條」，是在歐戰吃緊，列強無暇東顧之時，日本強迫中國所簽。即使在巴黎和會上，美國代表仍認為：「二十一條之簽字，為強力所迫，世界共知。」所以，日本在巴黎和會上提出山東權益轉給日本，不是以「二十一條」為藉口，而是以一九一八年九月北洋政府與其簽訂的《山東問題換文》為藉口。這就涉及另一個密約，即《濟順、高徐二鐵路借款預備合約》。這個密約約定向日本借款建築（先由日本銀行墊款二千萬元）濟順、高徐兩條鐵路；作為交換條件，《山東問題換文》約定日本不僅可在青島駐軍，還可在濟南駐軍等。

日本藉口這兩個密約，在巴黎和會上提出繼承德國在山東的全部權益。因為有這兩個密約，尤其是《山東問題換文》有北洋政府回覆「欣然同意」四字，成為列強出賣中國山東權益的藉口。所以，呂先生在巴黎和會之前，就敘述了這幾件事，並預告讀者此為巴黎和會「交涉失敗之一因」。很明顯，書寫了這些史實，北洋政府外交上的無能，及其與巴黎和會上未能收回山東權益的關係便彰顯無遺了。但是，遮蔽了北洋政府的無能，也同時遮蔽了日本帝國主義自「二十一條」之後仍一直在處心積慮地謀劃著如何侵奪中國權益的史實；更重要的是它遮蔽了歷史對我們的意義。

人們常說：真相是歷史學的生命；求取真相，是歷史學家的責任。一般說來，大多數歷史學家不會明目張膽地偽造史事，而大部分偽造的史事，讀者也能洞察其奸。但是，歷史書寫中常見的：書寫這個史事，不寫那個史事；告訴你史事的 A 面，不告訴你史事的 B 面。這同樣也破壞了歷史的真實性，但用這樣的方式寫出來的史書，讀者就難以鑑別。對此，我們不妨讀讀呂先生的這部《中國通史》。除了上文提到的幾例，本書第三編第六章說「漢代錢價貴，人民的負擔實在很重」；第二十四章說「漢世郡縣之佐，都由其長官自辟。所辟的大都是本地人。歷代都沿其制。隋文帝才盡廢之，別置品官，悉由吏部除授」，其用意是「防弊之意多，求才之意少」；第三十六章說「宋

代的人民是很為困苦的。因為唐中葉以後，武人擅土，苛稅繁興，又好用其親信做地方官或稅收官吏之故。宋興，此等苛稅，多所捐除，然而仍不能盡」等，都可以用作彌補或糾正我們歷史學習上的盲點或偏見。

　　歷史學從本質上說，是一門反思的學科，是人類的一種自我反省。反省的目的不是自我欣賞、自我陶醉，而是自我檢討、自我批判。這是人之心智慧逐漸走向成熟的唯一途徑。所以，帶著批判的態度，檢點以往的史事，吸取前人的經驗教訓，才是歷史學的應有之義。史事的真相之所以重要，不在於史事本身，而在於明白了史事的真相，我們才能找對自我檢討、自我反思的方向。這在我們日常生活中也很常見。比如，有一位中學生，學習成績一直不佳，他試著尋找其中的原因：或說老師的教學方式太陳舊，或說班上的學習氛圍欠佳，或說家庭生活有干擾的因素，唯獨沒有對自己的反省、批評。學習上的不努力，實在是他成績不佳的主要原因。但他不能正視，甚至還有意地迴避或遮掩。如此，不管他如何尋找原因，如何擬定各種改進的方法，他的學習成績恐怕只會停留在原地而不能進步。學習歷史也是如此。如本書論中國近代以來的關稅問題。前人不知關稅的重要，更不知關稅與財政、經濟有密切的關係，清初中俄交涉，輕易地許其「無稅通商」，後來「成為惡例」，且「無從挽回」。直到辛亥革命之後，政府才開始與外交涉，要求重新修訂關稅。一九二五年，「各締約國，承認中國享受關稅自主的權利，允解除各該國與中國間各項條約中關稅的束縛，並允許中國國定關稅條例，於一九二九年一月一日，發生效力」。「關稅自主，本是國家應有的權利，而一經喪失，更圖恢復，其難如此。此可見外交之不可不慎。」這句「外交之不可不慎」，道出了歷史留給後人的經驗教訓。同樣，如上文提到的「山東問題」。歷史著述如果迴避了北洋政府外交上的問題，及其與巴黎和會未能收回山東權益間的關係，那麼它可能會引導讀者尋找巴黎和會失敗（即未能收回山東權益）的外部原因。歷史著述如果直陳這些史實及其關係，那麼它就會引導讀者反省北洋政府的問

題及其原因，同樣也可以悟出「外交之不可不慎」的經驗教訓。這就是歷史對於我們的意義：它對於我們防止重複歷史的失誤有著重要的參考價值。

就此而言，一部好的歷史著述，不僅要有求真求實的態度，寫出歷史的真相；還要有反省、批判的精神，讓讀者體會歷史的啟示和教益。呂先生的這部《中國通史》處處都有反省和批判的精神。比如，第四編寫近代中俄的交涉：

《尼布楚條約》既定，中俄的疆界問題，至此暫告結束，而通商問題，仍未解決 [006]。

凡事不進則退。《尼布楚條約》，中國看似勝利，然而自此以後，對於東北方，並沒有加意經營；而俄人卻步步進取，經過一世紀半之後，強弱自然要易位了 [007]。

為什麼沒有「加意經營」呢？呂先生說：

侵略國的思想，是愛好平和之國所夢想不到的。假如中國而有了西伯利亞的廣土，亦不過視為窮北苦寒之地，置諸羈縻之列 —— 所以黑龍江兩岸，遠較西伯利亞為膏腴，尚且不能實力經營。若說如俄國，立國本在歐洲，卻越此萬里荒涼之地，以求海口於太平洋，這是萬想不到的事。然而近世的帝國主義，則竟有如此的。所以近世中國受列強的侵削，歷史上國情的不同，實在是其最重要的根源 [008]。

一八五二年，朝廷派員會勘「格爾必齊河上流界標」，然「派出的人員，或以冰凍難行，或以期會相左，輾轉經年，終無成議」。蹉跎百年，強弱易位，邊境重開交涉，就難免要吃虧了：

（《璦琿條約》）約成後，侍講殷兆鏞，劾奕山「以黑龍江外之地，拱手讓人，寸礫不足蔽辜」。然奕山在當日，亦曾竭力爭執，而俄人以開戰相

---

[006] 見本書第 208 頁。
[007] 見本書第 229 頁。
[008] 見本書第 228 頁。

脅，這時候的情形，恰和結《尼布楚條約》時相反，倘使開戰，中國是萬無幸勝之理的，徒然弄得牽涉更廣。所以邊疆的不保，是壞在平時邊備的廢弛，並不能專怪哪一個人[009]。

這幾段敘述，就是呂先生在「例言」中所說的「陳古可以鑑今」，讀了這樣的史書，我們「自然會感動憤發」，自能悟出歷史的啟示。

受教科書的體例所限，《中國通史》的編撰不易加入太多的議論。但字裡行間，仍能讀出呂先生的反思和批評精神，只是它們不甚顯豁，需要讀者細心閱讀，反覆領會。如第三編中各章所敘「相權」如何從「非天子私人」一步步淪為「天子私人」的演變過程，讀者只要將這些內容通貫起來，自能領會呂先生的批判態度。通常所說的歷史遺產，並非都是該弘揚繼承的，有些正該嚴加批判，防止它「死灰復燃」。所謂「讀史使人明智」，就看讀者能否在這個方面吸取經驗教訓，提升理性和智慧。

這部《中國通史》與呂先生所撰的其他幾部中國通史一樣，都是從遠古一直寫到他生活、甚至寫作的年代。這是呂氏中國通史的一個特色。出版於一九二三年的《白話本國史》，其現代史部分，寫到一九二一年的華盛頓會議以及稍後的中俄、中日的交涉等；出版於一九四〇的《呂著中國通史》，其最後一章「革命途中的中國」，寫到民國成立以後的三十年歷史。這部《中國通史》也是如此。這種當代人寫當代史，很像西方史學界在二十世紀中期提倡的「即時史」的研究和寫作。「即時史」主張縮短歷史與歷史書寫的距離，將那些還處於動盪和變動不居的，或剛剛塵埃落定的史事納入史家考察和史書撰寫的範圍，這就打破了學界原先奉行的「當代事，不入史」的原則。正如法國史學家布洛赫所說：史學家要有「對現時認識的勇氣」，這是歷史研究對現實社會的一種回應[010]。也有學者認為：「正是那些與最近發生的或者現在仍然繼續著的歷史過程和現象有關的歷史教訓才是最有重要意義

---

[009]　見本書第 230 頁。

[010]　[法]布洛赫著，張和聲、程郁譯：《歷史學家的技藝》，上海社會科學出版社 1992 年版，第 38 頁。

的[011]。」呂先生也持這樣的信念，並把它實踐於自己的通史著述中。他在本書的「例言」中寫道：「本書編纂，雖是自古至今，依著時間的順序排列。然使用之時，即先授第四、五編 —— 近世史、現代史 —— 亦無不可。因為近世和現代的事，和眼前的生活較為切近，學生容易了解，亦容易有興味。固然，史事是逐步發展，讀後世史，必須溯其原於古，乃能真實了解。然必先覺有興味，乃能引起其探求之心，而讀古代史時，得後世史事，以資比較，亦更容易了解。」由今及古，更有興味；古史今事，相互比較，方能獲得真了解，這也是呂先生特別強調的學習方法。

《中國通史》初版於一九三四年，其最後幾章，撰述民國成立後二十餘年的政治、經濟、教育及社會的狀況。一九四七年，即抗日戰爭勝利後的第三年，《中國通史》出版了修正本。此時，離初版的發行雖只是十餘年，但「十年來，實在是我們抗戰建國過程中，一個極艱苦而又極偉大的時代，在歷史上就是一個極重要的時代，我們怎能不加以一番詳細的檢討？[012]」所以，在一九四六年，呂先生就為另一部初中歷史教科書（《初中標準教本本國史》）撰寫了一冊《本國史補充讀本》，從「九一八」一直寫到抗戰勝利。《中國通史》要出版修正本，呂先生便在現代史部分，以「抗戰建國」為主題增設六章，用以補上這段重要的史事。

中國通史的撰寫，有其特殊的難處，這是因為中國歷史時間長、內容多，歷史上要考證的地方又很多，況且呂先生還不用助手，都是獨撰。然而，撰寫中國通史，一直是呂先生治史最終的目標。對此，他有計劃地做了長期的準備工作。古代部分，自以「廿四史」為代表的傳世典籍為基本資料，數十年如一日，他以讀史料、做札記為日課，把「廿四史」通讀了數遍，留下了百餘萬字的讀史札記以及各種專題性的史著，這就為通史編撰的古代史部分奠定了基礎。近現代部分，尤其是現代的史事，沒有現成

[011]　[蘇] 茹科夫著，王瓛譯：《歷史方法論大綱》，上海譯文出版社 1988 年版，第 224 頁。
[012]　呂思勉：《初級中學適用 本國史補充讀本》，上海中學生書局 1946 年版，出版說明第 1 頁。

的資料，那就自己動手蒐集、保存。在呂先生遺存的文稿資料中，有許多從報紙雜誌上剪貼下來的現代史資料，它們都被分門別類地包紮好，上面還留有呂先生閱讀時的紅筆圈點。一方面是不間斷地收集資料，一方面對資料做「即時史」的研究，逐步編寫了《民國三十四年大事記》、《勝利年大事記》之類的文稿以及大量的時論文章，這就為現當代史的編寫做好了準備。所以，當商務印書館與作者商量出版《中國通史》修正本時，呂先生很快地就能把修正本增補完成。總之，無論是古代史，還是近現代史，呂先生的史書編撰，都是從史料出發的。今日若想要學習「抗戰建國」的歷史，這部教科書仍是很好的入門書。其實，研究資料的蒐集，總是不完備的，但經過仔細的考訂，在有限的資料裡，仍能看到史事的真相，寫出客觀可靠的史書。比如，無論是《本國史補充讀本》，還是這本《中國通史》，都及時記錄了「南京大屠殺」這件重要的史事，這是中國中學歷史教學史上最早載有「南京大屠殺」的兩部教科書。呂先生在《本國史補充讀本》中寫道：「日兵入城，大肆殺掠。『南京暴行』的結果，至今調查還未十分完竣，然其罪惡，則已彰彰於世人之耳目而不可掩了 [013]。」稍後為《中國通史》做增補時，他已能對「南京大屠殺」遇難同胞的人數做出初步的判斷。他在書中寫道：「（一九三七年）十二月十三日南京淪陷。軍民被屠殺者約三十萬人。」「敵軍陷我首都以後，焚燒、姦淫、屠殺，無所不至。據首都敵人罪行調查委員會調查結果：我軍民被敵集體射殺者十九萬餘人，此外零星屠殺屍體經收埋者十五萬餘具。是為南京大屠殺案。」這個數字，與今日南京大屠殺遇難同胞紀念館裡鑴刻在牆上的統計數一致。這在「抗戰」的研究史、教學史上都有特別重要的意義和價值，從中也體現了呂先生令人欽佩的史識和判斷力。

現今，很少有人會一直保存且時常翻閱早年讀過的歷史教科書。教科書的使用「壽命」如此之短，這實在是歷史教學上的一大損失。呂先生在大

---

[013] 呂思勉：《初級中學適用 本國史補充讀本》，第 11 頁。

學、中學都曾教過「中國通史」，雖然他編寫過歷史教科書，但並不叫學生買他編撰的教科書[014]；即使使用他撰寫的教科書，上課也不照本宣讀[015]；至於考試，抄教科書或課堂筆記的，都不能得到高分。正如他學生回憶說：教材、課程「讀得滾瓜爛熟，也會毫無用處。呂先生的題目，常常不是叫你背書，而是要你批評，要你寫下自己的意見[016]」。對於呂先生而言，他撰寫的歷史教科書不是用來教和考的，而是讓學生自己閱讀、學習和思考的。這就給教科書的編撰解除了束縛。

正如呂先生在「例言」中所說：中學生的歷史學習，「非專門研究之家。要在僅少時間中，探原於既往以說明現在；所舉示的，既不能失之繁蕪，又不能過於漏略；既不能失之艱深，又不能過於膚淺」，最主要的是讓學生了解歷史的關鍵處，所以書寫上就要提綱挈領、刪繁就簡。如先秦史上的「禪讓」的具體真相如何，因「書缺有間，已難質言」，學生但知「這時代有一種既非父子、亦非兄弟，而限於同族的相襲法就是了」。如「禹啟之傳」，因「古無信史，諸子百家的話，都不免雜以主觀。我們只觀於此，而知傳子之法，至此時漸次確定罷了」。至於先秦諸侯封地之大小，今文古文，眾說紛紜，學生但須記其大概即可：「大概言之，則沿邊之國強，而內地之國弱；沿邊之國大，而內地之國小。大約由沿邊諸國，與戎狄為鄰，有競爭磨礪；而又地多荒僻，易於占領開拓之故」。這樣的寫法，看似簡略，卻寫出了史事的關鍵處和要害，最便於中學生的歷史學習。

教科書不是用來考試的，可以寫些文史學習的基本知識。許多初學者容易搞混、誤解的事情，也可以在書中加以說明。比如，講歷代疆域沿革，當區分「聲教所及」與「實力所至」；講秦始皇收天下兵器鑄作十二金人，當注意「古以銅為兵器，這金人就是銅人。漢以前單言金的，大概都

[014]　黃永年：〈回憶我的老師呂誠之先生〉，《蒿廬問學記》，生活‧讀書‧新知三聯書店 1996 年版，第 140 頁。
[015]　王玉祥：〈懷念呂誠之老師〉，《蒿廬問學記》，第 158 頁。
[016]　叔納：〈我們的史地系主任呂思勉先生〉，《海沫》1941 年第 2 卷第 7/8 期。

指銅。今之所謂金,則稱黃金」。講到漢代的商人,當注意漢時的商人「實有工業家在內。因為其時製造和販賣不分,所以通稱為商人。如煮鹽、製鐵的人便是」。講宋代因行簽差之法而調查民眾資產,以及借官賣以省漕運時,特地解釋了「手實」、「推排」、「推割」、「入邊」、「入中」、「虛估」等名詞含義。此外,東洋西洋之界線,歷代所謂「西域」的不同含義等,書中都有特別的說明。這涉及歷史、地理、語法、訓詁、辨偽等方面的專門知識,都是一般工具書裡不易查到的。這樣的書寫,放在今天,批評者一定會說,大學的教科書也未有這些內容,中學的教科書寫入這許多專業的知識,會加重學生的學習負擔。其實,只要不把教科書用作考試標準,那麼這些難題,也就迎刃而解了。

在現代史學家中,呂先生是少數幾位靠自學而成大家的史學家之一。他曾說自己少時的學習,走了不少彎路,浪費了不少時間和精力。正是出於這一親身的經歷和體驗,他的史學著述,多是以青年學生為讀者對象,為他們指點門徑,開闢階梯,幫助他們逐步走上治學的道路。這裡所說的「治學」,並非今日專業的史學研究,而是希望青年讀者在歷史學習中,豐富人生的經驗,吸取歷史的智慧。呂先生曾說:

學問在空間,不在紙上,讀書是要知道宇宙間的現象,就是書上所說的事情;而書上所說的事情,也要把他轉化成眼前所見的事情。如此,則書本的記載,和閱歷所得,合約而化,才是真正的學問。昔人所謂「世事洞明皆學問,人情練達即文章」,其中確有至理。知此理,則閱歷所及,隨處可與所治的學問相發明,正不必兢兢於故紙堆中討生活了[017]。

這一段文字,節錄自呂先生的一篇介紹自己學史經過的文章,用作本文的結語,以與青年讀者共勉。

張耕華

---

[017] 呂叫勉:〈從我學習歷史的經過說到現在的學習方法‧職業青年的治學環境〉,1941 年 3 月 23 日《中美日報》。

例言

民國十三年（1924）出版的《新學制高中本國史教科書》，是鄙人所編。出版之後，征諸各方面的評論，似乎以為尚屬可用。唯間有嫌其太深的。鄙人自行覆視，似乎過深之處，尚不甚多。唯（1）該書是用文言；（2）敘述力求揭舉綱要，其詳則留待教師的指示和學生的參考，因此措語較為渾括，而讀之遂覺其過深。所以前書的嫌深，在內容一方面，關係尚少；在文字一方面，關係轉覺其較多。所以此次編纂，改用白話：敘述亦力求其具體，少作概括之辭。無論教師或學生，使用起來，該都較前書為便利。

白話的易於了解，全在其（1）語調和（2）述說的順序，都較文言為接近。至於名詞，倒是無甚關係的。況且名詞是萬不能譯作白話的。所以此篇都一仍其舊。至於語句，似乎可以隨便些。然亦有含義繁複，勉強改譯，必至失真的，如第三編第六章注中所引《漢刺史所奉六條詔書》是。又有須就其原文加以考釋的，第二編中所引經、子，此例特多。此等處若教師能明白講解，學生能細心體會，原亦無甚難解。況且此等用語，自己讀史時，亦總是要遇到的。在高中時期，亦應有相當的訓練。所以此編亦一仍其舊。此等皆有刪節，無改易。必不得已，寧可再下解釋。此外還有一種，是歷史中特別精彩，或足以振起精神的文字，間引一二，以助讀者的興味，如第三編第十一章所引《史記·平準書》，第三十六章所引司馬光疏語，第四十七章所引《明實錄》是。

鄙人對於本國史分期的意見，具見前書例言中。此次教育部所定《教材大綱》，分期之法，和鄙意無大出入。故即遵照編纂，以期劃一。至於每一時期之中，又可分為數小期，則其意見，具見第一編第四章中，茲不贅述。

一本書編纂，雖是自古至今，依著時間的順序排列。然使用之時，即先授第四、五編——近世史、現代史——亦無不可。因為近世和現代的事，和眼前的生活較為切近，學生容易了解，亦容易有興味。固然，史事是逐步發展，讀後世史，必須溯其原於古，乃能真實了解。然必先覺有興味，乃能引起其探求之心，而讀古代史時，得後世史事，以資比較，亦更容易了解——因為古史多是殘缺不全的，而帶神話、傳說等性質亦較多。

「一部十七史，從何說起」，昔人早有此感慨。何況今日，史實愈繁；一因史實的累積，一因觀點的不同，而史料增加。中等學生，又非專門研究之家。要在僅少時間中，探原於既往，以說明現在；所舉示的，既不能失之繁蕪，又不能過於漏略；既不能失之艱深，又不能過於膚淺，這是談何容易的事？無論何人，編纂起來，恐亦不敢自信，何況如鄙人的淺學。茲編所注重：①為一時代中重要之事，如漢之外戚、宦官，唐之藩鎮；②則其事對於現在社會，仍有直接影響的，如明、清兩代的制度，敘述均較詳。其餘則較略。無甚關係之事，或徑從刪削，以免頭緒紛繁之病。其有不能不敘及以備始末的，則存之於注。

史事敘述，最宜忠實。有等事，逐細敘來，似嫌瑣屑，然一經改作概括之語，便不免於失真。本書於此等處，寧任其稍繁，不敢以意改易。但亦有宜避其過繁以節省學者的腦力的。以最經濟的方法，俾學者得最精要的知識，原是教授目的之一。如第三編第二十二章，引《唐書・地理志》所載賈耽所記入四夷之路，其中重要的地名，都用原名而釋以今地；其較不重要的，則但以今地名示其路線的概略，即其一例。

講歷史是離不開考據的。考據無論如何精確，總只是考據，不能徑作為事實，這是原則。但亦有例外。如佛教的輸入，斷不能將宗教家的傳說，即認為事實，後人考據的結果，其勢不能不採。第三編第十章，這看似例外，其實此等傳說，不能認為事實，亦正是史學上的公例。但鄙人於此等處，必特別謹慎。所採取的，必是前人的成說，大略為眾所共認的，

絕不羼以自己的意見。且必著明其如何考據而得，俾學者並可略知考據的方法。

考據宜避瑣碎，這不是對專門家說的話。專門家的考據，正以愈瑣碎而愈見其精詳。因為有許多大事，是聯結小事而成；又有許多大關係，是因小節目而見的，但這亦不是對中學生說的話。教授中學生的材料，若過於瑣碎，他不知其在全局中的關係，就不免遊騎無歸，變為徒費腦力了；而且易入於歧途。此篇於此等考據，概不闌入。所採取的，都是能發明歷史上重要事實的真相；或則貫串許多事實，示人以重要概念的。如顧亭林先生的《日知錄》、趙甌北先生的《陔餘叢考》等，改採較多。

對於考據問題，一個人的意見，往往前後不同，這是無可如何的事。此書的編纂，距離編新學制高中教科書時，將近十年了。鄙人的意見，自亦不能全無改變。如漢族由來，鄙人昔日主張西來之說，今則對於此說亦不敢相信。又如伏羲氏，鄙人昔亦認為游牧時代的君主，今則以為黃帝居河北，是游牧之族；羲、農之族居河南，自漁獵徑進於耕稼，並未經過游牧的階級。又如堯、舜、禹的禪讓，昔日認為絕無其事，今則對此的意見，較為緩和。此等處，一一都將舊說改正。自信今是而昨非。但亦不知今之果是乎？非乎？唯有仰望大雅弘達的教正而已。

編教科書，自不宜羼入議論。但此亦只指空論或偏激穿鑿之談。至於正確的理論，成為讀史的常識的，則不徒不在禁例，並宜為相當的輸入。又利用歷史以激發人民的愛國心，等等，亦為有失忠實之道。但此亦以與史實不合者為限。至於陳古可以鑑今，讀了某種史實，自然會感動憤發的，自亦不在此例。又貫串前後，指示史事的原因、結果，及其變遷之所以然的，則看似議論，實是疏通證明的性質，其不能強指為主觀，自更無待於言了。本書從表面上看，似乎有發議論之處，實皆謹守此三例，所以自信為尚無億逞之弊。

歷史的有年代，猶地理的有經緯線。必一見紀年，即能知其事在時間

上的位置，方為有用。准此以談，舊日用君主年號紀年之法，其不能適用，自然無待於言，前編新學制教科書時，是用民國紀元；辛亥以前，均用逆計。此法，年代的先後，固亦可一見而知；唯逆計太多，亦總覺其不便。此編徑用西元，以便用世界史互相對照。中國歷史紀年，是否應徑用西元，自亦成為一問題。但就目前的情形而論，則似乎此法較為便利，所以本編用之。好在教科書本應時時改良，並不是有永久性質的。

歷史、地理兩科，關係極密。治歷史的人，必先明白地文、地理；次則歷代的政治區劃，亦宜知其大概；然後任舉一地名，大略知其在何處，即能知其有何等關係。關於前者，宜在地理科中致力。後者宜時時翻閱歷史地圖。本書第一編第三章，所舉歷代政治區劃的大概，自信尚屬簡要。一時固不必強記，如能用作綱領，參考他種書籍，多和讀史地圖對讀幾過，似於讀史不無裨益。

吾國書籍，向分經、史、子、集四部，這原不過大概的分類。何況今日，史學上的觀點，和從前不同，一切書籍，都應用平等的眼光，認作史材。編歷史的人，所引據的不能限於史部，自更無待於言。茲編引據之例，即是如此。所引的書，自信都較為可信；引據的方法，自信亦尚謹嚴。教者如能善為啟示，並可使學生略知判別書籍及引用書籍的方法。

讀史地圖、年表、系譜，都是讀史者當備的書，所以本書中不再附入。偶或附入，則是普通圖譜所不具；或則讀課文時必須對照的。有時徑以此代敘述。改求簡明，亦以養成讀圖譜的能力。

第一編　緒論

第一章　歷史的定義和價值

　　歷史是怎樣一種學問？究竟有什麼用處？

　　從前的人，常說歷史是「前車之鑑」，以為「不知來，視諸往」。前人所做的事情而得，我可奉以為法；所做的事情而失，我可引以為戒。這話粗聽似乎有理，細想卻就不然。世界是進化的，後來的事情，絕不能和以前的事情一樣。病情已變而仍服陳方，豈唯無效，更恐不免加重。我們初和西洋人接觸，一切交涉就都是坐此而失敗的。

　　又有人說：歷史是「據事直書」，使人知所「歆懼」的。因為所做的事情而好，就可以「流芳百世」；所做的事情而壞，就不免「遺臭萬年」。然而昏愚的人，未必知道顧惜名譽。強悍的人，就索性連名譽也不顧。況且事情的真相，是很難知道的。稍微重要的事情，眾所共知的，就不過是其表面；其內幕，是永不能與人以共見的。又且事情愈大，則觀察愈難。斷沒有一個人，能周知其全局。若說作史的人，能知其事之真相，而據以直書，那就非愚則誣了；又有一種議論，以為歷史是講褒貶、寓勸懲，以維持社會的正義的，其失亦與此同。

　　凡講學問必須知道學和術的區別。學是求明白事情的真相的，術則是措置事情的辦法。把舊話說起來，就是「明體」和「達用」。歷史是求明白社會的真相的。什麼是社會的真相呢？原來不論什麼事情，都各有其所以然。我，為什麼成為這樣的一個我？這絕非偶然的事。我生在怎樣的家庭中？受過什麼教育？有些什麼朋友？做些什麼事情？這都與我有關係。合這各方面的總和，才陶鑄成這樣的一個我。個人如此，國家、社會亦然。各地方有各地方的風俗；各種人有各種人的氣質；中國人的性質，既不同

於歐洲；歐洲人的性質，又不同於日本；凡此都絕非偶然的事。所以要明白一件事情，須追溯到既往；現在是絕不能解釋現在的，而所謂既往，就是歷史。

所以從前的人說：「史也者，記事者也。」這話自然不錯。然而細想起來，卻又有毛病。因為事情多著呢！一天的新聞，已經看不勝看了。然而所記的，不過是社會上所有事的千萬分之一。現在的歷史，又不過是新聞的千萬分之一。然則歷史能記著什麼事情呢？須知道：社會上的事情，固然記不勝記，卻也不必盡記。我所以成其為我，自然和從前的事情是有關係的；從前和我有關係的事情，都是使我成其為我的。我何嘗都記得？然而我亦並未自忘其為我。然則社會已往的事情，亦用不著盡記；只須記得「使社會成為現在的社會的事情」就夠了。然則從前的歷史，所記的事，能否盡合這個標準呢？

怕不能吧？因為往往有一件事，欲求知其所以然而不可得了。一事如此，而況社會的全體？然則從前歷史的毛病，又是出在哪裡呢？

我可一言以蔽之，說：其病，是由於不知社會的重要。唯不知社會的重要，所以專注重於特殊的人物和特殊的事情。如專描寫英雄、記述政治和戰役之類。殊不知特殊的事情，總是發生在普通社會上的。有怎樣的社會，才發生怎樣的事情；而這事情既發生之後，又要影響到社會，而使之政變。特殊的人物和社會的關係，亦是如此。所以不論什麼人、什麼事，都得求其原因於社會，察其對於社會的結果。否則，一切都成空中樓閣了。

從前的人不知道注意於社會，這也無怪其然。因為社會的變遷，是無跡象可見的。正和太陽影子的移動，無一息之停，人卻永遠不會覺得一樣。於是，尋常的人就發生一種誤解，以為古今許多大人物，所做的事業不同，而其所根據的社會則一。像演劇一般，劇情屢變，演員屢換，而舞臺則總是相同。於是以為現在艱難的時局，只要有古代的某某出來，一定能措置裕如，甚而以為只要用某某的方法，就可以措置裕如，遂至執陳方

以藥新病，殊不知道舞臺是死的，社會是活物。

所以，現在的研究歷史，方法和前人不同。現在的研究，是要重常人、重常事的。因為社會正是在這裡面變遷的。常人所做的常事是風化，特殊的人所做特殊的事是山崩。不知道風化，當然不會知道山崩。若明白了風化，則山崩只是當然的結果。

一切可以說明社會變遷的事都取他；一切事，都要把他來說明社會的變遷。社會的變遷，就是進化。所以：「歷史者，所以說明社會進化的過程者也。」

歷史的定義既明，歷史的價值，亦即在此。

第二章　中國民族的形成

民族和種族不同。種族論膚色，論骨骼，其同異一望可知，然歷時稍久，就可以漸趨混合；民族則論語言，論信仰，論風俗，雖然無形可見，然而其為力甚大。同者雖分而必求合，異者雖合而必求分。所以一個偉大的民族，其形成甚難；而民族的大小，和民族性的堅強與否，可以決定國家的盛衰。

一國的民族，不宜過於單純，亦不宜過於複雜。過於複雜，則統治為難。過於單純，則停滯不進。我們中國，過去之中，曾吸合許多異族。因為時時和異族接觸，所以能互相淬礪，採人之長，以補我之短；開化雖早，而光景常新。又因固有的文化極其優越，所以其同化力甚大。雖屢經改變，而仍不失其本來。經過極長久的時間，養成極堅強的民族性，而形成極偉大的民族。

各民族的起原發達，以及互相接觸、漸次同化，自然要待後文才能詳論。現在且先做一個鳥瞰。

　　中華最初建國的主角，自然是漢族。漢族是從什麼地方遷徙到中國來的呢？現在還不甚明白。既入中國以後，則是從黃河流域向長江流域、粵江流域漸次發展的。古代的三苗國，所君臨的是九黎之族，而其國君則是姜姓。這大約是漢族開拓長江流域最早的。到春秋時代的楚，而益形進化。同時，沿海一帶，有一種斷髮紋身的人，古人稱之為越。吳、越的先世，都和此族人雜居。後來秦開廣東、廣西、福建為郡縣，所取的亦是此族人之地。西南一帶有濮族。西北一帶有氐、羌。西南的開拓，從戰國時的楚起，至漢開西南夷而告成。西北一帶的開拓，是秦國的功勞。戰國時，秦西並羌戎，南取巴、蜀，而現今的甘肅和四川，都大略開闢。

　　在黃河流域，仍有山戎和狁，和漢族雜居。狁，亦稱為胡，就是後世的匈奴。山戎，大約是東胡之祖。戰國時代，黃河流域，和熱、察、綏之地，都已開闢。此兩族在塞外的，西為匈奴，東為東胡。東胡為匈奴所破，又分為烏桓和鮮卑。胡、羯、鮮卑、氐、羌，漢時有一部分入居中國。短時間不能同化，遂釀成五胡之亂。經過兩晉南北朝，才泯然無跡。

　　隋、唐以後，北方新興的民族為突厥。回紇，現在通稱為回族。西南方新興的民族為吐蕃，現在通稱為藏族。東北則滿族肇興，金、元、清三代，都是滿族的分支。於是現在的蒙古高原，本為回族所據者，變為蒙古人的根據地，回族則轉入新疆。西南一帶，苗、越、濮諸族的地方，亦日益開闢。

　　總而言之：中華的立國，是以漢族為中心。或以政治的力量，統治他族；或以文化的力量，感化他族。即或有時，漢族的政治勢力不競，暫為他族所征服，而以其文化程度之高，異族亦必遵從其治法。經過若干時間，即仍與漢族相同化。現在滿、蒙、回、藏和西南諸族，雖未能和漢族完全同化，而亦不相衝突。雖然各族都有其語文，而在政治上、社交上通用最廣的，自然是漢語和漢文。宗教則佛教盛行於蒙、藏，回教盛行於回族。滿族和西南諸族，亦各有其固有的信仰。漢族則最尊崇孔子。孔子之

教，注重於人倫日用之間，以至於治國平天下的方略，不具迷信的色彩。所以數千年來，各種宗教在中國雜然並行，而從沒有爭教之禍。中國民族的能團結，的確不是偶然的。

第三章　中國疆域的沿革

普通人往往有一種誤解：以為歷史上所謂東洋，係指亞洲而言；西洋，係指歐洲而言。其實河川、湖泊，本不足為地理上的界線。烏拉山雖長而甚低，高加索山雖峻而甚短，亦不能限制人類的交通。所以，歷史上東、西洋的界限，是亞洲中央的蔥嶺，而不是歐、亞兩洲的界線。蔥嶺以東的國家和蔥嶺以西的國家，在歷史上儼然成為兩個集團；而中國則是歷史上東洋的主角。

蔥嶺以東之地，在地勢上可分為四區：

（一）**中國本部**：包括黃河、長江、粵江三大流域。

（二）**蒙古新疆高原**：以阿爾泰山系和崑崙山系的北干和海藏高原、中國本部及西伯利亞分界。中間包一大沙漠。

（三）**青海西藏高原**：是亞洲中央山嶺蟠結之地。包括前後藏、青海、西康。

（四）**關東三省**：以崑崙北干延長的內興安嶺和蒙古高原分界。在地理上，實當包括清朝咸豐年間割給俄國之地，而以阿爾泰延長的雅布諾威、斯塔諾威和西伯利亞分界。

四區之中，最先發達的，自然是中國本部。古代疆域的記載，最早的是《禹貢》。《禹貢》所載，是否禹時的情形？頗可研究。即使承認他是的，亦只是當時聲教所至，而不是實力所及。論實力所及，則西周以前，漢族的重要根據地大抵在黃河流域。至春秋時，楚與吳、越漸強；戰國時，巴、

蜀為秦所並，而長江流域始大發達。秦取今兩廣和安南之地，置桂林、南海、象郡，福建之地置閩中郡，而南嶺以南，始入中國版圖。

其對北方，則戰國時，魏有上郡；趙有雲中、雁門、代郡；燕開上谷、漁陽、右北平、遼西、遼東五郡，而熱、察、綏和遼寧省之地，亦入中國版圖。其漠北和新疆省，是漢時才征服的。但此等地方，未能拓為郡縣，因國威的張弛，而時有贏縮。

青海，漢時為羌人所據，西藏和中國無甚交涉。唐時，吐蕃強盛，而其交涉始繁。元初征服其地，行政上隸屬於宣政院。

總而言之：漢、唐盛時，均能包括今之蒙古、新疆。至西藏之屬於中國，則是元、清時代之事。但當秦開南越時，中國即已包括後印度半島的一部。至漢時，並以朝鮮半島的北部為郡縣。唐以後，此兩半島均獨立為國，中國迄未能恢復。中國疆域的贏縮，大略如此。

至於政治區劃：則據《禹貢》所載，大約今河北、山西，是古代的冀州。山東省分為青、兗二州。江蘇、安徽的淮水流域是徐州，江以南為揚州。河南和湖北的一部是豫州。自此南包湖南是荊州。四川是梁州。陝、甘，是雍州。秦時，此等地方和戰國時新開之地，分為三十六郡，而桂林、南海、象、閩中四郡在其外。漢時十三部，大略古代的冀州析而為幽、冀、蘇三州。關中屬司隸校尉。甘肅稱涼州。荊、揚、青、徐、兗、豫，疆域略與古同。四川稱益州，兩廣稱交州。唐時，今河北省為河北道。山西省為河東道。陝西省為關內道。甘肅、寧夏為隴右道。山東、河南為河南道。江蘇、安徽的江以北為淮南道。其江以南及湖南、江西、浙江、福建為江南道。湖北和湖南、四川，陝西的一部分為山南道。四川之大部分為劍南道。兩廣為嶺南道。後來區劃又較詳，而宋代的分路，大略沿之。元代疆域最廣，始創行省之制。現在的河北、山西直隸於中書省。河南、山東及江蘇、安徽的北部、湖北省的大部分為河南省。江蘇、安徽的南部，和浙江、福建為江浙省。江西和廣東為江西省。湖北的一小部分

和湖南、廣西為湖廣省。雲南、四川，疆域略和現在相像。陝西包括現在甘肅的大部分，而寧夏和甘肅西北境，別為甘肅省。遼寧為遼陽省。明、清兩代的區劃略和現代相近。不過明代陝、甘、蘇、皖、湘、鄂都不分，所以清代所謂十八省者，在明代只有十五。清代將中國本部分成十八省。新疆和關東三省，則是末年始改省制的。其時共得行省二十二。其西康、熱河、察哈爾、綏遠、寧夏、青海，則到民國才改為省制的。

第四章　中國史時期的劃分

歷史事實前後相銜，強欲分之，本如「抽刀斷流，不可得斷」。但是為明瞭變遷大勢起見，把歷史劃分做幾個時期，也是史家常用的辦法。

中國的歷史，當分幾期，這是顯而易見的。三代以前，中國還是個列國並立的世界，當劃為一期。自秦以後，便入於統一的時代了。自此，直至近世和歐人接觸以前，內部的治化，雖時有變遷；對外的形勢，亦時有漲縮；然而大體上，總是保守其閉關獨立之舊約。這個當劃為一期。從中歐交通以後，至民國成立之前，其間年代，雖遠較前兩期為短；然這是世運的進行，加我以一個新刺戟，使之脫離閉關自守之策，進而列於世界列國之林的，亦當劃為一時期。民國成立，至今不過二十二年，卻是中國改良舊治化，適應新環境的開始，一切都有更始的精神，以後無窮的希望，都將於此植其基。其當另劃為一期，更不待言。

所以自大體言之，中國的歷史，可劃分為上古、中古、近世、現代四個時期。這是大概的劃分。若更求其詳，則每一時期中，亦可更分幾個小階段。

在上古期中，巢、燧、羲、農，略見開化的跡象。自黃帝御宇，東征西討，疆域大拓。自此稱為天子的，其世系都有可考。雖然實際還是列

國並立，然已有一個眾所認為共主的，這是政治情勢的一個轉變。東周以後，民族從各方面分歧發展。地醜德齊之國漸多，王朝不復能號令天下。號令之權，移於「狎主齊盟」的霸主。戰國時代，霸主的會盟征伐，又不能維繫人心了。諸侯各務力征，互相兼併，到底從七國並而為一國。雜居的異族，亦於此競爭激烈之秋，為我所攘斥，所同化。隆古社會的組織，至此時代，亦產生劇烈的變遷。學術思想，在這時代，亦大為發達而放萬丈的光焰，遂成上古史的末期。

中古史中：秦、漢兩代，因內國的統一而轉而對外。於是有秦皇、漢武的開邊。因封建制度的剗除，而前此層累的等級漸次平夷；而君權亦因此擴張。實際上，則因疆域的廣大，而政治日趨於疏闊；人民在政治上的自由，日以增加；而社會亦因此而更無統制。競爭既息，人心漸入於寧靜，而學術思想，亦由分裂而入於統一。這是第一期。因兩漢的開拓，而有異族入居塞內的結果。因疆域廣大，亂民蜂起之時，中央政府不能鎮壓，而地方政府之權不得不加重，於是有後漢末年的州郡握兵，而成三國的分裂。晉代統一未久，又有五胡亂華之禍。卒致分裂為南北朝。直至隋代統一，而其局面乃被打破。這是第二期。隋、唐之世，從積久戰亂之餘，驟見統一，民生稍獲蘇息，國力遂復見充實。對外的武功，回復到秦漢時代的樣子。這是第三期。唐中葉以後，軍人握權，又入於分裂時代。其結果，則政治上的反動，為宋代的中央集權，而以國力疲敝之政，異族侵入，莫之能御，遂有遼、金、元的相繼侵入。明代雖暫告恢復，亦未能十分振作，而清室又相繼而來。這是第四期。

近世這一期，是我們現在直接承其餘緒而受其影響的。清朝雖亦是異族，然其對於中國的了解，較元朝為深。其治法遵依中國習慣之處，亦較元朝為多。因其能遵依中國的習慣而利用中國的國力，所以當其盛世，武功文治，亦有可觀。假使世界而還是中古時期的樣子，則我們現在把這客帝驅除之後，就更無問題了。然而閉關的好夢，已成過去了。歐風美

風，相逼而來，再不容我們酣睡。自五口通商以後，而門戶洞開，而藩屬喪失，外人的勢力，深入內地。甚至劃為勢力範圍，創作瓜分之論；又繼之以均勢之說。中國乃處於列強侵略之下，而轉冀幸其互相猜忌，維持均勢，以偷旦夕之安。經濟的侵略，其深刻既為前此所無；思想的變動，其劇烈亦非前此所有。於是狂風橫雨，日逼於國外，而軒然大波，遂起於國中了。所以近世史可分為兩個小期。西力業已東漸，中國還冥然罔覺，政治上、社會上，一切保守其舊樣子，為前一期。外力深入，不容我不感覺，不容我不起變化，為後一期。五口通商，就是這前、後兩期的界線。

　　現代史是中國受了刺戟而起反應的時代。時間雖短，亦可以分做兩期。革命之初，徒浮慕共和的美名，一切事都不徹底，所以釀成二十年來的擾亂。自孫中山先生，確定三民主義、五權憲法，為中國民族奮鬥、國家求治的方針。對內則剷除軍閥，以求政治的清明；對外則聯合被壓迫民族，廢除不平等條約，以期國際關係的轉變。雖然革命尚未成功，然而曙光已經初現了。所以國民政府的成立，亦當在現代史上，劃一個新紀元。

　　以上只是指示一個大勢，以下再舉史實以證明之。

第一編　緒論

第二編　上古史

第一章　中國民族的起源

　　中國現在所吸合的民族甚多，而追溯皇古之世，則其為立國之主的，實在是漢族。漢族是從什麼地方遷徙到中國來的呢？這個在現在，還是待解決的問題。從前有一派人，相信西來之說。他們說：據《周官‧大宗伯》和《典瑞》的鄭注，古代的祭地祇，有崑崙之神和神州之神的區別；神州是中國人現居之地，則崑崙必是中國人的故鄉了。崑崙在什麼地方呢？《史記‧大宛列傳》說：「漢使窮河源，河源出于闐。」「天子案古圖書，名河所出山曰崑崙。」這所指，是現在于闐河上源之山。所以有人說：漢族本居中央亞細亞高原，從現在新疆到甘肅的路，入中國本部的。然而鄭注原出緯書。緯書起於西漢之末，不盡可信。河源實出青海，不出新疆。指于闐河源為黃河之源，本是漢使之誤；漢武帝乃即仍其誤，而以古代黃河上源的山名，為于闐河上源的山名，其說之不足信，實在是顯而易見的。漢族由來，諸說之中，西來說較強；各種西來說之中，引崑崙為證的，較為有力；而其不足信如此，其他更不必論了。民族最古的事蹟，往往史籍無徵。中國開化最早，又無他國的史籍可供參考。掘地考古之業，則現在方始萌芽。所以漢族由來的問題，實在還未到解決的機會。與其武斷，毋寧闕疑了。

　　現在所能考究的，只是漢族既入中國後的情形。古書所載，類乎神話的史蹟很多，現在也還沒有深切的研究。其開化跡象，確有可徵的，當推三皇五帝。三皇五帝，異說亦頗多。似乎《尚書大傳》燧人、伏羲、神農為三皇，《史記‧五帝本紀》黃帝、顓頊、帝嚳、堯、舜為五帝之說，較為可信。燧人、伏羲皆風姓。神農姜姓。黃帝姬姓。燧人氏，鄭注《易緯通卦驗》，說他亦稱人皇，而《春秋命歷序》說：人皇出暘谷，分九河。伏羲氏

都陳。神農氏都陳徙魯。黃帝邑於涿鹿之阿。據地理看來，似乎風姓、姜姓的部落在河南，姬姓則在河北。燧人氏，《韓非子》說他，因「民食果蓏蚌蛤，腥臊多害腸胃」，乃發明鑽木取火之法，教民熟食。這明是蒐集和漁獵時代的酋長。「伏羲」氏，亦作庖犧氏。昔人釋為「能馴伏犧牲」，又釋為「能取犧牲，以充庖廚」，以為是游牧時代的酋長。然而「伏羲」二字，實在是「下伏而化之」之意，見於《尚書大傳》。其事蹟，則《易・繫辭》明言其做網罟而事佃漁。其為漁獵時代的酋長，亦似無疑義。從前的人，都說人類的經濟，是從漁獵進而為游牧，游牧進而為耕農。其實亦不盡然。人類經濟的進化，實因其所居之地而異。大抵草原之地，多從漁獵進入游牧；山林川澤之地，則從漁獵進為耕農。

神農氏，亦稱烈山氏。「烈山」二字，似即《孟子》「益烈山澤而焚之」的烈山，為今人所謂「伐栽農業」。則中國民族居河南的，似乎並沒經過游牧的階級，乃從漁獵徑進於耕農。黃帝，《史記》言其「遷徙往來無常處，以師兵為營衛」，這確是游牧部落的樣子。涿鹿附近，地勢亦很平坦，而適宜於游牧的。中國民族居河北的，大約是以游牧為業。游牧之民，強悍善戰；農耕之民，則愛尚平和；所以阪泉涿鹿之役，炎族遂非黃族之敵了。

阪泉涿鹿，昔人多以為兩役。然《史記・五帝本紀》，多同《大戴禮記》的〈五帝德〉、〈帝系姓〉兩篇，而《大戴禮記》只有黃帝和炎帝戰於阪泉之文，更無與蚩尤戰於涿鹿之事，而且蚩尤和三苗，昔人都以為是九黎之君，而三苗和炎帝，同是姜姓。又阪泉、涿鹿，說者多以為一地。所以有人懷疑這兩役就是一役；蚩尤、炎帝，亦即一人。這個亦未可斷定。然而無論如何，總是姜姓和姬姓的爭戰。經過此次戰役而後，姬姓的部落就大為得勢。顓頊、帝嚳、堯、舜，稱為共主的，莫非黃帝的子孫了。

中國歷史，確實的紀年起於共和。共和元年，在民國紀元前二千七百五十二年，西元前八百四十一年。自此以上，據《漢書・律歷志》所推，周代尚有一百九十二年，殷代六百二十九年，夏代四百三十二年。

堯、舜兩代，據《史記・五帝本紀》，堯九十八年，舜三十九年。如此，唐堯元年，在民國紀元前四千一百四十二年，西元前二千二百三十一年；三皇之世，距今當在五千年左右了。

第二章　太古的文化和社會

　　太古的社會，情形畢竟如何？古書所載，有說得極文明的，亦有說得極野蠻的。說得極野蠻的，如《管子》的〈君臣篇〉等是。說得極文明的，則如《禮記・禮運篇》孔子論大同之語是。二說果孰是？我說都是也，都有所據。

　　人類的天性，本來是愛好和平的。唯生活不足，則不能無爭，而生活所資，食為尤亟。所以社會生計的舒蹙，可以其取得食物的方法定之。蒐集和漁獵時代，食物均苦不足。游牧時代，生活雖稍寬裕，而其人性好殺伐，往往以侵略為事。只有農業時代，生計寬裕；而其所做的事業，又極和平，所以能產生較高的文化。

　　古代的農業社會，大約是各各獨立，彼此之間，不甚相往來的。老子所說：「郅治之極，鄰國相望，雞狗之聲相聞，民各甘其食，美其服，安其俗，樂其業，至老死不相往來。」所想像的，就是此等社會。唯其如此，故其內部的組織，極為安和。孔子所謂：「不獨親其親，不獨子其子，使老有所終；壯有所用；幼有所長；鰥寡孤獨廢疾者，皆有所養。男有分，女有歸。貨惡其棄於地也，不必藏於己；力惡其不出於身也，不必為己。」所慨慕的，也就是此等社會。內部的組織既然安和如此，其相互之間自然沒有爭鬥。這就是孔子所謂「謀閉而不興，盜竊亂賊而不作」，這就是所謂「大同」。假使人類的社會都能如此，人口增加了，交通便利了，徐徐地擴大聯合起來，再謀合理的組織，豈不是個黃金世界？而無如其不能。有愛平和的，就有愛侵掠的。相遇之時，就免不了戰鬥。戰鬥既起，則有征服人

的，有被征服於人的。征服者掌握政權，不事生產，成為治人而食於人的階級；被征服的，則反之而成為食人而治於人的階級，而前此合理的組織，就漸次破壞了。合理的組織既變，則無復為大眾服務，而同時亦即受大眾保障的精神。人人各營其私，而貧富亦分等級。自由平等之風，漸成往事了。人與人之間時起衝突，乃不得不靠禮樂、刑政等來調和、來維持，社會風氣遂日趨澆薄了。先秦諸子，所以慨嘆末俗，懷想古初，都是以此等變遷為其背景。然而去古未遠，古代的良法美意究竟還破壞未盡，社會的風氣也還未十分澆漓，在上者亦未至十分驕侈。雖不能無待於刑政，而刑政也還能修明，這便是孔子所謂小康。大約孔子所慨想的大同之世，總在神農以前；而階級之治，則起於黃帝以後。《商君書‧畫策篇》說：「神農之世，男耕而食，婦織而衣。刑政不用而治，甲兵不起而王。神農既沒，以強勝弱，以眾暴寡。故黃帝作為君臣上下之義，父子兄弟之禮，夫婦妃匹之合。內行刀鋸，外用甲兵。」可見，炎、黃之為治，是迥然不同的，而二者之不同，卻給我們以農耕之民好平和，游牧之民好戰鬥的暗示。

以上所說，是社會組織的變遷。至於物質文明，則總是逐漸進步的。〈禮運篇〉說：

> 昔者先王未有宮室，冬則居營窟，夏則居橧巢。未有火化，食草木之實，鳥獸之肉；飲其血，茹其毛。未有麻絲，衣其羽皮。後聖有作，然後修火之利。范金合土，以為臺榭、宮室、牖戶。以炮以燔，以烹以炙。

這是說衣、食、住進化的情形，大約從生食進化到熟食，在燧人之世。中國的房屋，是以土、木二者合成的。土工原於穴居，木工則原於巢居。構木為巢，據《韓非子》說，是在有巢氏之世。其人似尚在黃帝以前。至於能建造棟宇，則大約已在五帝之世。所以《易‧繫辭傳》把「上古穴居而野處，後世聖人易之以宮室」，敘在黃帝、堯、舜之後了。《易‧繫辭傳》又說：「黃帝、堯、舜，垂衣裳而天下治。」《正義》說：「以前衣皮，其制短小。今衣絲

麻布帛；所作衣裳，其制長大，故言垂衣裳。」這就是《禮運》所說以麻絲易羽皮之事。此外，《易・繫辭傳》所說後世聖人所做的事，還有：「刳木為舟，剡木為楫。」「服牛乘馬，引重致遠。」「重門擊柝，以待暴客。」「斷木為杵，掘地為臼。」「弦木為弧，剡木為矢。」以及「古之葬者，厚衣之以薪，葬之中野，不封不樹，後世聖人易之以棺椁」、「上古結繩而治，後世聖人易之以書契」各項。這「後世聖人」，或說即蒙上黃帝、堯、舜而言，或說不然，現亦無從斷定。但這許多事物的進化，大略都在五帝之世，則似乎可信的。

第三章　唐虞的政治

　　孔子刪《書》，斷自唐虞，所以這時代史料的流傳，又較黃帝、顓頊、帝嚳三代為詳備。

　　堯、舜都是黃帝之後，其都城則在太原。太原與涿鹿均在冀州之域，可見其亦是河北民族。但唐虞時代的文化似較黃帝時為高。〈堯典〉載堯分命羲、和四子，居於四方，觀察日月星辰，以定曆法，「敬授民時」，可見其時業以農業為重，和黃帝的遷徙往來無常處大不相同了。這時代，有兩件大事足資研究。一為堯、舜、禹的禪讓，一為禹的治水。

　　據《尚書》及《史記》，則堯在位七十載，年老倦勤，欲讓位於四岳。四岳辭讓。堯命博舉貴戚知疏遠隱匿的人。於是眾人共以虞舜告堯。堯乃妻之以二女，以觀其內；使九男事之，以觀其外。又試以司徒之職。知其賢，乃命其攝政，而卒授之以天下。堯崩，三年之喪畢，舜避堯之子丹朱於南河之南。諸侯朝覲訟獄的，都不之丹朱而之舜；謳歌的，亦不謳歌丹朱而謳歌舜。舜才回到堯的舊都，即天子位。當堯之時，有洪水之患。堯問於眾。眾共舉鯀，堯使鯀治之。九年而功弗成。及舜攝政，乃殛鯀而用其子禹。禹乃

先巡行四方，審定高山大川的形勢。然後導江、淮、河、濟而注之海。百姓乃得安居。九州亦均來貢。當時輔佐舜諸人，以禹之功為最大。舜乃薦禹於天。舜崩之後，禹亦讓避舜之子商均。諸侯亦皆去商均而朝禹，禹乃即天子位。儒家所傳，堯、舜、禹禪讓和禹治水的事，大略如此。

禪讓一事，昔人即有懷疑的，如《史通》的〈疑古篇〉是。此篇所據，尚是《竹書紀年》等不甚可靠之書。然可信的古書，說堯、舜、禹的傳授，不免有爭奪之嫌的，亦非無有。他家之說，尚不足以服儒家之心。更就儒家所傳之說考之。如《孟子》、《尚書大傳》和《史記》，都說堯使九男事舜，而《呂氏春秋·去私》、〈求人〉兩篇，則說堯有十子。《莊子·盜跖篇》，又說堯殺長子。據俞正燮所考證，則堯被殺的長子名，就是《論語·憲問篇》所謂盪舟而不得其死，《書經·皋陶謨篇》所謂「朋淫於家，用殄厥世」的。又《書經·堯典》，說舜「流共工於幽州，放驩兜於崇山，竄三苗於三危，殛鯀於羽山，四罪而天下咸服」，而據宋翔鳳所考證，則共工、驩兜和鯀，在堯時實皆居四岳之職。此等豈不可駭。然此尚不過略舉；若要一一列舉，其可疑的還不止此。儒家所傳的話，幾千年來，雖然即認為事實，而近人卻要懷疑，亦無怪其然了。然古代的天子，究不如後世的尊嚴。君位繼承之法，亦尚未確定。讓國之事，即至東周之世，亦非無之。必執舜、禹之所為和後世的篡奪無異，亦未必遂是。要之讀書當各隨其時的事實解之，不必執定成見，亦不必強以異時代的事情相比附。堯、舜、禹的禪讓，具體的事實如何？因為書缺有間，已難質言。昔人說：「五帝官天下，三王家天下。」我們讀史，但知道這時代有一種既非父子、亦非兄弟，而限於同族的相襲法就是了。

治水之事，詳見於《尚書》的〈禹貢篇〉。此篇所述，是否當時之事，亦頗可疑。但當時確有水患，而禹有治水之功，則是無可疑的。《尸子》說當時水患的情形，是「龍門未開，呂梁未鑿，河出孟門之上，江淮流通，四海溟涬」。則其患，實遍及於今日的江、河流域。禹的治水，大約以四瀆

為主。凡小水皆使入大水，而大水則導之入海。未治之前，「草木暢茂，禽獸繁殖」；「民無所定，下者為巢，上者為營窟」。治水成功，則「人得平土而居之」。佐禹的益、稷，又「烈山澤而焚之」、「教民稼穡，樹藝五穀」，人民就漸得安居樂業了。

　　舜所命之官，見於《尚書》的，有司空、后稷、司徒、士、共工、朕虞、秩宗、典樂、納言等。又有四岳、十二牧。四岳，據《鄭注》，是掌四方諸侯的。十二牧，則因當時分天下為十二州，命其各主一州之事。《書經》又述當時巡守之制：則天子五年一巡守。二月東巡守，至於東嶽之下，朝見東方的諸侯。五月南巡守，至於南嶽；八月西巡守，至於西嶽；十一月北巡守，至於北嶽；其禮皆同。其間四年，則四方諸侯，分朝京師。此所述，是否當時之事？若當時確有此制，則其所謂四岳者，是否是後世所說的泰山、衡山、華山、恆山，亦都足資研究。但當時，確有天子、諸侯的等級；而堯、舜、禹等為若干諸侯所認為共主，則似無可疑。當時的政治，似頗注重於教化。除契為司徒，是掌教之官外，據《禮記・王制》所述，則有虞氏有上庠、下庠，夏後氏有東膠、西膠；一以養國老，一以養庶老。古人之教，最重孝弟。養老，正是所以孝弟，而化其獷悍之氣的。中國的刑法，最古的是五刑，即墨、劓、刖、宮、大辟。據《書經・呂刑》，則其法始於苗民，而堯採用之，而據〈堯典〉所載，則又以流宥五刑，鞭作官刑，樸作教刑，金作贖刑。後世所用的刑法，此時都已啟其端倪了。

第四章　夏代的政教

　　夏為三代之一，其治法大約在春秋、戰國之世還未全行湮滅。在當時，孔子是用周道，墨子是用夏政的。我們讀《墨子》的〈天志〉、〈明鬼〉，可以想見夏代的迷信較後世為深；讀《墨子》的〈尚同〉，可以想見夏代的專

制較後世為甚；讀《墨子》的〈兼愛〉，可知夏代的風氣較後世為質樸；讀《墨子》的〈節用〉、〈節葬〉和〈非樂〉，可知夏代的生活程度較後世為低，而亦較後世為節儉。墨子之學，《漢書‧藝文志》謂其出於清廟之守。清廟即明堂，為一切政令所自出，讀《禮記‧月令》一篇，可以知其大概。蓋古代生活程度尚低，全國之內只有一所講究的房屋，名為明堂。天子即居其中，所以就是後世的宮殿。祭祀祖宗亦於其中，所以就是後世的宗廟。古代的學校，本來帶有宗教色彩的；當時天子典學，亦在這一所房屋之內，所以又是學校。一切機關，並未分設，凡百事件，都在此中商量，所以於一切政教，無所不包。明堂行政的要義，在於順時行令。一年之中，某月當行某令，某月不可行某令，都一一規定，按照辦理，像學校中的校歷一般。如其當行而不行，不當行而行，則天降災異以示罰。《月令》諸書的所述，大概如此。此等政治制度和當時的宗教思想，很有連帶的關係。我們讀《書經》的〈洪範〉，知道五行之說，是源於夏代的。什麼叫做五行呢？便是「一曰水，二曰火，三曰木，四曰金，五曰土」。蓋古人分物質為五類，以為一切物莫非這五種原質所組成，而又將四時的功能比附木、火、金、水四種原質的作用；土則為四時生物之功所憑藉。知識幼稚的時代，以為凡事必有一個神以主之。於是造為青、赤、黃、白、黑五帝，以主地上化育之功；而昊天上帝，則居於北辰之中，無所事事。此等思想，現在看起來，固然可笑。然而明堂月令，實在是一個行政的好規模，尤其得重視農業的意思。所以孔子還主張「行夏之時」。

我們看明堂月令，傳自夏代；孔子又說：「禹卑宮室而盡力乎溝洫。」可見夏代的農業，已甚發達。然其收稅之法，卻不甚高明。孟子說：「夏後氏五十而貢。」又引龍子的話說：「貢者，校數歲之中以為常。」這就是以數年收穫的平均數，定一年收稅的標準。如此，豐年可以多取，而仍少取，百姓未必知道儲蓄；凶年不能足額，而亦非足額不可，百姓就大吃其苦了。這想是法制初定之時，沒有經驗，所以未能盡善。

　　學校制度。孟子說：「夏曰校，殷曰序，周曰庠；學則三代共之，皆所以明人倫也。」案，古代的學校，分大學、小學兩級。孟子所說的校、序、庠是小學，學是大學。古代的教育，以陶冶德性為主。「序者，射也」，是行鄉射禮之地；「庠者，養也」，是行鄉飲酒禮之地，都是所以明禮讓、示秩序的。然則校之所教，其大致亦可推知了。至於學，則「春秋教以禮樂，冬夏教以詩書」。頗疑亦和宗教有深切的關係。禮樂都是祀神所用，詩是樂的歌辭，書是教中古典。古代所以尊師重道，極其誠敬，亦因其為教中尊宿之故。

　　夏代凡傳十七主；據後人所推算，共歷四百餘年，而其事蹟可考的很少。《史記》說禹有天下後，薦皋陶於天，擬授之以位，而皋陶卒，乃舉益，授之政。禹之子啟賢，諸侯不歸益而歸啟，啟遂即天子位。《韓非子》又說：禹陽授益以天下，而實以啟人為吏。禹崩，啟與其人攻益而奪之位。古無信史，諸子百家的話，都不免雜以主觀。我們只觀於此，而知傳子之法，至此時漸次確定罷了。啟之子太康，為有窮后羿所篡。《史記》但言其失國，而不言其失之之由。《偽古文尚書》謂由太康好略，殊不足據。據《楚辭》及《墨子》，則由啟沉溺於音樂，以致於此。其事實的經過，略見《左氏》襄公四年和哀西元年。據其說，則太康失國之後，后羿自遷於窮石，因夏民以代夏政。羿好田獵，又為其臣寒浞所殺。時太康傳弟仲康，至仲康之子相，為寒浞所滅，並滅其同姓之國斟灌、斟尋氏。帝相的皇后，名字喚作緡，方娠，逃歸其母家有仍。生子，名少康，後來逃到虞國。虞國的國君，封之於綸。有田一成，有眾一旅。夏的遺臣靡，從有鬲氏，收斟灌、斟尋的餘眾，以滅浞而立少康，並滅寒浞的二子於過、戈。與窮石，《杜注》都不言其地。其釋寒國，則謂在今山東濰縣。斟灌在山東壽光，斟尋亦在濰縣。虞在河南虞城。綸但云虞邑。有鬲氏在山東德縣。過在山東掖縣。戈在宋、鄭之間。其釋地，似乎不盡可據。案，《左氏》哀公六年引《夏書》，說：「唯彼陶唐，帥彼天常，有此冀方。今失其行，亂其紀綱，乃滅而亡。」似指太康失國之事。又定公四年，祝佗說唐叔「封於夏

虛」。唐叔所封，是堯的舊都，所以晉國初號為唐而又稱之為夏虛，可以見禹之所居，仍是堯之舊都。窮石雖不可考，該距夏都不遠，所以能因夏民以代夏政。夏人此時，當退居河南。少康雖滅寒浞，似亦並未遷回河北，所以湯滅桀時，夏之都在陽城了。

第五章　商代的政教

商代是興於西方的。其始祖名契，封於商，即今陝西的商縣。傳十四世而至成湯。《史記》說：自契至於成湯，八遷；湯始居亳，從先王居。八遷的事實和地點現在不大明了。其比較可靠的：《世本》說契居於蕃，其子昭明，居於砥石，遷於商。《左氏》襄公九年，說昭明子相土，居於商丘。蕃在今陝西華縣附近。砥石不可考。商丘，即春秋時的衛國，是今河南濮陽縣。殷人禘嚳而郊冥，祖契而宗湯。帝嚳塚在濮陽，都邑亦當相去不遠。唯冥居地無考。湯所從的先王，如其是嚳或契，則其所居之亳，該在商或商丘附近了。

這是湯初居之亳，至於後來，其都邑容有遷徙。湯征伐的次序，據《史記》、《詩經》、《孟子》，是首伐葛，次伐韋、顧，次伐昆吾，遂伐桀。《孟子》謂湯居亳，與葛為鄰。後儒釋葛，謂即漢寧陵縣的葛鄉，地屬今河南寧陵縣。因謂湯居亳之亳，必即漢代的薄縣，為今河南商丘、夏邑、永城三縣之地。葛究在寧陵與否，殊無確據。韋是今河南的滑縣，顧是今山東的範縣，亦不過因其地有韋城、顧城而言之，未敢決其信否。唯昆吾初居濮陽，後遷舊許，見於《左氏》昭公十二年和哀公十七年，較為可信。桀都陽城，見於《世本》，其說亦當不誣。舊許，即今河南的許昌。陽城，在今河南登封縣。《史記》說：桀敗於有娀之虛，奔於鳴條。有娀之虛不可考。鳴條則當在南巢附近。南巢，即今安徽的巢縣，桀放於此而死。然則湯當是興於陝西或豫北，向豫南及山東、安徽發展的。

　　商代傳三十一世，王天下六百餘年。其制度特異的，為其王位繼承之法。商代的繼承法，似乎是長兄死後，以次傳其同母弟；同母弟既盡，則還立其長兄之子。所以《春秋繁露》說：主天者法商而王，立嗣與子，篤母弟。主地者法夏而王，立嗣與孫，篤世子。我們觀此，知商代的習慣，與夏不同，而周朝則與夏相近。又商代之法：「君薨，百官總己，以聽於塚宰，三年。」所以古書說：「高宗諒闇，三年不言。」觀此，則商代的君權，似不十分完全，而受有相當的限制。

　　此外，商代事蹟可考見的，只有其都邑的屢遷。至其治亂興衰，《史記》雖語焉不詳，亦說得一個大概。今節錄如下：

　　【太甲】修德，諸侯咸歸殷，百姓以寧。

　　【雍己】殷道衰，諸侯或不至。

　　【大戊】殷復興，諸侯歸之。

　　【仲丁】遷於敖。

　　【河亶甲】居相。殷復衰。

　　【祖乙】遷於邢。殷復興。

　　【陽甲】自仲丁以來，廢適而更立諸弟子，弟子或爭，相代立，比九世亂，諸侯莫朝。

　　【盤庚】涉河南，治亳。殷道復興，諸侯來朝。

　　【小辛】殷復衰。

　　【武丁】修德行政，天下咸歡，殷道復興。

　　【帝甲】淫亂，殷復衰。

　　【武乙】去亳，居河北。

　　【帝乙】殷益衰。

　　帝乙的兒子，就是紂了。

　　西元一八九八、九九年間，河南安陽縣北的小屯，曾發現龜甲獸骨，有的刻有文字。考古的人，謂其地即《史記・項羽本紀》所謂殷墟，或者

是武乙所都。據以研究商代史事和制度的頗多，著書立說的亦不少。但骨甲中雜有偽品，研究亦未充分，所以其所得之說，尚未能據為定論。殷代政教，見於書傳，確然可信的，則古書中屢說殷質而周文。可見其時的風氣，尚較周代為質樸；一切物質文明的發達，亦尚不及周朝。又商人治地之法，名為助法。是把田分別公私。公田所入歸公；私田所入，則全歸私人所有。但借人民之力，以助耕公田，而不復稅其私田，故名為助，這確較夏代的貢法，進步多了。

第六章　周初的政治

周代，因其國都的遷徙，而分為西周和東周。東周時代的歷史和西周時代判然不同。在西周，還同夏、殷一樣，所可考的，只有當時所謂天子之國的史事。到東周時代，則各方面的大國事蹟都有可考，而天子之國反若在無足重輕之列。這是世運變遷，各地方均逐漸發達之故。現在且先說西周。

周代是興於現在的陝西的。其始祖后稷，封於邰。傳若干世至不窋，失官，竄於戎狄之間。再傳至公劉，復修后稷之業，居於豳。九傳至古公亶父，復為戎狄所逼，徙岐山下。《史記》說：「古公貶戎狄之俗，營築城郭宮室，而邑別居之。」又「作五官有司」。可見周朝崎嶇戎狄之間，不為所同化，而反能開化戎狄了。周代的王業，實起於亶父，所以後來追尊為太王。太王有三子：長泰伯，次仲雍，因太王欲立季子季歷，逃之荊蠻。太王遂立季歷，傳國至其子昌，是為周文王。文王之時，周益強盛。西伐犬戎、密須。東敗者，又伐邘、伐崇侯虎。作豐邑，自岐下徙都之。時荊、梁、雍、豫、徐、揚六州，都歸文王。文王崩，子武王立。觀兵至孟津。復歸。後二年，乃滅紂。武王滅紂時，周朝對東方的權力，似乎還不甚完全。所以仍以紂地封其子武庚而三分其畿內之地，使自己的兄弟管

叔、蔡叔、霍叔監之。武王崩，成王幼，武王弟周公攝政。三監和武庚俱叛。淮夷、徐戎，並起應之。周公東征，定武庚和三叔。又使子魯公伯禽平淮夷徐戎。營洛邑為東都。周朝在東方的勢力，就逐漸鞏固了。

成王之後，傳子康王，史稱「成、康之際，天下安寧，刑措四十餘年不用」。這所謂天下，大約實僅指周畿內的地方。孟子說：「文王之治岐也，耕者九一，仕者世祿，關市譏而不征，澤梁無禁，罪人不孥。老而無妻曰鰥，老而無夫曰寡，老而無子曰獨，幼而無父曰孤，文王發政施仁，必先斯四者。」第二章說大同時代的制度，到小康時代多少還能保存。依孟子所說，則文王的治岐：實能（一）維持井田制度；（二）山澤之地，還作為公有；（三）商人並不收稅；（四）而其分配，也還有論需要而不專論報酬的意思。成、康時代，果能保守這個規模，自然能刑罰清簡，稱為治世了。然而時移世易，社會的組織暗中改變，此等制度遂暗中逐漸破壞；而在上的政治，亦不能長保其清明；社會的情形，遂覺其每況愈下了。所以孔子論小康之治，至成王、周公而告終；而《史記》亦說昭王以後，王道微缺。

《史記》說：「昭王南巡守，不返，卒於江上。其卒不赴告，諱之也。」案，春秋時，齊桓公伐楚，管仲曾以「昭王南征而不復」責問楚人。《左氏》杜注說：此時漢非楚境，所以楚不受罪。然據宋翔鳳所考，則楚之初封，實在丹、淅二水之間。是役蓋伐楚而敗。周初化行江、漢的威風，至此就倒了。昭王崩，子穆王立。史稱「王室復寧」。然又稱穆王征犬戎，得四白狼、四白鹿以歸，自是荒服者不至，則其對於西戎的威風亦漸倒。穆王之後，再傳而至懿王。懿王之時，史稱「王室遂衰，詩人作刺」。懿王三傳而至厲王，以暴虐侈傲為國人所謗。王得衛巫，使之監謗，「以告則殺之」。國人不能堪。三年，遂相與畔，襲王。王奔於彘，卿士周、召二公當國行政，謂之共和。凡十四年，厲王死，乃立其子宣王。宣王立，側身修行，號為中興。然傳子幽王，又以寵愛褒姒故，廢申后及太子宜臼。申侯和犬戎伐周，弒王於驪山下。諸侯共立宜臼，是為平王，東遷於洛。案，周室之興，本因

和戎狄競爭而致。自穆王以後，似乎目以陵夷。再加以西南的中國與之合力，兩路夾攻，就不免於滅亡了。平王借前此所營的東都而僅存，然而號令不復能行於列國；而列國中強盛的亦漸多，遂成為「政由方伯」的局面。

第七章　古代的封建制度

東周時代，政治的重心，既然不在天子而在列國，則欲知其時的政治，非兼知其時列國的情形不可，而欲知列國的情形，又非先知古代的封建制度不可。

封建制度，當分兩層說。古代交通不便，一水一山之隔，其人即不相往來。當此之時，即有強大的部落，亦不過能征服他部落，使之服從於我，來朝或進貢而已，這可稱為封建制度的前期。後來強大之國更強大了，交通亦漸方便，征服他國後，可以廢其酋長，而改封我的子弟、親戚、功臣、故舊。則所謂共主的權力更強；而各國之間，關係亦日密，這可稱為封建制度的後期。從前期到後期，亦是政治的一個進化。「眾建親戚，以為屏藩」的制度，莫盛於周代。要明白周代的封建制度，又不可不先明白其宗法。

社會的組織，本是起於女系的。所以在文字上，女生兩字，合成一個姓字。後來女權漸次墜落，男權日益伸張。權力、財產，都以男子為主體，有表明其系統的必要。於是乎姓之外又有所謂氏。所以姓是起於女系，氏是起於男系的。再後來，婚姻的關係，亦論男系而不論女系，於是姓亦改而從男。一族的始祖的姓，即為其子孫的姓，百世而不改。如后稷姓姬，凡后稷的子孫都姓姬之類。是之謂正姓。氏則可隨時改變。如魯桓公是魯國之君，即以魯為氏，而其三個兒子，則為孟孫氏、叔孫氏、季孫氏之類。是之謂庶姓。正姓所以表示系統，庶姓則表示這系統內的分支。宗法與封建，是相輔而行的。凡受封的人，除其嫡長子世襲其位外，其次子以下，都別為大宗，大宗的嫡長子為大宗

宗子。其次子以下，則別為小宗。小宗宗子直接受大宗宗子的統轄。小宗宗人，則直接受小宗宗子的統轄，間接受大宗宗子的統轄。凡受統轄的人，同時亦得蒙其收恤。小宗宗人，受小宗宗子的統轄和收恤，都以五世為限。大宗宗子則不然。凡同出一祖之後，無不當受其統轄，可蒙其收恤。所以有一大宗宗子，即同出一祖的人，都能團結而不渙散。故其組織極為堅強而悠久。此製為什麼必與封建並行呢？因為必如此，然後大宗宗子都是有土之君，才有力量以收恤其族人；而一族中人都與宗子共生息於此封土之上，自必同心翼衛其宗子，而各受封之人之間，亦借此以保存其聯絡。因為受封的人，在其所封之地固為大宗，若回到其本國，則仍為小宗。如季氏，在其封地為大宗，對於魯國的君，則為小宗；周公在魯為大宗，對周朝則為小宗。所以《詩經》說：「君之宗之。」而公山不狃稱魯國為宗國。這可見君臣之間，仍有宗族的關係。

```
國君┬嗣君─嗣君─嗣君─嗣君─嗣君─嗣君
    └別子太宗┬大宗宗子─大宗宗子─大宗宗子─大宗宗子─大宗宗子
       之祖  └小宗宗子┬繼禰小宗─繼祖小宗─繼曾祖小宗─繼高祖小宗
                    └小宗宗子┬繼禰小宗─繼祖小宗─繼曾祖小宗
                           └小宗宗子┬繼禰小宗─繼祖小宗
                                  └小宗宗子┬繼禰小宗
                                         └小宗宗子
```

不論宗或族的組織，都由古代親親之情，限於血統相同或血統上有關係的人之故。而封建制度，則是一族征服他族之後，分據其地，而食其賦入，而治理其人的辦法。一族的人分據各處，則可以互相藩衛，而別族的人不易將他推翻。這種精神，要算周代發揮得最為充足。武王克商，封兄弟之國十五，同姓之國四十。還有齊、楚等國，或是親戚，或是功臣故舊。當初原是一族的人，分據各方，以對抗異族，以壓制被征服之人。然而數傳之後，各國之君，相互之間的關係，已漸疏遠；更數傳，即同於路人了，而各國的權利，又不能無衝突。於是爭鬥遂起於國與國之間。這還是說始封之君彼此本有關係的，若

其並無關係，則其爭鬥的劇烈，自更無待於言了。所以封建制度不廢，兵爭終無由而息。但是封建制度之廢，亦必要等到一定的機運的。

區別諸侯尊卑的是爵，而封地之大小，即因爵而異。《白虎通義》說：周爵五等，殷爵三等，而地則同為三等。地的大小，今文說：公、侯皆方百里，伯七十里，子、男五十里；不能五十里者，不達於天子，附於諸侯，曰附庸。古文說：公方五百里。侯四百里。伯三百里。子二百里。男一百里。大約今文家所說，是西周以前的舊制。古文家所說，則東周以後，列國都擴大了，立說者乃斟酌其時勢以立言。但無論立說定制如何，實行之時，總未必能如此整齊劃一；即使能夠，後來的開拓和削弱也是不能一定的。所以列國的大小強弱就不一致了。就大概言之，則沿邊之國強，而內地之國弱；沿邊之國大，而內地之國小。大約由沿邊諸國，與戎狄為鄰，有競爭磨礪；而又地多荒僻，易於占領開拓之故。

列國的互相併兼，非一朝一夕之故。向來說夏之時萬國，殷之時三千，周初千八百，春秋時百四十。這固然是「設法」或「約計」之詞，未必是實數。然而國之由多而少，則是不誣的。以一強遇眾弱，可以恣意併吞。若兩強相遇，或以一強遇次強，則併吞非旦夕間事，於是互爭雄長，而有所謂霸主。小國都被併吞，或僅保存其名號，而實際則等於屬地。次國聽命於大國，大國則爭為霸主。春秋時代的情形便是如此。到戰國時，則次國亦無以自立，大國各以存亡相搏，遂漸趨於統一了。

第八章　中國民族的滋大

封建時代的戰爭看似非常殘酷，然而和中國民族的發展很有關係。

古代交通不便，一水一山之隔，其人即不相往來。一個中央政府，鞭長莫及。所以非將同族的人，一起一起的，分布到各處，令其人自為戰，

無從收拓殖之功。這許多分封出去的人，可以說是中國民族的拓殖使，亦可以說是中國文化的宣傳隊。只要看東周之世，各方面封建的國都逐漸強盛起來，就可以見得中國民族滋大的情形了。

【齊】是太公望之後。周初封於營丘，在今山東昌樂縣。後來遷徙到臨淄，就是現在的臨淄縣。《史記‧貨殖列傳》說：齊初封之時，「地潟鹵，人民寡。太公乃勸女工，通魚鹽，極技巧」。於是「齊冠帶衣履天下」，「海岱之間，斂袂而往朝焉」。這是東方的大國。

【晉】晉是成王母弟叔虞之後，初封於太原，即唐堯的舊都。後來遷徙到新、舊絳。舊絳是今山西省的翼城，新絳則今山西省的聞喜縣，現在山西省的大部分是晉國所開拓的。兼有河南北的一部分。

【秦】秦嬴姓，初封於秦，地在今甘肅天水縣。不過是個附庸之國，因和西戎競爭，漸次強大。平王東遷後，西都畿內之地，不能顧及。秦襄公力戰破戎。周人始命為諸侯。至秦文公，遂盡復周朝的舊地。把岐以東獻之周。周朝仍不能有。穆公之世，秦遂東境至河。

【楚】楚國是芊姓，受封的喚做鬻熊。居丹陽。已見前。鬻融之後，數傳至熊繹，遷居荊山。在今湖北的南漳縣。五傳至熊渠，甚得江、漢間民和。熊渠立其三子：一為句亶王，居今江陵。一為鄂王，在今武昌。一為越章王，就是後來的豫章，在今安徽的當塗縣。長江中流，全為其所征服了。又十一傳至文王，遷都江陵，謂之郢。據江域的沃土，轉和北方爭衡。今河南省的南部，亦為其所懾服。

齊、晉、秦、楚，是春秋時最大之國。其強盛較晚，而其命運亦較短的，則有吳、越二國。吳是泰伯之後，周得天下，因而封之。越則夏少康之後。因為禹南巡守，奔於會稽，少康封庶子無餘於此，以奉禹祀。吳居今江蘇的吳縣；越居今浙江的紹興縣。其初，都是和斷髮紋身的越族雜居的。久之，乃漸次強盛。吳的地方，到今安徽的中部。越則並有現在江西的大部。

以上諸國，都可稱為一等國。此外還有：

【魯】周公之後，封於曲阜，已見前。

【衛】武王弟康叔，封於朝歌。地在今河南的淇縣。春秋時，為狄所破，遷於楚丘。在今河南的滑縣。

【曹】武王弟叔振鐸，封於陶丘。現今山東的定陶縣。

【宋】微子啟，紂庶兄，武庚亡後，封於商丘。現在河南的商丘縣。

【鄭】周宣王之弟友，封於鄭。本在今陝西的華縣。後來東遷今河南鄭縣之地，謂之新鄭。

【陳】陳胡公，舜之後。封於宛丘。現在河南的淮寧縣。

【蔡】蔡叔度之子胡，封於蔡。如今河南的上蔡縣。後來曾遷徙到新蔡。最後又遷於州來，則在今安徽的壽縣了。

【許】姜姓，舜臣伯夷之後。封於許，今河南許昌縣。後來遷於葉，今河南葉縣。又遷於夷，今安徽亳縣。又遷於析，今河南內鄉縣。

此諸國雖不能和齊、晉、秦、楚等國比較，然而地方亦數百里。大的有後世一兩府，小的亦有數縣之地。和初封時的百里、七十里、五十里，極大不過後世一縣的，大不相同了。這便是逐漸開拓的成跡。《春秋》之法，「諸侯用夷禮則夷之，進於中國則中國之」。可見當時列國，亦間有雜用夷禮的。然而從大體上論起來，如魯、衛等國，本居當時所謂中國之地者勿論。即如秦、楚、吳、越等本與異族雜居，在春秋初期還不免視為夷狄的，到後來也都彬彬然進於冠裳之列了，這又可見中國文化的擴張。所謂民族，本以文化的相同為首要的條件。中國文化的擴張，便是中國民族的滋大。

第九章　春秋的霸業

從西元前七二二年起至前四八一年止，凡二百四十二年。這其間，孔子因魯史修《春秋》，後人遂稱為春秋時代。

春秋時代，王室已不能號令天下。列國內部有什麼問題以及相互之間有什麼爭端，都由霸主出來聲罪致討或調停其事。霸主為會盟征伐之主。往往能申明約束，使諸侯遵守。列國對於霸主，也有朝貢等禮節；霸主雖有此威力，仍未能「更姓改物」。所以對於周天子，表面上仍甚尊重。王室有難，霸主往往能出來「勤王」。文化程度較低的民族，為文明諸國之患，霸主也要出來設法。所以「尊王攘夷」為霸主的重要事業。所謂霸主，在表面上亦受天子的錫命，論實際，則由其兵力強盛為諸侯所畏；又有相當的信義為諸侯所服而然。

首出的霸主為齊桓公。其創霸，在西元前六七九年。這時候，河北省裡的山戎，為北燕之患。河南北間的狄人，又連滅邢、衛兩國。齊桓公都興兵救之。其時楚漸強盛，陳、蔡等國都受其威脅，即鄭亦生動搖。齊桓公乃合諸侯以伐楚，與楚盟於召陵。孔子說：「桓公九合諸侯，不以兵車。」可見其確有相當的信義，為諸侯所歸向了。

齊桓公死後，宋襄公出來主持會盟。然國小，力不足。西元前六三八年，和楚人戰於泓，為楚所敗，傷股而卒。雖亦列為五霸之一，實在是有名無實的。

宋襄公死後，楚人的勢力大張。適會晉文公出亡返國。用急激的手段訓練其民，驟臻強盛。西元前六三二年，敗楚於城濮，稱霸。

同時秦穆公，初本與晉和好。晉文公的返國多得其力。後來與晉圍鄭，聽鄭人的遊說，不但撤兵而退，反還留兵代鄭戍守。晉文公死後，穆公又聽戍將的話，遣孟明等潛師襲鄭，為鄭人所覺，無功而還。晉襄公又邀擊之於崤，「匹馬只輪無返者」。秦穆公仍用孟明，興師報怨，又為晉人所敗。穆公猶用孟明，增修德政。到底打敗晉國。遂霸西戎，闢地千里，亦列為五霸之一。

然而秦國的威權只限於今陝、甘境內。其在東方，還是晉、楚兩國爭為雄長。晉襄公死後，子靈公無道，勢漸陷於不振，而楚國的莊王日強。西元前五九七年，敗晉師於邲，稱霸。莊王死後，子共王與晉厲公戰於鄢陵，為晉所敗。然厲公旋亦被弒。當時的形勢，魯、衛、曹、宋等國，多

服於晉；陳、蔡及許，則服於楚；而鄭為二國爭點。厲王死後，共王仍與晉爭鄭。直至西元前五六二年，而鄭乃服於晉。晉悼公稱為後霸。西元前五四六年，宋大夫向戍為弭兵之盟，請「晉、楚之從交相見」。於是晉、楚的兵爭作一結束，而吳、越繼起。

　　吳本僻處蠻夷，服從於楚的。後來楚國的大夫巫臣，因事奔晉，為晉謀通吳以橈楚。於是巫臣於西元前五八四年適吳，教以射御戰陳之法。吳遂驟強，時時與楚爭鬥。自今江蘇的鎮江，上至安徽的巢縣，水陸時有戰事，楚人不利時多。弭兵盟後，楚靈王因此大會北方的諸侯。向來服從於晉之國都去奔走朝會於楚，表面上看似極盛。然而靈王實是暴虐奢侈的，遂致釀成內亂，被弒。平王定亂自立，又因信讒之故，國勢不振。西元前五○六年，楚相囊瓦因求賄之故，辱唐、蔡二國之君。蔡侯求援於晉，無效，遂轉而求援於吳。吳王闔廬乘之，攻楚，入其都城。楚昭王逃到隨國。幸賴其臣申包胥，求救於秦，殺敗吳兵，昭王乃得復國。闔廬雖破楚，伐越卻不利。敗於檇李，受傷而死。子夫差立，興兵伐越，敗之於夫椒。越王勾踐，棲於會稽之山以請成，夫差許之。勾踐歸，臥薪嘗膽，以謀報復，而夫差遽驕侈，北伐齊、魯，與晉爭長於黃池。西元前四七三年，遂為越所滅。勾踐北會齊、晉於徐州，稱為霸王。然越雖滅吳，不能正江淮之土，其地皆入於楚，所以仍和北方的大局無關。其被滅於楚，在西元前三三四年，雖已是入戰國後一百四十七年，然而其國，則久在無足重輕之列了。宇內的強國，仍是晉、楚、齊、秦，而晉分為韓、趙、魏三國，河北的燕亦日強。天下遂分為戰國七，史稱為戰國時代。

第十章　戰國的七雄

　　戰國七雄，誰都知道以秦為最強。然而當其初年，實以秦為最弱。秦處關中，本雜戎狄之俗，其文化和生活程度，都較東方諸國為低，而戰國初

年，秦又時有內亂，魏人因之，攻奪其河西之地；而且北有上郡。現在陝西南部的漢中，則本屬於楚。對於江、河兩流域，秦人都並無出路。西元前三六〇年，已是入戰國後一百十八年了。秦孝公即位，用商鞅，定變法之令，一其民於農戰，秦遂驟強。西元前三四〇年，秦人出兵攻魏，取河西。魏棄安邑，徙都大梁。秦人又取上郡。於是關中之地，始全為秦人所有。

秦國的民風，本較六國為強悍，而其風氣亦較質樸。秦國的政令，又較六國為嚴肅。所以秦兵一出，而六國都不能敵。於是蘇秦說六國之君，合縱以擯秦。然六國心力不齊，縱約不久即解散。張儀又說六國連橫以事秦。然秦人併吞之心，未必以六國服從為滿足，而六國亦不能一致到底，六國相互之間，更不能無爭戰，所以橫約的不能持久，亦與縱約同。

秦人滅六國，其出兵的路共有三條：一出函谷關，劫韓包周，此即今日自陝西出潼關到洛陽，而亦即周武王觀兵孟津的路；一渡蒲津，北定太原，南攻上黨，此即文王戡黎之路；一出武關，取南陽，又出漢中，取巴蜀，沿江漢而下，三道並會於湖北以攻楚。文王當日化行江、漢，亦就是這一條路。

秦既破魏，取河西，後又滅蜀。蜀是天府之國，其人民雖稍弱，而地方則極富饒，於秦人的經濟大有裨益。於是秦人的東方經略開始。西元前三一三年，秦人敗楚，取漢中。西元前三一一年，攻韓，拔宜陽。西元前二八〇年，秦又伐楚取黔中。於是江、漢兩流域，秦人皆據上游之勢。西元前二七五年，白起遂伐楚。取鄢、鄧、西陵。明年，又伐楚。拔郢，燒夷陵。楚東北徙都陳，後又徙都壽春。西元前二六〇年，秦伐韓，拔野王。上黨路絕，降趙，秦敗趙軍於長平，坑降卒四十萬。遂拔上黨，北定太原。於是韓、趙、魏三國，都在秦人控制之下。西元前二五七年，秦遂圍趙都邯鄲。當這六國都岌岌待亡之時，列國雖發兵以救趙，然多畏秦兵之強，不敢進。幸得魏公子無忌，竊其君之兵符，奪魏將晉鄙之軍以救趙，擊敗秦兵於邯鄲下。趙國乃得苟延殘喘。

　　然而六國的命運，終於不能久持。西元前二五六年，久已無聲無息的周朝，其末主赧王，忽而謀合諸侯攻秦。秦人出兵攻周，周人不能抵抗。赧王只得跑到秦國，盡獻其地，周室於是滅亡。西元前二三一年，秦人滅韓。西元前二二八年，滅趙。這時候，趙人已拓境至代。於是趙公子嘉自立為代王，與燕合兵軍上谷。燕太子丹使荊軻入秦，謀刺秦王，不克。秦大發兵圍燕。燕王奔遼東。西元前二二五年，秦滅魏。西元前二二三年，滅楚。明年，大發兵攻遼東，滅燕，還滅代。又明年，自燕南襲齊，滅之。於是六國盡亡。其春秋時代較小的國：則許先滅於鄭。鄭亡於韓。曹滅於宋。宋在戰國時，其王偃曾一強盛，然不久即滅於齊。陳、蔡及魯，則均亡於楚。唯衛國最後亡。直到秦二世元年，即西元前二〇九年，才遷其君而絕其祀。然而偌大一個中國，區區一衛算得什麼？所以當民國紀元前二一三二年，即西元前二二一年，秦始皇滅齊之歲，史家就算他是中國一統。

第十一章　中原文化的廣播和疆域的拓展

　　中國為什麼會成為東方的大國？這個與其說是兵力的盛強，還不如說是文化的優越。

　　神州大陸之上，古代雜居的異族多著呢！為什麼中國民族終成為神州大陸的主人翁？原來初民的開化，受地理的影響最大。古代文明的中心是黃河流域。黃河流域之北便是蒙古高原，地味較瘠薄，氣候亦較寒冷。其民久滯於游牧的境界，不能發生高度的文明。黃河流域之南便是長江流域，其地味過於腴沃，氣候亦太溫暖，其人受天惠太覺優厚，於人事未免有所不盡，而且平原較小，在古代，沿澤沮洳之地又特多，交通亦不十分便利。只有黃河流域，氣候寒暖適中，地味不過腴，亦不過瘠。懶惰便不能生存，而只要你肯勤勞，亦不怕自然界對你沒有酬報，而且平原廣大，

易於指揮統馭。所以較高的文明、較大的國家都發生於此，而成為古代文化的中心。

　　從以前各章所述，伏羲、神農是在今山東的西部、河南的東部的。黃帝、堯、舜，則在今河北、山西的中部。夏朝是從山西遷徙到河南的西部的。商、周兩朝都起於陝西的中部。商朝沿著黃河東進。周朝亦自長安跨據洛陽。所以從泰岱以西，太原、涿鹿以南，豐、鎬以東，陽城以北，這黃河流域的中游，便是古代所謂中原之地。中國文化，即以此為中心而廣播於四方，而疆域亦即隨之而拓展。今以漢族以外各種民族做綱領，述其開化的次第，便可見得中原文化的廣播和疆域拓展的情形。

　　古代漢族以外的民族，最強悍的要算獫狁，亦稱狁，就是後世的匈奴，與漢族雜居於黃河流域。自黃帝以至周朝，歷代都和他有交涉。因其地居北方，所以古書上多稱為狄。到春秋時，狄人還很強盛。後又分為赤狄、白狄，大抵為秦、晉二國所征服。戰國時，秦、趙、燕三國，各築長城以防之。魏有河西、上郡，趙有雲中、雁門、代郡，秦有隴西、北地，以與戎界邊。此諸郡以內，就都成為中國之地了。

　　次之則是山戎和貊。其居地，大約在今河北、遼寧、熱河三省之交。從燕開五郡而中國的文化廣播於東北。遼寧和熱河大體都入中國的版圖。

　　再次之則是氐、羌。這兩族很為接近。大約羌中最進化的一支為氐，居今嘉陵江流域，就是古所謂巴。其餘，則蔓延於四川和甘肅一帶。秦人開拓今甘肅之地，直到渭水上源。在甘肅境內的羌人，就大都逃到湟水流域。

　　南方的種族，大別為三。一是後世的苗族，古人稱之為黎。古代的三苗，便是君臨此族的。此族的根據地是洞庭流系。戰國時，楚國開闢到湖南，這一族也漸次開化。一是現在的馬來人，古人稱之為越，亦作粵。此族的居地在亞洲沿海及地理上稱為亞洲大陸真沿邊的南洋群島。此族在古代，有斷髮紋身和食人的風俗。在歷史上，中國古代沿海一帶，大抵都有

此俗的，所以知其為同族。其在江蘇、浙江的，因吳、越的興起而開化。在福建、兩廣的，則直到秦並天下後才開闢。山東半島的萊夷和淮水流域的淮夷、徐戎，大約亦屬此族。萊夷滅於齊。淮夷至秦有天下後，才悉散為人戶。一為濮，就是現在的猓玀。此族古代分布之地，亦到今楚、豫之交。所以韋昭《國語注》說：濮是南陽之國。杜預《左氏釋例》則謂其在建寧郡之南。自楚國強後，大抵都為所征服。戰國時，楚國的莊蹻，又循牂牁江而上，直到滇國，都以兵威略屬楚。因巴、黔中為秦所奪，歸路斷絕，即以其眾王滇。

中國古代文化的廣播和疆域的拓展，大略如此。古代交通多乘車；即戰陣，亦以車戰為主力。戰國以後，則騎馬的漸多；戰陣上，亦漸用騎兵和步兵。這因古代交通只及於平地，而戰國時開拓漸及於山地之故。當時漢族多居平地，所謂夷、蠻、戎、狄，則多居山地。開拓漸及於山地，即是雜居的異族和中國民族同化的證據。

第十二章　春秋戰國的學術思想

中國的學術思想，起源是很早的。然其大為發達，則在春秋戰國之世。因為西周以前，貴族平民的階級較為森嚴。平民都胼手胝足，從事於生產，沒有餘閒去講求學問。即有少數天才高的人，偶有發明，而沒有徒黨為之授受傳播，一再傳後，也就湮沒不彰了。所以學術為貴族所專有。貴族之中，尤其是居官任職的，各有其特別的經驗，所以能各成為一家之學。東周以後，封建政體漸次破壞。居官任職的貴族，多有失其官守，降為平民的。於是在官之學，一變而為私家之學。亦因時勢艱難，仁人君子都想有所建明，以救時之弊，而其時社會階級，漸次動搖，人民能從事於學問的亦漸多，於是一個大師往往聚徒至於千百，而學術之興遂如風起雲湧了。

　　先秦學術，司馬遷《史記·自序》載其父談之論，分為陰陽、儒、墨、名、法、道德六家。《漢書·藝文志》，益以縱橫家、雜家、農家、小說家，是為諸子十家。其中除去小說家，謂之九流。《漢志》推原其始，以為都出於王官。此外，兵書分權謀、形勢、陰陽、技巧四家；數術分天文、歷譜、五行、蓍龜、雜占、形法六家；以及方技略之醫經、經方二家，推原其始，亦都是王官之一守，為古代專門之學。其與諸子各別為略，大約因校書者異其人之故。

　　諸家的學術，當分兩方面觀之。其（一）古代本有一種和宗教混合的哲學。其宇宙觀和人生觀，為各家所同本。如陰陽五行以及萬物之原質為氣等思想。其（二）則在社會及政治方面，自大同時代，降至小康，再降而入於亂世，都有很大的變遷。所以仁人君子，各思出其所學以救世。其中最有關係的，要推儒、墨、道、法四家。大抵儒家是想先恢復小康之治的，所以以堯、舜、三代為法。道家則主張徑復大同之治，所以要歸真返樸。法家可分法術兩方面：法所以整齊其民，術則所以監督當時的政治家，使其不能以私廢公的。墨家捨周而法夏。夏代生活程度較低，迷信亦較甚。其時代去古未遠，人與人間的競爭，不如後世之烈。所以墨子主張貴儉、兼愛，而以天志、明鬼為聳動社會的手段。此外，名家是專談名理的。雖然去實用較遠，然必先正名，乃能綜核名實，所以「名法」二字往往連稱。農家，《漢志》謂其「欲使君臣並耕，悖上下之序」，所指乃《孟子》書所載的許行。大約是欲以古代農業共產的小社會為法的，其宗旨與道家頗為相近。縱橫家只談外交，則與兵家同為一節之用了。

　　陰陽家者流，似乎脫不了迷信的色彩。然而此派是出於古代司天之官的。所以《漢志》說「敬授民時」是其所長。古代《明堂月令》之書，規定一年行政的順序和禁忌，和國計民生很有關係，不能因其理論牽涉迷信，就一筆抹殺的。諸子中的陰陽家和數術略諸家關係極密。數術略諸家，似亦不離迷信。然《漢志》說形法家的內容，是「形人及六畜骨法之度數，器物

之形容，以求其聲氣貴賤吉凶。猶律有長短，而各征於聲，非有鬼神，數自然也」。其思想，可謂近乎唯物論。設使此派而興盛，中國的物質之學，必且漸次昌明。惜乎其應聲很少，這一派思想就漸漸地消沉了。

古代的學問，都是所謂專門之學。凡專門之學，對於某一方面必然研究得很深。對於另一方面，即不免有輕視或忽略之弊。此由當時各種學問初興，傳播未廣之故。只有雜家，《漢志》稱其「兼名、法，合儒、墨」，卻頗近於後世的通學。

諸家的學問，都出於官守。只有小說家，《漢志》稱為「街談巷語，道聽途說者所造」，似乎是民間流傳之說。今其書已盡亡。唯據《太平御覽》引《風俗通》，則「城門失火，殃及池魚」之說，實出於小說家中的《百家》。則其性質，亦可想見了。

第十三章　春秋戰國的政制改革

春秋戰國時代，政治制度亦有很大的變遷。

古代說天子是感天而生的，迷信的色彩很重。到春秋戰國時，儒家就有立君所以為民、民貴君輕諸說。怕舊說的勢力一時不能打倒，則又創「天視自我民視，天聽自我民聽」等說，以與之調和。實在替平民革命大張其目。使漢以後起平民而為天子的，得一個理論上的根據，而亦替現代的共和政體，種了一種遠因。

因世運的漸趨統一，而郡縣的制度，漸次萌芽。古代的郡縣，是不相統屬的。大約在腹裡繁華之地的，則稱為縣；在邊遠之地的，則稱為郡。所以郡，大概是轄境廣，而且有兵備的。後來因圖控制的方便，就以郡統縣了。從春秋以來，小國被滅的，大都成為大國的一縣。鄉大夫采地發達的，亦成為縣。古代官制，內諸侯與外諸侯，在爵祿兩點，全然相同；所

異的，只是一世襲，一不世襲。改封建為郡縣，其初不過是將外諸侯改為內諸侯而已。所以能將外諸侯改為內諸侯，則因交通便利；各地方的風氣，漸次相同；一個中央政府，可以指揮統率之故。所以封建郡縣的遞嬗，純是世運的變遷，並非可以強為的。

內官則今文家說：三公、九卿、二十七大夫、八十一元士。三公之職，為司馬、司徒、司空。九卿以下都無說。古文家則以太師、太傅、太保為三公，少師、少傅、少保為三孤，皆坐而論道，無職事。塚宰、司徒、宗伯、司馬、司寇、司空為六卿，分管全國的政事。其地方區劃，則《周禮》以五家為比，比有長。五比為閭，閭有胥。四閭為族，族有師。五族為黨，黨有正。五黨為州，州有長。五州為鄉，鄉有大夫。其編制以五起數，和軍制相應。《尚書大傳》說：「古八家而為鄰，三鄰而為朋，三朋而為里，五里而為邑，十邑而為都，十都而為師，州十有二師。」其編制以八起數，和井田之制相合。大約前者是行於鄉，而後者是行於野的。參看兵制自明。

古代的兵制：今古文說都以五人為伍，五伍為兩，四兩為卒，五卒為旅，五旅為師。唯今文說以師為一軍，天子六師，方伯二師，諸侯一師。古文家則以五師為軍，王六軍，大國三軍，次國二軍，小國一軍。其出賦，則今文家謂十井出兵車一乘。公侯封方百里，凡千乘。伯四百九十乘。子男二百五十乘。古文家據《司馬法》，而《司馬法》又有兩說：一說以井十為通，通為匹馬，三十家。士一人，徒二人。通十為成，成十為終，終十為同，遞加十倍。又一說，以四井為邑，四邑為丘，有戎馬一匹，牛三頭，四丘為甸，有戎馬四匹，兵車一乘，牛十二頭，甲士三人，步卒七十二人。一同百里，提封萬井，除山川、沈斥、城郭、邑居、園圃、術路，定出賦的六千四百井，有戎馬四百匹，兵車百乘。這是鄉大夫采地大的。諸侯大的一封，三百六十里；天子畿方千里，亦遞加十倍。古文之說，兵數遠較今文之說為多，大約其出較晚。然六軍之數，還不過七

萬五千人。到戰國時，則坑降、斬級，動至數萬，甚且至數十萬，固然也有虛數，然戰爭規模之大，遠過春秋以前，則必是事實，不能否認的。這驟增的兵數，果何自而來？原來古代的人民，並不是通國皆兵的。所以齊有士鄉和工商之鄉；而楚國的兵制，也說「荊屍而舉，商農工賈，不敗其業」。正式的軍隊，只是國都附近的人。其餘的人雖非不能當兵，不過保衛本地方，如後世的鄉兵而止。戰國時代，大約此等人都加入正式軍隊之中，所以其數驟增了。戰爭固然殘酷，然而這卻是中國真正實行舉國皆兵的時代。

古代階級森嚴，大夫以上，都是世官。《王制》說：命鄉論秀士，升諸司徒，曰選士。司徒論選士之秀者，而升諸學，曰俊士。既升於學，則稱造士。大樂正論造士之秀者，而升諸司馬，曰進士。司馬辨別其才能之所長，以告於王而授之官。周官則六鄉六遂之官，都有教民以德行道藝之責。三年大比則興其賢者，能者於王。此即所謂「鄉舉里選」。鄉人的進用，大概不是沒有的事；然其用之，不過至士而止。立賢無方之事，實際是很少的。到戰國時代，貴族階級，日益腐敗。競爭激烈，需才孔亟，而其時學術發達，民間有才能的人亦日多。封建制度既破，士之無以為生，從事於游談的亦日眾。於是名公卿爭以養士為務，而士亦多有於立談之間取卿相的，遂開漢初布衣將相之局。

中國的有成文法，亦由來頗早。其見於古書的，如夏之《禹刑》，商之《湯刑》，周之《九刑》都是。西周以前，刑法率取祕密主義。至春秋時，則鄭鑄《刑書》，晉作《刑鼎》，漸開公布刑法之端了。戰國時，李悝為魏文侯相，撰次諸國法，為《法經》六篇。商君取之以相秦。漢朝亦沿用它。從此以後，中國的法律就連綿不斷了。

第十四章 上古的社會

從上古以至春秋戰國，社會組織的變遷尤其巨大。

孔子所說的大同時代，大約是極其平等、毫無階級的。至各部落相遇，而有戰爭，於是生出征服者和被征服者的階級。其最顯著的，就是國人和野人的區別，古代有許多權利，如詢國危、詢國遷、詢立君等，都是國人享的，而厲王監謗，道路以目，出來反抗的，也是國人。至於野人，則「逝將去汝，適彼樂土」，不過有仁政則歌功頌德，遇虐政則散之四方而已。觀此，便知其一為征服之族，一為被征服之族。古代的田制，是國以內行畦田之制，國以外行井田之制的。可見國在山險之地，而兵亦都在國都附近。此可想見隆古之時，國人征服野人，就山險之處擇要屯駐，而使被征服之族居於四面平夷之地，從事耕農。這是最早發生的一個階級。

歲月漸深，武力把持的局面漸成過去，政治的勢力漸漸抬頭，而階級的關係一變。原來征服者和被征服者之間，雖有階級，而同一征服者之中，亦仍有階級。這是接近政權與否的關係。古代國人和野人的區別，大約如契丹時代的部族和漢人。同一征服者之中，執掌政權和不執掌政權者的關係，則如部族之民之於耶律、蕭氏等。歲月漸深，政治上的貴族、平民，區別日漸顯著；從前征服者和被征服者的畛域，轉覺漸次化除。這一因政權的擴大，而執掌政權的人，威力亦漸次增加。一則年深月久，征服者和被征服者的仇恨，日漸淡忘，而經濟上平和的連繫，日益密接。又人口增殖，國人必有移居於野的，而畛域漸化，野人亦必有移居於國的，居處既相接近，婚姻可以互通，久而久之，兩者的區別就馴致不能認識了。這是階級制度的一個轉變，然而其關係，總還不及經濟上的關係、力量來得更大。

古代各個獨立的小社會，其經濟都是自給自足的。此時的生產，都是為著消費而生產，不是為著交易而生產。此等社會，其事務的分配，必有

極嚴密的組織。然而歷時既久，交通日便，商業日興，則社會的組織，亦就因之而改變。因為人總是想得利的，總是想以最小的勞費獲得最大的報酬的。各個小社會，各個獨立生產以供給自己的消費，這在獲利的份量上言，原是不經濟的事。所以從交易漸興，人就自然覺得：有許多向來自造的東西，可以不造而求之於外；造得很少的東西，可以多造而用作交易的手段。至此，則此等小社會從前事務的分配，不復合理。若要堅持它，便是為這時代得到更大的利益的障礙。人總是想得利的，總是想以最少的勞費得到最大的報酬的。於是舊時的組織，遂逐漸破壞於無形之中。於是人的勞動，非復為社會而勞動；其生活，亦不受社會的保障，而人是不能各個獨立而生活的，「一人之身，而百工之所為備」，離居不相待則窮。於是以交易為合作，而商業遂日益興盛。然此等合作，是在各個人自謀私利之下，以利己之條件行之的。實際雖兼利他人，目的是只為自己。有可損人以自利之處，當然非所顧慮，而在此等不自覺的條件之下合作，人人所得的利益，當然不會一致的。而人是沒有資本便不會勞動的，在分配的過程中，有資本的人，自然獲得較有利的條件。於是商業資本日漸抬頭。人既不能回到武力劫奪的世界，而總要維持一種和平的關係，則在此關係之下，能占有多量財富的，在社會上自然占有較大的勢力。於是貴賤階級之外，又生出一種貧富的階級，而其實際的勢力，且凌駕乎貴賤階級之上。這是階級制度的又一轉變。

　　我們試看：古代的工業，都是國家設立專官，擇人民所不能自造的器具，造之以供民用。商業則大者皆行於國外。其在國內，則不過「求壟斷而登之」的賤丈夫，並不能謀大利，而到晚周時代，則有「用貧求富，農不如工，工不如商」之諺。前此「市廛而不稅，關譏而不征」。可見其對於商人，盡力招徠。至此，則必「凶荒札喪，市乃無征而作布」。便可見此時的工商事業，和前此大不相同了。

　　同時因在上者的日益淫侈，剝削人民益甚，於是有孟子所說「慢其經

界」的「暴君汙吏」。亦因人口增殖，耕地漸感不足，不得不將田間的水道、陸道，填沒開墾，這就是所謂「開阡陌」。於是井田制度破壞，而分地不均。古代作為公有的山澤，至此亦被私人所占。經營種樹、畜牧、開礦、煮鹽等業，而地權之不平均更甚。

地權不平均了，資本跋扈了。一方面，有舊貴族的暴虐；一方面，有新興富者階級的豪奢。貧民則「常衣牛馬之衣，食犬彘之食」。遂成為一懸而不決的社會問題。

貨幣的發達，是大有助於商業資本，而亦是大有影響於社會經濟的。於此亦得說其大略。中國最早用作交易中之物，大約是貝，次之則是皮。這是漁獵和畜牧時代所用。至農耕時代，則最貴重的，是金屬的耕具或刀，而布帛、米穀等亦用為交易之具。後來用社會上所最貴的銅，依貝的形式鑄造來，而以一種農器之名名之，則為錢。至於珠、玉、金、銀等，則因其為上流社會的人所貴重，間亦用以易。大概是行於遠處，用以與豪富的人交換的。《史記‧平準書》說：「大公為周立圜法。黃金方寸而重一斤。錢圜函方，輕重以銖。布帛廣二尺二寸為幅，長四丈為匹。」可見黃金、銅錢、布帛三者是社會上最通行的貨幣。然而別種東西，亦未嘗不用。秦並天下，黃金的重量，改以鎰計。銅錢的形式，仍同周朝，而改其重為半兩。珠、玉、龜、貝、銀、錫等，國家都不認為貨幣，然亦「隨時而輕重無常」。三代以前，貨幣制度的轉變，大略如此。

第二編　上古史

第三編　中古史

第一章　秦之統一及其政策

誰都知道，統一是始於秦的。其實統一是逐漸進行的，看前編第七章所述，就可知道了。然而統一的完成，確在西元前二二一年，即秦王政的二十六年。積世渴望的統一，到此告成，措置上自然該有一番新氣象。

秦王政統一之後，他所行的第一事，便是改定有天下者之號，稱為皇帝。命為制，令為詔，而且說古代的諡，是：「子議父，臣議君也，甚無謂，朕弗取焉。」於是除去諡法，自稱為始皇帝。後世則以數計，如二世、三世等。

郡縣之制，早推行於春秋戰國之世，已見前編。始皇並天下後，索性加以整齊，定為以郡統縣之制。分天下為三十六郡。每郡都置守、尉、監三種官。

始皇又收天下之兵器，都聚之於咸陽。銷掉它，鑄作鐘和十二個金人。

當時有個僕射周青臣，恭維始皇的功德。又有個博士淳于越，說他是面諛。說郡縣制度，不及封建制度。始皇下其議。丞相李斯因此說：「諸生不師今而學古，以非當世，惑亂黔首。」又說：「人聞令下，則各以其學議之。」「如此弗禁，則主勢降乎上，黨與成乎下。」於是擬定一個燒書的辦法，是：

（一）史官非秦記皆燒之。

（二）非博士官所職，天下有敢藏《詩》、《書》、百家語者，悉詣守尉雜燒之。

（三）有敢偶語《詩》、《書》棄市。以古非今者族。吏見知不舉者與同

罪。令下三十日不燒，黥為城旦。

（四）所不去者，醫藥、卜筮、種樹之書。若有欲學 —— 法令 —— 以吏為師。

焚書的理由，早見《管子・法禁》和《韓非子・問辯》兩篇。這是法家向來的主張。始皇、李斯，不過實行它罷了。法家此等主張，在後世看來，自然是極愚笨。然而在古代，本來是「政教合一，官師不分」的。「尊私學而相與非法教」，不過是東周以後的事。始皇、李斯此舉，也不過想回復古代的狀況罷了。

至於坑儒，則純然另是一回事。此事的起因，由於始皇相信神仙，招致了一班方士，替他煉奇藥，帶著童男女入海求神仙。後來有個方士盧生和什麼侯生，私議始皇，因而逃去。始皇大怒，說：「吾收天下書不中用者盡去之。悉召文學、方術士，欲以致太平，求奇藥。如今毫無效驗，反而誹謗我。」於是派御史去按問。諸生互相告引，因而被坑的，遂有四百六十餘人。這件事雖然暴虐，卻和學術思想是了無干係的。

還有一件事，則和學術界關係略大。中國文字的起源，已見前編第二章。漢代許慎作〈說文解字序〉，把漢以前的文字，分作五種：（一）古文；（二）大篆；（三）小篆；（四）隸書；（五）草書。他把周宣王以前的文字，總稱為古文。說周宣王時，太史籀作大篆十五篇，與古文或異。又說：「七國之世，言語異聲，文字異形。秦並天下，丞相李斯，乃奏同之，罷其不與秦文合者。李斯作〈倉頡篇〉，中車府令趙高作〈爰歷篇〉，太史令胡毋敬作〈博學篇〉。皆取史籀大篆，或頗省改。」這是小篆。又說：此時「官獄職務繁，初有隸書，以趨約易，而古文由此絕矣」。案，七國之世，所謂言語異聲，大約是各處方言音讀之不同。至於文字異形，則（一）者是字形的變遷。（二）者，此時事物日繁，學術發達，舊有之字，不足於用，自然要另造新字。所造的字，自然彼此不相關會了。秦朝的同文字，是大體以史籀的大篆為標準而廢六國新造的字。這件事，恐亦未必能辦到十分。然而六國的文字，多少

總受些影響。所謂「古文由此絕」，這「古文」兩字，實在是連六國文字不與秦文合的部分，都包括在內的。漢興以後，通用隸書。秦朝所存留的字，因為史籀、李斯、趙高、胡毋敬等所作字書還在，所以還可考查。此等已廢的文字，卻無人再去留意。所以至漢時，所謂古文，便非盡人所能通曉了。

當始皇之世，是統一之初，六國的遺民本來不服，而此時也無治統一之世的經驗，不知天下安定，在於多數人有以自樂其生，以為只要一味高壓，就可以為所欲為了。於是專用嚴刑峻法，而又南並南越，北攘匈奴，築長城，還要大營宮室，歲歲巡遊。人民既困於賦役，又迫於威刑，亂源早已潛伏。不過畏懼始皇的威嚴，莫敢先發罷了。西元前二一〇年，始皇東遊，還至平原津而病。崩於沙丘。始皇長子扶蘇，因諫坑儒生，被謫，監蒙恬軍於上郡。少子胡亥，和始皇叫他教胡亥決獄的趙高從行。於是趙高為胡亥遊說李斯，矯詔，殺扶蘇和蒙恬。祕喪，還至咸陽，即位。是為二世皇帝，而揭竿斬木之禍，便隨之而起了。

第二章　秦漢之際

秦二世的元年，便是西元前二〇九年，戍卒陳勝、吳廣，因為遭戍漁陽，自度失期當死，起兵於蘄。北取陳。勝自立為楚王。於是六國之後，聞風俱起。

魏人張耳、陳餘，立趙歇為趙王。

周市立魏公子咎為魏王。

燕人韓廣，自立為楚王。

齊王族田儋，自立為齊王。

時二世葬始皇於驪山，工程極其浩大，工作的有七十萬人。二世聽了趙高的話，殺掉李斯，以為山東盜是無能為的。後來陳勝的先鋒兵打到

戲，才大驚，赦驪山徒，命少府章邯帶著出去征討。這時候，秦朝政事雖亂，兵力還強，山東烏合之眾自然不能抵敵，於是陳勝、吳廣先後敗死。章邯北擊魏，魏王咎自殺，齊王儋救魏，亦敗死。

先是楚將項燕之子梁和其兄子籍，起兵於吳。沛人劉邦，亦起兵於沛。項梁渡江後，因居鄛人范增的遊說，立楚懷王之後心於盱眙，仍稱為楚懷王。項梁引兵而北，其初連勝兩仗。後來亦為章邯所襲殺。於是章邯以為楚地兵不足憂，北圍趙王於鉅鹿。

楚懷王派宋義、項籍、范增北救趙，劉邦西入關。宋義至安陽，逗留四十六日不進。項籍矯懷王命殺之。引兵北渡河，大破秦兵於鉅鹿下。章邯因趙高的猜疑，就投降了項籍。先是韓人張良，因其先五世相韓，嘗散家財，募死士，狙擊秦始皇於博浪沙中，想為韓報仇。及項梁起兵，張良遊說他，勸他立韓國的公子成為韓王。劉邦因張良以略韓地，遂入武關。趙高弒二世，立公子嬰，想和諸侯講和，保守關中，仍回復其列國時代之舊。子嬰又刺殺趙高，而劉邦的兵，已到霸上了。子嬰只得投降。秦朝就此滅亡。時為西元前二〇六年。

項籍既降章邯，引兵入關。劉邦業已先入，遣兵將關把守了。項籍大怒，把他打破。這時候，項籍兵四十萬，在鴻門。劉邦兵十萬，在霸上。項籍要打劉邦。其族人項伯和張良要好，到劉邦軍中，勸良同走。劉邦因此請項伯向項籍解釋，自己又親去謝罪，一場風波才算消弭。

這時候，封建思想還未破除。亡秦之後，自然沒有推一個人做皇帝之理。於是便要分封，當封的，自然是（一）前此六國之後；（二）亡秦有功之人，而分封之權，自然是出於眾諸侯的會議，能操縱這會議的，自然是當時實力最強的人。於是項籍便和諸侯王議定分封的人，如下：

項籍	西楚霸王	王梁楚地九邢，都彭城（今江蘇銅山縣）。	
劉邦	漢王	王巴、蜀、漢中，都南鄭（今陝西南鄭縣）。	
章邯	雍王	王咸陽以西，都廢丘（今陝西興平縣）。	以下三人，為秦降將。項籍未入關即封之，當時稱為「三秦」。
司馬欣	塞王	王咸陽以東，至河，都櫟陽（今陝西臨漁縣）。	
董財	翟王	王上郡，都高奴（今陝西膚施縣）。	
魏王豹	西魏王	王河志，都平陽（今山西臨汾縣）。	魏王咎的兄弟。咎死後，奔楚，楚立為魏王。此時徙西魏。漢王出關，豹降漢，漢復立為魏王，豹叛漢與楚，為韓信所虜。
韓王成	韓王	都陽翟（今河南禹縣）。	旋為楚所殺，立故吳令鄭昌為韓王
申陽	河南王	都洛陽。	張耳嬰人。
司馬卬	般王	般王故墟，都朝歌（今河南洪縣）。	趙將。
趙王歇	代王	都代（今河北蔚縣）。	秦兵圍巨鹿時，張耳在城內，陳餘在城外。圍解後，張耳怨陳餘不救，責讓他。陳餘發怒，將印交張耳，自去漁獵。因此未從諸侯入關，不得為王，固所居南皮（今河北南皮縣），封之三縣。餘怒，會田榮叛楚。餘請兵於榮，擊破張耳，耳奔漢，餘迎趙王歇還趙。歇封餘為代王。留為趙相，後張耳與韓信破趙。趙王歇被擒，餘被殺。
張耳	常山王	趙王，都襄國（今河北邢台具）。	
英布	九江王	都六（今安徽六安縣）。	楚將，後叛楚降漢。
吳芮	衡山王	都邾（今湖北黃岡縣）。	秦番陽令起兵，從諸侯入關。
共敖	臨江王	都江陵（今湖北江陵縣）。	艾帝柱國。子尉，為漢所虜。

燕王廣	遼東王	都無終 （今河北薊縣）。	為臧荼所殺。
臧荼	燕王	都薊 （今河北北平縣）。	燕將。漢高租得天下後，謀反，被殺。
齊王市	膠東王	都即墨 （今山東即墨日）。	田儋的兒子。儋死後，其兄弟榮，立他做齊王。至是.徙膠東。榮發兵距殺田都，留市於齊，市逃往膠東，田榮怒，發兵追殺市。時彭城有眾萬余人.在巨野（今山東巨野縣），無所屬。榮與以將軍印.使擊殺濟北王安。榮遂並王三齊（齊、膠東、濟北）。後為項羽所殺。田榮的兄弟橫，又立田榮的兒子廣。為漢韓信所虜。橫逃入海島。漢高祖定天下後，召之，未至洛陽，自殺。
田都	齊王	都臨淄 （今山東臨淄縣）。	齊將。
田安	濟北王	都博陽 （今山東泰安縣）。	齊王建（戰國時最後的齊王）孫。

　　當楚懷王遣將時，曾說：先入關中者王之。照這句話，此時當王關中者為劉邦。然而項籍受章邯之降時，已將秦地分章邯等三人了。這大約是所以撫慰降將之心，減少其抵抗力的。其時劉邦能先入關，原是意想不到的事。這時候不便反悔。於是說：（一）懷王不能主約；（二）巴、蜀、漢中，亦是關中之地，就把劉邦封為漢王，這也不能說不是一種解釋。然而龍爭虎鬥之際，只要有辭可借，便要藉口的，哪管得合理不合理？

　　項籍尊楚懷王為義帝，而自稱霸王。照春秋戰國的習慣，天子原是不管事的，管理諸侯之權，在於霸主。這時候，天下有變，自然責在項籍。於是因田榮的反叛，出兵征討。漢王乘機便說：項籍分封不平，以韓信為大將，北定三秦又破韓、河南、西魏、殷四國，並塞、翟、韓、殷、魏之兵五十六萬人東伐楚。居然攻入楚國的都城，項籍聞之，以精兵三萬人，

從胡陵還擊。大破漢兵。漢王脫身逃走。然而漢王有蕭何，守關中以給軍食。堅守滎陽、成皋以拒楚，而使韓信北定趙、代，轉而東南破齊，而項籍的後方，為彭越所擾亂，兵少食盡。相持數年，楚兵勢漸絀。乃與漢約，以鴻溝為界，中分天下。漢王背約追楚，圍項籍於垓下。項籍突圍而走，至烏江，自刎死，於是天下又統一了。時為西元前二〇二年。

第三章　前漢的政治

前漢凡二百一十年，在政治上，可以分做四期：

第一期：高祖初定天下。這時候，還沿著封建思想，有功之臣，與高祖同定天下的，其勢不得不封，而心上又猜忌他。於是高祖聽婁敬的話，徙都關中，想借形勝以自固。又大封同姓之國，以為屏藩。這時候，異姓王者八國，除長沙外，多旋就滅亡。同姓王者九國，都跨郡三四，連城數十，遂成為異日的亂源。高祖開國之後，是外任宗室，內任外戚的。所以呂后在其時，很有威權。高祖死後，惠帝柔弱，政權遂入於呂后之手。先是高祖刑白馬與諸侯盟說：「非劉氏而王者，天下共擊之。」惠帝死後，呂后臨朝，就分封諸呂。又使呂祿、呂產統帶守衛京城和宮城的南北軍。呂后死後，齊哀王起兵於外。諸呂使灌嬰擊之。灌嬰陰與齊王連和，頓兵不進。漢朝的大臣因此勸諸呂罷兵就國，諸呂猶豫不決，而太尉周勃乘隙突入北軍，和齊王的兄弟朱虛侯章等，攻殺諸呂。殺掉太后所立的少帝和常山王弘，而迎立文帝。於是漢初握權的外戚被打倒，而晨星寥落的功臣，自此以後也逐漸凋零。特殊勢力只有因私天下之心所封建的宗室了。

當漢初，承春秋戰國以來五百餘年的長期戰爭，加以秦代的暴虐，秦、漢之際的擾亂，天下所渴望的是休養生息，而休養生息之治，只有清靜不擾的政策最為相宜。漢初已有這個趨勢。文、景二代的政治，尤能因

應這要求，所以社會上頓呈富庶之象。這時候，內而諸侯之尾大不掉，外而匈奴之時來侵犯，都是個亟待解決的問題。文帝也一味姑息，明知吳王濞有反謀，卻賜之幾杖以安之。匈奴屢次入寇，也只是發兵防之而已。到後來，封建的問題，到底因吳楚七國之亂而解決，而對外的問題，則直留待武帝時。至於制民之產和振興文化，則文、景二代，更其謙讓未遑了。要而言之：這一期，是以休養生息為主。可稱西漢政治的第二期。

第三期是武帝。武帝是個雄才大略之主，很想內興文治，外耀武功。於是立五經博士，表章六藝，罷黜百家。又北伐匈奴，西通西域，南平閩越、南越，東北並朝鮮，西南開西南夷。一時武功文治，赫然可觀。然而武帝也和秦始皇一樣，信方士，營宮室，又時出巡幸。財用不足，乃用孔僅、桑弘羊等言利之臣，又用張湯等酷吏，遂致民愁盜起，幾乎釀成大亂。末年雖然追悔，天下元氣業已大受其傷了。武帝的太子據，因「巫蠱之禍」而死。晚年，婕妤趙氏生昭帝，武帝恐身後嗣君年少，母后專權，殺婕妤，然後立昭帝為太子。武帝崩，昭帝立。霍光、上官桀等同受遺詔輔政。武帝長子燕王旦和上官桀、桑弘羊等謀反，為霍光所殺。昭帝崩，無子。霍光迎立武帝孫昌邑王賀。百日，廢之。迎立戾太子孫病已，是為宣帝。當霍光秉政時，頗務輕徭薄賦，與民休息。宣帝少居民間，知民疾苦。即位後，留心於刑獄及吏治，亦稱治安。自武帝末年至此，憔悴的人民，又算稍獲休息。這是西漢政治的第三期。自元帝以後，則君主逐漸愚懦，更兼之短祚，外戚的威權日張，遂入於第四期了。

漢代去古未遠，宗法社會的思想，深入人心。人所視為可靠的，非宗室則外戚。漢初宗室，勢力太大，致釀成吳、楚七國之亂。亂後，宗室的勢力遂被打倒，而外戚則勢焰大張。元帝本是個柔仁好儒的人，然而暗於聽受，宦官弘恭、石顯專權，威權漸陷於不振。成帝很荒淫，委政於外家王氏。王鳳、王音、王商、王根，相繼為相，遂肇篡竊之勢。哀帝奪王氏之權，然所任的，亦不過外家丁氏和其祖母之族傅氏。哀帝死後，成帝的

母親召用王莽。王莽本是抱負大志，想得位以行其所抱負的。於是弒平帝，立孺子嬰，莽居攝踐阼，旋又稱假皇帝，而西漢之天下，遂移於新室了。時為西元八年。

第四章　新莽的改制

當秦漢之世，實有一從東周以降，懸而未決的社會問題。制民之產，在古代的政治家，本視為第一要事。「先富後教」，「有恆產而後有恆心」，民生問題不解決，政治和教化，都是無從說起的。漢代的政治家，還深知此義。「治天下不如安天下，安天下不如與天下安」，乃後世經驗多了，知道「天下大器」，不可輕動，才有此等姑息的話。漢代的人，是無此思想的。多數的人對於社會現狀都覺得痛心疾首。那麼，改革之成否，雖不可知，而改革之事，則終不可免，那是勢所必然了。然則漢代的社會，究竟是何情狀呢？

當時的富者階級，大略有二：（一）是大地主。董仲舒說他「田連阡陌；又顓川澤之利，管山林之饒」，而貧者則「無立錐之地」。（二）是大工商家。晁錯說他「男不耕耘，女不蠶織，衣必文采，食必粱肉」，「因其富厚，交通王侯，力過吏勢」。因以兼併農人。封建勢力，未曾鏟除，商業資本，又已興起。胼手胝足的小民，自然只好「衣牛馬之衣，食犬彘之食」了。

漢世救正之法，是減輕農民的租稅，至於三十而取一。然而私家的田租，卻十取其五。所以荀悅說：「公家之惠，優於三代；豪強之暴，酷於亡秦。」武帝時，董仲舒嘗提出「限民名田」之法，即是替占田的人，立一個最大的限制，不許超過。武帝未能行。哀帝時，師丹輔政。一切規制，業已擬定，又為貴戚所阻。至於法律上，賤視商人，「如賈人不得衣絲乘車」、「市井之子孫不得為宦吏」等，於其經濟勢力，不能絲毫有所減削。武帝時，桑弘羊建鹽鐵官賣和均輸之法，名以困富商大賈，然實不過羅掘之

策，反以害民。其於社會政策，自更去之愈遠了。

到新莽時，才起一個晴天霹靂。新莽的政策，是：

更名天下田曰王田，奴婢曰私屬。皆不得買賣。男口不盈八，而田過一井的，分餘田與九族鄉黨。

立五均司市泉府。百姓以採礦、漁獵、畜牧、紡織、補縫為業和工匠、巫醫、卜祝、商賈等，都自占所為，除其本，計其利，以十一分之一為貢。司市以四時仲月，定物平價。周於民用而不售的東西，均宜照本價買進。物價騰貴，超過平價一錢時，即照平價賣出。百姓喪祭之費無所出的，泉府把工商之貢借給他，不取利息。如藉以治產業的，則計其營利，取息一分。

立六管之制。把鹽、酒、鐵、山澤、賒貸、錢布銅冶六種事業，收歸官辦。

新莽的制度：（一）平均地權。（二）把事業之大者都收歸國營。（三）雖然未能變交易為分配，然而於生產者、販賣者、消費者三方面，亦思有以劑其平，使其都不吃虧，亦都無所牟大利。果能辦到，豈非極好的事？然而國家有多大的資本，可以操縱市場？有多細密嚴肅的行政，可以辦這些事，而不至於有弊？這卻是很大的疑問，而新莽是迷信立法的。他以為「制定則天下自平」。於是但「銳思於製作」，而不省目前之務。如此大改革，即使十分嚴密監督，還不能保其無弊，何況不甚措意呢？於是吏緣為奸，所辦的事，目的都沒有達到，而弊竇反因之而百出。新莽後來，也知道行不通了。有幾種辦法，只得自己取消。然而事已無及了。

新莽尤其失計的，是破壞貨幣制度。原來漢代錢法屢變，其最後民信用的，便是五銖錢。錢法金、銀、龜、貝雜用，原是經濟幼稚時代的事，秦時，業已進它到專用金屬。漢世雖云黃金和銅錢並用，然而金價太貴，和平民不發生關係，為全社會流通之主的，自然還是銅錢。所以銅錢，便是當時經濟社會的命脈，而新莽卻廢掉五銖錢，更作金、銀、龜、貝、錢、布，共有五物，六名，二十八品行之。於是「農桑失業，食貨俱廢」。

大亂之勢，就無可遏止了。

　　新莽的大毛病在於迂闊，其用兵也是如此。新室的末年，所在盜起。其初原不過迫於苛政，苟圖救死。然而新政府的改革，既已不諒於人民，則轉而思念舊政府，亦是群眾應有的心理。於是劉氏的子孫，特別可以做號召之具。當時新市、平林之兵，有漢宗室劉玄在內，號為「更始將軍」，而後漢光武帝，亦起兵舂陵，與之合。諸將共立更始為帝，北據宛。新莽發四十萬大兵去打他。軍無紀律，又無良將，大敗於昆陽。威聲一挫，響應漢兵者蜂起，新室遂不能鎮壓。更始派兵兩支：（一）北攻洛陽，（二）西攻武關。長安中兵亦起。新莽遂為所殺。時為西元二三年。更始先已移都洛陽，至是又移都長安。此時人心思治，對於新興的政府，屬望很深，而新市、平林諸將，始終不脫強盜行徑，更始則為其所挾制，不能有為。光武帝別為一軍，出定河北。以河內為根據地，即帝位於鄗。這時候，擁兵劫掠的人，到處都是，而山東赤眉之眾最盛。西元二五年，赤眉以食盡入關。更始為其所殺，洛陽降光武，光武移都之。光武遣將擊破赤眉，赤眉東走。光武自勒大兵，降之宜陽，於是最大的流寇戡定。然而紛紛割據的尚多，其中較大的，如漢中的延岑、黎丘的秦豐、夷陵的田戎、睢陽的劉永，亦都遣兵或親身打定。只有隴西的隗囂，頗得士心；成都的公孫述，習於吏事：二人稍有規模。光武久在兵間，厭苦戰事，頗想暫時置之度外，而二人復互相連結，意圖搖動中原。於是三四、三六兩年，先後遣兵滅掉他。河西的竇融，則不煩兵力而自歸，天下又算平定了。

第五章　後漢的政治

　　莽末之亂，其經過約二十年。雖然不算很久，然而蔓延的範圍很廣，擾亂的情形也十分屬害，所以民生的凋敝，更甚於秦漢之間。光武帝平定

天下後，亦是以安靜為治。內之則減官省事，外之則拒絕西域的朝貢，免得敝中國，以事四夷，而又退功臣，進文吏，留心於政治。所以海內日漸康寧。明、章兩代，也能繼承他的治法。這三朝，稱為後漢的治世。

　　後漢的政治，壞於外戚宦官的專權，而外戚的專權，起於和帝之世。先是章帝皇后竇氏無子，貴人宋氏生子慶，立為太子。梁氏生子肇，竇后養為己子，後誣殺二貴人，廢慶為清和王，而肇立為太子。章帝崩，肇立，是為和帝，太后臨朝。後兄憲為大將軍，專權驕恣。和帝既長，和宦官鄭眾謀殺之。是為後漢皇帝，與宦官謀誅外戚之始。和帝崩，殤帝立，生才百餘日，明年，又崩。太后鄧氏，迎立安帝，臨朝凡十五年。鄧太后崩後，安帝自用其皇后之兄閻顯。又寵信諸中常侍和乳母王聖等。閻皇后無子，後宮李氏生順帝，立為太子，閻皇后譖廢之。安帝崩，閻后迎立北鄉侯，未踰年薨。宦者孫程等迎立順帝，殺閻顯，遷閻后於離宮。順帝用後父梁商為大將軍。商死後，子冀繼之，專恣較前此之外戚為更甚。順帝崩後，子沖帝立，一年而崩。冀與太后定策禁中，迎立質帝。質帝雖年少，而知目冀為「跋扈將軍」，遂為冀所弒，迎立桓帝。桓帝和宦官單超等合謀，把梁冀殺掉，於是後漢外戚專權之局終，而宦官轉橫。

```
                  ┌ 清河王慶 ─── (六)安帝祜 ─── (八)順帝保 ─── (九)沖帝炳
                  │ (四)和帝肇 ─────── (五)殤帝隆
                  │        (七)北鄉侯懿
  (三)章帝炟 ┤ ─── (　) ─── (　) ─── (十)質帝纘
                  │  ┌ (　) ─── (十一)桓帝志
                  │  └ (　) ─── (　)
                  └ (十二)靈帝宏 ┌ (十三)廢帝辯
                                 └ (十四)獻帝協
```

　　外戚宦官，更迭把持，朝政自然很腐敗。因此而引起羌亂，因此而激成黨禍。

　　羌人本住在湟水流域，後來棄湟水，西依鮮水、鹽池。莽末，乘亂內侵。光武、明、章、和四代，屢次發兵，把它打破。然而降羌散處內地

的很多，郡縣豪右，都要侵凌役使它。安帝時，羌遂反叛。降羌本是個小寇，造反時，連兵器都沒有。然而當時帶兵的人，都觀望不戰。涼州一方面的長官，則爭著遷徙到內地，置百姓於不顧，或則強迫遷徙，於是羌寇轉盛。至於東寇三輔，南略益州，漢兵僅能守住洛陽附近而已，而兵費的侵漁，又極利害。安帝時，用兵十餘年，兵費至二百四十億，才算勉強平定。順帝時，羌亂又起，兵費又至八十餘億。直到桓帝，任用段熲，盡情誅剿，又經過好幾年，才算平定。然而漢朝的元氣，則自此而大傷了。

　　黨禍起於後漢的士好立名，初則造作名目，互相標榜，進而誹議公卿，裁量執政。這時候，遊學極盛，太學諸生，至三萬餘人，恰好做了橫議的大本營。當時宦官兄弟姻親，布滿州郡，盡情懲治，自然是人情之所欲，而亦是立名的一個機會。於是宦官與名士，勢成水火。桓帝也是相信宦官的，宦官遂誣他們結連黨與，誹議朝政，一概加以逮治。後因后父竇武替他們解釋，才放歸田里，然而還禁錮終身。桓帝崩，無子，竇后和竇武定策禁中，迎立靈帝。年方十二，太后臨朝。竇武為大將軍，陳蕃為太傅，謀誅宦官賈節、王甫等，不克，反為所殺。於是黨獄復興，諸名士身受其害，和因其逃亡追捕，而人民因之受禍的更多。善類遭殃，天下喪氣。靈帝年長，尤其相信宦官。又喜歡「私稸」賣官、厚斂，無所不為。於是民窮財盡，而黃巾之禍又起。

　　黃巾的首領，是鉅鹿張角，借符水治病以惑眾。其徒黨，遍於青、徐、幽、冀、荊、揚、兗、豫八州。角遂謀為亂。暗中署置其眾，為三十六方。約以西元一八四年舉事，未及期而事洩，角遂馳敕諸方，一時俱起。雖然烏合之眾，旋即打平。然自此盜賊群起，都以黃巾為號，郡縣莫能捕治。於是聽劉焉的話，改刺史為州牧，外官的威權漸重，又伏下一個亂源。

　　而中央又適有變故，以授之隙。靈帝皇后何氏，生廢帝。美人王氏，生獻帝。靈帝意欲廢嫡立庶，未及行而病篤，把這事囑託宦官蹇碩。時何皇后之兄進為大將軍。靈帝崩後蹇碩意欲誘殺何進而立獻帝。何進知之，

擁兵不朝。蹇碩無如之何。於是廢帝立，而蹇碩亦被殺。何進因欲盡誅宦官，太后不肯。進乃謀召外兵，以迫脅太后，宦官知事急，誘進入宮，把他殺掉。進官屬袁紹等，遂舉兵攻殺宦官，正當大亂之際，而涼州將董卓適至，京城中大權，遂落其手。董卓既握大權，廢廢帝而立獻帝。袁紹奔山東，號召州郡，起兵討卓，推紹為盟主。董卓劫獻帝奔長安。山東州郡，並無討賊的決心，各據地盤，互相吞併，而董卓暴虐過甚，為司徒王允和其部將呂布所殺。卓將李傕、郭汜，起兵為卓報仇，攻破長安，王允被殺。呂布奔東方。後來傕、汜二人，又自相攻擊。獻帝崎嶇逃到洛陽，空虛不能自立。其時曹操據兗州，頗有兵力。乃召操入洛陽以自衛。操既至，遷帝許都。於是大權盡歸曹氏，獻帝僅擁虛名而已，而紛紛割據的人多，曹操亦一時不能平定，遂終成為三國鼎立之局。

第六章　兩漢的制度

「漢治」是後世所號為近古的。這因其時代早，在政治制度和社會風俗上，都有沿襲古人之處。

在官制上，漢代的宰相權力頗大，體制亦尊，這是和後世不同的。宰相初稱丞相，或稱相國。從來今文經說盛行，乃將丞相改為司徒，又把掌武事的太尉，改為司馬，為丞相副貳的御史大夫，改為司空，並稱相職。其中央政府分掌眾務的九卿，則分屬於三公。外官，仍沿秦郡縣之制。但不置監御史。由丞相遣史分察州，謂之刺史。刺史不是地方官，但奉詔六條察州。其人位卑而權重，故多能自奮，而亦無專擅之患，這實是一種善制。漢代去古未遠，人民自治的規制，尚未盡廢。其民以百家為一里，里有魁。十里為一亭，亭有長。十亭為一鄉，鄉有三老，掌教化；嗇夫，職聽訟，收賦稅；游徼，主徼循，禁賊盜。此等名目，後世固亦多有。然多

成為具文。漢世則視之甚尊。高帝時，嘗擇鄉三老一人，置以為縣三老。與縣令、丞、尉，可以以事相教，而嗇夫等亦很有德化流行，為人民所畏服的。這亦與後世顯然不同。

漢代的學校，起源於武帝時。其時未立校舍，亦未設教官。但為太常的屬官博士，置弟子員五十人。後來遞有增加。到平帝時，王莽輔政，才大建校舍。然未久即亂，故其成績無聞。

後漢則天下甫定，即營建太學，明、章二代，尤極崇儒重道。雖以順帝的陵夷，還能增修黌舍。所以其時遊學者極盛。然「章句漸疏，專以浮華相尚」，遂至釀成黨錮之禍。大約其時學校中，研究學問的人少，借此通聲氣的人多。所以董昭也說「國士不以孝悌清修為首，乃以趨勢游利為先」。於是學術的授受，轉在私家。學校以外的大師，著錄動至千萬，遠非前漢所及了。

選舉則其途頗多。博士和博士弟子而外，又有任子，有吏道，有辟舉。其天子特詔，標明科目，令公卿郡國薦舉的，是後世制科的先聲。又州察秀才，郡舉孝廉，則是後世科目的先聲。又有所謂貲選的。漢初限貲十算以上乃得官，此尚出於求吏廉之意，和現在的保證金相像。晁錯說文帝令民入粟拜爵，其益亦止於買復。不及買復者，並不過一虛名。到武帝時，民得入財為郎，吏得入穀補官，這就同後世的捐納無以異了。

漢朝的賦稅，可分為三種：一是田租，就是古時的稅，是取得很輕的。漢初十五而稅一。文帝時，因行晁錯入粟拜爵之令，到處都有積蓄，於是全免百姓的田租。到景帝二年，才令百姓出定額的一半。於是變為三十而稅一了。後漢初，因天下未定，曾行什一之稅，後來仍回復到老樣子。一是算賦，亦稱口賦，又稱口錢，這是古時的賦。人民從十五歲到五十六歲，每人每年，出錢一百二十個，以治庫兵車馬。從七歲到十四歲，每人出錢二十個，以食天子。武帝又加三個錢，以補車騎馬。這一筆稅，在現在看起來似乎很輕，然而漢代錢價貴，人民的負擔實在很重。所以武帝令人民提早，生子三歲，即出口錢，人民就有生子不舉的。一是力役。照漢

朝法律，年紀到二十三歲，就要傅之「疇官」。景帝又提早三年，令人民二十始傅。此外，山川、園池、市肆、租稅的收入，自天子以至封君湯沐邑，都把它算做私奉養。這是古者與民共之之山澤、和廛而不稅的商業，到此都變做人君的私收入了。這大約自戰國時代相沿下來的。又武帝因用度不足，嘗官賣鹽鐵，又榷酒酤，算緡錢，行均輸之法。後來酒酤到昭帝時蠲免。鹽鐵官賣，則元帝時一罷即復。後漢無鹽鐵之稅。章帝曾一行之，因不洽輿論，和帝即位，即以先帝遺意罷免。

　　兵制：西漢所行的，仍是戰國時代通國皆兵的遺制。人民到二十三歲，就要服兵役，到五十六歲才免。郡國看其地形，有輕車、騎士、材官、樓船等兵。由尉佐郡守於秋後講肄都試。其戍邊之責，亦由全國人民公任之。在法律上，人人有戍邊三日之責，是為「卒更」。武帝以後，用兵多了，因為免得騷動平民，於是多用「謫發」，而國土既大，人人戍邊三日，亦事不可行。於是有出錢三百入官，由官給已去的人，叫他留戍一年的謂之「過更」。其窮人願意得雇錢，依次當去的人，出錢給他，使他留戍，每月二千個錢，則謂之「踐更」。後漢光武，罷郡國都尉，並職太守。都試之事，自此而廢。雖然一時有清靜之效，然而歷代相傳的民兵制度，就自此而廢了。

　　刑法，漢代沿自秦朝，很為嚴酷。文帝時，因太倉令淳于意，犯罪當刑。其女緹縈，隨至長安，上書願沒入為官婢，以贖父刑罪。文帝憐悲其意，乃下詔為除肉刑。然而漢代司法界的黑暗，實不但刑罰的嚴酷，而是法律的混亂。秦代的法律，本即李悝所定的《法經》六篇。漢高帝入關，把它廢掉，只留三章。天下平定之後，又把它回復過來。然而這本是陳舊之物，不足於用。於是漢代遞有增益，其數目，共至六十篇，而又有所謂「令」及「比」，以至於後人所為的「章句」，斷罪都可「由用」。文繁而無條理系統，奸吏遂因緣為市，「所欲活則傳生議，所欲陷則與死比」。宣帝留心刑獄，涿郡太守鄭昌曾勸他刪定律令。後來也屢有此議，亦曾下詔實行，然而迄未能收效。

第七章　秦漢的武功

　　秦漢之世，是中國對內統一的時代，亦是中國向外拓展的時代。中國本部的統一，完成於此時，歷代開拓的規模，亦自此時定下。所以秦漢的武功，是一個亟須研究的問題。

　　中國的北方，緊接蒙古高原。蒙古高原是一個大草原，最適於游牧民族居住，而游牧民族性好侵略，所以歷代都以防禦北族為要務。三代以前，匈奴和漢族雜居黃河流域。蒙古高原大約無甚大民族。至秦朝初年，而匈奴以河南為根據地。秦始皇命蒙恬趕掉他，把河南收進來。築長城，自臨洮至遼東，延袤萬餘里。這長城，大約是因山川自然之勢，將從前秦、趙、燕諸國所築的長城連接起來的，其路線全與現今的長城不同。就形勢推測，大約現在的熱、察、綏、遼寧等省都當包括在內。秦末大亂，戍邊的都自行離開。於是匈奴復入居河南。這時候，匈奴出了個人傑，便是冒頓單于。北方游牧種族，東有東胡，西有月氏，都給匈奴所擊破。匈奴又北服丁令等國。其疆域，直達今西伯利亞南部，而因月氏的遁走，漢文帝時，匈奴又征服西域。於是長城以北，引弓之民，都歸匈奴所制馭，儼然和中國南北對立了。漢高帝征伐匈奴，被圍於平城，七日乃解。後來用婁敬的計策，以宗室女為單于閼氏，和他和親。這是中國歷代，以結婚姻為和親政策之始。呂后及文、景二代，都守著和親政策。匈奴入寇，不過發兵防之而已。到武帝，才任用衛青、霍去病等，出兵征討。先收河南之地，置朔方郡。後來又屢次出兵，渡過沙漠去攻擊。匈奴自此遂弱，然而還未肯稱臣。到宣帝時，匈奴內亂，五單于爭立，其呼韓邪單于才入朝於漢。和呼韓邪爭鬥的郅支單于，逃到康居，為漢西域副校尉陳湯矯制發諸國兵所攻殺。時為西元前三六年，前漢和匈奴的競爭，到此算告一段落。呼韓邪降漢後，其初對漢很恭順。王莽時，因外交政策失宜，匈奴復叛。其時中國正值內亂，無人能去抵禦，北邊遂大受其害。後漢光武時，

匈奴又內亂，分為南北。其南單于降漢，入居西河美稷。和帝時，大將軍竇憲，出兵大破北匈奴於金微山。自此匈奴西走，輾轉入於歐洲，為歐洲人種大遷移的引線，而南匈奴則成為晉時五胡之一。

歷史上所用「西域」二字，其範圍廣狹，時有不同。其最初，則係指今天山南路。所謂「南北有大山；中央有河；東則接漢，阨以玉門、陽關，西則限以蔥嶺」也。漢時，分為小國三十六，其種有塞，有氐羌。大抵塞種多居國，氐羌多行國。從河西四郡開後，而漢與西域交通之孔道始開。其當南北兩道的樓蘭、車師，先給中國所征服。後來漢武帝又出兵，遠征大宛，於是西域諸國，皆震恐願臣。西元前六〇年，漢遂置西域都護，並護南北兩道。後來又置戊己校尉，屯田車師。莽末，西域反叛。匈奴乘機威服北道，而莎車王賢，亦稱霸南道。諸小國都叩玉門關，請遣子入侍，仰求中國保護。光武帝恐勞費中國，不許。明帝時，班超以三十六人，往使西域。因諸國之兵，定諸國之亂，到底克服西域，復屬於漢。直至後漢末年才絕。

羌人的居地，遍於今隴、蜀、西康、青海之境，而其居河、湟之間的，最為強厚。漢武帝時，把他打破，置護羌校尉統領他。王莽時，以其地置西海郡。莽末，乘隙內侵。後漢時，屢次發兵討破他。至和帝時，遂復置西海郡，並夾河開列屯田，以絕其患。此後降羌散居內地的，雖然復起為患，然而河、湟之域，則已入中國的版圖了。

東胡，大約是古代的山戎。漢初居地，在滿、蒙之間。自為匈奴所破，乃遁保烏桓、鮮卑二山。漢武帝招致烏桓，令處上谷、右北平、漁陽、遼西、遼東五郡塞外，助漢捍禦匈奴。雖亦時有小寇，大體上總是臣服中國的。鮮卑居烏桓之北，後漢時，北匈奴西徙後，其地及餘眾均為鮮卑所有，因此其勢大張。其大人檀石槐，轄境之廣，竟與匈奴盛時相彷彿。然檀石槐死後，缺乏統一的共主，聲勢復衰。烏桓的部落，亦頗有強盛的。後漢末年，都和袁紹相連結。袁氏敗後，曹操大破之於柳城。自此烏桓之名，不復見於史，而鮮卑至晉時，亦為五胡之一。

朝鮮是殷時箕子之後。其初封地難考，大約自燕開遼東西後，遂居今朝鮮境內。和中國以水為界。秦時，侵奪其地，國界在水以東。漢初復還舊境。其時燕人衛滿走出塞，請居秦所侵水以東之地。朝鮮王許之。滿遂發兵襲滅朝鮮。傳子至孫右渠，以西元前一〇八年，為漢武帝所滅。以其地為四郡。其南之馬韓、弁韓、辰韓，總稱為「三韓」，亦都臣服於漢。朝鮮雖是箕子之後，然其人民則多是貉族。貉族尚有居遼東之北的。漢武帝時，其君南閭等來降，曾以其地置蒼海郡，數年而罷。後漢時，今農安地方，有扶餘國來通貢。大約就是南閭之族。扶餘至西晉時，才為鮮卑慕容氏所滅，而其眾在半島內的，卻建立高句麗、百濟兩國。扶餘之東，又有肅慎，地在今松花江流域。這就是滿族之祖。大約亦是燕開五郡時，逼逐到此的。後漢時稱為挹婁。因為臣服扶餘，和中國無大交涉。

南方一帶，秦時所開的桂林、南海、象郡，秦亡時，龍川令趙佗據之自立，是為南越，而勾踐之後無諸及猺，亦以率兵助諸侯滅秦故，漢初封無諸為閩猺王，猺為東甌王。武帝時，閩越和東甌相攻擊，武帝發兵滅閩越，徙東甌於江、淮間，乘勢遂滅南越。所謂西南夷，則當分為兩派：夜郎、滇及邛都等，為今之猓玀。椎結，耕田，有邑聚。其巂、昆明及徙、筰都、冉、白馬等，則均是氐羌。武帝亦皆闢其地為郡縣。

第八章　兩漢對外的交通

中國人是以閉關自守著聞的。世界打成一片，是近代西洋人的事業。然則中國人的能力，不及西人了。然而閉關自守，是從政治言之。至於國民，初未嘗有此傾向。其未能將世界打成一片，則因前此未嘗有近代的利器，又其社會組織與今不同，所以彼此交通不能像現代一樣密接。至於中國人活動的能力，則是非常之強的。如其不信，請看中國對外的交通。

中國對外的交通，由來很早。但古代，書缺有間，所以只得從兩漢時代說起。兩漢時代的對外交通，又當分為海、陸兩道。

亞洲中央的帕米爾高原是東西洋歷史的界線。自此以東，為東方人種活動的範圍。自此以西，為西方人種活動的範圍，而天山和印度固斯山以北，地平形坦，實為兩種人接觸之地。當漢時，西方人種蹤跡最東的。為烏孫，與月氏俱居祁連山北。自此以西，今伊犁河流域為塞種。又其西為大宛。其西北為康居。大宛之西，嬀水流域為大夏。又其西為安息。更西為條支。在亞洲之西北部的為奄蔡。自此以西，便是歐洲的羅馬，當時所謂大秦了。漢通西域，是因月氏人引起的。漢初，月氏為匈奴所破，西走奪居塞種之地。後來烏孫又借兵匈奴，攻破月氏。於是月氏西南走擊服大夏。漢武帝想和月氏共攻匈奴，於西元前一二二年，遣張騫往使。是時河西未闢，騫取道匈奴，為其所留。久之，才逃到大宛。大宛為發譯傳導，經康居以至大月氏。大月氏已得沃土，殊無報仇之心。張騫因此不得要領而歸。然而中國和西域的交通，卻自此開始了。當張騫在大夏時，曾見邛竹杖和蜀布，問他從哪裡來的，大夏人說：是本國賈人，往市之身毒。於是張騫說：「大夏在中國的西南一萬二千里，而身毒在大夏的東南數千里，該去蜀不遠了。」乃遣使從蜀去尋覓身毒。北出的為氏、筰，南出的為雟、昆明所阻，目的沒有達到。然而傳聞雟、昆明之西千餘里，有乘象之國，名曰滇越。「蜀賈奸出物者或至焉。」這滇越，該是今緬甸之地。然則中、印間陸路的交通，在漢代雖然阻塞，而商人和後印度半島，則早有往還了。自漢通西域以後，亞洲諸國，都有直接的交往。唯歐洲的大秦，則尚是得諸傳聞。後漢時，班超既定西域，遣部將甘英往使。甘英到條支，臨大海欲渡。安息西界船人對他說：「海水大，往來逢善風，三月乃得渡。若遇遲風，亦有二歲者。入海人皆齎三歲糧。海中善使人思土戀慕，數有死亡者。」英乃不渡而還。西元一六六年，大秦王安敦遣使自日南徼外獻象牙、犀角、玳瑁。《後漢書》說：這是大秦通中國之始。西元二二六年，又

有大秦賈人，來到交趾。交趾太守吳邈，遣使送詣孫權。事見《梁書・諸夷傳》。中、歐陸路相接，而其初通，卻走海道。「水性使人通，山性使人塞」，也可見一斑了。

海道的貿易，則盛於交、廣一帶。西洋史上，說在漢代日南、交趾之地，是東西洋貿易中樞。案，《史記・貨殖列傳》說：「番禺為珠璣、玳瑁、果、布之湊。」番禺，便是現在廣東的首府。這些都是後來通商的商品。然在廣州的貿易，也很發達了。《漢書・地理志》說：「自日南障塞、徐聞、合浦船行，可五月，有都元國。又船行，可四月，有邑盧沒國。又船行，可二十餘日，有諶離國。步行，可十餘日，有夫甘都盧國。自夫甘都盧國船行，可二月餘，有黃支國。自武帝以來，皆獻見，有譯長，屬黃門。與應募者俱入海，市明珠、璧琉璃、奇石、異物……黃支之南，有已程不國。漢之譯使，自此還矣。」徐聞、合浦，都是現在廣東的縣。其餘國名，不可悉考，而黃支，或云即西印度的建志補羅。若然，則中、印的交通，在陸路雖然阻塞，而在海道，又久有使譯往還了。又《山海經》一書，昔人視為荒唐之言。據近來的研究，則其中實含有古代的外國地理。此書所載山川之名，皆及其所祀之神，大約是方士之書。其兼載海外諸國，則因當時方士，都喜入海求神仙，所以有此紀錄。雖所記不甚真確，然實非子虛烏有之談。據近來的研究，《山海經》所載的扶桑，便是現在的庫頁島。三神山指日本，君子國指朝鮮。白民是在朝鮮境內的蝦夷，黑齒則黑龍江以南的魚皮韃子。又有背明國，則在今堪察加半島至白令海峽之間。果然則古代對東北，航線所至，也不可謂之近了。

交通既啟，彼此的文明，自然有互相灌輸的。《漢書・西域傳》說：當時的西域人，本來不大會製鐵，鐵器的製造，都是中國人教他們的。這件事於西域的開發，當大有關係。在中國一方面，則葡萄、苜蓿、安石榴等，都自外國輸入。又木棉來自南洋，後世稱為吉貝或古貝，在古時則稱為橦。《蜀都賦》「布有橦華」，就是此物。《史記・貨殖列傳》所謂「珠璣、玳瑁、果、布」之

布，也想必就是棉織品了。又《說文》：「，石之有光者。璧琊也，出西胡中。」此即《漢書》的「璧琉璃」。初是礦物，後來才變為製造品。此等物，於中國的工業，也頗有關係。至於佛教的輸入，則其關係之大，更無待於言了。

第九章　兩漢的學術

不論什麼事情，都有創業和守成的時代。創業時代，諸家並起，競向前途，開闢新路徑；到守成時代，就只是咀嚼、消化前人所已發明的東西了。兩漢時代的學術，正是如此。

當戰國時代，百家並起，而秦是用商鞅而強國，用李斯而得天下的。秦始皇又力主任法為治，這時候，法家之學自然盛行。楚、漢紛爭之時，縱橫家頗為活躍。然而天下已定，其技即無所用之。不久，也就漸即消沉了。在漢初，最急切的要求，便是休養生息，黃老清靜無為之學，當然要見重於時。所以雖有一個叔孫通，制朝儀，定法律，然而只是廟堂上的事，至於政治主義，則自蕭何、曹參，以至於文帝、景帝，都是一貫的。

但是在漢初，還有一個振興教化、改良風俗的要求。這種要求，也是君臣上下同感其必要的。漢人教化的手段，一種是設立庠序，改善民間的風俗。一種便是改正朔、易服色等。前者始終未能實行。後者則未免迂而不切於務，而且行起來多所勞費。所以漢文帝等都謙讓未遑。武帝是個好大喜功之主，什麼興辟雍、行巡守、封禪等，在他都是不憚勞費的。於是儒家之學，就於此時興起了。

自秦人焚書以來，博士一官，在朝廷上，始終是學問家的根據地。武帝既聽董仲舒的話，表章六藝，罷黜百家。又聽公孫弘的話，專為通五經的博士置弟子。於是在教育、選舉兩途，儒家都占了優勝的位置。天下總是為學問而學問的人少，為利祿而學問的人多。於是「一經說至百萬言，

大師眾至千餘人」，儒家之學遂臻於極盛了。

　　漢代儒家之學，後來又分為兩派：便是所謂今古文，為學術界上聚訟的一個問題。何謂今古文者？今文便是秦以後通行的隸書，古文則指前此的篆書。古人學問，多由口耳相傳，不必皆有書本。漢初經師，亦是如此。及其著之竹帛，自然即用當時通行的文字。這本是自然之理，無待於言，也不必別立名目的。然而後來，又有一派人，說前此經師所傳的書有闕誤。問其何以知之？他說：別有古書為據。古書自然是用古字寫的。人家稱這一派為古文家，就稱此前的經師為今文家。所以今文之名，是古文既興之後才有的。話雖如此說，然而古文家自稱多得到的書，現在都沒有了。其所傳的經，文字和今文家所傳，相異者極少，且多與意義無關。所以今、古文的異同，實不在文字上而在經說上。所謂經說，則今文家大略相一致；而古文則諸家之中，自有違異的。大約今文家所守的是先師相傳之說；古文家則由逐漸研究所得，所以如此。

　　西漢最早的經師，便是《史記・儒林傳》所列八家，這都是今文。東漢分為十四博士。其中《春秋》的〈穀梁〉是古文。《易經》的京氏，也有古文的嫌疑。其餘亦都是今文。古文家說《書》有逸十六篇，但絕無師說，所以馬融、鄭玄等注《書經》，亦只以伏生所傳二十八篇為限，而逸十六篇，今亦已亡。禮有〈逸禮〉三十九篇，今亦無存。《春秋》有〈左氏〉，未得立。今、古文之學，本來各守師傳，不相攙雜。到後漢末年，鄭玄出來，遍注群經。雖大體偏於古學，而於今、古文無所專主，都是本於己意，擇善而從。適會漢末之亂，學校廢絕，經學衰歇。前此專門之家多亡。鄭說幾於獨行。三國時，出了一個與鄭玄爭名的王肅。其學糅雜今古，亦與鄭同，而又喜造偽書。造作《偽古文尚書》和《偽孔安國傳》、《孔子家語》、《孔叢子》等，托於孔子之言以自重。於是今、古文之別混淆。後人欲借其分別，以考見古代學術真相的，不得不重勞考證，而分別真偽，也成為一個問題。

　　學術之興替，總是因於時勢的。在漢代，儒學雖然獨盛，然而在後漢

時，貴戚專權，政治腐敗，實有講「督責之術」的必要。所以像王符、仲長統、崔寔等一班人，其思想頗近於法家。後來魏武帝、諸葛亮，也都是用法家之學致治的。在思想上，則有王充，著《論衡》一書，極能破除迷信和駁斥世俗的議論卻不專談政治。這是其所研究的對象有異。至其論事的精神，則仍是法家綜核名實的方法，不過推而廣之，及於政治以外罷了。

在漢代，史學亦頗稱發達。古代史官所記，可分為記事、記言兩體。現今所傳的《尚書》是記言體，《春秋》是記事體。又有一種《帝系》及《世本》，專記天子、諸侯、卿大夫的世系的，這大約是《周官·小史》所職。《左氏》、《國語》，大約是《尚書》的支流餘裔。此外，便是私家的紀錄和民間的傳說了。在當時，是只有國別史，而沒有世界史；只有片段的記載，而沒有貫串古今的通史的。孔子因《魯史》修《春秋》，兼及各國的事，似乎有世界史的規模，然而仍只限於一時代。到漢時，司馬談、遷父子，才合古今的史料，而著成《太史公書》。這才是包括古今的、全國的歷史。在當日，即可稱為世界史了。《太史公書》，分本紀、世家、列傳、書、表五體。後人去其世家，而改書之名為志，所以稱此體的歷史，為「表志紀傳體」。班固便是用此體以修《漢書》的。但其所載，以前漢一朝為限，於是「通史體」變為「斷代體」了。兼詳制度和一人的始末，自以表志紀傳體為佳；而通覽一時代的大勢，則實以編年體為

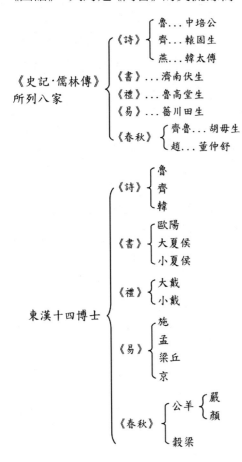

《史記·儒林傳》所列八家

《詩》 魯...申培公 / 齊...轅固生 / 燕...韓太傅
《書》...濟南伏生
《禮》...魯高堂生
《易》...菑川田生
《春秋》 齊魯...胡毋生 / 趙...董仲舒

東漢十四博士

《詩》 魯 / 齊 / 韓
《書》 歐陽 / 大夏侯 / 小夏侯
《禮》 大戴 / 小戴
《易》 施 / 孟 / 梁丘 / 京
《春秋》 公羊 { 嚴 / 顏 } / 穀梁

便。所以後漢末年，又有荀悅因班固之書而作《漢紀》。從此以後，編年和表志紀傳兩體，頗有並稱正史的趨勢。

文學：在古代本是韻文先發達的。春秋戰國時，可稱為散文發達的時代。秦及漢初，還繼續著這個趨勢。其時如賈、晁、董、司馬、匡、劉等，都以散文見長。司馬相如、東方朔、枚皋等，則別擅長於辭賦。西漢末年，做文章的，漸求句調的整齊，詞類的美麗，遂開東漢以後駢文的先聲。詩則古代三百篇，本可入樂。漢代雅樂漸亡，而吟誦的聲調亦變。於是四言改為五言，而武帝立新聲樂府，采趙、代、秦、楚之謳，命李延年協其律，司馬相如等為之詞。其後文學家亦有按其音調，製成作品的，於是又開出樂府一體。

第十章　佛教和道教

在中國社會上，向來儒、釋、道並稱為三教。儒本是一種學術，因在上者竭力提倡，信從者眾，才略帶宗教的權威。道則是方士的變相。後來雖摹彷佛教，實非其本來面目。二者都可說是中國所固有，只有佛教是外來的。

佛教的輸入，據《魏書·釋老志》，可分為三期：（一）匈奴渾邪王之降，中國得其金人，為佛教流通之漸。（二）哀帝元壽元年，即西元之二年，博士弟子秦景憲，受大月氏使伊存口授浮屠經。（三）後漢明帝，夢見金人，以問群臣。傅毅以佛對。於是遣郎中蔡愔和秦景憲使西域，帶著兩個和尚和佛教的經典東來。乃建寺於洛陽，名之為白馬。案，金人乃西域人所奉祀的天神，不必定是佛像。博士弟子，從一外國使者口授經典，也是無甚關係的。帝王遣使迎奉，歸而建寺，其關係卻重大了。所以向來都說漢明帝時，佛法始入中國。然而楚王英乃明帝之兄。《後漢書》已說其為浮屠齋戒祭祀。明帝永平八年，即西元六五年，詔天下死罪，皆入縑贖，英亦遣使奉縑詣國相。詔報曰：「楚王誦黃老之微言，尚浮屠之仁慈，潔齋三日，與神為誓，何嫌何疑，當有悔

斋。其還贖，以助伊蒲塞，桑門之盛饌。」當明帝時，楚王業已如此信奉，其輸入，必遠在明帝以前。梁啟超《佛教之初輸入》，考得明帝夢見金人之說，出於王浮的《老子化胡經》，浮乃一妖妄道士，其說殊不足信。然則佛教之輸入，恐尚較耶穌紀元時為早。大約中國和西域有交通之後，佛教隨時有輸入的可能。但在現在，還沒有正確的史實可考罷了。這時候，輸入的佛教，大約連小乘都夠不上。所以和當時所謂黃老者，關係很密。黃老，本亦是一種學術之稱。指黃帝、老子而言，即九流中道家之學。但此時的黃老，則並非如此。《後漢書·陳愍王寵傳》說國相師遷，追奏前相魏愔，與寵共祭天神，希冀非幸，罪至不道，而魏愔則奏與「王共祭黃老君，求長生福而已，無他冀幸」。此所謂黃老君，正是楚王英所奉的黃老。又〈桓帝紀〉：延熹九年，祠黃老於濯龍宮，而〈襄楷傳〉載楷上書桓帝，說「聞宮中立黃老、浮屠之祠」，則桓帝亦是二者並奉的。再看〈皇甫嵩傳〉，說張角奉祠黃老道。《三國志·張魯傳注》引《典略》，說張修之法，略與張角同。又說張修使人為奸令祭酒，主以《老子》五千文使都習，則此時所謂黃老，其內容如何，就可想而知了。

　　黃老為什麼會變成一種迷信，而且和浮屠發生關係呢？原來張角、張修之徒，本是方士的流亞。所謂方士，起源甚早。當戰國時，齊威、宣，燕昭王，已經迷信他。後來秦始皇、漢武帝，迷信更甚。方士的宗旨，在求長生，而其說則托之黃帝。這個讀《史記·封禪書》、《漢書·郊祀志》可見。不死本是人之所欲，所以「世主皆甘心焉」。然而天下事真只是真，假只是假。求三神山、煉奇藥，安有效驗可睹？到後來，漢武帝也明白了，喟然而嘆曰：「世安有神仙。」至此，《史記》所謂「怪迂之士」、「阿諛苟合」之技，就無所用之了。乃一轉而蠱惑愚民。這是後來張角、張修等一派。其餘波，則蔓延於諸侯王之間，楚王和陳王所信奉的，大約就是他了。秦皇、漢武的求神仙，勞費很大，斷不是諸侯之國所能供給得起的；人民更不必論了。於是將尋三神山、築宮館、煉奇藥等事，一概置諸不提，而專致力於祠祭。在民間，則並此而不必，而所求者，不過五斗米。神仙家，《漢志》本和醫經、經方，同列於方技。

不死之藥，雖是騙人，醫學大概是有些懂得的，於是更加上一個符水治病。當社會騷擾，人心不安定之時，其誘惑之力，自然「匪夷所思」了。

佛教初輸入時，或只輸入其儀式，而未曾輸入其教義；或更與西域別種宗教夾雜，迷信的色彩很深。所以兩者的混合，甚為容易。

然則為什麼要拉著一個老子呢？這大約是因黃帝而波及的。黃帝這個人，在歷史上，是個很大的偶像。不論什麼事，都依託他。然而黃帝是沒有書的。依託之既久，或者因宗教的儀式上，須有辭以資諷誦；或者在教義上，須有古人之言，以資附會。因黃老兩字，向來連稱；而黃老之學，向來算作一家言的，勸迷信黃帝的人，誦習《老子》，他一定易於領受。這是張修所以使人誦習《五千文》的理由。楚王英誦黃老之微言，所誦者，恐亦不外乎此。「久假而不歸，惡知其非有？」當初因黃帝而及老子，意雖但在於利用其辭，以資諷誦，但習之久，難保自己亦要受其感化。況且至魏晉之際，玄學盛行，《老子》變為社會上的流行品。所謂方士，雖然有一派像葛洪等，依然專心於修煉、符咒、服食，不講哲理；又有一派如孫恩等，專事煽惑愚民，不談學問。然而總有一派和士大夫接近，要想略借哲理，以自文飾的。其所依附，自然仍以《老子》為最便。於是所謂老子，遂漸漸地取得兩種資格：一是九流中道家之學的巨子。一是所謂儒、釋、道三教中道教的教主。然而其在南方，總還不過是一個古代的哲學家，教主的資格，總還不十分完滿。直到西元第四世紀中，魏太武帝因崔浩之言，把寇謙之迎接到洛陽，請他升壇作法，替他布告天下，然後所謂道教，真個成為一種宗教，而與儒、釋鼎足而三了。這怕是秦漢時的方士，始願不及此的。

第十一章　兩漢的社會

漢承秦之後，秦代則是緊接著戰國的。戰國時代，封建的努力，破壞未盡，而商業資本，又已抬頭，在前編第十四章中，業已說過了。在漢

時，還是繼續著這個趨勢。

《史記・平準書》上說漢武帝時的富庶，是：

非遇水旱之災，民則人給家足，都鄙廩庾皆滿，而府庫餘貨財。京師之錢累巨萬，貫朽而不可校。太倉之粟，陳陳相因，充溢露積於外，至腐敗不可食。眾庶街巷有馬，阡陌之間成群，而乘字牝者，儐而不得聚會。守閭閻者食粱肉；為吏者長子孫；居官者以為姓號。故人人自愛而重犯法，先行義而後絀恥辱焉。

富庶如此，宜乎人人自樂其生了。然而又說：「網疏而民富，役財驕溢，或至兼並。」果真人給家足，誰能兼併人？又誰願受人的兼併？可見當時的富庶，只是財富總量有所增加，而其分配的不平均如故。所以漢代的人，提起當時的民生來，都是疾首蹙額。

這樣嚴重的社會問題，懸而待決，卒至釀成新莽時的變亂，已見前第四章。莽末亂後，地權或可暫時平均。因為有許多大地主，業已喪失其土地了。然而經濟的組織不改，總是不轉瞬便要回復故態的。所以仲長統的《昌言》上又說：

井田之變，豪人貨殖，館舍布於州郡，田畝連於方國。

豪人之室，連棟數百。膏田滿野。奴婢千群，徒附萬計。船車賈販，周於四方。廢居積貯，滿於都城。

可見土地和資本，都為少數人所占有了。我們觀此，才知道後漢末年的大亂，政治而外，別有其深刻的原因。

漢去封建之世近，加以經濟上的不平等，所以奴婢之數極多，奴婢有官有私。官奴婢是犯罪沒入的，私奴婢則因貧而賣買，當時兩者之數皆甚多。卓王孫、程鄭，都是以此起家的。所以《史記・貨殖列傳》說：「童手指千」，則比千乘之家，甚而政府亦因以為利。如晁錯勸文帝募民入丁奴婢贖罪，及輸奴婢以拜爵。武帝募民入奴，得以終身復，為郎者增秩。又遣官治郡國算緡之獄，得民奴婢以千萬數。前、後漢之間，天下大亂，人民

窮困，奴婢之數，更因之而增多。光武帝一朝，用極嚴的命令去免除它。然而奴婢的原因不除去，究能收效幾何，也是很可疑惑的。

　　因去封建之世近，所以宗法和階級的思想很為濃厚。大概漢代家庭中，父權很重。在倫理上，則很有以一孝字包括一切的觀念。漢儒說孔子「志在《春秋》，行在《孝經》」，在諸經之傳中，對於《孝經》和《論語》，特別看重，就是這個道理。在政治上，則對於地方官吏，還沿襲封建時代對於諸侯的觀念。服官州郡的，稱其官署為本朝。長官死，僚屬都為之持服。曹操、張超的爭執，在我們看來，不過是軍閥的相爭；而臧洪因袁紹不肯救張超，至於舉兵相抗，終以身殉，當時的人，都同聲稱為義士。然而漢朝人也有漢朝人的好處。因其去古近，所以有封建時代之士，一種慷慨之風。和後世的人，唯利是視，全都化成漢人所謂商賈者不同。漢代之士，讓爵讓產的極多，這便是封建時代，輕財仗義的美德。其人大抵重名而輕利，好為奇節高行。後漢時代的黨錮，便是因此釀成的。至於武士，尤有慷慨殉國之風。司馬相如說：當時北邊的武士，「聞烽舉燧燔」，都「攝弓而馳，荷戈而走，流汗相屬，唯恐居後」。這或許是激勵巴蜀人過當的話，然而當時的武士，奮不顧身的氣概，確是有的。我們只要看前漢的李廣，恂恂得士，終身無他嗜好，只以較射赴敵為樂，到垂老，還慷慨，願身當單于。其孫李陵，更能「事親孝，與士信，臨財廉，取與義。分別有讓，恭儉下人。常思奮不顧身，以徇國家之急」。司馬遷說他有「國士之風」，真個不愧。他手下的士卒五千，能以步行絕漠，亦是從古所無之事。這都由於這些「荊楚勇士，奇材劍客」，素質佳良而然。可見當時不論南北人民，都有尚武的風氣，所以後漢時，班超能以三十六人，立功絕域。一個英雄的顯名，總借無數無名英雄的襯托。我們觀於漢代的往事，真不能不神往了。

　　因武士的風氣還在，所以游俠也特盛。游俠，大約是封建時代的「士」。封建制度破壞後，士之性質近乎文的則為儒，近乎武的則為俠。孔子設教，大約是就儒之社會，加以感化；墨子設教，則就俠的徒黨，加以

改良。所以古人以儒墨並稱，亦以儒俠對舉。墨者的教義，是捨身救世，以自苦為極的。這種教義，固然很好，然而絕非大多數人所能行。所以距墨子稍遠，而其風即衰息。《游俠列傳》所謂俠者，則「已諾必誠；不愛其軀，以赴士之阨困；既已存亡死生矣，而不矜其能，羞伐其德」，仍回復其武士的氣概。然而生活總是最重要的問題。此等武士，在生產上，總是落伍的，既已連群結黨，成為一種勢力，自不免要借此以謀生活。於是就有司馬遷所謂「盜跖之居民間者」。仁俠之風漸衰，政治上就不免要加以懲艾；人民對他，亦不免有惡感，而後起的俠者，就不免漸漸地軟化了。

第十二章　三國的鼎立

柳宗元說漢代「有叛國而無叛郡」，這是因為郡的區域太小了，其勢不足以反抗中央。到後漢末年，把刺史改成州牧，所據的地方，大過現在的一省，其情形就大不相同了。

當曹操主持中央政府，把漢獻帝遷到許都時，天下正是紛紛割據。舉其最大的，便有：

袁紹　據幽、並、青、冀四州。

袁術　據壽春。

劉表　據荊州。

劉焉　據益州。

劉備　據徐州。

張魯　據漢中。

馬騰、韓遂　據涼州。

公孫度　據遼東。

當時還有個本無根據地的呂布，從長安逃向東方去，投奔劉備。劉備

收容了他。呂布卻乘劉備與袁術兵爭之時，襲其後方，而取徐州。劉備
投奔曹操，操表備為豫州牧。和他合兵，攻殺呂布。袁術在壽春，站不住
了，謀走河北，曹操使劉備邀擊之於山陽，袁術兵敗還走，未幾而死。劉
備和外戚董承密謀，推翻曹操，曹操又打敗他。

　　這時候，曹操的大敵，實在是袁紹。雄踞河北，其聲勢和實力，都在
曹操之上。西元二〇〇年，袁、曹之兵，遇於官渡。相持許久，曹操畢
竟打敗了袁紹，袁紹因此慚憤而死。其子譚、尚，互相攻擊，都為曹操所
滅。西元二〇八年，操遂南征荊州。

　　這時候，在北方屢次失敗的劉備，亦在荊州，依託劉表，而長江下
游，則為孫權所據。孫權的父親名堅，是漢朝的長沙太守。當山東州郡起
兵討董卓時，孫堅也發兵北上。後來受袁術的指使，去攻劉表，為表軍所
射殺。其子孫策，依託袁術，長大之後，袁術把孫堅的部曲還他，他就渡
江而南，打定漢朝的揚州。孫策死後，傳位於孫權。曹操的兵，還未到荊
州，劉表已先死了。劉表的長子劉琦，因避後母之忌，出守江夏。其少子
劉琮，以襄陽降操。劉備南走江陵。曹操發輕騎追之，一日一夜行三百
里，及之於當陽長坂。劉備敗走江夏。於是諸葛亮建策，求救於孫權。孫
權手下周瑜、魯肅等也主張結合劉備，以拒曹操。於是孫、劉合兵，大破
操兵於赤壁。曹操引兵北還，而南方之形勢始強。

　　然而當時的劉備，還是並無根據之地。荊州地方，依當時的諸侯法，
則當屬於劉琦，而琦不能有，事實上，劉備和孫權，都屯兵其間。孫權一
方面，身當前敵的周瑜，要「徙備置吳」，挾著關羽、張飛等去攻戰。劉備
一方面，未始不想全吞荊州，而又不敢和孫權翻臉。於是先攻下荊州的南
部，就是現在的湖南地方。不久，周瑜死了，繼其任者為魯肅。魯肅是主
張以歡好結劉備的。孫、劉兩家的猜忌，暫時和緩。

　　當諸葛亮未出草廬時，劉備去訪問他，他便主張兼取荊、益二州，以為
圖天下之本。這時候，荊州還未能完全到手，而且「荊土荒殘，人物凋敝」，

雖是用兵形勝之地，而實苦於餉源之無所出。於是益州天府之國，劉備就不能不生心了。西元二一四年，劉備乘劉璋的闇弱，取了益州。其明年，曹操亦平定漢中。西元二一八年，劉備攻漢中，又取之。一時形勢，頗為順利。當劉備西入益州時，孫權便想與他爭荊州。結果，兩家和解，平分荊州。劉備既定漢中，命關羽出兵攻拔襄陽，又圍樊城，敗於禁等兵，威聲大振，而孫權使呂蒙襲取江陵。關羽還走，為權所殺。吳、蜀因此失和。這事在西元二一九年。

其明年，曹操死了。子丕，廢漢獻帝自立，是為魏文帝。又明年，劉備稱帝於蜀，是為蜀漢昭烈帝。西元二二九年，孫權亦稱帝，自武昌遷都建業，是為吳大帝。

昭烈帝稱帝之後，即自將伐吳。吳將陸遜大敗之於猇亭。昭烈帝走至永安，慚憤而死。子後主禪立，諸葛亮輔政。諸葛亮是個絕世的奇才，內修政治，用法治的精神，把個益州治得事事妥帖。所以能以一州之地，先平南方之亂，次出師北伐，和中國相抗衡。諸葛亮死後，蔣琬、費禕繼之，還能夠蒙業而安。費禕死後，姜維繼之，屢出兵伐魏，無甚成績，而民心頗怨。後主昏愚，寵信宦官黃皓，政治亦漸壞，其勢就難於支持了。

魏文帝貌似明白，而其實不免於猜忌輕率。當曹操為魏王時，文帝與其弟陳思王植，爭為世子，嫌隙甚深。所以即位之後，薄待諸王。把他們限制國中，有同拘禁。文帝死後，子明帝立。性極奢侈，魏事益壞。時諸葛亮連年北伐，明帝嘗使司馬懿去拒敵他。又使懿討平遼東。於是司馬氏的權勢，漸次養成。明帝死後，養子齊王芳立。司馬懿和曹爽同受遺詔輔政。曹爽獨攬大權。司馬懿稱疾不出。後來乘曹爽奉齊王去謁陵，司馬懿突然而起，關閉城門。到底廢殺了曹爽，獨攬大權。司馬懿死後，子司馬師繼之，廢掉齊王芳，而立高貴鄉公髦。司馬師死後，其弟司馬昭又繼之。這時候，司馬氏篡魏之勢已成。魏因抵禦吳、蜀，東南、西北兩方面，都駐有兵馬。西北的兵，本來是司馬懿所統。東南方面，則別是一系。於是王淩、丘儉、諸葛誕，三次起兵討司馬氏，都不克。西元二六三年，司馬昭遣鍾會、鄧艾，兩

道伐蜀，滅之。西元二六五年，司馬昭死，子炎立，就篡魏而自立了。

　　吳大帝在位頗久，然而其末年，政治已頗紊亂。大帝死後，廢帝亮立。諸葛恪輔政，頗有意北圖中原。一出無功，旋為孫峻所殺。孫峻死後，其弟孫琳繼之。廢廢帝，立其弟景帝。景帝殺掉孫琳，然亦無甚作為。景帝死後，太子皓立，荒淫無道，是時只靠一個陸抗，守著荊州，以抵禦北方。陸抗死後，吳國的形勢就大非。晉武帝命羊祜鎮襄陽，王濬鎮益州以圖吳。羊祜死後，代以杜預。西元二八〇年，荊、益之兵，兩道並進，勢如破竹，而吳遂滅亡。

第十三章　晉的統一和內亂

　　從董卓進長安起，到晉武帝平吳止，共經過九十二年的戰亂，真是渴望太平的時候了。當時致亂之源，由於州郡握兵。所以晉武帝既定天下，便命去州郡的兵，刺史專於督察，回復漢朝的樣子。

　　然而這時候，致亂之源，乃別有所在。其（一），兩漢之世，歸化中國的異族很多，都住在塞內。當時所謂五胡者，便是：

　　【匈奴】遍於並州境內，即今之山西省。

　　【羯】匈奴的別種，居於上黨武鄉羯室，因以為名。

　　【鮮卑】遍布遼東西和今熱、察、綏之境。

　　【氐】本居武都。魏武帝徙之關中。這時候，遍於扶風、始平、京兆之境。

　　【羌】這是段熲誅夷之餘。在馮翊、北地、新平、安定一帶。

　　當時郭欽、江統等，都請徙之塞外。塞外的異族，固亦未嘗不足為患，然而究竟有個隔限，和「掩不備之人，收散野之積」者不同，而武帝不能同。

　　其（二），晉代鑑於魏朝的薄待宗室，以致為自己所篡。於是大封同姓。漢代的諸王，是不再干預政治的。晉朝則可以「入秉機衡，出作岳

牧」，在政治上的勢力尤大。

晉武帝平吳之後，耽於宴安，凡事都不作久長之計。其子惠帝，近於低能。即位之初，武帝后父楊駿輔政。惠帝后賈氏和楚王瑋合謀，殺掉楊駿，而使汝南王亮和太保衛瓘同聽政。後來又和楚王合謀，殺掉汝南王。後又殺掉楚王，旋弒楊太后。太子遹，非賈后所生，後亦廢而殺之。總宿衛的趙王倫，因人心不服，勒兵弒后，廢惠帝而自立。於是齊王冏、成都王穎、河間王顒，舉兵討亂。右衛將軍王輿，殺掉趙王，迎接惠帝復位。齊王入洛專政。河間王和長沙王合謀，使攻殺齊王。又和成都王合兵，攻殺長沙王。

如此，京師大亂，而勝利卒歸於外兵。州郡握兵，從漢以來，已成習慣。晉武雖有去州郡兵權之命，而人心尚未丕變。一旦天下有亂，舊路自然是易於重走的。於是東海王越合幽、並二州之兵，打敗了成都河間兩王。遂弒惠帝，而立其弟懷帝。

同族相爭，勝利又卒歸於異族。五胡之中，本以匈奴為最強，其所處，又是腹心之地，亦最有民族自負之心。於是前趙劉淵，先自立於平陽。時東方大亂，許多盜賊都去歸附他，其勢遂大盛。東方群盜之中，羯人石勒，尤為強悍。東海王自率大兵去打他，兵到現在的項城，死了。其兵為石勒追擊所敗，洛陽遂成坐困之勢。西元三一〇年，劉淵的族子劉曜，打破洛陽，懷帝被虜。西元三一二年，弒之。惠帝弟愍帝，立於長安。西元三一六年，又為劉曜所攻破，明年，被弒，而西晉亡。

於是琅邪王睿，從下邳徙治建康，即皇帝位，是為東晉元帝。這時候，北方只有幽州都督王浚，並州刺史劉琨，崎嶇和胡羯相持，也終於不能自立。北方遂全入混亂的狀態。

然而南方亦非遂太平無事。當時中央解紐，各地方都靠州郡的兵來保境安民，自然外權復重。新興的建康政府，自然不易令行禁止。元帝的首務，便在收上流的實權。元帝的立國江東，是很靠江東的世家名士，所謂「人望」者，幫他的忙的，而王導和其從兄王敦，尤為出力。於是王導內典

機要，王敦出督荊州。敦有才略，居然把荊州的權力收歸一人，然而中央就和王敦起了猜忌。其結果，王敦舉兵東下。元帝所預先布置防他的兵，無一路不敗，被王敦打入京城。元帝憂憤而崩。幸而王敦不久也死了，明帝才把他的黨與討平。明帝頗為英武，可惜在位只有三年。明帝死後，子成帝年幼，太后庾氏臨朝。后兄庾亮執政，歷陽內史蘇峻和庾亮不平，舉兵造反，打進京城。庾亮出奔。幸得鎮尋陽的溫嶠，深明大義，協同荊州的陶侃，把他打平。陶侃死後，庾亮和庾冰，相繼出鎮荊州。庾翼在內為宰相。這時候，內外之權，都在庾氏手裡，暫無問題。康帝時，庾翼移鎮襄陽，庾冰代之鎮夏口。庾冰死後，庾翼又還鎮夏口，而使其子方之鎮襄陽。庾翼不久就死了。臨終之際，表請以自己的兒子爰之繼任。宰相何充不聽，而以桓溫代之。於是上流之權，又入於桓溫之手。

第十四章　邊徼民族和漢族的同化

凡事總有相當的代價。兩漢時代，異民族入居中國的多了，把許多種族和文化不同的人民，融合為一，自非旦夕間事，且總不免有若干的衝突。五胡之亂，就是中國民族融合異族的代價。

晉時，北方割據之國，共有十六之多。然而其中有關大勢的，也不過地處中原的幾國。我們現在，簡單把它分做五個時代。

第（一）前、後趙對立時代。

第（二）後趙獨盛時代。

第（三）前燕、前秦對立時代。

第（四）前秦獨盛時代。

第（五）後燕、後秦對立時代。

第五個時代之後，漢族曾經恢復黃河之南，且曾一度占領關中，而惜

乎其不能久。未幾，北方遂全入於拓跋魏，變成南北兩朝了。這是後話，現在且從前、後趙對立時說起。

劉淵自立後，石勒表面上是他的臣子，可是劉淵並顧不到東方的事，所以五胡擾亂之初，便逕稱為前、後趙對立時代。劉淵的兒子劉和懦弱，劉聰荒淫。族子劉曜，較有本領。劉聰被弒後，曜遂立國長安。西元三二九年之戰，曜為石勒所擒，前趙就此滅亡。

石勒從子虎，淫暴無人理。在位時，雖西攻前涼，東攻前燕，兵力頗稱強盛。然而死後，內亂即作。虎養子冉閔，本是漢人。盡殺虎諸子，而且大誅胡羯，自稱皇帝。然而不久。便為前燕所攻殺。

前燕以遼東西和熱河為根據，其勢頗盛。然當其侵入中原之際，即其開始衰頹之時。其兵力，只到鄴都附近。於是河南和關中，都成為空虛之地。氐酋苻健，西據關中，羌酋姚襄，則借降晉為名，陰圖自立。晉朝這時候，中央和上流，仍相猜忌。時桓溫滅前蜀，威名日盛。中央乃引用名士殷浩以敵之。西元三五三年，浩出兵北伐，以姚襄為先鋒。反為其所邀擊，大敗。桓溫因此奏請廢浩。中央不得已，從之。溫出兵擊斬姚襄，而伐秦、伐燕都不利。於是先行廢立之事以立威。意圖篡位，為謝安、王坦之所持，不果。桓溫死後，其兄弟桓沖把荊州讓出，南方又算暫安。然已無暇北伐，而前秦遂獨盛了。

前秦主苻堅，用王猛為相，修明政治，國富兵強。西元三七一年，滅前燕，又滅前涼，破拓跋氏。西元三八三年，大發兵伐晉。謝玄、謝石等大敗之於淝水。苻堅知道當時北方，民族錯雜，不能專任自己人的。所以對於歸降各民族，表面上都一視同仁，把他的酋長留在都城之中，而使氐人分鎮四方，以實行其監視和駐防的政策。然而民族間的界限，終非旦夕所可破除。苻堅敗後，諸族復紛紛自立，而後燕、後秦二國最大，仍回復到前燕、前秦對立的樣子。

南方自桓溫死後，上下流相持的形勢，暫時緩和，而孝武帝委政於其弟琅琊王道子，旋又相猜忌，使王恭鎮京口，殷仲堪鎮江陵以防之。這時

候，京口的北府兵強了，然而其實權都在劉牢之手裡。仲堪亦不會帶兵，一切事都委任南郡相楊佺期。道子則嗜酒昏愚，事都決於其世子元顯。孝武帝死後，子安帝立。王恭、殷仲堪連兵而反。元顯使人遊說劉牢之，倒戈襲殺王恭，而上流之兵已逼，劉牢之不肯再替他出力抵禦。於是無可如何，以楊佺期為雍州刺史，桓玄為江州刺史。桓玄是桓溫的小兒子。因為桓溫在荊州久了，其僚屬將士，都歸向他。他雖閒住在荊州，其勢力反出於現任官吏之上。所以殷仲堪不得不用他。這時候，既有地盤，殷仲堪、楊佺期自然非其敵手。先後為其所並。於是上流的權勢，又集於桓玄一身。西元四〇二年，荊州大饑。元顯乘機出兵，想解決桓玄。然而所靠的不過一個劉牢之，而劉牢之又倒戈，元顯就失敗，和其父道子都被殺。桓玄入建康。明年，竟廢安帝而自立。

這時候，荊州之兵力，實已非北府之敵。所以桓玄得志之後，便奪去劉牢之的兵權。牢之謀反抗，不成，自殺，而北府兵的勢力，實在並未消滅。西元四〇四年，北府兵中舊人，劉裕、劉毅、孟昶、何無忌、諸葛長民等起兵討桓玄。桓玄的兵，到處皆敗。逃至江陵，被殺。安帝復位。劉裕入中央政府，主持大權。於是積年以來，朝廷為荊州所挾持的形勢一變。然而軍人到底是要互相吞併的。於是相互間之問題，不在北府兵和荊州系，而在北府兵裡同時並起的幾個人。

這時候，後燕因為後魏所破，分為南北，形勢已弱。後秦也因受夏國的攻擊，日以不振。西元四〇九年，劉裕出兵，滅掉南燕。先是妖人孫恩，為亂於江、浙沿海，為劉裕所討破。赴水死。其餘黨盧循、徐道覆，於桓玄時據有廣州和始興。至是，乘機出湘、贛北伐。直下長江，兵勢甚盛。何無忌為其所殺。劉毅亦為所敗。劉裕撤兵還救，又把他打平。於是翦除異己者劉毅、諸葛長民和晉宗室司馬休之等。西元四一七年，大發兵滅後秦。此時正值後魏道武帝中衰之際，坐視而不能救。涼州諸國都惴惴待晉兵之至，而裕以急於圖篡，南還，長安遂為夏所陷。裕登城北望，流

涕而已。西元四一九年，裕受晉禪，是為宋武帝。後三年而卒。自劉裕南還後，不復能經略北方，而北魏自太武帝即位後，復強盛。北方諸國，盡為所並。天下遂分為南、北朝。

五胡十六國的事情，是很繁雜的。以上只提挈得一個大綱，現在補列一張簡表於下，請諸位參看。

國名	民族	都邑	始末大略（與正文參看，正文已有的不復述）
前趙（初稱漢，劉曜改稱趙），公元三〇四至三二九年	匈奴	劉淵自立於左國城（今山西離石縣東北），後遷平陽。劉曜居長安。	南匈奴呼廚泉單於，因先世系漢甥，改姓劉氏。曹操以呼廚泉部眾強盛，留之於鄴（今河南臨漳縣）而分其部眾為五。其中左部最強。晉時，劉淵為其部帥。乘八王之亂，還並州自立。劉淵子和，為其弟聰所弒。聰荒淫。傳子粲，為其臣靳準所弒。石勒自襄國（今河北邢台縣），劉曜自長安，俱勒兵討準。準弟劉握。為曜所殺。曜自立於長安。曜為石勒所擒。子熙奔上邽（今陝西南鄭縣），為石虎所追殺。前趙亡。
後趙，公元三一九至三五一年。	羯	石勒初居襄國，後徙鄴。	石勒初為群盜，歸降劉淵，然實非淵所能制。後盡並東方，仍稱臣於前趙。劉曜時，勒始自立。勒子弘，為勒從孫虎所殺。虎諸子均為虎養子冉閔所殺。覆娃，自稱魏帝，為慕容儁所滅。事在三五一年。
前燕，公元三三七至三七〇年。	鮮卑	鮮卑慕容氏，本居棘城（今熱河朝陽縣）。後遷於遼東至慕容廆又遷居徒河的青山（在今遼寧錦縣境）。又遷居大棘城（在今遼寧義縣），慕容就遷居龍城（今朝陽縣），滅再閔後，居鄴。	慕容廆，本晉國的平州刺史。傳子皝，始稱燕王，就傳子儁，滅再閔。是年，皝亦卒。子暐年幼，慕容恪輔政。恪死後，慕容評之，時燕宗室慕容垂最有成名，評忌之。垂奔前秦。前燕逐衰，為前秦所滅。

國名	民族	都邑	始末大略（與正文參看，正文已有的不復述）
前秦，公元三五一至三九四年。	氐	長安	苻洪，本略陽氐酋。初降劉曜，後降後趙。後趙徙之於東方。後趙亡後，洪居枋頭城（在今河南濬縣）。擊擒趙將麻秋。旋為秋所鴆殺。子健，殺秋，西入關。健子生，為苻堅所弒（堅父名雄，也是苻洪的兒子）。淝水敗後，堅奔五將山（在今陝西岐山縣），為後秦姚萇所擒殺。堅子丕，自立晉陽，為慕容永所敗而死（慕容永，亦前燕同族。時自立於長子，即今山西長子縣，後為後燕所滅。不在十六國之列），堅族子登，又自立於南安（今甘肅平涼縣）。三九四年，為姚興所殺。子崇，奔湟中，為西秦乞伏乾歸所殺，前秦亡。
後秦，公元三九四至四一七年。	羌	長安	後秦本南安赤亭羌（在今甘肅隴西縣）。其首姚弋仲，亦降後趙。遷於東方。後趙亡時，弋仲亦死。子襄南降晉。實懷二心，為桓溫所敗，奔關中，為前秦所殺。弟萇以眾降秦，淝水敗後，萇自立。傳子興，滅前秦。興傳子泓，為劉裕所滅。時在公元四一七年。
後燕，公元三八四至四○九年。	鮮卑	慕容垂居中山（今河北定縣），子室奔龍城。	慕容垂，淝水戰後自立。傳子寶，三九六年，魏人，南伐，大敗，奔龍城。被弒。少子盛，定亂自立。因刑罰嚴峻，又被弒。弟熙立。淫暴。四○九年，為其將馮跋所篡。
南燕，公元三九八至四一○年。	鮮卑	廣固（今山東益都縣西）	慕容德，是慕容皝的小兒子，魏人南伐時，脫離後燕自立。傳子超，為劉裕所滅。
北燕，公元四○九至四三六年。	漢族	龍城	馮跋篡後燕自立。傳於宏，為後魏所滅。時在四三六年。
夏，公元四○七至四三一年。	匈奴	統萬（今陝西懷遠縣）	匈奴鐵弗氏，本居新興。其首長劉虎，和拓跋氏相攻。虎孫衛辰，引前秦兵滅拓跋氏，後魏道武帝強，衛辰為春所滅。子勃勃，奔後秦。姚興使守北方。勃勃以四○七年自立，改姓赫連，後取長安，勃勃死後，子昌立，為魏太武帝所破，奔上郅死。弟定，自立於平涼。四三一年，吐谷渾人執之送魏，夏亡。

國名	民族	都邑	始末大略（與正文參看，正文已有的不復述）
西秦，公元三八四至四三一年。	鮮卑	乞伏國仁，居勇士川（在今甘肅金縣）。幹歸徙苑川（在今甘肅靖遠縣）。	本隴西鮮卑，屬前秦。淝水戰後，其酋乞伏國仁自立，傳弟幹歸。降後秦，後覆還歸。幹歸傳子熾磐，熾磐傳子暮末，為赫連定所殺，時在四三〇年。
成（李壽時改稱漢。史家亦稱為蜀），公元三〇四至三四七年。	氐	成都	本清江流域的賨君變，漢末，徙漢中，曹操平張魯，遷於略陽。晉初，關中氐齊萬年反。其酋長李特將流民入蜀，三〇六年，特子雄踞成都，又並漢中，三傳至特孫壽，荒淫。壽子勢，三四七年，為桓溫所滅。
前涼，公元三一七至三七六年。	漢族		張軌，晉涼州剌史。晉亂，遂保據涼州。軌及子寔，皆事晉，守臣節。定傳弟茂，劉曜來攻，始力屈稱藩。六傳至天錫，三七六年，為前秦所滅。
后涼，公元三八六至四〇三年。	氐		呂光，亦略陽氐人。符堅時，為龍驤將軍。為堅平西城，兵還，值前秦分裂，遂自立。四〇三年，其子隆，降於後秦。
北涼，公元四〇七至四九三年	匈奴	張掖	沮渠蒙遜，以三九七年叛後涼。初推太守段業為主，後殺之，自立。傳子牧犍，四三九年，為後魏所滅。
西涼，公元四〇〇至四二一年。	漢族	初據敦煌，後遷酒泉。	李暠本段業所署沙州剌史。業死後，據敦煌自立，傳子歆，四二一年，為北涼所滅。
南涼，公元三九七至四一四年。	鮮卑	本居樂郡（今甘肅碾伯縣），後徙姑臧。	姓禿髮氏，與後魏同出。其首禿髮烏孤，以三九七年自立。傳弟利鹿孤及侮檀，四一四年為西秦所滅。

第十五章南北朝的對峙

　　從西元三〇四年前趙自立起，到西元四三九年北涼滅亡止，共經過一百三十六年。擾亂中國的五胡，大多和漢族同化了。只有拓跋氏，其起最晚，其入中原也最後，所以又和漢族相持了一百四十年。

此時的南方，雖經宋武帝一度削平異己，然而紛爭之際，外兵不能遽去，人心的積習未除，而宋武帝以後，為君主的，又沒像武帝一般強有力的人物。所以仍是內外相持，坐視北方有機會而不能乘，甚至反給北方以機會。恢復中原，遂爾終成虛語。

當劉宋開國之時，南朝的疆域還包括今山東、河南之境。宋武帝死後，魏人乘喪南伐。取青、兗、司、豫四州。其時正值徐羨之、傅亮、謝晦等廢少帝而立文帝。文帝立後，和檀道濟合謀，討除羨之等。後又並殺道濟。忙於內亂，無暇對外，而自檀道濟死後，功臣宿將亦垂盡。於是西元四三○、四五○年兩次北伐都失敗。魏太武帝反自將南伐，至於瓜步。所過郡邑，赤地無餘。南北朝時，北強南弱的情勢，實始於此。

宋文帝後，孝武帝和明帝都猜忌宗室，大加屠戮。明帝嗣子幼弱，召鎮淮陰的蕭道成入衛，朝權遂為所竊。內而中書令袁粲，外而荊州都督沈攸之，起兵討他，都不克。西元四七九年，道成篡宋自立，是為齊高帝。齊高帝和子武帝，在位都不久。武帝子鬱林王荒淫，為高帝兄子明帝所篡。明帝亦猜忌，盡殺高、武二帝子孫。傳子東昏侯，荒淫更甚於鬱林王，而好殺亦同於明帝。西元五○二年，而齊為梁武帝所篡。梁武帝總算是個文武全才。雖其晚年迷信佛法，刑政廢弛，致釀成侯景之亂，然而其早年，政治總算是清明的。於是南方暫見康寧，而北方又起擾亂。

北魏當太武帝時，南侵宋，北伐柔然、高車，國勢最盛。孝文帝於西元四九三年遷都洛陽，大革舊俗。這在鮮卑人，要算一個進化而和漢族同化的好機會。然而國勢反自此衰頹。（一）因鮮卑一時不能學得漢族的好處，而反流於奢侈。（二）則魏都平城，本靠武力立國，於其附近設置六鎮。簡拔親賢，為其統帥，而將士選拔，亦極優異。南遷以後，不能如舊。六鎮舊人，因此憤怒逃亡。魏人又恐兵力衰頹，加以制止。於是盡皆怨叛。倚以立國的武力，反做了擾亂秩序的東西。不戢自焚，後魏就不能支持了。

西元四七四年，後魏孝明帝立，太后胡氏執政。侈無度。府庫累世之

積，不數年而掃地無餘。於是苛政大興。中原之民，亦群起為亂。明帝年漸長，不直其母所為，而為其所制，無可如何。這時候，北方有個部落酋長，喚做爾朱榮，起兵討平六鎮之亂。明帝遂召他入清君側。後又傳詔止住他。太后大懼。殺掉明帝。爾朱榮借此為名，舉兵入洛，殺掉胡太后，而立孝莊帝，自居晉陽，遙制朝權。爾朱榮極善用兵。中原反亂的人，都給他打平。篡謀日急。孝莊帝誘他入朝，手刃殺掉他。爾朱榮的姪兒子兆，舉兵弒帝。自此朝權仍為爾朱氏所握，而各方鎮，也都是爾朱氏的人，其勢如日中天。然而爾朱氏暴虐不得人心。西元五三二年，高歡起兵信都。韓陵一戰，爾朱氏心力不齊，大敗。遂為高歡所撲滅。高歡所立的孝武帝，又和高歡不睦。高歡仍襲爾朱氏的故智，身居晉陽，孝武帝陰結賀拔岳圖他。以岳為關中大行臺。高歡使秦州刺史侯莫陳悅，把賀拔岳殺掉。夏州刺史宇文泰起兵誅悅，孝武帝即以泰繼岳之任。西元五三四年，孝武帝發兵討高歡。高歡亦自晉陽發兵南下。兩軍夾河而陳。孝武帝不敢戰，逃到關中，旋為宇文泰所弒。自此高歡、宇文泰，各立一君，而魏遂分為東、西。

東、西魏分裂後，高歡、宇文泰爭戰十餘年，各不得逞，而其禍乃中於梁。這時候，梁武帝在位歲久，政治廢弛。諸子諸孫，各刺大郡，都有據地自雄之心，而兵力亦不足用。南朝當宋明帝時，盡失徐、兗、青、冀四州及淮北之地。齊明帝時，又失汧北五郡。東昏侯時，又失淮南。梁武帝時，雖恢復合肥、壽春，而又失義陽三關。用兵迄不得利。北方亂時，梁遣陳慶之送魏宗室北海王顥歸國。慶之兵鋒甚銳，直抵洛陽。然而孤軍無援，元顥仍為爾朱榮所破。西元五四七年，高歡死。其專制河南之將侯景，舉地來降。梁武帝遣子淵明前往救援，不克。淵明為魏所虜。侯景亦兵潰來奔。襲壽陽而據之。梁人不能制。西元五四九年，侯景反。渡江，圍臺城。救兵雖多，都心力不齊，不能進。臺城遂為所陷。梁武帝憂憤而崩。子簡文帝立，為侯景所制。這時候，梁武帝的子孫，如湘東王繹、河東王譽、岳陽王詧等，都擁兵相爭，坐視台城

之危而不救，而其形勢，以湘東王為最強。侯景西上，至巴陵，為湘東王將王僧辯所敗。勇將多死，遂弒簡文帝而自立。湘東王乃即位於江陵，是為元帝。遣王僧辯和陳霸先討平侯景，而成都的武陵王紀稱帝，攻元帝。元帝求救於西魏。西魏襲陷成都。紀遂兵敗而死。元帝和西魏，又有違言。西元五五四年，西魏兵攻江陵。王僧辯、陳霸先的兵，都在東方，不及救援。江陵遂陷。元帝為魏兵所殺。西魏立岳陽王詧於江陵，使之稱帝，而對魏則稱臣，是為西梁。王僧辯、陳霸先立元帝的少子於建康，是為敬帝。是時，東魏已為北齊所篡。又發兵送淵明南歸。王僧辯迎戰，不勝，就迎接他來，廢敬帝而立之。南朝差點全做北朝的附庸。幸而陳霸先襲殺王僧辯，復立敬帝。北齊舉兵來攻，給他苦戰打敗。南朝才算勉強自立。西元五五七年，陳霸先廢敬帝自立，是為陳武帝。三年而崩。兄子文帝立。這時候，南方承喪亂之後，國力凋敝。國內尚有許多反側的人，要一一討定。再也無暇顧及北方，而北方的東、西魏，亦先後於西元五五〇、五五七年，為齊、周所篡。

北齊文宣、武成二帝，均極荒淫。末主緯，奢縱更甚，而北周武帝，頗能勵精圖治。西元五七七年，齊遂為周所滅。滅齊的明年，周武帝死，子宣帝立。亦極荒淫。在位二年，傳位於子靜帝。宣帝死後，後父楊堅輔政。大權盡入其手。起兵攻他的都不勝，西元五八一年，堅廢靜帝自立，是為隋文帝。時南方為陳後主叔寶，亦極荒淫，西元五八八年，為隋所滅。西梁已於前兩年被廢。自晉元帝立國江東至此，凡二百七十三年，而天下復歸於統一。

第十六章　魏晉南北朝的制度

制度是隨事實而變遷的。思想是事實的產物，而亦是事實之母。在某種環境之下，一定要生出某種思想。既有這種思想，一時雖未必實現，而積之

久，總是要現於實的。此等情形，看魏、晉、南北朝的制度，很可明白。

秦、漢時代的宰相，並非天子私人。所以其位甚尊，其權亦重。君權日見發達，則相權必漸見侵削。所以自東漢以後，實權漸移於尚書。曹魏以後，中書又較尚書為親近。宋文帝以後，門下亦成為親近之職。兩漢時代的宰相，則不過人臣篡弒時所歷的階級而已。平時不復設立。這是內官的變遷。其外官，則自後漢末年以後，州郡握兵之習，迄未能除。東晉以後，疆域日蹙，而喜歡僑置州郡。於是州的疆域，日漸縮小，浸至與郡無異，而掌握兵權的人，所指揮的區域，不容不大，於是有以一人而都督數州或十數州軍事的。其實際，仍與以前的州牧無異，或且過之。自東晉至南朝之末，中央的權力總不能十分完整，就由於此。

選舉制度，亦產生一個極大的變遷。中國古來，本行鄉舉里選之制。士之德行、才能，都以鄉評為準。風氣誠樸之世，自然議論能一秉至公。兩漢時，實已不能如此了。然而人之觀念上，總還以為士之賢否，須取決於鄉評。後漢末，「士流播遷，詳核無所」。於是曹魏的吏部尚書陳群，就於各州置大中正，各郡置中正。令其品評本地的人物，分為九等，而尚書據以選用。品評人物，本是件難事。德已不免於偽為，才則更非臨事不能見，而況中正亦未必定有衡鑑之才。甚至有（一）趨勢，（二）畏禍，（三）私報恩仇等事。其結果，遂至「唯能論其閥閱，非復辨其賢愚」。於是「上品無寒門，下品無貴族」。以上所論的，是舉士之事。至於銓選，則漢世本來權在相府。後來因其弊頗多，而實權漸移於尚書。魏、晉以後，大抵吏曹尚書操選用之權。這時候，仍以全權委之。有衡鑑之才的人，很可以量才委任。然而天下總是徇私和幸進的人多，秉公和廉退的人少。所以到後來，不得不漸趨重於資格。資格用人，起於後魏的崔亮。亮創停年格，選用的先後，專以停解月日為斷。這本因為當時軍人競選所以如此的。北齊文襄帝操選權時，已經廢掉它。然而自唐以後，又漸趨重於這一途，就是為此。

兵制則自東晉以後，恃以禦敵的，都是州郡之兵。固亦有時收折衝禦

侮之效。然而總不免有外重內輕之弊。甚而至於禦侮則不足，作亂則有餘。北方五胡割據，大抵用其本族之民為兵，而使漢人從事生產。到周、齊之時，五胡的本族，漸趨凋落，又其戰爭激烈，而財政竭蹶，還有所謂府兵之制。籍民為兵，蠲其租調，令刺史以農隙教練。每府一郎將主之。分屬二十四軍，領軍的謂之開府。一大將軍統兩開府，一柱國統兩大將，共為六軍。隋、唐兵制，都是沿襲它的。

魏晉時代的制度，最可紀念的，便是刑法。漢時法律之紊亂，已見第六章。從前漢宣帝時起，至後漢末年止，屢說修改，迄未有成。至魏時，才命陳群、劉邵等刪定，共為十八篇。晉武帝還嫌其科網太密，再命賈充等刪定，共為二十篇。於西元二六八年，大赦天下行之。這便是有名的《晉律》。宋、齊、梁、陳四朝，雖略有損益，大體都沿用它。就北朝的法律，亦是以此為依據，不過略雜以鮮卑之法而已。自唐至清，大體上亦無甚改變。總而言之，自採用西洋法律以前，中國的法律，迄無大改變。中國的法律，淵源固然很古，而其成為條理系統的編纂，則實自《晉律》始。所以說，這是中國法制史上最可紀念的事。

至於租稅，則當時頗有雜稅。如北朝的酒坊、鹽井、關市邸店，南朝之賣買田宅牛馬及津市等。然而這些都不甚重要。其最有關係的，還是田稅和戶稅，而這時候的田稅和戶稅，與民生是很有關係的。所以留待第十八章中講述。

第十七章　魏晉南北朝的文化

從兩漢到魏、晉，是中國文化的一個轉關。其要點，在破除古代的迷信，而從事於哲理的研究。

兩漢時代的迷信，並非下等社會才然，即上流社會也是如此。試看當

時政治上，遇天災而修省，或省策免之公等，都略有幾分誠意，和後世視為虛文的不同。在學術上，則陰陽五行之說，盛極一時。以致有所謂讖緯者出。東漢之世，竟以緯為內學，經為外學。便可知其時古代遺傳的思想，還遍滿於社會上了。乃到魏朝的正始年間，而哲理研究之風漸盛。至於晉初，風流彌盛。此時知名之士，如王弼、何晏、王衍、樂廣等，或以談論見長，或以著述見稱。所研究的，大抵是哲理上的問題。其所宗之書，則為《易經》和《老子》、《莊子》等。這固然由於當時的時勢，有以激成人的頹廢思想，而使之趨於玄虛。然而在大體上，亦可說是兩漢人拘守前人成說的反動。漢代的今文家言，雖多存微言大義，亦不過搬演孔門的成說，並不能獨出心裁。古文家好談名物、訓詁，更不免流於瑣碎，而自讖緯之說既興，兩派之士，又都不免受其影響，有入於妖妄之勢。又其時之人，拘守禮法太甚。禮是古代規範人之行為的。時異勢殊，行為之規範，就當有異，而還強執著古代具體的條件，自不免激起人心的反感。所以激烈的人，就有「禮豈為我輩設」等議論了。雖然這一班人，蔑棄禮法，不免有過甚的地方，而終日清談，遺棄世務，亦是社會衰頹的一個朕兆。然而以學術思想論，畢竟不能不謂為高尚的。魏晉時代的玄學，在中國學術思想界中，終當占一重要的位置。

這時候的人最重要的思想，是貴「道」而賤「跡」。「跡」便是事實，而「道」則是原理，拘守事實，不能算得古人之意。必能明於其原理而應用之，才可謂之善學古人。這正是泥古太過的反響。

其時的儒學，雖還保留相當的領域，而亦為此派思想所侵入。當魏晉之世，今文之學，漸已失傳，盛行的是古文之學。古文之學，雖亦有其師法，然而其原始，本是不重師說，而注重自由研究的。自由研究之風既開，其後必至變本而加厲。所以自鄭玄、王肅，糅雜今古文後，又有杜預、范甯等，不守成說，自出心裁的學派。至於王弼的《易注》、何晏的《論語集解》等，兼采玄言，則為魏晉時之哲學思想，侵入經學領域的。南

北朝時，南方的經學，這兩派都盛行。北方還守著漢人之說，然至隋並天下後，而北方的經學，反為南方所征服。鄭玄的《易注》廢，而王弼的《易注》行。馬、鄭的《尚書》廢，而偽古文《尚書》行；服虔的《左氏》廢，而杜預注的《左氏》大行了。

　　頹廢的人生觀，是這時代人的一個大病。如王羲之作〈蘭亭集序〉，說：「修短隨化，終期於盡。古人云：死生亦大矣，豈不痛哉？」這一類灰心絕望、貪生怖死的話，到處都是。此時國勢的所以不振，社會的所以無活氣，這實在是一個大原因，而這時代的人，所以崇尚文辭，則亦由於此。隋朝的李諤說：「自魏之三祖，崇尚文辭。競騁浮華，遂成風俗。江左齊、梁，其弊彌甚。」可見崇尚文辭的風氣，是起於魏、晉之世的。魏、晉之世，為什麼要崇尚文辭呢？我們看魏文帝說：「年壽有時而盡，榮樂止乎其身。二者必至之期，未若文章之無窮。」就可以知其所由來了。人之年壽有盡，神仙等求長生之術，又不可恃，則不免僥倖於「沒世不可知之名」，而文辭原是美術之一，愛好文辭，也不免有些「及時行樂」的意思。所以這時候的文學，多帶頹廢的色彩。從東漢以後，駢文漸興，不過是（一）句調漸趨整齊；（二）用字務求美麗，尚未大離其本。至齊、梁以後，則「隸事」日益繁富，字句愈趨雕琢。始而辭勝其意，浸至不能達意了。於是有文筆之分。然筆不過參用俗語。其語調仍是整齊嘽緩，和自然的語言相去很遠的，仍不能十分適用。又古人文字，不甚講調平仄。齊、梁以後，則漸重四聲。於是詩和文都生出律體。雖然音調諧和，而雄壯樸實之氣，則遠遜古人了。此亦是其時的人，注意於修飾的一證。

　　文字本所以代語言。中國的文字，則因其構造的特殊，而亦成為美術之一。古代文字，意近圖畫，本有美的意味。秦時，官、獄務繁，改用隸書，這是專為應用起見。然而後來又漸求其美觀。於是又有「挑法」的隸書，謂之八分。漢之末世，章程書興，即今所謂正書，而草書亦分章草和狂草兩種。前者字字分離，後者則一筆不斷。草書離正書太遠了，乃又有

行書，以供薰草之用。凡此種種，無一不求其美化。其風氣起於後漢，而極盛於晉代。東晉的右軍將軍王羲之，即是擅名當世，而後人稱其「善隸書，為古今之冠」的。然南朝的帖雖為後人所寶貴，而北朝的碑，樸茂遒逸，至近世亦很為書家所推重。

第十八章　魏晉南北朝的社會

魏、晉、南北朝，是一個長期戰亂的世界。其時的民生，自然是很為困苦的。然而其中，也有幾件可以特別注意的事情。

其（一）是兩漢人均田的思想，至此而實行。漢代的人，本都有個恢復井田或限名田的思想，然終未能實行。及王莽行之，而反以致弊。於是當時的人，又有一種議論：以為井田之制，當於大亂之後，人民稀少，土田無主之時行之。天下事，大家無此思想則已。如其有之，而又為多數人所公認，成為一種有力的輿論，則終必有一次試行的機會。晉武帝的戶調式，便是實行此種理想的，其制：男女年十六至六十為正丁。十三至十五，六十一至六十五為次丁。男子一人，占地七十畝，女子三十畝。其外：丁男課田五十畝，丁女三十畝。次丁男半之，女則不課。丁男之戶，歲輸絹三匹，綿三斤。女及次丁男為戶者半輸。令天下的人，依年齡屬性之別，而各有同等之田，因之而輸同等之稅。其於平均地權之意，可謂能極意規劃了。然而井田制之難行，不難在授人以田，而難在奪人之田。無論如何大亂，土田總不會完全無主的。奪有主之田，而畀之他人，必為人情所不願，而其法遂難推行。所以北魏孝文帝的均田令，又有桑田、露田之別。桑田為世業，露田則受之於官，而亦還之於官。案，《孟子》說「五畝之宅，樹之以桑」，則此所謂桑田，疑即是宅田；或者是久經墾熟，世代相傳的田，人情必不肯輕棄，所以聽其私有，而其餘則歸之於公。這亦

可謂善於調和了。晉武定戶調式後，天下不久即亂，究竟曾否實行，很成疑問。便是魏孝文的均田令，曾實行至如何程度，亦很難說。然而以制度論，則確為平均地權的一種良法了。

其（二）是自古相沿的階級，這時代，因環境的適宜，又有發達之勢。社會有所謂士庶，其根源大約是古代的貴族和平民。古代的貴族，其世系都有史官替他記錄。所以家世不至於無考，而士庶亦不至於混淆。自封建制度破壞，國破家亡之際，此等記錄，未必更能保存。加以秦人滅學，諸侯史記，被他一把火燒盡。於是秦、漢以來，公侯子孫就都「失其本系」了。漢朝是興於平民的。其用人，亦不論門第。自古相沿的階級，到此本可剗除。然而政治上一時的設施，拗不過社會上自古相傳的觀念。向來稱為貴族的，還是受人尊敬，稱為平民的，還不免受人輕蔑，這又是勢所必然。兩漢時代的社會，大約便是如此，此乃當時習為固然，而又極普遍的現象，所以沒人提起。漢末喪亂，士流播遷，離其本土者漸多。其在本土，人人知其為貴族，用不著特別提起。到播遷之後就不然了。這時代的人，所以於氏族之外，尤重郡望，職此之由，而五胡之族，頗多冒用漢姓的。中國士大夫，恥血統與異族相混淆，而要自行標舉，自然也是一個理由。再加以九品中正的制度為之輔助，士庶的階級，自然要畫若鴻溝了。

區別士庶，當以魏、晉、南北朝為最嚴。不但「婚姻不相通，仕不相假」，甚至「一起居動作之微，而亦不相偕偶」。看《陔餘叢考・六朝重氏族》一條可知。但是當時的士族，已有利庶族之富，和他們結婚、通譜的。隋、唐以後，此風彌甚。如此，則血統淆混、士庶之別，根本動搖。所以在隋、唐之世，門閥制度，雖尚保存，其惰力性。一到五代之世，就崩潰無餘了。魏晉南北朝，正是門閥制度如日中天的時代。此時的貴族，大抵安坐無所事事。立功立事，都出於庶族中人，而貴族中亦很少砥礪名節，與國同休戚的。富貴我所固有，朝代更易，而其高官厚祿，依然不改。社會不以為非，其人亦不自以為恥。這真是階級制度的極弊。

這時候是個異族得勢的時代，漢族為所壓服，自然不免有種種不平等的事，而社會上的媚外，亦遂成為風氣，這真是聞之而痛心的。《顏氏家訓》說：「齊朝一士夫，嘗謂吾曰：我有一兒，年已十七，頗曉書疏。教其鮮卑語及彈琵琶，稍欲通解。以此伏事公卿，無不寵愛。」我們看《隋書・經籍志》，所載學鮮卑語的書籍很多，便知這樣的，絕不是一兩個人。這是士大夫。至於小民，則史稱高歡善調和漢人和鮮卑。他對鮮卑說：「漢人是汝奴。夫為汝耕，婦為汝織，輸汝粟帛，令汝溫飽。汝何為凌之？」又對漢人說：「鮮卑是汝作客。得汝一斛粟、一匹絹，為汝擊賊，令汝安寧。汝何為疾之？」一為武士，一為農奴，此時北方漢人所處的地位，就可想而知了。但是兩漢以前，北方的文化，本高於南方，富力亦然。自孫吳至陳，金陵為帝王都者三百六十年。五胡亂後，北方衣冠之族，紛紛南渡。南方的文化，遂日以增高。浸至駕北方而上之，而富力亦然。試看隋唐以後，江淮成為全國財富之區。自隋至清，帝都所在，恆借江淮的轉漕以自給，就可明白了。這也是中國社會的一大轉變。

第十九章　隋之統一與政治

從南北朝至隋，可以算中國歷史上一個由亂入治之世。但是其為治不久。

論起隋文帝的為人來，也可以算一個英明的君主。他的勤於政治，和其持身的節儉，尤其是數一數二。所以承南北朝喪亂之後，取民未嘗有所增加，對於雜稅等，反還有所減免，而其時府庫極為充實。重要的去處，倉儲亦極豐盈。其國富，古今少可比擬的。

但是隋文帝有個毛病，便是他的個性，失之於嚴酷和猜忌。所以他對付臣下，是要運用手腕的，而其馭民，則偏於任法。因此其所任用的人，

如楊素、蘇威等，非才知之士，則苟免之徒，並無立朝侃侃，與國同休戚的，而人民也沒有感恩的觀念。他又偏信皇后獨孤氏，廢太子勇而立煬帝，荒淫暴虐，兼而有之，而隋遂不免於二世而亡，與嬴秦同其運命了。

南北朝以後，荒淫暴虐的君主頗多。其性質，有近乎文的，如南朝的陳後主是。亦有近乎武的，則如北朝的齊文宣是。這大約和當時異族的得勢，不無關係，而南朝的君主，多出身微賤，也是其中的一個原因。當隋及初唐之世，此等風氣還未盡除。如隋煬帝，便是屬於前一種的。如唐太宗的太子承乾，則是屬於後一種的。

煬帝即位之後，即以洛陽為東都。他先開通濟渠，引穀、洛二水，通於黃河，又自河入汴，自汴入淮，以接淮南的邗溝。又開江南河，從京口到餘杭，長八百里。他坐了龍舟，往來於洛陽、江都之間。又開永濟渠，引沁水，南達黃河，北通涿郡。又開馳道，從大行到並州，由榆林以達於薊。開運河，治馳道，看似便利交通之事。然而其動機非以利民，而由於縱慾，而其工程，又非由顧募，而出於役使。如此，人民就未蒙其利，而先受其害了。

當南北朝末年，突厥強盛。周、秦二國，恐其為敵人之援，都和他結婚姻，而且還厚加贈遺，以買其歡心。然而突厥益驕，邊患仍不能絕。隋文帝勞師動眾，又運用外交手腕，才把他克服下來。突厥的啟民可汗，算是稱臣於隋。又從慕容氏侵入中原之後，遼東空虛，為高句麗所據，至隋時不能恢復。這確是中國的一個大損失。為煬帝計，對於突厥，仍應當恩威並用，防其叛亂之萌。對於高句麗，則應先充實國力，軍事上也要有縝密的計劃，方可謀恢復國土。至於西域諸胡，則本和中國無大關係。他們大抵為通商而來。在兩利的條件下，不失懷柔遠人之意就好了，而煬帝動於侈心，任用裴矩，招致西域諸胡。沿途盛行供帳，甚至有意使人在路旁設了飲食之肆，邀請胡人飲食，不取其錢，說中國物力豐富，向來如此的。胡人中愚笨的，都驚嘆，以為中國真是天上。其狡點的，見中國也有窮人，便指問店主人道：你這白吃的飲食，為什麼不請請他們？店中人

無以為答。如此，花了許多錢，反給人家笑話。他又引誘西突厥，叫他獻地數千里，設立西海、河源、鄯善、且末四郡，謫罪人以戍之。這些都是荒涼之地，要內地轉輸物品去供給他，於是西方先困。他又發大兵去征伐高句麗。第一次在西元六一一年，大敗於薩水。西元六一三、六一四年，又兩次興兵，高句麗僅貌為請降，而這三次，徵兵運餉，卻騷動天下。當他全盛時，曾巡行北方。幸突厥始畢可汗銜帳，始畢可汗極其恭順。到西元六一五年再往，始畢可汗便瞧他不起，把他圍在雁門，靠內地的救兵來了，才算解圍。明年，煬帝又坐著龍船到江都。這時候，天下已亂，他遂無心北歸。後來又想移都江南，而從行的都是關中人，心上很不願意。宇文化及等乘機煽惑，煬帝遂於西元六一八年為化及等所弒。

隋末，首起創亂的，是楊素的兒子玄感。煬帝再征高句麗時，他在黎陽督運，就舉兵造反。當時李密勸他：直遏煬帝的歸路，次之則先取關中，以立自己的根基。玄感都不能聽，而頓兵於東都之下，遂至失敗。後來群盜蜂起，李密和河南的強盜翟讓合夥，旋即殺掉他，自成一軍。據興洛、回洛諸倉，招致饑民，至者數十萬，聲勢很盛。在河北，則群盜之中，竇建德最有雄略，而隋煬帝所遣的將王世充，則據東都，和李密相持。唐高祖李淵，本是隋朝的太原留守。以其次子世民——後來的唐太宗——的計策，於西元六一七年，起兵先取長安，次平河西、隴右，劉武周據馬邑，以宋金剛為將，南陷並州，亦給唐兵打敗。李密為王世充所敗，降唐，旋又借招撫為名，出關想圖再舉，為唐人伏兵所殺。秦王世民攻王世充，竇建德來救，世民留兵圍城，引兵迎擊於虎牢，大破之。擒建德，世充亦降。建德將劉黑闥，兩次反叛，亦給唐兵打平。長江中流，梁朝之後蕭銑，稱帝於江陵，地盤頗大。唐朝亦派兵滅掉他。其下流，陳稜、李子通、沈法興等，紛紛割據。後皆並於杜伏威，而伏威降唐。割據北邊的，有高開道、苑君璋、梁師都等，大都靠突厥為聲援。然天下定後，突厥亦不能擁護他，遂次第為唐所平定。這時候，已在太宗的初年了。

第二十章　唐的開國及其盛世

漢與唐，同稱中國的盛世，漢之治稱文、景，唐之治，則稱貞觀與開元。

唐高祖的得國，本是靠秦王世民之力。太子建成和齊王元吉忌他，彼此結黨互爭。而高祖晚年，頗惑於嬖妾近習。這競爭儻使擴大了，也許可以演成於戈，人民重受其禍。幸而唐高祖封世民於東方之說，未曾實行。玄武門之變，解決迅速，建成、元吉都為世民所殺，高祖亦傳位於太宗，於是歷史上遂見到所謂貞觀之治。

太宗是三代下令主。他長於用兵，又勤於聽政，明於知人，勇於從諫。在位時，任房玄齡、杜如晦為相，魏徵為諫官，都是著名的賢臣。所以其武功、文治，都有可觀。參看二十一、二十三兩章自明。

太宗死後，高宗即位，初年任用舊臣，遵守太宗治法，所以永徽之治，史稱其媲美貞觀。中年後，寵信武才人，廢王皇后，立為皇后。國戚舊臣，如長孫無忌、褚遂良等，都遭貶斥。高宗因苦風眩，委政武后，後遂為其所制，唐朝的衰頹，就自此開始了。高宗死後，武后廢中宗而立豫王旦 —— 就是後來的睿宗 —— 西元六九〇年，又廢掉他，自稱則天皇帝。改國號為周。中宗初廢時，幽禁於房陵。後來因狄仁杰的諫勸，才還之於洛陽，代睿宗為皇嗣。西元七〇五年，宰相張柬之等，乘武后病臥，陰結宿衛將士，迎接中宗復位。

武后以一女主，而易姓革命，這是曠古未有之事，自然要疑心人家暗算她。於是：

（一）大殺唐宗室，又大開告密之門，任用酷吏周興、來俊臣、索元禮等，用嚴刑峻法，以劫制天下。

（二）一方面又濫施爵祿，以收拾人心。雖然其用人頗有不測的恩威，進用速而黜退亦速，然而幸進之門既開，仕途遂不免於淆雜。

（三）武后雖有過人之才，然而並無意於為治，所用多屬佞媚之臣。其

嬖寵，如薛懷義、張昌宗、張易之等，無不驕奢淫逸。武后亦造明堂，作天樞，所費無藝，民不堪命。

（四）一面驕奢淫逸，又要盡心防制國內，自然無暇對外。於是突厥、契丹蹂躪河北。發數十萬大兵而不能禦。吐蕃強盛，西邊也時告緊急。

這都是武后革命及於政治上的壞影響。中宗是身受武后幽廢的，論理，當一反其所為，而將武后時之惡勢力，剷除淨盡，而以武后之才，把持天下二十餘年，亦終於失敗，則即有野心的人，亦當引以為鑑。然而天下事，每有出於情理之外的。中宗復位之後，即唯皇后韋氏之言是聽，任其妄作妄為，不加禁止，而韋后，亦忘卻自己是和中宗同受武后幽禁，幾遭不測的，反與上官婕妤俱通於武后之侄武三思。於是武氏的勢力復盛。張柬之等反都遭貶謫而死，韋后、上官婕妤、韋后的女兒安樂公主等，都驕奢淫逸，賣官鬻爵。政治的濁亂，更甚武后之時。西元七一〇年，中宗竟為韋后所弒。玄宗起兵定亂。奉其父睿宗為皇帝。睿宗立玄宗為太子。時韋后及安樂公主已死，唯武后女太平公主仍在。公主當武后時，即多與祕謀，後來中宗復辟，及玄宗討韋后之亂，又皆參預其事。屬尊而勢力大，在朝的人，都有些怕她，附和她的亦很多。公主憚玄宗英明，竭力謀危儲位，睿宗又不能英斷。其時情勢甚險。幸而玄宗亦有輔翼的人，到底除去她，而睿宗亦遂傳位於玄宗。這是西元七一二年的事。當睿宗在位時，貴戚大臣的奢侈，二氏營造的興盛，還是同武、韋時一樣，而從中宗時，韋后和上官婕妤、太平、安樂公主等，都可以斜封墨敕授官。仕途的混雜，尤其不可思議。直到玄宗即位，任姚崇為宰相，才把它澄除掉。玄宗初相姚崇，後相宋璟。崇有救時之才，璟則品性方剛，凡事持正。宋璟之後，又相張九齡，亦是以風骨著聞的。武韋以後的弊政，到此大都剷除。自高宗中葉以後，失墜的國威，到此也算再振。這個於下一章中敘述。從貞觀到開元，雖然中經武、韋之亂，然而又有開元的中興，總算是唐之盛世。自天寶以後，則又另是一番局面了。

第二十一章　隋唐的武功

　　隋、唐兩代的武功，是互相繼續的。隋朝的武功，雖不如唐朝之盛，然而是唐朝開拓的先聲。其規模，較漢代尤為廣遠。這也是世運進步，交通日益發達的緣故。

　　中國歷代的大敵是北狄。隋、唐時代，自然也是如此。後漢時，匈奴敗亡，鮮卑繼續據其地，已見第七章。兩晉時，鮮卑紛紛侵入中國，於是丁令入居漠北。丁令便是今日的回族。異譯稱敕勒，亦作鐵勒，中國人稱為高車。當拓跋魏在塞外時，今熱、察、綏境諸部落，殆悉為所並。只有熱河境內的奚、契丹，未全隨之入中國。又有一個部落，稱為柔然的，則始終與之為敵。從魏孝文遷都以前，北魏根本之地，實在平城。所以其防禦北族，較侵略中國，更為重要。太武帝之世，曾屢出兵擊破柔然。柔然敗後，逃至漠北，收服鐵勒之眾，其勢復盛。太武帝又出兵征討打敗他。這時候，鐵勒之眾，降者甚多。太武帝都把他遷徙到漠南，柔然遂不能與魏抗，這是西元四百二三十年間的事。東、西魏分立後，柔然復強。然其勢不能久。至西元五五二年，遂為突厥所破。突厥也是回族，興於金山的。既破柔然之後，又西破嚈噠，盡服西域諸國。其最西的可薩部，直抵亞洲西界，與羅馬為鄰，東方則盡服漠南北諸族。其疆域之廣，遠過漢時的匈奴。

　　然而突厥聲勢雖盛，其組織卻不甚堅凝。各小可汗的勢力，都和大可汗相彷彿。隋文帝於是運用外交手腕，先構其西方的達頭可汗，和其大可汗沙鉢略構兵。突厥由是分為東、西。後又誘其東方的突利可汗，妻以宗女。其大可汗都藍怒，攻突利。突利逃到中國。隋處之於夏、勝二州之間，賜號曰啟民可汗。都藍死後，啟民因隋援，盡有其眾。於是突厥一時臣服於隋。隋末大亂，華人多往依突厥。突厥復盛。控弦之士至百萬。北邊的群雄，無不稱臣奉貢。便唐高祖初起時，也是如此。天下定後，還很敷衍他，而突厥貪得無厭，仍歲侵邊，甚至一歲三四入。太宗仍運用外交手腕，離間其突利可汗，而是時突厥

的大可汗頡利政衰，北邊諸部多叛，又連遭荒歉。西元六三〇年，頡利遂為太宗所擒。突厥或走西域，或降薛延陀，而來降的尚十餘萬。太宗初用溫彥博之言，處之河南。後來又徙之河北。這時候，薛延陀繼據漠北。西元六四四年，又為太宗所滅。回紇繼居其地，率先鐵勒諸部，尊中國的天子為天可汗。突厥的遺眾，也曾屢次反叛，然都不成大患。到西元六八二年，骨咄祿自稱可汗，中國就不能平定。骨咄祿死後，弟默啜繼之。盡復頡利以前舊地，大舉入攻河北，破州縣數十。武后興大兵數十萬御之而不勝。直到西元七四四年，玄宗才乘其內亂，出兵直抵其庭滅掉他。至於西突厥，則是西元六五七年，高宗乘內亂滅掉他的。西突厥在當時，本是亞洲西方唯一的大國。西突厥滅亡後，諸國皆震恐來朝，中國所設的都督府州，遂西至波斯。

蔥嶺以東，漢時十六國之地，後來互相吞併，其興亡不盡可考。唐時，高昌、焉耆、龜茲、于闐、疏勒較大，太宗於高昌、焉耆、龜茲三國，都用過兵。其餘小國，則皆不煩兵力而服。

青海本羌地。晉時，為鮮卑吐谷渾所據。至後藏，則為今藏族興起之地。其族之北據于闐，臣服蔥嶺以西，和波斯兵爭的為噠，為突厥所滅，而印度阿利安人，又有一支入藏，居於雅魯藏布江流域，是為吐蕃王室之祖。吐蕃至唐時始強。太宗時，因求尚主不得，入寇松州。太宗遣將擊破之。然仍妻以宗女文成公主。公主好佛，是為吐蕃人受佛教感化之始，至今還尊為聖母。棄宗弄贊尚主後，對中國極其恭順。死後，其大臣欽陵、贊婆等專國，才猾起夏來。東滅吐谷渾，西破西域四鎮。高宗、武后時，與之戰爭，屢次失敗。武后時，王孝傑恢復四鎮之地，吐蕃對西域一方面，稍受牽制，而中宗時，又界以河西九曲之地。由是河洮之間，受禍尤烈。直到玄宗時，才把它恢復過來。

印度和中國，雖久有宗教和商業上的關係，至於國交上的關係，則很少的。唐時，有個和尚，法名喚做玄奘，即是後來被尊為三藏法師的，因求法至印度。這時候，印度烏萇國的尸羅逸多二世在位。遣使入貢。太宗

又遣王玄策報使。玄策至其國，適值尸羅逸多薨逝，其臣阿羅那順篡立。發兵拒擊玄策。玄策走吐蕃西鄙，發吐蕃、泥婆羅兩國的兵打敗他，擒阿羅那順送闕下。這要算中國對西南，兵威所至最遠的一次了。

東北一帶，雄踞遼東的是高句麗。在今熱河境內的是奚、契丹。在松花江流域的，則是靺鞨，中國對東北，國威的漲縮，要看遼東、西的充實與否。自漢至晉初，遼東、西比較充實，所以高句麗等不能跋扈。慕容氏侵入中國後，遼東空虛，遂至為其所據，遼西亦受侵掠。熱河境內的契丹且不能免，吉林境內的靺鞨，其折而入之，自更不必說了。隋朝東征的失敗，固由煬帝不善用兵，亦由東北空虛，軍行數千里，大敵不能猝克，而中國又不能頓兵與之久持的原故。唐太宗亦蹈其覆轍。西元六四四年之役，自將而往，未能大克，而損失頗巨。直到高宗時，因其內亂，才於西元六六三、六六八兩年，先後滅掉百濟和高句麗。於是分其地置都督府州，而設安東都護府於平壤以統之。中國的疆域，才恢復兩漢時代之舊。然新羅人既陰嗛麗，濟餘眾叛唐，而因之以略唐地，而武后時，契丹反叛，因此牽動了入居營州境內的靺鞨。其酋長大祚榮，逃至吉林境內。武后遣兵追擊，不勝。大氏遂自立為國，盡並今吉、黑兩省，及俄領阿穆爾、東海濱省，暨朝鮮半島北部之地，是為渤海。於是安東都護，內徙遼東，唐朝對東北的威靈就失墜了。但是新羅、渤海，對中國都尚恭順。其文化，也都是摹仿中國的，而日本亦於是時年年遣使通唐，其一切制度，亦皆學自中國。中國對東北的政治勢力，雖不十分充分，其聲教所及，則不可謂之不遠了。

第二十二章　隋唐的對外交通

交通是隨世運而進步的，而世運亦隨交通而進步，二者是互為因果的。兩漢對外的交通，已見第八章。隋、唐時代，國威之盛，不減漢時，

而世運又經三百餘年的進步，交通的發達，自更無待於言了。語云：「水性使人通，山性使人塞。」觀於中、歐陸路相接，而其交通之始，反自海道而來，已可知之。魏晉而後，海道的交通，更形發達。據阿剌伯人《古旅行記》，則西元一世紀後半，西亞細亞海船，始達交趾。其時實在後漢的初葉。及中葉，大秦的使節和商人，大概都是由此而來的。至第三世紀中葉，則中國商船，漸次西向，由廣州而達檳榔嶼。第四世紀至錫蘭，第五世紀至亞丁。終至在波斯及美索不達米亞，獨占商權。至第七世紀之末，阿剌伯人才代之而興。然則自東晉中葉，至唐武后之時，中國的商權，在亞洲可稱獨步了。

還有一驚人之事，則中國在當時，似已與西半球有交通。古書上說東方有個扶桑國，其道里及位置，很難徵實，而《南史·四夷傳》，載西元四九九年，其國有沙門慧深，來至荊州。述其風俗制度，多與中國相似，而貴人稱對盧，與高句麗，同婚姻之先，婿往女家門外作屋，晨夕灑掃，頗似新羅人風俗。然則扶桑似是朝鮮半島的民族，浮海而東的。慧深說其國在大漢東二萬里，而大漢國在紋身國東五千餘里，紋身國在倭東北七千餘里，核其道里，其當在美洲無疑。所以有人說：扶桑就是現在墨西哥之地。但亦有人說：古書所載道里，多不足據，從種種方面看來，扶桑實是現今的庫頁島。這兩說，我們姑且懸而不斷。但亦還有一個證據，足證中國人之曾至西半球。法顯《佛國記》載其到印度求法之後，自錫蘭東歸，行三日而遇大風，十三日到一島。又九十餘日而至耶婆提。自耶婆提東北行，一月餘，遇黑風暴雨。凡七十餘日，折西北行，十二日而抵長廣郡。近人章炳麟《法顯發現西半球說》，說耶婆提就是南美洲的耶科陁爾，法顯實在是初陷入太平洋中而至此。至此之後，不知地體渾圓，仍向東方求經，又被黑風吹入大西洋中。超過了山東海岸，再折回來的。其計算方向日程，似乎很合。法顯的東歸，在東晉義熙十二年，即西元四一六年。其到美洲，較哥倫布要早一千○七十七年，其環遊地球較麥哲倫要早

一千一百〇三年了。

　　唐中葉後，阿剌伯海運既興，中國沿海往來仍極繁盛。據唐李肇《國史補》，則安南、廣州，每年皆有海舶前來，《國史補》所記，多是開元、長慶百餘年間之事。然則八九世紀間，外國海舶，必已來交、廣無疑。所以當八世紀之初，中國在廣州業已設有市舶司，而據《唐書‧田神功傳》，則西元七六〇年，神功兵在揚州大掠，大食、波斯賈胡，死者數千。又西元八三四年，文宗詔書，曾命嶺南、福建、揚州，存問蕃客，不得加重稅率。則今江蘇、福建之境，也有外國商人蹤跡了。

　　陸路的交通，歷代亦迄未嘗絕。試看南北朝時，幣制紊亂，內地多以穀帛代用，獨嶺南以金銀為市，而河西亦用西域金銀錢，便可知當時對西域貿易之盛。所以隋世設官，陸路有互市監。煬帝招致諸國，來者頗多。當時裴矩曾撰有《西域圖記》，惜乎今已不傳，而史官紀錄，亦多無存，以致《隋書》的〈西域傳〉，語焉不詳罷了。隋時通西域的路有三：北道出伊吾，過鐵勒、突厥之地，而至拂菻；中道出蔥嶺，經昭武九姓諸國而至波斯；南道度蔥嶺至北印度。唐時，陸路交通，益形恢廓，《唐書‧地理志》載賈耽所記入四夷之路，最要者有七，其中第（一）、第（三）、第（四）、第（五）、第（六）都是陸路。除第三夏州塞外通大同、雲中道，全在今日邦域之內。第五自安西入西域道，與隋時入西域之路略同外。又有，第（一），營州入安東道。自今熱河境，東經遼東至平壤，南至鴨綠江，北至渤海。第（四），中受降城入回鶻道。自今綏遠境內黃河北岸的中受降城起，渡沙漠，至色楞格河流域。再北逾蒙古和西伯利亞的界山，而至貝加爾湖。東北經呼倫湖，而通興安嶺兩側的室韋。第（六），安南通天竺道。自安南經現今的雲南至永昌。分為南、北兩道。均經緬甸境入印度，而安南又別有一路，過占城真臘而至海口，與第七廣州通海之道接。其第（二）自登州海行入高麗、渤海道，至鴨綠江口，亦分歧為兩：由陸路通渤海、

新羅。第（一）道自平壤南至鴨綠江，也是與此道接的。

　　陸路的交通，道路的修治既難，資糧的供給又不易。所以大陸交通的發達，轉在海洋交通之後。唐時，國威遐暢，於這兩點，亦頗費經營。《唐書・回紇傳》說：太宗時，鐵勒諸部來降，請於回紇、突厥部治大塗，號參天至尊道，於是詔磧南鸊鵜泉之陽，置過郵六十八所，具群馬、湩、肉，以待使客。《吐蕃傳》亦說：當時輪臺、伊吾屯田，禾菽相望。雖然為物力所限，此等局面不能持久，然而一時則往來之便，確有可觀。中外文化能互相接觸，也無怪其然了。

第二十三章　隋唐的制度

　　隋唐的制度，大略是將魏、晉、南北朝的制度，加以整理而成的。但自唐中葉以後，因事實的變遷，而制度亦有改變。

　　自魏、晉以後，平時不設宰相，而尚書、中書和門下，迭起而操宰相之權。隋改中書為內史。唐初復舊。以三省長官為宰相。中書取旨，門下封駁，尚書承而行之。其後多不除人，但就他官加一個同平章事，或同中書門下三品的名目，而中書門下之事，實亦合議於政事堂，並非真截然分立的。尚書，歷代都分曹治事。至隋才設六部，以總諸曹。自唐以後，都沿其制。御史一官，至唐而威權漸重。所屬有三院：臺院，侍御史屬焉；殿院，殿中御史屬焉；監院，監察御史屬焉。御史彈劾，本來只據風聞。唐貞觀中，才於臺中置東、西二獄。自此御史臺漸受辭訟，侵及司法的權限。專制之世，君主威權無限。和君主接近的人，便為權之所在，而君主又每好於正式機關之外，另行委任接近之人。唐朝的學士，本只是個文學侍從之官，翰林尤其是雜流待詔之所，並不是學士。但是後來，漸有以學士而居翰林中的。初代中書舍人掌文誥。後來就竟代宰相，參與密謀，這也和魏晉以後的中書門

如出一轍。外官則因東晉以來，州的區域縮小，至隋世，遂並州郡為一級。唐代因之，而於其上更置「監司之官」，這頗能回復漢代的舊規。但中葉以後，節度握權，諸使名目盡為所兼，而支郡亦受其壓制，盡失其職，不復能與朝廷直接。名為兩級，實在仍是三級制了。

　　兩漢行今文經說，只有一大學。晉武帝時，古文經之說既行，才別設國子學。自此歷代或國子大學並置，或但設國子學。至隋，國子始自為一監，不隸太常。唐有國子學、太學、四門學、律學、書學、算學六學，都隸國子監。但其學生，多以皇親、皇太后親、皇后親和大臣子弟，分占其額，不儘是平民進的。從東漢以後，學校已不是學問的重心，只是進取之階，選舉上之一途而已。

　　選舉制度，隋唐時有一大變遷。隋煬帝始設進士科，而其制不詳。唐時則設科甚多，其常行的為明經、進士兩科。明經試帖經、墨義，進士試詩賦。一則但責記誦，失之固陋。一又專務辭藻，失之浮華。然所考試的東西，雖不足取，而以考試之法論，則確是選舉制度的一大進步。原來隋唐時的科舉，原即兩漢以來的郡國選舉。前此無正式考試之法，則舉者不免徇私。士有才德而官不之舉，亦屬無可如何。唐制，則士可投牒自列，州縣就加考試，送至京師，而試之於禮部。則舉否之權，不全操於州縣長官，而毫無應試本領的人，也就不敢濫竽充數了。此外，唐朝還有一種標明科目，令臣下薦舉的，謂之制科。是所以待非常之才的。其選官，則文選屬於吏部，武選屬於兵部。吏部於六品以下的官，都始集而「試」，觀其書判。已試而「銓」，察其身言。已銓而「注」，乃詢其便利而「擬」。唐初銓選，仍有衡鑑人才之意。裴光庭始創循資格，以限年蹋級為事，又專以資格用人了。漢世郡縣之佐，都由其長官自辟，所辟的大都是本地人。歷代都沿其制，隋文帝才盡廢之，別置品官，悉由吏部除授。這兩事，都是防弊之意多，求才之意少。然而仕宦既成為利祿之途，其勢亦不得不如此。

兵制：隋、唐兩朝，都是沿襲後周的，而唐朝的府兵，制度尤為詳備。其制：全國設折衝府六百三十四，而在關內的二百六十一。每府各置折衝都尉，而以左、右果毅都尉為之副。上府千二百人，中府千人，下府八百。諸府皆分隸於衛。平時耕以自養，戰時召集，臨時命將統率。師還，則將上所佩印，兵各歸其府，頗得兵農合一之意。但是練兵是所以對外的，承平無事之時，當然不免廢弛。所以高宗、武后之世，其法業已漸壞，至於不能給宿衛。宰相張說，乃請代以募兵，謂之騎。如此，邊庭上的兵，自然也不能仰給於府兵，而不免別有所謂藩鎮之兵了，唐初戍邊的兵，大者稱軍，小者或稱守提，或稱城，或稱鎮，都有使而總之以道。道有大總管。後來改稱大都督。高宗以後，都督帶使持節的，則謂之節度使。玄宗時，於沿邊設十節度經略使，其兵多強，而內地守備空虛，遂釀成安史之亂。安史亂後，則藩鎮遍於內地。到底不可收拾，而釀成五代的分裂了。

隋、唐的法律，大體也不過沿襲前朝，而刑罰種類等級，則至隋時又一進步。自漢文帝除肉刑而代以笞。法過輕，而略無懲創。笞法過重，而至於死亡。後乃去笞而獨用髡，減死罪一等，即止於鉗，進鉗一等，即入於死罪。輕重失宜，莫此為甚。從隋、唐以後，才制笞、杖、徒、流、死五刑。其中又各分等級。自此以後，刑罰輕重得宜，前此復肉刑的議論，就無人提起了。又隋以前的法律，只有刑法，到唐朝，則又有所謂《六典》。此書是仿照《周禮》，以六部為大綱而編纂的。一切國家大政，都具其中，儼然是一部完備的行政法典。後來明、清的《會典》，都是淵源於此的。

第二十四章　隋唐的學術和文藝

隋、唐承南北朝之後，在思想界，佛學的發達可謂臻於極盛。這個留待下章再講，而儒家的闢佛，亦起於此時。首創其說者為韓愈。宋人闢

佛的，頗樂道其說。經學，自魏、晉以後，兩漢專門的授受漸次失傳，於是有義疏之學，在南北朝時頗為發達。然其說甚繁雜，於是又有官纂的動機，其事至唐代而告成。便是太宗敕修，至高宗時再加訂定而頒行的《五經正義》。唐人經學本不盛，治經的大多數是為應明經舉起見。既有官頒之本，其他遂置諸不問了，於是義疏之學亦衰。唯啖助、趙匡的治《春秋》，於《三傳》都不相信，而自以其意求之於經文，則實為宋人經學的先聲。

自漢以後，作史的最重表志紀傳和編年兩體，已見第九章，而表志紀傳一體，尤為側重。又新朝對於舊朝，往往蒐集其史料，勒成一書，亦若成為通例。唐朝自亦不能外此。唯前此作史的，大抵是私家之業，即或奉詔編撰，亦必其人是素來有志於此，或從事於此的。唐時所修晉、宋、齊、梁、陳、魏、周、齊之史，都是合眾撰成。自此以後，「集眾纂修」，遂沿為成例。舊時論史學的，都說眾纂之書，不如獨撰。在精神方面固然如此，然後世史料日繁，蒐集編排都非私人之力所及，亦是不得不然的。又眾纂之書，亦自有其好處。因為從前的正史，包蘊宏富，一人於各種學問，不能兼通，非合眾力不可。《晉書》的紀傳，雖無足觀，而其志則甚為史學家所稱許，即其明證。唐代的史學，還有可特別紀述的。其（一），專講典章經制的，前此沒有，至唐而有杜佑的《通典》。其（二），前此注意於史法的很少，至唐而有劉知幾的《史通》。

與其說隋、唐是學術思想發達的時代，不如說隋、唐是文藝發達的時代。散文和韻文，在其時都有很大的變化。從齊、梁以後，文字日趨於綺靡，以致不能達意，已見第十七章。在此種情勢之下，欲謀改革，有三條路可走：其（一）是廢棄文言，專用白話。唐代禪家的語錄，以及民間通行的通俗小說，就是從此路進行的。此法在從前尚文之世，不免嫌其鄙陋，而且同舊日的文章，驟然相隔太遠，其勢亦覺不便。所以不能專行。其（二）則以古文之不浮靡者為法。如後周時代，詔令奏議，都摹擬三代是。此法專模仿古人的形式，實亦不能達意，而優孟衣冠，更覺可笑。所

以亦不可行。第（三）條路，則是用古人作文的義法，來運用今人的語言。如此，既不病其鄙陋，而又便於達意，文學的改革，到此就可算成功了。唐時，韓愈、柳宗元等人所走的，就是這一條路。此項運動，可說起於南北朝的末年，經過隋代，至唐而告成功的。此項新文體雖興，但舊時通行的文體，仍不能廢。中國文字，自此就顯分駢、散兩途了。後人以此等文體，與魏晉以來對舉，則謂之散文。做這一派文字的人，自謂取法於古，則又自稱為古文。

　　韻文之體，總是隨音樂而變化的。漢代的樂府，從東晉以後，音節又漸漸失傳了。隋、唐音樂，分為三種：一為雅樂，就是所謂古樂。僅用之於朝廟典禮。一為清樂，就是漢代的樂府，和長江流域的歌詞，存於南朝的，隋平陳之後，立清商署以總之。其中在唐代仍可歌唱的，只有絕句。只有外國輸入的燕樂，流行極盛。依其調而製作，則為詞，遂於韻文中別闢新體。但是唐代最發達的，不是詞而是詩。詩是漢朝以來，久已成為吟誦之物。大抵韻文的起源，必由於口中自然的歌調 —— 歌謠，而其體制的恢廓，辭藻的富麗，則必待文人為之，而後能發揮盡致。在唐代，正是這個時候了。其時除五言古詩沿襲前人體制外，自漢以來的樂府，則又變化而成歌行。自齊、梁以來，漸漸發生的律體，亦至此而告大成。這是體制的變化，其內容，則前此的詩，都是注重於比興。唐人則兼長敘事，其中最有力的人物，就是杜甫。他所做的詩，能一一寫出當時政治上的事實和社會上的情形，所以後人稱為詩史。其後韓愈、元稹、白居易等，也是很長於敘事的。唐詩，舊說有初、盛、中、晚之分，雖沒有截然的區別，也可代表其變化的大概。大抵初唐渾融，盛唐博大，中唐清俊，晚唐稍流於纖巧，然亦是各有特色的。宋朝人的詩非不清新，然而比之唐人，就覺其儴父氣了。

　　書法，唐人擅長的也很多。大抵承兩晉、南北朝之流，而在畫學上，則唐代頗有新開創。古代繪畫，最重人物。別的東西，都不過人物的布

景。後來分歧發達，才各自成為一科，而山水一科，尤為畫家才力所萃。唐時王維和李思訓，號稱南北兩派之祖。南派神韻高超，北派鉤勒深顯。宋、元、明、清的畫家，都不能出其範圍。其擅長人物的，如吳道子等，亦盛為後世所推重。又有楊惠之，善於塑像。最近在江蘇吳縣、崑山間的甪直鎮，曾發現其作品，現已由當地鄭重保存了。

第二十五章　佛教的分宗和新教的輸入

中國的文明，在各方面都頗充實的，唯在宗教方面，則頗為空虛。此由中國人注重於實際的問題，而不甚措意於玄想之故。信教既不甚篤，則凡無害於秩序和善良風俗的，都可以聽其流行。所以在政治上、社會上，都沒有排斥異教的傾向，而各種宗教，在中國都有推行的機會。

其中最發達的，自然要推佛教。佛教初輸入時，大約都是小乘。西元四〇一年，鳩摩羅什入長安，大乘經論才次第流傳，佛教遂放萬丈的光焰。

佛教中典籍甚多。大概分之，則佛所說為經；其所定僧、尼、居士等當守的戒條為律；菩薩所說為論。佛教中亦分派別，是之謂宗。各宗各有其所主的經、論。雖然殊途同歸，而亦各有其獨到之處。自晉至唐，佛教的分宗，凡得十餘，其中發揮哲理最透澈的，要推華嚴、法相、天台三宗，是為教下三家，禪宗不立文字，直指心源，謂之教外別傳，淨土一宗，弘揚唸佛，普接利鈍，在社會上流行最廣。

中國的佛教，有一特色，便是大乘的發達。大乘是佛滅後六百年，才興於印度的。其時已在漢世。至唐中葉，而婆羅門教復興。佛教在印度日漸衰頹，所以大乘在印度的盛行，不過六七百年之譜。其餘諸國，不能接受大乘教義，更不必論了。獨在中國，則隋唐之間，小乘幾於絕跡，而且

諸宗遠祖，雖在印度，其發揮精透，則實在中國，華嚴和禪宗皆然。天台宗則本為智者大師所獨創，這又可見中國民採取融化他國文化的能力了。

佛教而外，外國宗教輸入的，還有幾種：

一為祆教（Mezdeisme）。即火教，亦稱胡天。此教為波斯的國教，是蘇魯支（Zoroaster）所創。立善惡二元，以光明代表淨和善，黑暗代表穢和惡。所以崇拜火和太陽。南北朝時，其教漸傳至蔥嶺以東，因而流入中國。北朝的君主，頗有崇信他的。唐時，大食盛強，波斯和中亞細亞都為所占，祆教徒頗遭虐待，多移徙而東，其流行中國亦漸盛。

二為摩尼教（Manicheisme）。此教原出火教。為巴比倫人摩尼（Mani）所創。事在西元二二四年，亦為波斯所尊信。西元六九四年，波斯拂多誕，始持經典來朝。西元七一九年，吐火羅國又獻解天文人大慕闍。據近來的考究，都是摩尼教中人。西元七三二年，玄宗詔加禁斷。然回紇人信奉其教，安史亂後，回紇人在中國得勢，摩尼教復隨之而入，傳布及於江淮。文宗時，回紇為點戛斯所破。武宗乃於西元八四五年，更加禁止。武宗這一次所禁，是並及於佛教的。但是佛教在中國根柢深厚，所以宣宗即位之後，禁令旋即取消，摩尼教卻不能復舊了。然南宋時，其教仍未盡絕。其人自稱為明教，教外之人，則謂之吃菜事魔。其教徒不肉食，崇尚節儉，又必互相輔助，所以致富的頗多。

三為景教。是基督教中乃司脫利安（Nestorius）一派。因為創立新說，為同教所不容，謫居於小亞細亞。波斯人頗信從它，漸次流行於中亞細亞。西元六三八年，波斯阿羅本（Olopen）賚其經典來長安，太宗許其建立波斯寺。西元七四五年，玄宗因波斯已為伊斯蘭教徒所據，而景教原出大秦，乃改波斯寺為大秦寺。西元七八一年，寺僧景淨，建立《大秦景教流行中國碑》，於明末出土。於基督教初入中國的情形，頗足以資考證。

四為伊斯蘭教（Islam）。此教今日通稱為回教，乃因回紇人信奉之而然，其實非其本名。此教當唐末，才流行到天山南路。其時適回紇為點戛

斯所破，遁逃至此，漸次信從其教。至元時，西域和天山南路的回族，多入中國，其教遂隨之而流行。然其初來，則實從海道。何喬遠《閩書》卷七，述其歷史，謂嗎喊叭德門徒，有大賢四人。唐武德中來朝，遂傳教中國。一在廣州，一在揚州，其二在泉州云云。其說雖不盡足據。然回教的初至，當隨大食人從海道而來，則似無疑義了。

第二十六章　中外文化的接觸

　　尋常人對於文化兩字，往往有一種誤解，以為是什麼崇高美妙的東西，其實文化只是生活的方式。各國民所處的境界不同，其生活方式，自然不同，文化也因之有異了。人類是富於模仿性的，見他人的事物和自己不同，自會從而仿效，而彼此的文化，遂可以互相灌輸。

　　中國是文明古國，尤其在東洋，是獨一無二的文明之國，其文化能夠裨益他人的自然很多，然而他人能夠裨益我們的地方，亦復不少。

　　在東方，朝鮮半島的北部，本來是中國的郡縣，後來雖離中國而獨立，可是其民族，久經中國的教導啟發。所以高句麗、百濟，在四夷之中，要算和中國最為相像，簡直可說是中國文化的分支，而此文化，復經半島而輸入日本。日本初知中國文字，由百濟博士王仁所傳，其知有蠶織，則由歸化人弓月君所傳。這兩人據說都是中國人之後，這大約是東晉時代的事。至南北朝時，日本也自通中國，求縫工、織工。隋時，其使小野妹子，始帶著留學生來。唐時，其國歷朝都遣使通唐，帶來的留學生尤多。歸國後，大革政治，一切都取法於中國。從此以後，日本遂亦進為文明之國。朝鮮是中國的高第弟子，日本都是中國的再傳弟子了。

　　其在南方，則後印度半島的一部分，自唐以前，亦是中國的郡縣，所以華化亦以此為根據，而輸入南洋一帶。其中如瀾滄江下流的扶南，其知

著衣服，實由中國使者的教導。又如馬來半島的盤盤、投和，其設官的制度，頗和中國相像。大約是傚法交州諸郡縣的。後印度半島，其文化以得諸印度者為多，然而傳諸中國者，亦不是沒有了。

　　西南方及西方，有自古開化的印度和西亞及歐洲諸國，和東南兩方榛榛狉狉的不同。所以在文化方面，頗能彼此互有裨益。其裨益於中國最大的，自然要推印度。佛教不必說了，中國人知有字母之法，亦是梵僧傳來的。此外建築，則因佛教的輸入而有寺塔，南北朝、隋、唐，崇宏壯麗的建築不少。繪畫則因佛教的輸入，而有佛畫。雕刻之藝，亦因之而進步。其中最偉大的，如北魏文成帝時的武州石窟，及宣武帝時的伊闕佛像，當時雖稍勞費，至今仍為偉觀。在日常生活上，則木棉的種植和棉布的織造，雖不知道究竟從哪一方面輸入，然而世界各國的植棉，印度要算很早。中國即非直接從印度輸入，亦必間接從印度輸入的，而蔗糖的製法，亦是唐太宗時，取之於印度的摩揭陀國。西域文化，影響於中國最大的，要算音樂。自南北朝時開始流行，至隋時，分樂為雅、俗二部。俗部中又分九部，其中除清樂、文康為中國舊樂，及高麗之樂，來自東方外，其餘六部，都出自西域。唐太宗平高昌，又益之以高昌樂，共為十部。自古相傳的百戲，亦雜有西域的成分。其中最著稱的，如胡旋女、潑寒胡等都是。西域各國輸入的異物，大抵僅足以廣見聞，無裨實用。唯琉璃一物，於中國的工業，頗有關係。此物夙為中國所珍貴。北魏太武帝時，大月氏商人，來到中國，自言能造。於是採礦山中，令其製造。《北史》說：「自此琉璃價賤，中土不復珍之。」可見所造不少。其後不知如何，其法又失傳，隋時，又嘗招致其人於廣東，意圖仿造，結果未能成功。然因此採取其法而施之於陶器，而唐以後的瓷器，遂大放其光焰。這可稱所求在此，其效在彼了。西方人得之於中國的，則最大的為蠶織。此物在西方，本來最為貴重。羅馬時代，謂與黃金同重同價，安息所以要阻礙中國、羅馬，

不便交通，就在獨占絲市之利，而羅馬所以拚命要通中國，也是如此。直至西元五五〇年，才由波斯人將蠶種攜歸君士坦丁。歐洲人自此，始漸知蠶織之事。

北俗最稱獷悍，而其生活程度亦最低，似無能裨益於中國。然而中國的日常生活，亦有因之而改變的。中國古代的衣服，本是上衣而下裳，深衣則連衣裳而一之，腳上所著的則是革或麻、絲所制的屨或草屨，坐則都是席地。魏晉以後，禮服改用袍衫，便服則尚裙襦。要沒有短衣而著袴的，靴則更無其物。雖亦漸坐於床，然仍是跪坐，而隋、唐以後，袴褶之服通行漸廣，著靴的亦日多，這實是從胡服而漸變。坐則多據胡床，亦和前此的床榻不同了。這是說北族的文化，被中國取來的。至於中國的文化，影響於北族，那更指不勝屈。凡歷史所謂去腥羶之習、襲上國之法，無一不是棄其舊俗而自同於中國的。如渤海便是一個最好的例證。其事既多，自無從一一列舉了。

第二十七章　唐中葉以後的政局

軍人跋扈，是紊亂政治的根本，而亦是引起外患的原因。唐中葉後，卻內外俱坐此弊。

其原因，起於武力的偏重。唐自府兵制壞，而玄宗置十節度、經略使以備邊。於是邊兵重而內地的守備空虛，遂成尾大不掉之勢。其時，東北和西北兩邊，兵力尤重。而安祿山又以一胡人而兼范陽、平盧兩鎮，遂有潛謀不軌之心。玄宗在位歲久，倦於政事。初用李林甫為相，任其蔽聰塞明。繼又因寵楊貴妃之故，而用楊國忠。國忠是和祿山不合的，又以事激之使反。西元七五五年，祿山遂反於范陽。祿山既反，不一月而河北皆陷。進陷河南，遂入潼關。玄宗奔蜀。至馬嵬，兵變，迫玄宗殺貴妃和國

忠，而父老都請留太子討賊。玄宗許之。太子即位於靈武，是為肅宗。祿山本一軍人，並無大略，其部下尤多粗才。既入長安，日唯置酒高會，貪求子女玉帛，更無進取之意。所以玄宗得以從容入蜀，而肅宗西北行，亦無追迫之患。祿山旋又為其子慶緒所殺，賊將多不聽命令，其勢益衰。於是朔方節度使郭子儀，以兵至行在。先出兵平河東，次借用回紇和西域的兵，收復兩京。遂合九節度的兵，圍安慶緒於鄴。其時官軍不置統帥，號令不一，軍心懈怠，而賊將史思明，既降復叛。自范陽發兵南下。官軍大敗。思明殺安慶緒，復陷東京，旋進陷河陽、懷州。唐命李光弼統兵，與之相持。思明旋亦為其子朝義所殺。西元七六二年，肅宗崩，代宗立。朝義誘回紇入寇。代宗命蕃將僕固懷恩，往見其可汗，與之約和。即借其兵以討朝義，才算把他打平。然而唐室自此就不能復振了。其原因：

（一）回紇自此大為驕橫。又吐蕃乘隙，盡陷河西、隴右。自玄宗時，南詔並六詔為一，後亦叛中國，與吐蕃合。邊患日棘。

（二）史朝義敗亡時，僕固懷恩實為大將。懷恩意欲養寇自重，賊將投降的，都不肯徹底解決，而就授以官。於是昭義、成德、天雄、盧龍、平盧諸鎮，各據土地，擅賦稅，擁兵自固。唐朝一方面，亦藩鎮遍於內地，跋扈不聽命令的很多，甚至有與安、史遺孽互相影響的。

然而根本的大患，還不在此。從來遭直艱難之會，最緊要的是中樞。中樞果能振作，不論如何難局，總可設法收拾的，而唐自中葉以後，其君又溺於宦侍。肅宗既信任李輔國、代宗又信任程元振，遂至吐蕃的兵打入京城。代宗逃到陝州，洮西的神策軍，自安史亂後駐紮於此。吐蕃兵退後，宦官魚朝恩即以這一支兵，護衛代宗回京城。於是神策軍漸與禁軍齒，變成天子的親兵了。

代宗死後，德宗繼立，頗思振作。其時昭義已為天雄所並，盧龍對朝廷亦恭順，而成德、天雄、平盧，聯兵拒命，山南東道亦叛。德宗命神策及河東兵與盧龍合攻三鎮，淮西兵討平山南，而盧龍及淮西復叛，發涇

原兵東討。過京師，以不得賞賜，作亂，奉朱泚為主。德宗奔奉天，為泚所圍攻。賴渾瑊力戰，又得河中節度使李懷光入援，圍乃解。懷光惡宰相盧，欲面陳其奸，為所阻，又反。德宗再奔梁州。於時叛者四起，而朝廷的兵力、財力，都很薄弱。不得已，乃聽陸贄的話，赦其餘諸人的罪，專討朱泚。幸賴李晟忠勇，得以收復京城。又得馬燧，打平河中。然而其餘諸鎮，就只好置諸不問了，而德宗回鑑以後，鑑於人心的反覆，遂至文武朝臣，一概不信，而專信宦官。命其主管神策軍，而神策軍的餉賜，又最優厚，諸軍多自願隸屬，其數遂驟增至十五萬。宦官得此憑藉，遂起而干涉朝政。唐朝的中央政府，就更無振作之望了。

　　德宗崩後，子順宗立。順宗為太子時，即深惡宦官。及即位，用東宮舊臣王叔文等，要想除去宦官，而所謀不成，順宗以疾傳位於憲宗，叔文等多貶謫而死。憲宗任用裴度，討平淮西、河北三鎮，亦都聽命，實為唐事一大轉機。憲宗被弒，穆宗即位。因宰相措置失宜，三鎮復叛，用兵不克，只得赦其罪而罷兵。自此河北三鎮，終唐之世，不能復取了。穆宗之後，傳敬宗以至文宗。初用宋申錫為相，繼又不次擢用李訓、鄭注，謀誅宦官，都不克。甘露之變以後，帝遂為宦官所制，抑鬱而崩。武宗立，頗英武，能任用李德裕，討平劉積之叛。宣宗立，政治亦頗清明，人稱為小太宗。當德宗時，西川節度使韋皋，招徠南詔，與之共破吐蕃。文宗時，回紇為黠戞斯所破。宣宗時，吐蕃內亂，中國遂乘機收復河湟之地。天寶以後的外患，至此亦算解除。然而自憲宗以後，無一君非宦官所立，中央的政治，因此總不能清明；而外重之勢，亦無術挽回，總不過苟安罷了。宣宗之後，懿宗、僖宗兩代，又均荒淫。僖宗年幼，尤敬信宦官田令孜，一切都聽他主持。流寇之禍又起，到底借外力打平，唐室就不能支持了。

　　沙陀是西突厥別部。西突厥亡後，依北庭都護府以居。後引吐蕃陷北庭。又為吐蕃所疑，乃舉部歸中國。中國人處之河東。簡其精銳的為沙陀

軍。懿宗時，徐、泗兵戍桂州的作亂，北還。靠著沙陀兵打平。於是其酋長朱邪赤心，賜姓名為李國昌，用為大同節度使。後又移鎮振武。國昌的兒子克用，叛據大同，為幽州兵所破。父子俱奔韃靼。西元八七五年，黃巢作亂，自河南經山南，沿江東下，入浙東，經福建，至嶺南，再北出，渡江，陷東都，入潼關。田令孜挾僖宗走蜀。諸方鎮多坐視不肯出兵，討賊的兵亦不肯力戰。不得已，赦李克用的罪，召他回來。李克用帶著沙陀、韃靼萬餘人而南，居然把黃巢打平。然而沙陀之勢，就不可複製了。

黃巢亂後，唐室的威靈，全然失墜。沙陀雄踞河東。黃巢的降將朱全忠據宣武，韓建、王行瑜、李茂貞等又跋扈關內。僖宗崩後，昭宗繼立。百計以圖挽回，終於無效。朝廷每受關內諸鎮的脅迫，多借河東以解圍。自黃巢亡後，其黨秦宗權復熾，橫行河南。此時朱全忠的情勢，甚為危險，而全忠居圍城之中，勇氣彌厲。到底乘宗權兵勢之衰滅掉他，又吞併山東和淮北，服河北三鎮，並河中，降義武。取澤、潞及邢、洺、磁，連年攻逼太原，於是河東兵勢亦弱，唯全忠獨強。昭宗和宰相崔胤謀誅宦官，宦官挾李茂貞以自重。崔胤召朱全忠的兵，宦官遂劫帝如鳳翔。全忠進兵圍之，茂貞不能抗，奉昭宗入全忠營，於是大誅宦官，而昭宗亦被全忠劫遷於洛陽，旋弒之而立昭宣帝。西元九〇七年，唐遂為梁所篡。

這時候，除河東以外，又有吳、吳越、楚、閩、南漢、前蜀六國，遂入於五代十國之世。

第二十八章　隋唐的社會

從南北朝到隋、唐，是由戰亂而入於昇平的。隋文帝本是個恭儉之主。在位時，國富之盛，甲於古今。雖然中經煬帝的擾亂，然而不久，天下即復見清平。唐太宗尤為三代以下令主。貞觀、永徽之治，連續至三十年，亦和

漢代的文、景，相差不遠。以理度之，天下該復見昇平的氣象了。果然，《唐書・食貨志》說太宗之治，「行千里者不齎糧，斷死刑歲僅三十九人」。這話雖或言之過甚，然而當時，海內有富庶安樂的氣象，大約不是虛誣的。然而這亦不過總計一國的財富，有所增加，無衣無食的人，或者減少些，至於貧富的不均，有資本的人，對於窮人的剝削，則還是依然如故。所以一方號為富庶，一方面，自晉以來，一貫的平均地權的政策，不但不能因承平日久而推行盡利，反因其有名無實而並其法亦不能維持了。

晉朝的戶調式、北魏的均田令、唐朝的租庸調法，三者是相一貫的，而唐制尤為完備。其制：丁男年十八以上，授田一頃。老及篤、廢疾四十畝。寡妻妾三十畝 —— 當戶的加二十畝 —— 都以二十畝為世業，餘為口分。田多可以足其人的為寬鄉，不足的為狹鄉。狹鄉授田，減寬鄉之半。鄉有餘田，是要以給比鄉的。州縣亦然。庶人徙鄉和貧無以葬的，得賣世業田。其自狹鄉徙寬鄉的，得並賣口分田。這大約是獎勵其遷徙，即以賣田所得，作為遷徙的補助費的意思。其取之之法：則歲輸粟二石為租。用人之力，歲二十日，閏加二日，不役的每日折輸絹三尺，為庸。隨鄉所出，輸絲、綿、麻或其織品為調。此等制度果能盡力推行，亦足使農人都有田可種，而且無甚貧甚富之差。然而政治上有名無實的措施，敵不過社會上自古相沿的習慣。所以民間的兼併如故，而史稱「開元之世」，其兼併，且過於漢代成、哀之時。授田之法，既已有名無實，卻因此又生一弊。漢代的田租，所稅的是田、口賦，所稅的是人，二者本釐然各別。自戶調法行，各戶既有相等之田，自然該出相等之稅，兩者遂合為戶賦。授田之法既廢，田之有無多寡，仍不相等，而仍按其丁中，責以輸相同之賦，就不免有田者無稅，無田者有稅，田多者稅少，田少者稅多了。於是人民不逃之宦、學、釋、老，即自托於客戶。版籍混淆，而國家的收入，亦因之而大減。唐玄宗時，宇文融曾請括籍外羨田，以給逃戶，行之未有成效。西元七八〇年，德宗的宰相楊炎，才定兩稅之法。不再分別主客戶，但就其現居之地為簿，按其產業的多少以

定稅。於是負擔的重輕和貧富相合；而逃稅的人，亦多變而要輸稅。財政上的收入，自然可以增加。然而制民之產之意，則蕩焉以盡了。從晉武平吳創戶調式至此，為時恰五百年。

要解決民生問題，平均地權和節制資本，二者必須並行。節制資本，一則宜將事業之大者，收歸官營，一則要有良好的稅法。官營事業，在從前疏闊的政治之下，不易實行。至於稅法，則從前的人，泥於古制，以為只有田租口賦是正當的收入。於是各種雜稅，非到不得已時，不肯收取。一遇承平，就仍舊罷免它。隋文帝得位之後，即將鹽池、鹽井、酒坊、入市之稅，概行罷免，即其一例。唐中葉以後，雖亦有鹽茶等稅，然皆因財政竭蹶而然，節制資本之意，絲毫無有，所以資本反而更形跋扈。即如兩稅以資產為宗，不以身丁為本，似得平均負擔之意。然而估計資產，其事甚難。所以當時陸贄就說：有「藏於襟懷囊篋物，貴而人莫窺」的；有「場圃囷倉，直輕而眾以為富」的；有「流通蓄息之貨，數寡而日收其贏」的；有「廬舍器用，價高而終歲寡利」的。「計估算緡，失平長偽。」須知社會的情形複雜了，賦稅便應從多方面徵收，尤應捨直接而取間接，而當時的人，只知道以人為主，而估計其家貲，自然難於得實了，而從此以後，役法亦計算丁貲兩者而定，詒害尤烈，詳見三十一和三十六章。

要社會百業安定，必須物價常保其平衡。《管子‧輕重》諸篇，所說的就是這個道理。後世市場廣大，而國家的資力有限，要想控制百物的價格，自然是辦不到的。只有食糧，因其與民生關係最大，所以歷代政府，總還想控制其價格。其辦法，便是漢朝耿壽昌所倡的常平倉。穀賤時增價而糴，穀貴時減價而糶。既可以平市價，而其本身仍有微贏，則其事業可以持久。這原是個好辦法，但亦因市場廣而資本微之故，不能左右物價。即使當糧食騰貴之時，能將它稍稍壓平，其惠亦僅及於城市中人，大多數的農民，實在得不到救濟。所以隋朝的長孫平又創義倉之法，以社為範圍，收穫之日，勸課

人民，量出粟麥，即在當社，設倉貯蓄。遇有歉歲，則以充賑濟。此法令人民以互助為自助，亦是很好的辦法。惜乎其法僅限於凶荒時的賑濟，則用之有所不盡。後來並有移之於州縣的，那更全失其本意了。

　　社會的階級制度，當隋、唐之世，亦是一個轉變的時代。六朝時門閥之盛，已見第十八章。隋、唐時，表面上雖尚保持其盛況，然而暗中已潛起遷移。原來所謂門閥，雖不以當時的官位為條件。然而高官厚祿，究是維持其地位的重要條件。魏晉以後，門閥之家，所以能常居高位，實緣九品中正之制，為之維持之故。隋時，廢除此制，又盡廢鄉官。於是要做官的人，在本鄉便無甚根據，而不得不求之於外。門閥之家，在選舉上占優勢，原因其在鄉里有勢力之故。離開了鄉里，就和「白屋之子」無甚不同，而科舉之制，又使白屋之子，可以平步而至公卿。於是所謂閥閱之家，除掉因相沿的習慣，而受社會的尊敬外，其他便一無所有。此種情勢，終難持久，是不待言而可知的。所以一到五代，就要「取士不問家世，婚姻不問閥閱」了。這固然有階級平夷之美，然而舉士本於鄉里，多少要顧到一點清議。清議固然不能改變人的心術，卻多少能檢束其行為。所以無恥之事，即在好利干進之徒，亦有所憚而不敢出。至於離開了鄉里，就未免肆無忌憚。就有蹇驢破帽，奔走於王公大人之門的。所謂氣節，遂蕩焉以盡。藩鎮擅土，士亦爭樂為之用。其結果，自然有像馮道般的長樂老出來了。宋代士大夫的提倡氣節，就是晚唐、五代的一個反動。

第二十九章　五代的混亂

　　五代時的國，原不過唐朝藩鎮的變形。這許多武人，雖然據土自專，其實並無經營天下的大志，不過驕奢淫佚而已。所以除中原之地，戰爭較烈外，其餘列國之間，兵事頗少。

　　本族紛爭不已，必然要引起外患，這是最可痛心的事。當唐之末年，梁之形勢，本已獨強，所以能篡唐而自立。然而梁太祖死後，末帝懦弱，而晉則李克用死後，子存勗繼立，年少勇於攻戰。於是形勢驟變，河北三鎮和義武都入於晉。梁人屢次攻戰，都不得利，只得決河以自守。李存勗自稱皇帝，建國號為唐。是為後唐莊宗。西元九二三年，莊宗破梁兵於鄆州。乘梁重兵都在河外，進兵直襲大梁。末帝自殺。梁亡，後唐遷都洛陽。

　　後唐莊宗，本是個驕淫的異族。雖然略有獷悍之氣，卻並不懂得什麼叫政治的。所以滅梁之後，立刻驕侈起來。寵信伶人宦官，政治大壞。西元九二五年，命宰相郭崇韜，傅其幼子魏王繼岌伐蜀，滅掉前蜀，而皇后劉氏，聽信宦官的話，自為教與繼岌，令其把郭崇韜殺掉。於是中外震駭，訛言四起。魏博的兵乘機據鄴都作亂。莊宗命李克用的養子李嗣源去打他，嗣源手下的兵也變了，劫嗣源以入於鄴。嗣源以計誑叛人得出。又聽其女婿石敬瑭的話，回兵造反。莊宗為伶人所弒。嗣源即位，是為明宗。明宗在五代諸君中，要算比較安靜的。在位八年，以西元九三三年死。養子從厚立，是為閔帝。時明宗養子從珂鎮鳳翔，石敬瑭鎮河東，閔帝想調動他倆，從珂便舉兵反。閔帝派出去的兵，都倒戈投降。閔帝出奔，被殺。從珂立，是為廢帝。又要調動石敬瑭，敬瑭又造反，就把契丹的兵引進來了。

　　廢帝鑑於閔帝的兵的倒戈，所以豫儲著一個不倒戈的將，那便是張敬達。於是發兵，把晉陽困起來。石敬瑭急了，乃以割讓燕雲十六州為條件，求救於契丹。劉知遠勸他：「契丹只須餌以金帛，便肯入援，不必要這麼優厚的條件。」而石敬瑭急何能擇，不聽。於是契丹太宗發大兵入援，打破張敬達的兵，挾著石敬瑭南下。廢帝自焚死。敬瑭受冊於契丹，國號為晉，是為晉高祖，稱臣於契丹。沙陀雖是異族，業已歸化中國。他自己並無根據地，遲早要同化於中國的。李克用等雖是異族的酋長，一方面亦可算作中國

的軍人。梁、唐的興亡，也可算是中國軍人的自相陵挫，其性質還不十分嚴重。至於契丹，則是以另一國家的資格侵入的，其性質，就非沙陀之比了。以地理形勢論，中國的北部，本該守陰山和黃河。守現在的長城，已非上策。自燕、雲割後，不但宣、大全失，山西方面，只有雁門內險可守；河北方面，則舉居庸等險而棄之，遂至專恃塘濼之類，以限戎馬。宋朝所以不敢和契丹開釁，最大的原因，實緣河北方面，地利全失之故。燕、雲不能恢復，女真之禍，自然接踵而來了。所以十六州的割棄，實在是中國最大的創傷。然而外有強敵，而內爭不已，其勢必至於此而後止。

晉高祖的稱臣於遼，臣下心多不服。高祖知國力不足與遼敵，唱高調的人，平時唱著高調，臨事未必肯負責任，甚至有口唱高調，實懷通敵之心的。所以始終不肯上當，對遼總是小心翼翼，不失臣禮。西元九四二年，高祖死了。兄子重貴立，是為出帝。聽信侍衛景延廣的話，罷對遼稱臣之禮。遼人來詰問，景延廣又把話得罪他，兩國的兵端遂啟。國與國的競爭，不但在兵力，而亦在綱紀。綱紀整飭，即使兵力不足，總還可以支持。綱紀蕩然，那就無從說起了。晉遼啟釁之後，遼兵連年入寇，晉兵從事防禦，勝負亦還相當。然而國力疲敝，調兵運餉，弄得騷然不寧，本已有岌岌可危之勢。加以假借外力，晉祖既開其端，安能禁人之傚尤。於是有替契丹力戰的趙延壽，又有舉兵以降敵的杜重威。西元九四六年，遼人遂入大梁，執出帝而去。明年，遼太宗入大梁。

遼太宗是個粗才，不懂得治理中國的 —— 假使這時，來的是太祖，汴梁能否恢復，就成為問題了 —— 於是遣打草谷軍，四出鈔掠。又遣使諸道，搜括財帛，多用其子弟親信為刺史。一班漢奸，因而依附著他，擾害平民，弄得群盜四起。太宗無可如何，反說：「我不料中國人難治如此。」乃棄大梁北歸。行至灤城而死。劉知遠先已自立於太原，及是，發兵入大梁，是為後漢高祖。

後漢高祖，也是沙陀人，入汴後兩年而死。子隱帝立。三年而為郭威

所篡,中原之地,自後唐入據以來,至此始復脫沙陀的羈軛,而戴漢人為主。漢高祖之弟旻,稱帝於太原,稱姪於遼,受其封冊,是為北漢。

後周高祖篡漢後,三年而殂。養子世宗立。世宗性英武,即位之初,北漢乘喪,合遼兵來伐,世宗自將,大敗之於高平。當時天子的衛兵,實即唐朝藩鎮之兵的變相,自唐中葉以後,地擅於將,將擅於兵,已成習慣。小不如意,或有野心之家餌以重利,便可殺其將而另戴一人,此時的藩鎮,看似生殺自由,實則不勝其苦。五代時的君主,所以事勢一有動搖,立刻勢成孤立,亦由於此,而且累朝不加簡閱,全是老弱充數,所以賣主則有餘,禦敵則不足,這要算是五代時最根本的大患了。世宗自高平回來,深知其弊。於是大加裁汰,又命諸州招募壯勇,送至闕下。擇其尤者,為殿前諸軍。又裁冗費,修政事,於是國富兵強。這時候,南唐、後蜀,都想勾結契丹,以圖中原。世宗乃先出兵伐後蜀,取其階、成、秦三州。次伐南唐,盡取江北之地,南唐稱臣奉貢。西元九五九年,世宗遂自將伐遼。時值遼穆宗在位,沉湎於酒,國勢中衰。世宗恢復瀛、莫、易三州,直趨幽州,恢復亦在旦夕。惜乎天不假年,世宗因患病回軍,不久就死了。子恭帝立,還只七歲。當時兵力,最強的是殿前軍,而趙匡胤是殿前軍的都點檢。當主少國疑之日,自不免有人生心,於是訛言契丹入寇,匡胤帶兵去防他。至陳橋驛,兵變,擁匡胤回汴京,廢恭帝而自立,是為宋太祖。當時偏方諸國,本都微弱不振,而中原經周世宗的整頓,業已富強,加以宋太祖的英明,因而用之,而統一的機運就到了。

第三十章　宋的統一及其初年的政治

於此,得將十國的情形,略一敘述。當唐末,割據的有兩種人。其一是藩鎮。如下:

【吳】楊行密，本是唐朝的廬州刺史。西元八八六年，乘淮南的擾亂，進據廣陵。後來秦宗權的將孫儒來攻，行密被他打敗，逃回廬州，又逃到宣州，仍被孫儒圍起，後乘儒軍大疫滅掉他，還據廣陵。盡並淮南之地。

【吳越】錢鏐，是唐朝的杭州刺史。平越州董昌之亂，保據兩浙。時在西元八九六年。

【南漢】劉隱，以西元九〇五年，做唐朝的嶺南節度使。死後，其弟岩繼之。保據嶺南。

【前蜀】王建，是神策軍將田令孜的養子。隨令孜入蜀，為利州刺史。時令孜以其弟陳敬瑄為西川節度使。王建和他翻臉。西元八九三年，攻破成都。西元八九七年，又攻並東川。

其二是流寇。

【楚】孫儒死後，其將劉建鋒、馬殷等，逃據湖南。西元八九五年，建鋒為其下所殺，推殷為主。

【閩】王潮，河南固始人。壽州人王緒造反，攻破固始，用潮為軍正。緒因避秦宗權，渡江而南，直流入福建。後為其下所殺，推潮為主，西元八九三年。占據福州，潮死後，弟審知繼之。

諸國之中，吳的地勢和中原最為接近。行密子渥，又盡並江西，地亦最大。西元九三七年，吳為李昇所篡，改國號為唐，是為南唐。傳子璟，乘閩、楚的內亂滅掉它，遂有覬覦中原之意。前蜀亡後，後唐以孟知祥為西川節度使，知祥攻並東川，於西元九三三年自立。傳子昶，昏愚狂妄，亦想結契丹以圖中原。所以周世宗對於這兩國，要加以膺懲。湖南自楚亡後，南唐在實際上並未能有其地。其明年，即為辰州刺史劉言所據。自此王逵、周行逢，相繼有其地。都居朗州，受署於後周，荊、歸、峽三州之地，西元九〇五年，梁太祖以其將高保融為節度使。從後唐以來，自立為一國，是為南平。宋初諸國皆僅自守，唯北漢倚恃遼援與周本是世仇。至宋初，關係亦未能改善。其情勢如此。

　　宋太祖的政策和周世宗不同。周世宗是想先恢復燕、雲的，宋太祖則主張先平定中國。這不但避免與遼啟釁，亦且西北一帶，自五代以來，中國對他的實力，不甚充足。存一北漢，雖然是個敵國，卻可替中國封鎖兩面，所以姑置為緩圖。西元九六二年，周行逢卒，子保權幼。潭州將張文表，意圖吞併朗州。保權來求救，宋太祖出兵，先因假道，襲滅南平。文表已為朗州兵所擊破，宋兵卻前進不已。到底將朗州打破，執保權以歸。諸國最昏亂的是後蜀，最淫虐的是南漢。宋於西元九六五、九七一兩年，先後滅掉它們。南唐是事中國最謹的，亦以征其入朝不至為名，於西元九七五年滅掉它。如此，吳越知道不能自立了。滅南唐之歲，太祖崩，太宗立。西元九七八年，吳越遂納土歸降。其明年，太宗自將伐北漢。先是宋亦屢次伐它，其意只在示威，使之不敢南犯，這一次，則決意要滅掉它。於是先分兵絕遼援兵，北漢遂出降。自朱全忠篡唐自立至此，凡七十三年。

　　五代時偏方諸國，既不大，又不強，撲滅它們，原不算得什麼事。但是從唐中葉以來，所以召亂而致分裂之源，則不可不除掉它。所以召亂而致分裂之源是什麼呢？一是禁軍的驕橫，一是藩鎮的跋扈。禁軍雖經周世宗的整頓，究竟結習未除，宋太祖便是因此而得大位的。此弊不除，肘腋之間，就不能保其無變，還說得上什麼長治久安之計？所以宋太祖先於杯酒之間，諷示典宿衛之將石守信等，令其自請解去兵權。至於藩鎮，唐時業已跋扈不堪，五代時更不必說了。宋太祖乃用漸進的手段。凡藩鎮出闕的，逐漸代以文臣。屬於節度使的支郡，都令直達中央。各州官出闕，都令京朝官出知，以重其體，又特設通判，以分其權。

　　中央的大權旁落，總是由於兵權和財權的旁落。宋太祖有鑑於此，所以特設轉運使於各路，以收財賦之權。諸州的兵，強的都升為禁軍，直隸三衙。弱的才留在本州，謂之廂軍。不甚教閱，名為兵，其實不過給役而已。如此一來，前此兵驕和外重之患，就都除掉了。然而天下事有利必有

弊。宋朝的政策，是聚天下強悍不軌之人以為兵，而聚天下之財於中央以養之。到後來，養兵未得其用，而財政卻因之而竭蹶，就成為積弱之勢了。又歷代的宰相，於事都無所不統。宋朝則中書治民，三司理財，樞密主兵，各不相知，而言路之權又特重。這原是因大權都集於中央，以此防內重之弊的。立法之初，亦可謂具有深意。然而宰相既無大權，而舉動又多掣肘，欲圖改革，其事就甚難了。這就是後來王安石等所以不能有所成就，而反致釀成黨爭的原因。

第三十一章　變法和黨爭

　　宋遼的競爭，開始於西元九七九年。太宗既滅北漢，即舉兵以攻幽州。大敗於高粱河。西元九八五年，太宗聽邊將的話，命曹彬、田重進、潘美等分道伐遼，又不利。自此以後，宋就常立於防禦的地位。西元一○○四年，遼聖宗自將入寇，至澶州。是時太宗已崩，真宗在位。宰相寇準，力勸帝親征。真宗車駕渡河，乃以歲幣銀十萬兩，絹二十萬匹成和議。遼主以兄禮事帝。西元一○四二年，遼興宗又遣使來求關南之地。宋仁宗使富弼報之。又增歲幣銀、絹各十萬兩、匹。當仁宗時，夏元昊造反。宋人屯大兵於陝西，屢戰不勝。西元一○四三年，亦以銀、絹共二十五萬五千成和議，謂之歲賜。

　　對外的不競如此，內之則養兵之多，至一百十六萬，財政為之困敝，而仍不可以一戰。宋代的財政，和前代不同。前代開國之時，大抵取於民者甚輕，所以後來還有搜括的餘地。宋朝則因養兵之故，唐中葉後所興鹽茶等稅，都沒有除掉。就是藩鎮的苛稅，雖說是削平之時，都經停罷，實亦去之未盡。所以人民的負擔，在承平之時，業已不勝其重了。

　　內治則從澶淵和議成後，宋真宗忽而託言有天書下降。於是封泰山，

祀汾陰，齋醮宮觀之事紛起，財用始患不足，而政治亦日益因循。真宗之後，仁宗繼之。在位最久，號為仁君，然而姑息彌甚。仁宗之後，英宗繼之，則在位不過四年而已，未能有所作為。當仁宗時，范仲淹為相。曾有意於改革。然未久，即不安其位而去。至西元一〇六八年，神宗即位，用王安石為宰相，力行新法，而政治的情勢始一變。

　　王安石的新法，範圍所涉甚廣。然舉其最重要的，亦不過下列三端：

　　其（一），青苗、免役之法，是所以救濟農民的。宋承唐、五代之後，版籍之法既壞，又武人擅土，暴政亟行，其時的農民，很為困苦，而自兩稅法行之後，估計丁、貲之數，以定戶等，而簽差以充役。役事重難，有破產不能給的。人民因此，至於不敢多種田，父子兄弟，不敢同居，甚至有自殺以免子孫之役的，其慘苦不可勝言。王安石乃立青苗之法，將各處常平、廣惠倉的蓄積，當農時借與人民，及秋，隨賦稅交納。取息二分，謂之青苗錢。又立免役之法，令本來應役之戶出免役錢，不役之戶出助役錢，以其錢僱人充役，免卻簽差。

　　其（二），裁兵、置將及保甲，是所以整頓軍政的。宋朝既集兵權於中央，沿邊須戍守之處，都由中央派兵前往，按時更調，謂之番戍。其意原欲令士卒習勞，不至於驕惰。然而不悉地形，又和當地的百姓不習熟，不能得其助力，往往至於敗北。卻因此多添出一筆「衣糧」之費，財政更受其弊。安石先將兵額大行裁減。置將統兵，分駐各地，以革番戍之弊。安石之意，以為根本之計，是要行民兵的。於是立保甲之法，令人民以五家為一保，五十家為一大保，五百家為一都保。保有保長，大保有大保長，都保有都保正、副。戶有二丁的，以其一為保丁。初令保丁每日輪派五人，警備盜賊。後來教保長以武藝，令其轉教保丁。募兵闕，則收其餉，以充民兵教閱之費。

　　其（三），改革學校、貢舉之法，是所以培養人才的。自魏、晉以後，學校久已有名無實，不過是進取之一途而已。科舉則進士、明經，所學

都失之無用。王安石是主張行學校養士之法的。於是於太學立三舍。初入學的居外舍，以次升入內舍、上舍。上舍生得免禮部試，授之以官。又立律學、武學及醫學。於科舉，則因自唐以來，俗重進士而輕諸科。乃罷諸科，獨存進士。改試經義、論、策。其所謂經義，則改墨義為大義。又立新科明法，以待士之不能改業的。

王安石所行的新法，以這幾件為最有關係。此外尚有農田水利，方田均稅等。變法之初，特設制置三司條例司，以規劃財政。安石對於理財，最為注意。當其時，一歲的用度，都編有定式。經其整頓之後，中央和各州的財政，都有贏餘。宋初官制，最為特別。治事都以差遣，官不過用以定祿、秩而已。神宗才革新官制。一切以唐代為法。遂罷三司，還其職於戶部。樞密僅主兵謀，所管兵政，亦還之兵部。新設的機關，亦都廢罷。

王安石的新法，範圍既廣，流弊自然不能沒有的。特如青苗，以多散為功，遂不免於抑配。抑配之後，有不能償還的，又不免於追呼，甚或勒令鄰保均賠。保甲則教閱徒有其名，而教閱的人，反因此而索詐，都是顯而易見的。然而宋朝當日，既處於不能不改革之勢，則應大家平心靜氣，求其是而去其弊，而宋朝人的風氣，喜持苛論，又好為名高。又因諫官權重，朋黨之風，由來已久。至此，反對新法的人，遂紛紛而起。反對無效，則相率引去。安石為相，前後凡七年。終神宗之世，守其法不變。西元一〇八五年，神宗崩，哲宗立。年幼，太皇太后高氏臨朝。以司馬光、呂公著為宰相，新法遂盡廢。安石之黨，多遭斥逐。當時朝臣都奉太皇太后為主，於哲宗的意思，不甚承順。哲宗懷恨在心。太皇太后崩後，遂相章惇，復行新法，謂之「紹述」。舊黨亦多遭斥逐。西元一一〇〇年，哲宗崩，徽宗立。太后向氏權同聽政，頗進用舊黨，欲以消弭黨見，而卒無成效。徽宗親政後，亦傾向新黨，復行新法，然用一反覆無常的蔡京。徽宗性本奢侈，蔡京則從各方面搜括錢財去供給他，於是政治大壞，北宋就迫於末運了。

第三十二章　遼夏金的興起

　　文化是逐漸擴大的。中國近塞諸民族，往往其初極為野蠻，經過若干年之後，忽然嶄露頭角。其政治兵力和社會的開化，都有可觀。這並非其部落中一二偉人所能為，而實在是其部落逐漸進化的結果。遼、夏、金的興起，都是此例。

　　現在的熱河，自秦、漢至唐，本是中國的郡縣。不過地處邊陲，多有民族雜居罷了。雜居在這區域中的異族，主要的是鮮卑。當兩晉時，鮮卑部落紛紛侵入內地，獨有所謂奚、契丹的，仍居住於西遼河上游流域，沒有移動。南北朝時，契丹曾為柔然及高句麗所破。隋時，休養生息，漸復其舊。唐武后時，其酋長李盡忠造反，又遭破壞。於是其酋長大賀氏亡，遙輦氏起而代之，然亦積弱不振。到唐末，而其部落中有一偉人出，是為契丹太祖耶律阿保機。契丹舊分八部，部各有一大人。嘗公推一大人司旗鼓。「及其歲久，或國有疾疫而畜牧衰。」則公議，更立其次。太祖始並八部為一。遂於西元九一六年，代遙輦氏，為契丹的君長。這時候，北方適無強部。於是太祖東征西討，東北滅渤海，服室韋。西北服黠戛斯。西征回鶻，至於河西。其疆域，東至海，西接流河，北至臚朐河，南與中國接壤，儼然北方一大國了。

　　太祖初與李克用約為兄弟，後又背之，通好於梁，所以李克用很恨他。後唐之世，契丹和中國交兵。其時後唐兵力尚強，契丹不得逞。然而後唐的幽州守將周德威恃勇，棄渝關不守，平州遂為契丹所陷。至於營州，則唐朝設立都督府，本所以管奚、契丹的。此時契丹盛強，唐室的威靈，久已失墜，其為所占據，更不待言了。太祖死於西元九二六年，次子太宗立。越十年，而石晉來求援，安坐而得燕雲十六州。兩河之地，遂為契丹所控制。

　　太宗是個粗才，所以入中國而不能有。先是太祖的長子名倍，通詩

書，善繪畫，又工醫藥等雜技，是個濡染中國文化極深的人，而太祖的皇后述律氏，不喜歡他。平渤海之後，封為東丹王，命其鎮守東垂，東丹王浮海奔後唐。廢帝敗亡時，先殺之而後死。太宗死後，述律后又要立其第三子李胡。李胡暴虐，國人不附。於是契丹人就軍中擁立東丹王的兒子，是為世宗。李胡發兵拒敵，給世宗打敗。世宗在位僅四年。死後，太宗的兒子穆宗繼立。沉湎於酒，不恤國事。中國當此時，很有恢復燕、雲的機會，惜乎周世宗早死，以致大功不成。西元九六九年，穆宗被弒，世宗之子景宗立。在位十四年。子聖宗繼之。聖宗年幼，太后蕭氏同聽政。聖宗時，為遼的全盛時代。澶淵之盟，即成於此時。西元一〇三一年，聖宗死，子興宗立。年少氣盛，於是有派人到中國來求割關南之舉。中國遣富弼報使，反覆爭辯，才算打消求地之議。此次所增歲幣，中國和契丹爭論納、貢兩個字。《宋史》上說是用納字，《遼史》上則說用貢字的，未知孰是。然而即使用納字，也體面得有限了。興宗時，算是契丹蒙業而安的時代。西元一〇五五年，興宗死，子道宗立。任用佞臣耶律乙辛，政治始壞。西元一一〇一年，道宗死，孫天祚帝立。荒於游畋，於國事簡直置諸不管，而東北方的女真，適於此時興起，遼人就大禍臨頭了。

　　西夏是党項部落。唐太宗時，歸化中國。其酋長姓拓跋氏。後裔思敬，以討黃巢功，賜姓李，為定難節度使。世有夏、銀、綏、宥、靜五州。傳八世，至繼捧，以宋太宗時來降，盡獻其地，而其族弟繼遷叛去。西元九八五年，繼遷襲據銀州。明年，降於遼。西元一〇〇二年，又襲據靈州。明年，為蕃族潘羅支所殺。子德明立，三十年未曾窺邊。然以其間西征回鶻，取河西，地益大，西元一〇三二年，德明子元昊立。立二年，遂反。至西元一〇四三年才成和。元昊定官制；造文字；設立蕃、漢兩學；區劃郡縣；分配屯兵。其立國的規模，亦頗有可觀。

　　金室之先，是隋、唐時的黑水靺鞨。渤海盛時，靺鞨都役屬於它。渤海亡後，改稱女真。在混同江以南的，是遼籍，謂之熟女真。以北的不系

籍，謂之生女真。金朝王室的始祖，是高麗人，名函普，入居生女真的完顏部，勸解部人和他部的爭鬥。娶其六十未嫁之女，遂為完顏部人。生女真程度，本來很低，函普以高麗的文化教導之，才漸次開化。函普的曾孫獻祖，徙居安出虎水，始築室，知樹藝。其子昭祖，漸以條教，統轄諸部。昭祖耀武，至於青嶺、白山，入於蘇濱、耶懶之地。至其子景祖，則統門、五國諸部，亦來聽命。女真民族，漸有統一之望了。景祖始受遼命，為生女真部族節度使，其三子世祖、肅宗、穆宗，相繼襲職，以至於世祖之子太祖，遂有叛遼之舉。

女真人雖甚野蠻，然自渤海立國以來，業已一度的開化，更加以高麗人的啟發，遂漸起其民族自負之心。當這時候，女真人的強悍，非遼人所能敵，女真人亦自知之。特苦於部族眾多，勢分而弱，不足以與遼敵。從景祖以來，諸部漸次統一，而金朝人的慾望，亦漸次加大。剛又遇著天祚帝的荒淫，年年遣使到海上去求海東青，騷擾無所不至，為諸部族所同怨。金太祖遂利用之以叛遼。金太祖的叛遼，時在西元一一一四年。兵一舉而咸州、寧江州、黃龍府，次第陷落。天祚帝本是個不懂事的，得女真叛信，立刻自將大兵去征討。兵未全到，聞後方有人叛亂，又忽遽西還。其兵遂為金人所襲敗，東京亦陷落。天祚帝忽又把金事置諸度外，恣意游敗，而遣使與金議和，遷延不就。至西元一一二一年，金太祖再進兵，遂陷遼上京，旋遼將耶律余睹來降。金人用為嚮導，中京、西京，又次第陷落。南京擁立秦晉國王淳，亦不能自立，而宋人夾攻之兵又起。

第三十三章　宋和遼夏的關係

宋自仁宗以前和遼、夏的關係，已見第三十一章。神宗時，對遼還保守和平，對夏則又開兵釁。夏元昊死於西元一〇五一年，子諒祚立。十六

年而死。子秉常立，年方三歲。是年，宋鄜州將種諤襲取綏州。明年，為神宗元年，夏人請還此前所取塞門、安遠兩寨以換取綏州。神宗許了他，而夏人並無誠意，於是改築綏州，賜名綏德，又進築了許多寨。夏人遂舉兵來犯。神宗用韓絳、種諤，以經營西邊，迄不得利，而開熙河之議起。熙河是現在甘肅南部之地，唐中葉後，為吐蕃所陷。後來雖經收回，而蕃族留居其地的很多。大的數千家，小的數十百家為一族。其初頗能助中國以御西夏，後來亦不免有折而入之的。神宗時，王韶上平戎之策。說欲取西夏，必先復河湟。王安石主其議，用為洮河安撫使。王韶就把熙、河等州，先後恢復，建為一路，時在西元一○七三年。其後八年，有人說秉常為其母所囚。神宗乃發兵五路，直趨靈州。未能達到。明年，給事中徐禧城永樂，又為夏人所敗。這兩役，中國喪失頗多。西元一○八六年，為哲宗的元年。是歲，秉常死，子乾順立。來歸永樂之俘。當時執政的人，不主張用兵，就還以神宗時所得的四個寨，而夏人侵寇仍不絕，於是諸路同時拓地進築。夏人國小，不能支持，乃介遼人以乞和。西元一○九九年，和議成。自此終北宋之世，無甚兵釁。

天下事最壞的是想僥倖。宋朝累代，武功雖無足稱，以兵力論，並不算薄，然而對遼終未敢輕於啟釁。實以遼為大國，自揣兵雖多而戰鬥力實不足恃之故。徽宗時，民窮財盡，海內騷然。當時東南有方臘之亂。雖幸而打平，然而民心的思亂，兵備的廢弛，則已可概見了。乃不知警惕，反想借金人的力量，以恢復燕雲，這真可謂之「多見其不知量」了。宋朝的交通金人，起於西元一一一八年。所求的，為石晉時陷入契丹故地。金太祖答以兩國夾攻，所得之地即有之。西元一一二二年，童貫進兵攻遼，大敗。是歲，遼秦晉國王淳死。遼人立天祚帝次子秦王定。尊淳母蕭氏為太后，同聽政。遼將郭藥師來降。童貫乘機再遣兵進攻，又敗。貫大懼，遣使求助於金。於是金太祖從居庸關而入，攻破燕京。遼太后和秦王都逃掉。明年，而金太祖死，弟太宗立。是時，遼天祚帝尚展轉西北。傳言夏

人將遣兵迎致。金人分兵經略。夏人亦稱藩於金。至西元一一二五年，而天祚帝卒為金人所獲。遼朝就此滅亡。宋朝去了一個和好百餘年的契丹，而換了一個銳氣方新的女真做鄰國了。

以契丹的泱泱大風，而其滅亡如此之速，讀史的人，都覺得有點奇怪。然而這亦並無足異。原來契丹的建國，系合三種分子而成：即（一）部族，（二）屬國，（三）漢人州縣。（二）、（三）的關係，本不密切。便（一）也是易於土崩瓦解的。國民沒有什麼堅凝的團結力，僅恃一個中心人物，為之統馭；這個中心人物而一旦喪失，就失其結合之具；一遇外力，立即分崩離析，向來的北族，本是如此的，契丹也不過其中之一罷了。

當金人初起兵時，其意至多想脫離遼人的羈絆，而自立一國。說這時候，就有滅遼的思想，是絕無此理的。遼人的滅亡，全是自己的崩潰。在金人，只可謂遭直天幸。然而雖有如此幸運，而滅遼之後，全遼的土地，都要經營，也覺力小而任重，有些消化不掉了。所以燕雲的攻克，都出金人之力，而仍肯以之還宋。但是金人此時，亦已有些漢人和契丹人，代他謀劃了。所以其交涉，亦不十分易與，當時金人提出的條件是：燕京之得，全出金人之力，所以應將租稅還給金人。營、平、灤三州，都非石晉所割，所以不能還宋。交涉久之，乃以宋歲輸金銀、絹各二十萬兩、匹，別輸燕京代稅錢一百萬緡的條件成和。於是燕雲之地，金人都次第來歸。平心而論，以這區區的代價，而收回燕雲十六州，如何不算是得計？然而營、平、灤三州的不復，卻不但金甌有缺，而且是種下一個禍根。這不得不怪交涉的人的粗心，初提條件時，連這一點都不曾想到了。於是金人以平州為南京，命遼降將張覺守之。金人這時候，所有餘的是土地，所不足的是人民。尤其是文明國民，若把他遷徙得去，既可免土滿之患，又可得師資之益，真是一舉兩得。於是還宋燕京之時，把人民都遷徙而去，只剩得一個空城。宋人固然無可如何，而被遷徙的人民，顛沛流離，不勝其苦。路過平州，乃勸張覺據城降宋。張覺本是個反覆無常的人，就聽了他

們的話，而宋朝人亦就受了他。等到金人來攻，張覺不能守，逃到燕山。金人來質問，宋人又殺掉張覺，函首以畀金。徒然使降將離心，而仍無補於金人的不滿。西元一一二五年，金人遂分兩道入寇。

第三十四章　宋和金的關係

　　當時的宋朝，萬無能抵敵金人之理。於是宗望自平州，宗翰自雲州，兩道俱下。宗翰之兵，為太原張存純所扼，而宗望陷燕山，渡黃河，直迫汴京。徽宗聞信，先已傳位於欽宗，逃到揚州。金兵既至，李綱主張堅守。宋人又不能始終信用。宋朝的民兵，本來有名無實。募兵當王安石時，業已裁減。蔡京為相，又利用其闕額，封椿其餉，以備上供。這時候，不但有兵而不可用，亦幾於無可用的兵。到底陝西是多兵之地，種師道、姚古又算那方面的世代將家，先後舉兵入援，然亦不能抵抗。不得已，乃以割太原、中山、河間三鎮；宋主尊金主為伯父；宋輸金金五百萬，銀五千萬兩，牛馬萬頭，表緞百萬匹；以親王、宰相為質的條件成和，旋括京城內金二十萬兩，銀四十萬兩，交給金兵。金兵才退去。這是西元一一二六年的事。此時宗翰還頓兵太原，聽得這個消息，也差人來求賂。宋人說既已講和，如何又來需索？不給。宗翰大怒。分兵攻破威勝軍、隆德府。宋人以為背盟，遂詔三鎮固守，又把金朝派來的使臣蕭仲恭捉起來。這蕭仲恭，是遼之國戚。急了，要想脫身之計，乃假說自己亦故國之思，能替宋朝招降耶律余睹。宋朝人信了他，給以蠟書。仲恭到燕山，便把蠟書獻給宗望。於是宗望、宗翰，再分兵南下。此時太原已陷，兩路兵都會於汴京。京城不守，西元一一二七年，徽、欽二宗及后妃、太子、宗室諸王等，遂一齊北狩，金人立張邦昌為楚帝。

　　此時只有哲宗的廢后孟氏，因在母家，未被擄去。兵退之後，張邦昌

乃讓位，請她出來垂簾，立高宗為皇帝。即位於歸德。

　　高宗初即位時，用李綱為相，命宗澤留守汴京。二人都是主張恢復的。然而當時北方的情勢，實在不易支持。於是罷李綱，而用汪伯彥、黃潛善。高宗南走揚州。這時候，宋使王師正請和於金，又暗中招諭漢人和契丹人，為金人所發覺。於是宗望、宗翰，會師濮州。遣兵南下。高宗逃到杭州，金人焚揚州而去，這是西元一一二九年的事。未幾，金宗弼又率兵渡江。陷建康，自獨松關入，陷杭州，高宗先已逃到明州。金兵進逼，又逃入海。金人以舟師入海追之三百里，不及，乃還。宗弼聚其擄掠所得，自平江北還。韓世忠邀擊之於江中。相持凡四十八日，宗弼乃得渡。自此以後，金人以「士馬疲敝，糧儲未豐」，不再渡江，宋人乃得偏安江南。然而東南雖可偷安，西北又告緊急。當宗翰與宗望會師時，曾遣婁室分兵入陝西。宋人則以張俊為京湖川陝宣撫使。俊以金兵聚於淮上，出兵以圖牽制，而宗弼渡江之後，亦到陝西參戰。兩軍會戰於富平，宋兵大敗。陝西之地多陷。幸而張俊能任趙開以理財，又有吳玠、吳璘、劉子羽等名將，主持軍事，總算保全四川。

　　這時候，宋人群盜滿山。自西元一一二九年之後，金人不復南侵，乃得以其時平定內亂，而金人亦疲敝已極。於是立宋朝的叛臣劉豫於汴京，國號為齊，界以河南、陝西之地。想借為緩衝，略得休息，而劉豫又起了野心，想要吞併江南。屢次借兵於金以入寇。又多敗衂。至西元一一三七年，遂為金人所廢。先兩年，金太宗死了，熙宗繼立。撻懶專權用事。當金人立張邦昌時，秦檜為御史大夫，上狀於金人，請立趙氏之後。為金人所執。金太宗以賜撻懶，後來乘機逃歸，倡言要「南人歸南，北人歸北」，天下才得太平。高宗用為宰相。至此，遣使於金，請將河南、陝西之地相還。撻懶答應了。西元一一三八年，遂以其地來歸。明年，撻懶以謀反伏誅。宗弼入政府。金朝的政局一變，和議遂廢。宗弼和婁室，再分攻河南、陝西。此時宋朝的兵力，已較前此略強，而宗弼頗有輕敵之意。

前鋒至順昌，為劉琦所敗。岳飛亦自荊襄出兵，敗金人於鄧城。吳璘亦出兵收復陝西州郡，而秦檜主和議，召諸師班師。西元一一六〇年，以下列的條件成和：東以淮水，西以大散關為界。宋稱臣於金，宋歲輸金銀、絹各二十五萬兩、匹。宋南渡以後之兵，以韓、岳、張、劉為大。四人在歷史上，都號稱名將，而且都是中國民族的英雄。可惜劉光世死後，其兵忽然叛降偽齊，留下韓世忠、岳飛、張俊之兵，號為三宣撫司。秦檜與金言和，乃召三人論功，名義上雖各授以樞府，而實際上則罷其兵柄。未幾，岳飛被害，韓世忠騎驢湖上，亦做了個閒散的軍官了。於是諸軍雖仍駐紮於外，而改號為某州駐紮御前諸軍，直隸中央，各設總領，以司其餉項。

和議成後八年，金熙宗被弒，海陵庶人立。先遷都於燕，後又遷都於汴。西元一一六〇年，發大兵六十萬入寇。才到採石，東京業已擁立世宗。海陵想盡驅其兵渡江，然後北還。倉猝間，為虞允文所敗。改趨揚州，為其下所弒。金兵遂自行撤退。西元一一六二年，高宗傳位於孝宗。孝宗是有志於恢復的。任張俊為兩淮宣撫使。張俊使李顯忠等北伐，大潰於符離。西元一一六五年，和議復成。宋主稱金主為伯父。歲幣銀、絹各減五萬。地界則如前。

金世宗時，是金朝的全盛時代。當海陵時，因其大營宮室，專事征伐，弄得境內群盜蜂起，世宗為圖鎮壓起見，乃將猛安、謀克戶移入中原，奪民地以給之。於是女真人的村落，到處散布，中國人要圖反抗更加不容易了。然而金朝的衰弱，亦起於此時，諸猛安、謀克人，都唯酒是務，「有一家百口，墾無一畝」的。既失其強悍之風，而又不能從事於生產，女真人就日趨沒落了，然而還非宋人所能侮。

宋孝宗亦以生時傳位於光宗，光宗後李氏，與孝宗不睦；光宗又有疾，因此定省之禮多闕。群臣以為好題目，群起諫諍。人心因之頗為恐慌。西元一一九四年，孝宗崩。光宗因病不能出。丞相趙汝愚，乃因閣門使韓侂胄，請命於高宗的皇后吳氏，請其出來主持內禪之事，光宗遂傳位於寧

宗。寧宗立後，韓侂冑亦想專權，而為趙汝愚所壓。乃將汝愚擠去。朱熹在經筵，論其不當。侂冑遂將朱熹一併排斥。此時道學的聲勢正盛，侂冑因此大為清議所不與，要想立大功以恢復名譽。當光宗御宇之日，亦即金章宗即位之年。章宗初年，北邊仍歲叛亂，河南、山東，又頗有荒歉。附會韓侂冑的人，就張大其辭，說金勢有可乘。韓侂冑信了他，暗中豫備。至西元一二○六年，遂下詔伐金。開戰未幾，到處皆敗。襄陽、淮東西，失陷之處甚多。侂冑復陰持和議。金人覆書，要斬侂冑之首。侂冑大怒，和議復絕，而寧宗的皇后楊氏，和侂冑有隙，使其兄次山和禮部侍郎史彌遠密謀，誘殺侂冑，函首以畀金，和議乃成。歲幣增為三十萬兩、匹。時為西元一二○八年。明年，金章宗死，衛紹王立，而蒙古兵亦到塞外了。

第三十五章宋的學術思想和文藝

　　宋朝是一個有創闢的時代。其學術思想和文藝，都有和前人不同之處。

　　天下事物極必反，有漢儒的泥古，就有魏晉人的講玄學。有佛學的偏於出世，就有宋學的反之而為入世。

　　宋學的巨子，當推周、程、張、朱。周子名敦頤，道州人。著有《太極圖說》和《通書》。其大意，以為無極而太極。太極動而生陽，靜而生陰。因其一動一靜，而生五種物質，是為五行，再以此為原質，組成萬物。人亦是萬物之一，所以其性五端皆具。但其所受之質，不能無所偏勝，所以人之性，亦不能無所偏。當定之以仁、義、中正而主靜。張子名載，陝西郿縣橫渠鎮人。他把宇宙萬物，看成一匯。物的成毀，就是氣的聚散。由聚而散，為氣的消極作用，是為鬼。由散而聚，為氣的積極作用，是為神。所以鬼神就在萬物的本身，而幽明只是一理。氣是一種物

質。各種物質相互之間，本有其好惡迎拒的。人亦氣所組成，所以對於他物，亦有其好惡迎拒，此為物慾的根原。此等好惡，不必都能合理。所以張子分性為氣質之性和義理之性，而說人當變化其氣質。周、張二子所發明的，都是很精妙的一元論。二程所發明，則較近於實行方面。二程是弟兄。洛陽人，大程名顥，小程名頤，大程主「識得此理，以誠敬存之」。小程則又提出格物，說「涵養須用敬，進學在致知」。朱子名熹。他原籍婺源，而居於閩，所以周、程、張、朱之學，亦稱為濂、洛、關、閩。朱子之學，是承小程之緒的。他讀書極博，制行極謹嚴。對於宋代諸家之說，都有所批評，而能折衷去取，所以稱為宋學的集大成。但同時有金溪陸九淵，以朱子即物窮理之說為支離。他說心為物慾所蔽，則物理無從格起，所以主張先發人本心之明。大抵陸子之說，是為天分高，能直探本原的人說法的。朱子之說，則為天分平常，須積漸而致的人說法的。然正唯天分高，然後逐事檢點，不慮其忘卻本原；亦唯天分平常，必先使他心有所主。所以清代的章學誠說，朱陸是千古不能無的同異，亦是千古不可無的同異。以上所說，是宋學中最重要的幾個人。此外在北宋時，還有邵雍，則其學主於術數。南宋時，張栻、呂祖謙和朱熹，同稱乾淳三先生。祖謙喜講史學。永嘉的陳傅良、葉適，永康的陳亮，都受其影響。其說較近於事功。講宋學的人，不認為正宗，然實亦互相出入。宋學家反對釋氏。他們說「釋氏本心，吾徒本天」，而他們所謂天，就是理，所以其學稱為理學，尊信其說的人，以為其說直接孔、孟；而孔、孟之道，則是從堯、舜、禹、湯、文、武、周公，相傳下來的，所以又稱為道學。後來的考據家，則謂宋學的根源，是《先天》、《太極》兩圖；而此兩圖，都是出於宋初華山道士陳摶的，所以說宋學實出道家。又有因宋儒好談心性，以為實是釋氏變相的。然後一時代的學問，對於前一時代的學問，雖加反對，勢不能不攝取其精華；而學問的淵源，和其後來的發展、成就，也並無多大的關係，往往有其源是一，其流則判然為兩的。所以此等說，都無足計較。宋學總不

失為一種獨立而有特色的學術。

清代的漢學家，對於宋學，排斥頗力。其實考據之學的根源，亦是從宋代來的。宋儒中如著《困學紀聞》的王應麟，著《日鈔》的黃震，都是對於考據很有工夫的。所以宋朝人對於史學，亦很有成績。自唐以後，正史必出於合眾纂修，已成通例。只有宋代，《新五代史》是歐陽修所獨撰，《新唐書》為修及宋祁所合撰。雖出兩人之手，亦去獨撰的不遠。司馬光修《資治通鑑》，自戰國迄於五代，為編年史中的巨著。朱子因之而作《綱目》，雖其編纂不如《通鑑》的完善，而其體例，則確較《通鑑》為優。袁樞又因《通鑑》而作《紀事本末》，為史書開一新體。馬端臨因《通典》而作《文獻通考》。其事實的搜輯，實較《通典》為備，而門類的分析，亦較詳。鄭樵包括歷代的史書而作《通志》，雖其編纂未善。然論其體例，確亦能囊括古今，刪除重複的，而二十略中，尤多前人未及注意之點。此外，宋朝人對於當代的史料，蒐輯之富，亦為其他時代所不及，而史事的考證和金石之學，亦始自宋人。

唐朝雖為古文創作時代，其實當時通行的仍是駢文。至於宋朝，則古文大盛。如歐陽修、王安石、三蘇父子、曾鞏等，都為極有名的作家。宋朝人的駢文，亦生動流利，和唐以前人所作，雖凝重而不免失之板滯的不同。詩亦於唐人之外別開新徑。唐人善寫景，宋人則善言情。比較起來，自然是唐詩含蓄而有餘味。然而宋人亦可謂能開拓詩的境界，有許多在唐代不入詩的事物，至此都做入詩中了。詞則宋代尤推獨絕，南、北宋都有名家。宋學家是講究道理，不注重詞華的。所以禪家的語錄，宋學家亦盛行使用。又其時平民文學，甚為發達。說話之業甚盛。後來筆之於書，就是所謂平話體的小說了。

印刷術的發達，是推動宋代文化的巨輪。古代的文字，書之於簡牘。要特別保存得長久的，則刻之於金石。不論金石和簡牘，總是供人觀覽，而非以為摹拓之用的。漢魏的《石經》，還是如此。但是後來漸有摹拓之

事。摹拓既興，則刻之於木，自較刻之於石，為簡易而省費。據明代陸深所著的《河汾燕間錄》，說隋文帝開皇十年 —— 西元五九〇年 —— 敕天下廢像遺經，悉令雕版。這是中國印刷術見於記載之始。然當隋、唐之世，印刷之事，還不盛行。所以其時的書，還多是鈔本，得書尚覺艱難。至西元九〇八，即後唐明宗長興三年，宰相馮道、李愚，才請令國子監校正《九經》，刻板印賣，是為官家刻書之始。此後官刻和私人為流傳而刻，書賈為牟利而刻的就日多。宋以後的書籍傳於世的，遠非唐以前所能比，就是受印刷術發達之賜。活字板是宋代畢昇所創，時在仁宗慶曆中 —— 西元一〇四一至一〇四八 —— 其時字以泥制。到明代，無錫華氏才改用銅製。

第三十六章　宋的制度和社會

　　宋代的兵制和北宋以前學校選舉之制，已見第三十一和三十四章。今再補述其餘的制度如下：

　　宋代的制度，都是沿襲唐代的。其取之於民的，共分五項：（一）為公田之賦。（二）為民田之賦，這都是田稅。（三）為丁口之賦，是身稅。（四）為城郭之賦，是宅稅和地稅。（五）為雜變之賦，亦謂之沿納，是唐行兩稅之後，復於兩稅之外，折取他物，而後遂變為常賦的。凡此種種，其取之都用兩稅之法，於夏、秋分兩次交納。宋代病民的，不在於稅而在於役。自王安石行青苗法後，元祐復行科差，紹聖再變為雇役。自後差、雇兩法並行。因欲行簽差之法，必須調查人民的資產。其中責令人民自行填報的，謂之「手實」。由官派人查軋的，則謂之「推排」。賣買田產時，將物力簿同時改正的，則謂之「推割」。諸法都難得公平，又難於得實，總是屬民之政。在中國法律上，官和人民交易，亦同人民和人民交易一樣，謂之「和」。所以和糴及和買，本應確守私法上的原則。然而其後，都有短給和

遲給的，甚或竟不給錢，而所糴所買，遂變為賦稅。這亦是屬民之政。

　　兩稅以外的賦稅，都起於唐中葉以後。因其時藩鎮擅土，中央的收入減少，不得不求之於此。宋代養兵太多，遂沿而未改。其中最重要的是鹽稅。其法起於唐之劉晏。借民製鹽，而免其徭役，謂之灶戶，亦稱亭戶。在劉晏時，還是行就場徵稅之法。一稅之後，任其所之。後來漸變為官賣。又或招商承買，則謂之通商。茶法，亦起於唐中葉之後。製茶的人，謂之園戶。歲輸定額的茶，以代賦稅。其餘悉數由官收買。官買茶的價錢，都是先給的，謂之「本錢」。於江陵、真州、海州、漢陽軍、無為軍、蘄州的蘄口，設立榷貨務六處。除淮南十三場外，其餘的茶，都運到這六榷貨務，由官發賣。酒：州郡都置務官釀。縣、鎮、鄉、閭，則聽民釀而收其稅。坑冶：官辦的置監、冶、場、務等機關，民辦的，則按一定分數，「中賣」於官。商稅，起於唐代的藩鎮，而宋因之。州縣各置收稅的機關，名之為務。稅分過稅和住稅兩種。過稅取百分之二，住稅取百分之三。所稅的物品和其稅額，各處並不一律。照例都應得榜示出來，然而實際能否一一榜示，榜示之後，能否確實遵守，就很難言之了。這實在也是屬民之政，和清代的釐金無異。宋代還有一種借官賣以省漕運的辦法，是為「入邊」和「入中」。其法：令商人入芻粟於邊，或入現錢及金帛於京師榷貨務。官給以鈔，令其到指定的地方，支取貨物。其初只解池的鹽，用此辦法，為陝西沿邊之備。後來東南茶鹽和榷貨務的緡錢，都許商人指射，謂之三說。更益以犀、象、香藥，則謂之四說。在實物經濟時代，運輸貨物，本是件最困難的事。如此，既省行政上的麻煩，又省轉運時的弊竇，本是個好辦法。但官吏和商人，通同作弊，把商人所入的芻粟，高抬其價，謂之「虛估」，而官物遂不免虛耗。又且入芻粟的土人，並不會做鹽茶等賣買，得鈔都是賣給商人或京師的交引鋪，他們都要抑勒鈔價，實際入芻粟的並無利益，群情遂不踴躍，邊備仍不充實。後來乃令商人專以現錢買茶，官亦以現錢買芻粟。於是茶不為邊備所需，而通商之議起。通商之議既起，

乃停給茶戶本錢，但計向者所得的息錢，取之茶戶，而聽其與商人賣買。到蔡京出來，又變茶法。由官制長引、短引，賣給商人。商人有此引的，即許其向茶戶買茶。如此，便只是一種買茶的許可證了。後來淮浙之鹽，亦用此法，為後世所沿襲。南渡之後，地方削小，而費用增廣。鹽、茶等利，較北宋都有所增加。又有所謂經總制錢、板帳錢等。是將各種雜稅，或某種賦稅上增取之數，以及其他不正當的收入，湊起來的，其屬民更甚。

宋代的人民是很為困苦的。因為唐中葉以後，武人擅土，苛稅繁興，又好用其親信做地方官或稅收官吏之故。宋興，此等苛稅，多所捐除，然而仍不能盡。至於豪強兼並，則自天寶以來，本未有抑強扶弱的政令；加以長期的擾亂，自然更為厲害了。所以宋代的平民，其受剝削特甚。當時民間借貸，自春徂秋，出息逾倍，而且各種東西，都可以取去抵債。折算之間，窮人自然特別吃虧了。當時司馬光上疏，訴說農民的疾苦，曾有這幾句話：

幸而收成，公私之債，交爭互奪。穀未離場，帛未下機，已非己有。所食者糠粩而不足，所衣者綈褐而不完。直以世服田畝，不知舍此之外更有何可生之路耳。

可謂哀切極了。王安石所以要推行青苗法，其主意，就是為防止民間的高利貸。然而以官吏辦借貸之事，總是無以善其後的。所以其法亦不能行。在宋代，得人民自助之意，可以補助行政的，有兩件事：其（一）是社倉。社倉之法，創於朱子。其以社為範圍，俾人民易受其益，而且易於感覺興味，便於管理監督，和義倉之法同，而在平時可兼營借貸，則又得青苗法之意。其（一）是義役。義役是南宋時起於處州的松陽縣的。因為役事不能分割，所以負擔不得平均。乃由眾出田穀，以助應役之家。此兩法若能推行盡利，確於人民很有益處，而惜乎其都未能。南渡之後，兩浙胰田，多落勢家之手，收租很重。末年，賈似道當國，乃把賤價強買為官

田，即以私租為稅額。田主固然破家者眾，而私租額重而納輕，官租額重而納重，農民的受害更深。南宋亡後，雖其屬民之政，亦成過去。然而江南田租之重，則迄未嘗改。明太祖下平江。惡其民為張士誠守，又即以私租為官賦。江南田賦之重，就甲於天下。後來雖屢經減削，直到現在，重於他處，還是倍蓰不止。兼並之為禍，可以謂之烈了。

宋代士大夫的風氣，亦和前代不同。宋人是講究氣節的。這固然是晚唐、五代以來，嗜利全軀的一個反動，而亦和其學術有關係。宋朝人的議論，是喜歡澈底的，亦是偏於理論的。所以論事則好為高遠之談，論人則每作誅心之論。這固然也有好處，然而容易失之迂闊，亦容易流於過刻，而好名而激於意氣，則又容易流為黨爭。自遼人強盛以來，而金，而元，相繼興起，宋人迭受外力的壓迫，其心理亦易流於偏狹。所以當國事緊急之時，激烈的人，往往發為「只論是非，不論利害」、「寧為玉碎，毋為瓦全」的議論。這固然足以表示正義，而且也是民族性應有的表現。然而不察事勢，好為高論，有時亦足以僨事，而此等風氣既成之後，野心之家，又往往借此以立名，而實置國家之利害於不顧，則其流弊更大。此亦不可以不知。

第三十七章　元的勃興和各汗國的創建

當西元三世紀之初，有一軒然大波，起於亞洲的東北方，歐、亞兩洲，都受其震撼。這是什麼事？這便是蒙古的興起。

蒙古，依中國的紀載，是室韋的分部。唐時，其地在望建河南。但其人自稱為韃靼。韃靼是靺鞨別部，居於陰山的。據蒙古人自著的《元朝祕史》看起來，他始祖名孛兒帖赤那，十傳而至孛兒只歹。孛兒只歹的妻，喚做忙豁勒真豁阿。忙豁勒真豁阿，譯言蒙古部的美女。我們頗疑心

孛兒只吉歹是韃靼人。因其娶蒙古部女，才和蒙古合併為一。和金朝王室
的始祖，以高麗人而為生女真的完顏部人一樣。

　　蒙古部落，自孛兒只吉歹之後，又十一傳而至哈不勒，是為成吉思汗
的曾祖，始有可汗之號，可以想見其部落的漸強。哈不勒死後，從弟俺
巴孩，繼為可汗。為金人所殺。部人立哈不勒子忽都剌為可汗。向金人報
仇，敗其兵。忽都剌死後，蒙古無共主，復衰。成吉思汗早年，備受塔塔
兒、蔑兒乞及同族泰亦赤兀諸部的齮。後來得客列部長王罕、札答剌部長
札木合為與部，乃把諸部次第打平。此時沙漠西北的部落，以乃蠻為最
強，而金朝築長城，自河套斜向東北，直達女真舊地，使汪古部守其衝。
乃蠻約汪古部同伐蒙古。汪古部長來告。成吉思汗先舉兵伐乃蠻，破之。
西元一二〇六年，漠南北諸部，遂大會於斡難木漣之源，公上成吉思汗的
尊號。

　　成吉思汗既即汗位，其目光所注，實在中原。於是於西元一二一〇年
伐夏，夏人降。明年，成吉思汗遂伐金。此時金朝的兵力，業已腐敗。加
以這一次，汪古與蒙古言和，放其入長城，出其不意。於是金兵四十萬，
大敗於會河堡。蒙古兵遂入居庸關，薄燕京。明年，成吉思汗再伐金。留
兵圍燕京。自將下山東，分兵攻河東和遼西，到處殘破，黃河以北，其勢
就不可守了。此時金人已弒衛紹王，立宣宗。成吉思汗還兵，屯燕城北。
金人妻以衛紹王之女，請和。蒙古兵已退，金宣宗遷都於汴。成吉思汗說
他既和而又遷都，有不信之心。再發兵陷燕京。此時金人的形勢，本已岌
岌待亡，因成吉思汗有事於西域，乃又得苟延殘喘。

　　成吉思汗的西征，是花剌子模國的驕將所引起的。先是唐中葉以後，
大食強盛，蔥嶺以西諸國，悉為所並。然不及三百年，威權漸替。東方諸
酋，多據地自擅，其間朝代的改變甚多。當遼朝滅亡時，雄視西亞的塞而
柱克朝已衰，花剌子模漸盛。遼朝的宗室耶律大石，逃到唐朝的北庭都護
府，會合十八部王眾，選其精銳而西。遂滅塞而柱克，服花剌子模。立國

於吹河流域的虎思斡耳朵，是為西遼。乃蠻既亡，其酋長太陽罕的兒子古出魯克，逃到西遼。和花剌子模王阿拉哀丁‧謨罕默德內外合謀，篡西遼王之位。於是乃蠻復立國於西方，而花剌子模亦乘機拓土，成為西方的大國。這時候，雄張於西域的，實在仍是回族。成吉思汗既定漠南、北，在天山北路的畏吾兒和其西的哈剌魯都來降。蒙吉和西域交通的孔道遂開。花剌子模王有兵四十萬，都是康里人。王母亦康里部酋之女。將士恃王母而驕恣，王母亦因舉國的兵，都是其母族人，其權之大與王埒。所以國雖大而其本不固。成吉思汗既侵入中原，古出魯克和前此逃往西域的蔑兒乞酋長忽禿，都乘機謀復故地。成吉思汗怕漠北根本之地，或有搖動。乃於西元一二一六年北還。命速不台打平忽禿，哲別打平古出魯克。於是蒙古的疆域就和花剌子模直接。成吉思汗因商人以修好於花剌子模，花剌子模王也已應允了。未幾，蒙古人四百餘，隨西域商人西行。花剌子模訛打剌城的鎮將，指為蒙古間諜，把他盡數殺掉。其中只有一個人，得逃歸報信。成吉思汗聞之，大怒，而西征的兵遂起。

　　成吉思汗的西征，事在西元一二一九年。先打破訛打剌和花剌子模的都城尋思干，花剌子模王遁走。成吉思汗命哲別、速不台追擊。王輾轉逃入裡海中的小島而死。其子札剌哀丁逃到哥疾寧，成吉思汗自將追之。破其兵於印度河邊。乃東歸。時在西元一二二二年。哲、速二將的兵，別繞裡海，越高喀斯山敗阿速、撒耳柯思和欽察的兵。欽察的酋長逃到阿羅思。二將追擊。阿羅思人舉兵拒敵，戰於孩兒桑。阿羅思大敗。亡其六王七十侯，兵士死掉十分之九。列城都沒有守備，只待蒙古兵到迎降，而二將不復深入，但平康里而還。

　　成吉思汗東歸後，於西元一二二七年，再伐西夏，未克而殂，遺命祕不發喪。夏人乃降。西元一二二九年，太宗立，再伐金。金人從南遷後，盡把河北的猛安謀克戶，調到河南。又奪人民之地以給之。人民怨入骨髓，而這些猛安謀克戶，既不能耕，又不能戰，國勢益形衰弱。於是

宋人乘機罷其歲幣。金人想用兵力脅取，又和夏人因疆場細故失和，三方都開了兵釁。國力愈覺不支。到西元一二二五年，宣宗殂，哀宗立，才和夏人以兄弟之國成和，而對於宋朝的和議，則始終不能成就。當成吉思汗西征時，拜木華黎為太師國王，命其經略太行以南。這時候，蒙古兵力較薄，在金人，實在是個恢復的好機會。然而金人亦不能振作。僅聚精兵二十萬，從邠州到潼關，列成一道防線。太宗因此線不易突破，乃使拖雷假道於宋，宋人不允，拖雷遂強行通過。從漢中歷襄、鄧而北，與金兵戰於三峰山，金兵大敗。良將，銳卒都盡。太宗又自白坡渡河，命速不台將汴京圍起，攻擊十六晝夜，因金人守禦堅，不能破，乃退兵議和，而金朝的兵，又逞血氣之勇，殺掉蒙古使者，和議復絕。汴京飢窘不能立。金哀宗乃自將出攻河北的衛州，想從死裡求生，又不克，乃南走蔡州，而宋人此時，又襲約金攻遼的故智，和蒙古人聯合以攻金，金人遂亡。時在西元一二三四年。

　　約元攻金，是襲約金攻遼的故智，而其輕於啟釁，亦是後先一轍的。金宣宗死的明年，宋寧宗也死了。寧宗無子，史彌遠援立理宗，因此專橫彌甚。彌遠死後，賈似道又繼之。賈似道的為人，看似才氣橫溢，實則虛浮不實，專好播弄小手段，朝政愈壞。滅金之後，武人趙葵、趙苑等，創議收復三京，宰相鄭清之主之。遣兵北侵。入汴、洛而不能守，卻因此和蒙古啟了兵釁。川、楚、江淮，州郡失陷多處。這時候是蒙古太宗時代，還未專力於攻宋。西元一二四一年，太宗死了。到一二四六年，定宗才立。又因多病，不過三年而殂。所以此時，宋人還得偷安旦夕。西元一二五一年，蒙古憲宗立。命弟阿里不哥留守漠北，忽必烈專制漠南。西元一二五八年，憲宗大舉入蜀，圍合州。先是忽必烈總兵自河洮入吐蕃，平大理。留兀良合台經略南方而北還。及是，忽必烈亦自河南南下，圍鄂州。兀良合台又出廣西、湖南，和他會合。賈似道督兵援鄂，不敢戰，遣使於忽必烈，約稱臣，輸歲幣，劃江為界以請和。適會蒙古憲宗死於合州

城下，忽必烈急於要爭奪汗位，乃許宋議和而還。賈似道卻諱其和議，以大捷聞於朝。

明年，忽必烈自立，是為元世祖。時世祖以各方面多故，頗想與宋言和，而賈似道因諱和為勝之故，凡元使來的，都把他拘囚起來。西元一二六四年，元世祖遷都於燕。明年，理宗崩，度宗立。此時元人尚未能專力攻宋，而宋將劉整，因與賈似道不合，叛降元，勸元人專力攻襄陽。西元一二六八年，元人就把襄陽圍起。圍經六年，宋人竟不能救。西元一二七三年，襄陽陷落，宋勢遂危如累卵。西元一二七四年，理宗崩，恭帝立。年幼，太后謝氏臨朝。元使伯顏總諸軍入寇。伯顏分兵平兩湖。自將大軍，長驅東下。陷建康。西元一二七六年，臨安陷。太后及恭帝皆北狩。宋故相陳宜中等立益王於福州，旋為元兵所逼，走惠州。後崩於洲。宋人又立其弟衛王，遷於厓山。西元一二七九年，元將張宏範來攻。宋宰相陸秀夫，負帝赴海而死。大將張世杰收兵到海陵山，亦舟覆而死。中國至此，遂整個為蒙古所征服。漢族武力之不競，至此可謂達於極點了。

蒙古不但征服中國，當太宗時，又嘗繼續遣兵西征。再破欽察，入阿羅思。遂進規孛烈兒和馬札剌。入派特斯城。西抵威尼斯。歐洲全境震動，會太宗凶問至，乃班師。憲宗時，又遣兵下木剌夷，平報達。渡海收富浪島。當金末，遼東和高麗之間，叛亂蜂起。蒙古因遣兵平定，和高麗的兵相遇，約為兄弟之國。後來蒙古使者，為盜所殺，蒙人疑為高麗人所為，兩國遂起兵釁。直至西元一二五九年，和議才成。高麗內政，自此常受元人的干涉。甚至廢其國王而立征東行省於其地。對於南方，則兀良合台嘗用兵於安南。其後世祖時，又嘗用兵於安南、占城及緬，都不甚利。然諸國亦都通朝貢。對於南洋，曾一用兵於爪哇，其餘招致而來的國亦頗多。唯用兵於日本，最為不利。世祖先命高麗人往招日本，後又自遣使往招，日本都不應。西元一二七四年，遣忻都往征，拔對馬，陷一歧，掠肥前沿海。以颶風起而還。西元一二八一年，再遣忻都、范文虎率兵二十萬

東征。兵至鷹島，以「颶征」見，文虎等擇堅艦先走，餘眾遂多為日人所殺。世祖大怒，更謀再舉，以正用兵安南，遂未果。以當日蒙古的兵力，實足以踏平日本而有餘，乃因隔海之故，致遭挫衄，在日本，亦可謂之遭直天幸了。

綜觀蒙古用兵，唯對於東南兩方，小有不利，其餘則可謂所向無前。這也是遭際時會，適逢其時各方面都無強國之故。蒙古是行封建之制的，而成吉思汗四子，分地尤大。因為蒙人有幼子襲產的習慣，所以把和林舊業，分與第四子拖雷。此外長子朮赤，則分得花剌子模、康里、欽察之地。三子窩闊台，即太宗，則分得乃蠻故地。二子察合台，則分得西遼故地。其後西域直到憲宗之世，才全行戡定。其定西北諸部，功出於朮赤之子拔都，而定西南諸部，則功出於拖雷之子旭烈兀。所以朮赤分地，拔都之後，為其共主。伊蘭高原，則旭烈兀之後君臨之。西史所謂窩闊台汗國，就是太宗之後。察合台汗國，是察合台之後。欽察汗國，是拔都之後。伊兒汗國，是旭烈兀之後。總而言之，世祖滅宋之日，就是元朝最盛之時。然而其分裂，也就於此時開始了。

第三十八章　中西文化的交通

從近世西力東漸以前，有元一代，卻算得一個中西交通最盛的時代。因為此前中西交通，差不多只靠海路，至此時，則陸路也發達了。

在西半球尚未發見，繞行非洲南端之路，亦未通航，黑海、地中海、紅海、波斯灣，實在是東西兩洋交通的樞紐，而其關鍵，實握於大食人之手。所以在當時，東西交通，以大食人為最活躍。當北宋中葉，十字軍興，直至南宋之末，這二百年之中，雖然天方教國和景教國喋血相爭，極宗教史、政治史上的慘苦，然而開發文明的利器，羅盤針、印刷術、火

藥，中國人所發明的，都經大食人之手，而傳入歐洲，給近世的歐洲以一個大變化。至元代西征成功之後，其疆域跨據歐洲，而其形勢又一變了。

元太宗時，曾因奉使的人，都經民地，既費時又擾民，商諸察合台，擬令千戶各出夫馬，設立站赤，察合台也贊成了。他即於所轄境內設立。西接拔都，東接太宗轄境。如此，歐亞兩洲之間，就不啻開闢出一條官道了。

當時景教諸國，正因和天方教國兵爭，要想講遠交近攻之策。於是西元一二四六年，羅馬教宗派柏朗嘉賓（Plan Carpin），西元一二五三年，法王路易第九又派路卜洛克（Rubruck），先後來到和林，而當時的商人，更為活躍。他們或從中央亞西亞經天山南路，或從西伯利亞經天山北路，遠開販路於和林及大都。至於水路：則自唐宋以來，交通本極繁盛。在宋時，浙江的澉浦、杭州、秀州、明州、台州、溫州，福建的福州、泉州，廣東的廣州以及今江蘇境內的華亭和江陰，山東境內的板橋鎮，都曾開作通商港。輸入的犀、象、香藥等，很為社會所寶貴。政府至用以充糴本，稱提鈔價，而稅收或抽分所得，尤為歲入大宗。元時，還繼續著這般盛況。

蒙古是新興的野蠻民族，戒奢崇儉，不寶遠物等古訓，是非其所知的。所以對於遠方的珍品，極其愛好。尤優待商人和工人。其用兵西域時，凡曾經抗拒的城池，城破後都要屠洗，獨工人不在其列。太宗時，西商售物於皇室的，都許馳驛。太宗死後，皇后乃蠻氏稱制，信任西商奧魯剌合蠻，至於把御寶宮紙交給他，聽其要用時填發。又下令：凡奧魯剌合蠻要行的事，令史不肯書寫的，即斷其腕。此等行為，給久經進化的中國人看起來，真是笑話。然卻是色目人在元朝活動的唯一好條件。元代本是分人為三級，以蒙古為上，色目次之，漢人、南人為下的。所以當時，大食、波斯的學者、軍人，義大利、法蘭西的畫家、職工，都紛集於朝。特如義大利的馬哥·博羅（Morco Polo），於西元一二三七年來到中國。仕至揚州達魯花赤。居中國凡三十年。歸而刊行遊記，為歐人知道東方情形之始。

和元朝關係最深的，自然還是大食的文化。蒙古本來是沒有文字的。

成吉思汗滅乃蠻之後，獲塔塔統阿，才令其教太子、諸王「以畏兀字書國言」。後來世祖命八思巴造新字，於西元一二七〇年頒行。案，成吉思汗的滅乃蠻，時在西元一二〇四年，則蒙古人專用畏兀字，實在有六十餘年。蒙古字頒行之後，雖說「璽書頒降，皆以蒙古字書之，而以其本國字為副。百官進上表章，則以漢字為副。有沿用畏兀字者罰之」，然而後來又說：亦思替非文字，便於計帳，依舊傳習，而終元之世，回回國子學，亦是和普通學及蒙古國子學並立的。西方輸入中國的文化，除宗教而外，要推美術和工業兩端。《元史‧阿爾尼格傳》，說他善於畫塑及鑄金為像。當時元朝，有王楫使宋所得明堂針灸銅像。年久壞掉了，沒有會修的人。世祖叫把銅像給他看，他居然製成了一具新的，關鬲脈絡，無不完備。當時兩京寺觀的像，多出其手。元代諸帝的御容，織錦為之的，亦是阿爾尼格所制。當時的人，嘆為圖畫弗及。其弟子劉元，則精於西天梵相。兩都名剎的塑像，出於其手的很多。又火藥的發明，雖起自中國，而火炮的製造，則中國人似乎反從歐洲學來。《明史‧兵志》說：古代的炮，多是以機發石。元初得西域火炮，攻蔡州始用之，而造法不傳。直到明成祖平交趾，得其槍炮，才設神機營肄習。至武宗末，白沙巡檢何儒，得佛郎機炮。西元一五二九年，中國才自行製造起來。有最初的發明，而後來不能推廣之以盡其用，這個中國人就不能不抱愧了。

第三十九章　元的制度

凡異族入居中國的，其制度，可以分做兩方面來看：其（一）他自己本無所有，即使略有其固有的習慣，入中國以後，亦已不可復用，乃不得不改而從我。在這一點上，異族到中國來做皇帝，和中國人自己做差不多，只不過將前代的制度，作為藍本，略加修改罷了。（又其一）則彼既是異

族，對於中國人，總不能無猜防之心。所以其所定的制度，和中國人自己所定的，多少總有些兩樣。元朝的制度，便該用這種眼光來看。

元朝中央的官制，是以中書省為相職，樞密院主兵謀，御史臺司監察，而庶政則分寄之於六部的。這可說大體是沿襲宋朝。至於以宣政院列於中央，而管理吐蕃。則因元朝人迷信喇嘛教之故，這也不足為怪。其最特別的，乃是於路、府、州、縣之上，更設行省。在歷代，行省總是有事時設置，事定則廢的。獨至元朝而成為常設之官。這即是異族入居中國，不求行政的綿密，但求便於統馭鎮壓的緣故。這本不是行政區域，明朝乃廢其制而仍其區域，至清代，督撫又成為常設之官，就不免政治日荒，而且釀成外重之弊了。元代定制，各機關的長官，都要用蒙古人的。漢人、南人，只好做副貳，而且實際見用的還很少。這也是極不平等之制。

學校，元朝就制度上看，是很為注重的。雖在當時未必實行，卻可稱為明朝制度的藍本。中國歷代，學校之制，都重於中央而輕於地方。元制，除京師有普通的國子學和蒙古國子學、回回國子學外，西元一二九一年，世祖詔諸路、府、州、縣都立學。其儒先過化之地，名賢經行之所和好事之家，出錢粟以贍學的，都許立為書院。諸路亦有蒙古字學、回回學。各行省所在之地，都設儒學提舉司，以管理諸路、府、州、縣的學校。江浙、湖廣、江西三省，又有蒙古提舉學校官。其制度，總可算得詳備了。

其科舉，則直到西元一三一五年才舉行。那已是滅金之後八十一年，滅宋之後三十七年了。其制：分蒙古、色目，和漢人、南人為二榜。第一場：漢人、南人試經疑、經義，蒙古、色目人則但試經問。第二場：蒙古、色目人試策，漢人、南人試古賦及在詔誥章表內科一道。第三場：漢人、南人試策，蒙古、色目人則不試。案，宋自王安石改科舉之制後，哲宗立，復行舊制。然士人已有習於經義，不能作詩賦的，後來乃分經義、詩賦為兩科。金朝在北方開科舉，亦是如此。至此則復合為一。此亦明制所本，而其出身，則蒙古人最高，色目人和漢人、南人，要遞降一級，這也

是不平等的。

其猜防最甚的為兵制。元朝的兵，出於本族的，謂之蒙古軍。出於諸部族的，謂之探馬赤軍。入中原後，發中國人為兵，謂之漢軍。平宋所得，謂之新附軍。蒙古和諸部族，是人盡為兵的。男子年十五以上，七十以下，都入兵籍。調用漢人之法：其初或以戶論，或以丁論，或以貧富論。天下既定之後，則另立兵籍，向來當過兵的人都入之。其鎮戍之法：邊徼襟喉之地，命宗王帶兵駐紮。河洛、山東，戍以蒙古軍和探馬赤軍。江淮以南，則戍以漢兵和新附軍，都是世祖和其一二大臣所定。元朝的兵籍，是不許漢人閱看的。在樞密院中，亦只有長官一二人知道。所以有國百年，而漢人無知其兵數者，其民族的色彩，可謂很顯著了。

法律亦很不平等的。案，遼當太祖時，治契丹及諸夷，均用舊法，漢人則斷以律令。太宗時，治渤海亦依漢法。到道宗時，才說國法不可異施，命更定律令，把不合的別存之，則遼已去亡不遠了。金朝到太宗時，才參用遼、宋舊法。熙宗再取河南，才一依律文。這都是各適其俗的意思。元朝則本族人和漢人，宗教徒和非宗教徒，都顯分畛域。如蒙古人殺死漢人，不過「斷罰出征」和「全征燒埋銀」。又如「僧、道、儒人有爭，止令三家所掌會問」，「僧人唯犯姦盜詐偽，至傷人命，及諸重罪，有司歸問。其僧侶相爭，則田土與有司會問」等都是。

賦稅，行於內地的，分丁稅及地稅，仿唐的租庸調法。行於江南的，分夏稅及秋稅，仿唐朝的兩稅法。役法稱為科差。有絲料和包銀之分。絲料之中，又有二戶絲、五戶絲之別。二戶絲輸官，五戶絲則輸於本位。包銀之法：漢人納銀四兩。二兩輸銀，二兩折收絲絹顏色。此外，又有俸鈔一項。把諸項合起來，作一大門攤，分為三次徵收。賦役而外，仍以鹽、茶兩稅為大宗。其行鹽各有郡邑，是為「引地」之始。此外，總稱為額外課。就是徵收隨其多少，不立定額的意思，其名目頗為瑣碎。

宋、金、元、明四代，有一屬民之政，便是鈔法。鈔法是起於北宋時

的。因宋於四川區域之內，行使鐵錢，人民苦於運輸的不便，乃自造一種紙幣，名為交子。一交一緡。三年一換，謂之一界。以富人十六戶主之。後來富人窮了，付不出錢來，漸起爭訟。真宗時，轉運使薛田，才請改為官辦。這本是便民的意思。然而後來，官方遂藉以籌款，而推行於他處。蔡京時謂之錢引。南宋則始稱交子，末造又造會子，成為國家所發行的紙幣了。交會本當兌換現錢的，然而後來，往往不能兌換，於是其價日跌。大約每一緡只值二三百文。然而這還算好的，金朝亦行其法於北方，名之為鈔，則其末造，一文不值，至於以八十四車充軍賞。金朝的行鈔，原因現錢闕乏，不得不然。後來屢謀鑄錢，然而所鑄無多，即鑄出來，亦為紙幣所驅逐。所以元定天下之後，仍不得不行鈔。乃定以鈔與絲及金、銀相權。絲、金、銀是三種東西，豈能一律維持其比價？這本是不通的辦法。況且後來所造日多，其價日落，就連對於一物的比價，也維持不住了。至於末年，則其一文不值，亦與金代相同。明有天下，明知其弊，然因沒有現錢，仍無法不用鈔，而行用未幾，其價大落。至宣宗宣德初 ── 西元一四二六 ── 明朝開國不滿六十年，已跌得一貫只值一兩文了。於是無可如何，大增稅額；又創設許多新稅目，把鈔都收回，一把火燒掉。從此以後，鈔就廢而不用了。當金朝末年，民間交易，已大多數用銀。至此，國家亦承認了它。一切收入及支出，都銀錢並用，銀亦遂成為正式的貨幣。然而量物價的尺，是不能有二的。銀銅並用，而不於其間定出一個主輔的關係來，就成為後來幣制紊亂的根源了。

第四十章　元帝國的瓦解

　　元朝從太祖稱汗，到世祖滅宋，其間不過七十四年，而造成一個空前的大帝國，其興起可謂驟了。然而其大帝國的瓦解，實起於世祖自立之

時。上距太祖稱汗之歲，不過五十五年，而其在中國政府顛覆，事在西元一三六八年，上距太祖稱汗之歲，亦不過一百七十一年；其距世祖滅宋，則不過九十年而已。為什麼瓦解得這麼快？

　　原來元朝人既不懂得治中國之法，而其自身又有弱點。蒙古人的汗，本是由部眾公推的。忽圖剌之立，便是如此。太祖之稱成吉思汗，則是漢南北諸部的大汗，亦是由諸部公推。太祖以後，雖然奇渥溫氏一族，聲勢煊赫，推舉大汗，斷無舍太祖之後而他求之理。然而公舉之法，總是不能遽廢的。所以每當立君之際，必須開一「忽烈而台」。宗王、駙馬和諸管兵的官，都得與議。太宗之立，因有成吉思汗的遺言，所以未有異議。太宗死後，太宗的後人和拖雷的後人，已有競爭。定宗幸而得立。又因多病，三年而死。這競爭便更激烈起來。太宗後人，多不愜眾望；而拖雷之妃，很有交際的手腕，能和宗王中最有聲望的拔都相結。憲宗遂獲登大位。太宗之孫失烈門等謀叛，為憲宗所殺，並殺太宗用事大臣，奪太宗後王兵柄。蒙古本族的裂痕，實起於此。憲宗死後，世祖手下漢人和西域人多了，就竟不待忽烈而台的推戴，自立於現在的多倫。於是阿里不哥亦自立於漠北。拖雷後人之中，又起了紛爭。後來阿里不哥總算給世祖打敗，而太宗之孫之海都，復自擅於遠。察合台、欽察兩汗國都附和他。蒙古大帝國，遂成瓦解之勢。

　　因海都的抗命，於是常須派親王宿將鎮守和林。世祖是用漢法立太子的，而又早死。其時成宗成守北邊。世祖死後，伯顏以宿將重臣歸附成宗，所以未曾有亂。成宗既立，武宗繼防北邊。成宗死後，皇后伯岳吾氏，要立安西王阿難答。而右丞相哈剌哈孫，要立武宗。因為武宗在遠，先使人迎其弟仁宗於懷州，監國以待。武宗既至，殺安西王，弑伯岳吾後而自立。武宗以仁宗為太子。武宗死後，仁宗繼之，卻自立其子英宗為太子，而出武宗之子明宗於雲南。其臣奉之奔阿爾泰山，依察合台後王。仁宗死，英宗立。為奸臣鐵木迭兒所弑。無子。泰定帝立，死於上都，子天順帝立。簽密院燕帖

木兒，迫脅大都百官，迎立武宗之子。於是抄襲武宗的老文章，一面先使人迎文宗於江陵，先即皇位。發兵陷上都。天順帝不知所終。明宗至漠南，即位。文宗和燕帖木兒入見，明宗暴死。文宗再即位。然而心不自安。遺命必立明宗之子。文宗死後，燕帖木兒要立其子燕帖古思。文宗皇后翁吉剌氏不肯。於是先迎立寧宗。數月而死。燕帖木兒又要立燕帖古思。翁吉剌氏仍不肯。乃再迎順帝。順帝既至，燕帖木兒不讓他即位。遷延數月，恰好燕帖木兒死了，順帝乃得立。既立之後，追治明宗暴死故事。毀文宗廟主。流翁吉剌氏和燕帖古思於高麗，都死在路上。

　　如此，每當繼承之際，必有爭亂，奸臣因之擅政，政治自然不會清明的。況且蒙古人本也不知道治中國之法，他無非想脧削中國人以自利。試看他戶、工二部，設官最多，便可見其一斑。其用人，則宿衛勳臣之家，以及君主的嬖倖、諸王公主的私屬，都得以平流而進。真是所謂「仕進有多途，銓衡無定法」。再加以散居各處的蒙古、色目人對於漢人的凌侮，喇嘛教僧侶的騷擾，自然弄得不成個世界了。

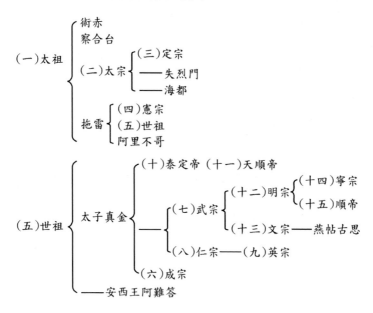

　　元代之主，唯世祖最為聰明，頗能登用人才，改定制度，然亦好用言利之臣。後來則唯仁宗以李孟為相，政治稍見清明。此外大都仍是游牧部落酋長的性質，全不了解中國文化的。——元代諸主，大都不認得漢字的。——而又都運祚短促。在位長久的，世祖而外，唯有順帝，而其荒淫又特甚。客帝的寶位，自然要坐不住了。

　　元朝當世祖時，江南還屢有叛亂，後來才逐漸鎮定。順帝初年，反者屢起。然尚未為大患。至西元一三四八年，方國珍起兵於臺州，元朝就不能戡定。於是白蓮教徒劉福通，起兵安豐，奉教主之子韓林兒為主。李二起於徐州，徐壽輝起於湖北，郭子興起於濠州，張士誠起於高郵。長江流域，幾乎非元所有。

　　順帝既荒淫無度，其臣脫脫、太平、韓嘉納等，因而結黨相爭。嬖臣哈麻、雪雪，初和脫脫相結，後又變而互排。南方亂起，脫脫的兄弟也先鐵木兒帶兵去征討，連年無功，反大潰於沙河，軍資器械，喪失殆盡。脫脫不得已，自出督師，已把李二打平，進圍張士誠，而二人排掉他，於是大局愈壞。革命軍之中，氣勢最盛的要算劉福通，居然於西元一三五八年，分兵三道北上，自挾韓林兒陷開封。但元朝的兵雖無用，而其時，有起兵河南，護衛元朝的察罕帖木兒和李思齊，則頗有能力。劉福通攻陝西的兵，給他打敗，回兵再救山東。劉福通的將，遣人把察罕刺死，其子庫庫帖木兒，代將其軍，到底把山東也打平。劉福通還有一支兵，北出晉冀的，雖然打破上都，直攻到遼東，也終於破散了。福通在開封站不住，只得走回安豐，革命軍的勢力又一挫。然而駐紮大同的孛羅帖木兒，先已因圖據冀寧之故，和察罕相攻。至此，仍與庫庫構兵不止。順帝次後奇氏，生太子愛猷識里達臘。後及太子，都陰謀內禪。哈麻、雪雪，亦與其謀。事發，二人都杖死。然宰相搠思監，仍是因諂事奇後的閹人樸不花而得的。搠思監和御史大夫老的沙不協，因太子言於順帝，免其職。老的沙奔大同，搠思監遂誣孛羅謀反。孛羅舉兵犯闕，殺搠思監和樸不花。太子奔

庫庫，庫庫奉以還京。此時孛羅已給順帝遣人刺死，而奇後又要使庫庫以兵力脅順帝內禪。庫庫不可。順帝封庫庫為河南王，命其總統諸軍，進平南方。李思齊自以和察罕同起兵，恥受庫庫節制，和陝西參政張良弼連兵攻庫庫。庫庫之將貂高、關保，亦叛庫庫。於是下詔削庫庫官爵，命太子總統天下兵馬討之。未幾，明兵北上，又復庫庫官爵，叫他出兵抵抗，然而已來不及了。

　　明太祖朱元璋，初從郭子興起兵，後自為一軍，渡江，取集慶。時徐壽輝為其將陳友諒所殺，據江西、湖北，形勢最強，而張士誠徙治平江，亦在肘腋之下。太祖先後打敗他們，又降方國珍。西元一三六八年，乘北方的擾亂，命徐達、常遇春分道北伐。達自河南，遇春自山東，兩道並進，會於德州，北扼直沽。順帝遂棄大都而去。於是命徐達下太原，乘勝定秦隴。庫庫逃奔和林，順帝匿居上都，太祖命常遇春追擊。順帝又逃到應昌，未幾而死。太祖再命李文忠出擊，愛猷識里達臘逃奔和林，未幾亦死。子脫古思帖木兒襲。時元臣納哈出，尚據遼東。西元一三八七年，太祖命藍玉等把他討平，乘勝襲破脫古思帖木兒於捕魯兒海。脫古思帖木兒北走，為其下所弒，其後五傳都遇弒。蒙古大汗的統緒，就此中絕了。元朝分封諸王，大都不能自振。唯梁王把匝剌瓦爾密，據雲南不降。太祖當出兵北伐之時，即已分兵平定閩、廣。徐壽輝死後，其將明玉珍，據四川自立，傳子昇，亦為太祖打平。西元一三八一年，又遣兵平雲南。南方亦都平定。

第四十一章　明初的政局

　　明朝雖然驅逐胡元，把中國恢復過來，然而論其一代的政治，清明的時候，卻是很少的。這個推原其始，亦可說是由於太祖詒謀之不臧。

太祖初定天下，即下詔禁止胡服胡語，把腥羶之俗掃除。所定制度，亦頗詳備。邊防的規模，亦是很遠的。然而專制的氣焰太盛，私天下之心又太重。只要看其廢除宰相，加重御史之權，及其所定的兵制，就可知道了，而其詒害尤巨的，則為封建之制。

太祖定都金陵，稱為應天府。以開封為北京，又擇名城大都，分封諸子，共計二十五人。雖定制不許干預政治，然而體制崇隆，又各設有衛兵，在地方政治上，總覺得不便，而燕王棣在北平，晉王棡在太原，均得節制諸將，威權尤重。太祖太子早死，立建文帝為太孫。太祖崩，建文帝立。用齊泰、黃子澄之謀，以法繩諸王。燕王就舉兵反。太祖時，功臣宿將，殺戮殆盡。這時候，更無能夠抵禦的人。燕兵遂陷京城，建文帝不知所終。燕王即位，是為成祖。改北平為北京，於西元一四二一年遷都。

成祖是個暴虐的人，當其破南京時，於建文諸臣，殺戮甚慘。後來想遷都北京，營建宮室，又極擾累。在位時，北征韃靼、瓦剌，南平安南，又遣鄭和下南洋，武功亦似乎很盛的。然而太祖時所定北邊的防線，到成祖時，規模反縮小了。原來明初北邊的第一道防線，是開平衛，這就是元朝的上都。據此，則可以俯臨漠南，宣、大都晏然無事了。後來元朝的大寧路來降，又設泰寧、朵顏、福餘三衛。其地直抵今吉林境，都隸北平行都司，使寧王權居大寧以節制之。明朝這時候，東北方的防線，實在超越遼河，而達到現在的松花江流域。所以對於女真人，威力所至亦極遠。西元一四〇九年所設的奴兒干都司，遠至黑龍江口，庫頁島亦來臣服。成祖起兵，怕寧王議其後，誘而執之，而徙北平行都司於保定。把三衛地方給了兀良哈，開平衛的形勢就孤了。西元一四二四年，成祖崩，仁宗立。在位僅一年。宣宗繼立，就徙開平衛於獨石，於是宣、大的形勢赤露，而兀良哈為瓦剌所脅服，其勢愈張，遂有土木之變。

明太祖定制，內侍本不許讀書。成祖起兵，頗得閹人內應之力。即位後，就選官入內教習。又設京營提督，使之監軍，又命隨諸將出鎮，並有

奉使外國的。當太祖時，以錦衣衛治詔獄，本已軼出正式司法機關之外。成祖又立東廠，以司偵緝，亦命宦官主其事。於是自平民以至官吏，無不在宦官伺察之中。終明之世，毒害所及，真乃不知凡幾。宣宗崩後，英宗即位。年幼，寵信司禮太監王振。此時瓦剌強盛，王振不度德、不量力，輕與挑釁。瓦剌酋長也先入寇，王振又勸帝親征。至大同，知不敵，急班師。又因振家在蔚州，想邀英宗臨幸，定計走紫荊關，後來又變計走居庸關。迴旋之間，遂為敵兵迫及於土木堡。英宗北狩，振死於亂軍之中。警報達京師，議論蜂起。侍講徐有貞等主張遷都，侍郎于謙則主張堅守，到底于謙一派戰勝了。於是以太后之命，奉英宗的兄弟郕王監國，旋即位，是為景帝。尊英宗為太上皇，也先挾太上皇，自紫荊關入攻京城。于謙督總兵石亨等力戰，總算把他擊退。謙乃整頓邊備，以重兵守大同、宣府。也先屢入寇，總不得志，乃奉太上皇還。

　　這是明人一天之喜。君主被擄，仍能安穩歸來，和西晉、北宋，可謂大不相同了。然而政變即因此而起。徐有貞因于謙有功，自覺慚愧。石亨亦因恃功驕恣，為謙所裁抑，內懷怨望。乃和太監曹吉祥等結托，乘景帝臥病，以兵闖入宮中，迎接太上皇復位，是為「奪門」之變。于謙被殺。有貞旋為石亨所排擠，貶死，亨又以謀反伏誅。英宗復辟之後，亦無善政。死後，憲宗立，寵任太監汪直。於東廠之外，別立西廠，使直主其事。憲宗崩，孝宗立，任用劉健、謝遷、李東陽等，政治總算清明。憲宗之後，武宗繼之，則其荒淫，又較前此諸君為甚。初寵東宮舊豎劉瑾，日事遊戲。別立內廠，使瑾主其事，並東、西廠亦在監察之中。武宗坐朝，有人投匿名書於路旁，數瑾罪惡。瑾便矯詔，詔百官三百餘人，跪在午門外，加以詰責。至於半日之久，然後把他送入獄中。其專橫如此，朝臣自然無從舉發他的罪惡了。後來安化王寘鐇，反於寧夏。都御史楊一清，前往征討打敗他。凱旋之日，楊一清勸監軍太監張永，舉發劉瑾罪惡。武宗才算省悟，除掉他。又有個大同遊擊江彬，交結內監家奴，以蹴鞠侍帝。導帝

出遊宣、大、延、綏等處，於是人心惶惶。寧王宸濠，又因此反於南昌。幸得南贛巡撫王守仁，起兵躡其後，總算一戰而平。武宗卻又借親征為名，出遊江南而還。此時畿南、山東，盜賊橫行，連年不得平定。其不至於土崩瓦解，只算僥幸罷了。西元一五二一年，武宗崩。無子，世宗入繼大統。世宗頗知學問，性質亦近於嚴厲，駕御宦官頗嚴。明自中葉以後，宦官的斂跡，無過於世宗時的。然嚴而不明，中年以後，又溺於神仙，不問政事。嚴嵩因之，盜竊朝權，一味矇蔽。內政既壞，外患又深。明朝遂幾成不可收拾之局了。

第四十二章　明和北族的關係

　　明朝是整個中國被胡人陷沒之後，把它恢復過來的。論理，對於北方的邊防，應較歷代特別注重。然而終明之世，只有太祖一朝，規模稍遠。成祖時，雖兵出屢勝，而棄地實已甚多。從此以後，就更其不能振作了。

　　明代的北方，是韃靼、瓦剌迭起稱雄的時代。瓦剌，元時稱為斡亦剌，亦是北方部族之一。明初，其部落分而為三。成祖時來降，都封其首領以王號，而順寧王馬哈木最強。元朝的大汗統緒絕後，有個喚作鬼力赤的，自稱韃靼可汗。後為知院阿魯台所殺。迎立元朝後裔本雅失里。成祖曾親征打破他們，又曾打破馬哈木。後來本雅失里，到底為馬哈木所殺。其子脫歡，並瓦剌三部為一。又襲殺阿魯台，要想自立為可汗，其部下的人不肯。乃迎立元裔脫脫不花。脫歡子也先，聲勢更甚，並兀良哈亦為所脅服，遂有土木之變，此為瓦剌極盛時代。土木變後，也先殺脫脫不花自立。西元一四五二年，為知院阿剌所殺。瓦剌復衰。

　　於是韃靼酋長，有名為孛來的，殺阿剌，立脫脫不花的兒子麻兒可兒，號為小王子。麻兒可兒死後，眾共立馬古可兒吉思，為孛來所殺。有

喚做毛里孩的，又殺孛來，迎立他可汗。又有喚做斡魯出的，和毛里孩互相仇殺。先是韃靼的入寇，或在遼東，或在宣府、大同，或在寧夏、莊浪。往來無常，為患不久。英宗復辟後，斡羅出才入據河套，和別部長孛魯乃合。至憲宗時，則孛來、小王子、毛里孩，先後皆至，為患益深。孛來死後，又有喚做滿魯都的，繼之而至，這便是明朝所謂「套寇」。總而言之，自也先死後，瓦剌之患已衰；此時的韃靼，亦只是些零碎部落，並不足為大患。然而明朝措置無方，北邊遂迄無息肩之日。到西元一五〇四年，達延汗再即汗位，而其形勢又一變了。

為藍玉所襲破而遇弒的脫古思帖木兒，《明史》謂是愛猷識里達臘之子，《蒙古源流考》則謂是愛猷識里達臘之弟。其子曰額勒伯克汗，嘗殺其臣而娶其妻，是為洪郭斡拜濟。洪郭斡拜濟歸汗時，有了三個月的身孕。又四個月而生一子，名為阿寨。阿寨的兒子名阿噶巴爾濟，是個助衛拉特以攻蒙古的人。阿噶巴爾濟生子曰哈爾固楚克，為也先的女婿。生子，名巴圖蒙克，是為達延汗。達延汗為中興蒙古的偉人。他有四個兒子：長名圖魯特，早死。季子格埒森札賚爾，留守漠北，是為喀爾喀諸部之祖。達延汗以次子烏魯斯為右翼，三子巴爾蘇為左翼。烏魯斯為滿魯都所殺。達延汗怒，命巴爾蘇擊殺滿魯都。這時候，漠南北本無強部，滿魯都死後，蒙古遂復呈統一之觀。達延汗和圖魯特之卜赤，徙牧南近長城，稱為插漢兒部，就是現在的察哈爾。巴爾蘇二子：長名袞必里克圖，為鄂爾多斯部之祖。次為阿勒坦汗，即《明史》的俺答，為土默特部之祖。袞必里克圖早死，其眾皆歸於俺答，所以俺答獨強。世宗時，屢為北邊之患，西元一五五〇、五九、三三年，曾三次進犯京畿。嚴嵩以輩穀之下，敗不可掩，戒諸軍不得與戰，因此寇益得志。後來俺答之孫把漢那吉，娶妻而美，為俺答所奪，發怒來降。把漢那吉是幼孤而育於俺答之妻的。俺答之妻，怕中國把他殺掉，日夜哭泣，俺答才遣使請和。於是穆宗於西元一五七〇年，封俺答為順義王。此時俺答亦已受了喇嘛教的感化，自此不

復犯邊，而東方的插漢兒部轉盛。其時高拱當國，用戚繼光守薊鎮，李成梁守遼東。繼光持重，善守禦，而成梁屢戰卻敵。神宗時，張居正當國，對於這兩個人，任用更專。所以十六七世紀之間，北邊頗獲安息。明朝末年，漠南諸部，仍以插漢兒為最盛。插漢兒的林丹汗，為達延汗的八世孫。其妻，為葉赫部女，而葉赫為清所滅，所以林丹汗與清為仇。明朝就重加歲賜，命其聯合諸部，以牽制滿洲。然林丹汗驕恣，為同族所惡。先是西元一五九三年，蒙古東方的科爾沁等部，曾聯合滿洲諸部以伐清，為清太祖所敗，科爾沁等遂附於清。至是，並西方的土默特等部，亦和清通聲氣。西元一六三八年，清太宗會合蒙古諸部，出其不意，襲擊林丹汗。林丹汗欲拒戰，而下不聽命，乃出走。死於青海的大草灘。明年，其子額哲降清。於是漠南蒙古，就全為清人所征服了。

有明一代，對於北方的邊防，不可謂不認真。現在的長城，就大都是明代造的。最初防線撤廢之後，後來又以遼東、薊州、宣府、大同、榆林、寧夏、甘肅、固原、太原為九邊，都成為節制調度的重心。沿邊的兵額，配置頗為充足，兵額亦常能維持，器械亦比較精利。論其實力，本可以掃蕩漠南北而有餘。然而將驕卒惰之弊，亦在所難免，玩敵而不恤士卒，尤為通常之弊。所以兵力雖厚，而士氣不盛，始終只立於防禦的地位。對於區區的套寇，尚且不能掃穴犁庭，更無論絕漠而北了。

第四十三章　明朝的殖民事業和外患

中國人移殖的能力，是很大的。照第八章和第二十二章所述，則在很古的時代，中國人在海外的航線，業已很遠；而第三世紀以後，已幾乎把歐、亞的航路打通了。在這很長的時期中，中國人一定有在海外經營拓殖之業的。惜乎年深月久，文獻多已無徵。現在可考見的，大都是明以來的事蹟罷了。

在大陸上，最易和海洋接觸的是半島。亞洲大陸，有三個最大的半島——前後印度、朝鮮——其中兩個，本來都有一部分屬於中國的。自唐、五代以來，才逐漸地喪失了。明成祖時，因安南陳、黎二氏的篡奪，發兵戡定其地。於西元一四〇六年設立交趾布政司，和內地的制度一樣。因守土的官吏，不盡得人；奉使的中官，尤多暴橫，土人叛亂不絕。於是西元一四二七年，宣宗又把它棄掉。然當元、明兩代，西南的土司，還幾乎包括伊洛瓦諦江流域。安南、暹羅，雖各列為國，亦都朝貢於中國。南洋群島的交通，亦是歷代不絕的。所以航行很為便利。

元朝人是好勤遠略的。當世祖時，曾遣唆都、李庭璧，招致南洋諸國。當時南洋之國，以俱藍、馬八兒為綱維。馬八兒便是今印度的馬拉巴爾（Malabar）。俱藍為其後障，當在馬拉巴爾之北。當時先後來朝的，共有十國，都是今印度沿岸和南洋群島之地。明初，使節所至亦遠。成祖又命中官鄭和往使。和乃自造大船，長四十四丈，寬十八丈的。共有六十二隻，帶著士卒三萬七千人，從蘇州婁家港出海，遍歷南洋諸國。有不服的，則威之以兵。自西元一四〇五至一四三三年，三十年之間，凡七奉使，三擒番長。後來奉使海外的，無不盛稱和以炫耀諸國。其事業，亦可謂之偉大了。《明史·鄭和傳》，於和事蹟，記載不詳。近代梁啟超作《鄭和傳》，推考其航路：則當自南海入暹羅灣。沿馬來半島南下，至新嘉坡。繞蘇門答臘和爪哇兩島，入孟加拉灣。循行印度半島的兩岸，繞錫蘭島。又入波斯灣，沿東岸北航，至底格利斯河口。再循西岸南航，至亞丁，越亞丁灣，入紅海。北航至麥加，南航，出莫三鼻給海峽，掠馬達加斯加島的南端而東歸。其航線所至，亦可謂之極遠了。當時華人移殖海外的甚多。在小呂宋一帶，尤為繁盛，而作蠻夷大長的，亦大有其人。其見於《明史》的，則有呂宋的潘和五，婆羅的王，爪哇新邦的邦主，三佛齊的梁道明、陳祖義。其事在明開國至萬曆年間，約當十四世紀後半至十五世紀之末。梁啟超作《中國殖民八大偉人傳》，得諸口碑的，又有戴燕國王吳

元盛，崑崙國王羅大，都是清朝乾嘉年間，戰勝土蠻的。又有葉來，則為英屬海峽殖民地的開闢者。其事在嘉道之間，則已在十八世紀中葉至十九世紀前半了。還有潮州鄭昭，隨父流寓暹羅，為其宰相。乾隆時，暹羅為緬甸所滅，鄭昭起兵恢復，事見第四編第六章。近代西人的東航，實在明中葉以後。哥倫布的發現美洲，時在西元一四九三年，葡萄牙人的發現印度新航路，則事在西元一四九八年，較鄭和的下西洋，實後八九十年。西人東航之初，中國人的足跡，早已遍布南洋了。中國西北負陸，而東南面海。閩、廣之北，限以重山，其民不易向中原分布，所以移徙到海外的很多。南洋群島，氣候和煦，物產豐饒，實在是中國的一片好殖民地。不但如此，中國人做事平和，凡事都以共存共榮為目的。假使開發南洋的責任，而由中國負之，南洋群島的土人，絕沒像現在飽受壓迫，瀕於滅亡之慘。徒以昔時狃於「不勤遠略」之見，有此基礎，不能助以國力，向前發展，這真是一個大錯誤。不但如此，因海防的廢弛，通商政策的不得宜，反還因海洋交通，而深受其害，這便是所謂倭寇。

　　倭寇是起於元、明之間的，至明中葉而大盛。原來日本自與元構釁後，禁止其人民，不許和中國往來。於是冒禁出海的，都是無賴的邊民，久之遂流為海寇。當元中葉，日本分為南、北朝。後來南朝為北朝所並。遺民亦有入海，與海寇合的。朝鮮沿海，受患最深，而中國亦所不免。所以明初，於沿海設衛甚多；而明代的市舶司，意亦不重於收稅，而重於管理制馭。世宗時，廢司不設。貿易之事，移主於達官勢家。多負倭直不償。倭人貧不能歸，遂都變為海盜，沿海的莠民，亦都附和他；或則冒其旗幟，以海島為根據地，飢則入掠，飽則遠颺。沿海七省，無一不受其患。甚至沿江深入，直抵南京。明朝竟無如之何。直至西元一五五六年，胡宗憲總督浙江軍務，誘誅奸民，絕其內應，倭寇勢才漸衰。又約十年，乃為戚繼光、俞大猷所剿平。然而沿海之地，已凋敝得不堪了。

　　倭寇平定未幾，復有朝鮮之役，則其事已在神宗時了。日本自開國以

來，世與蝦夷為敵。八世紀之末，日本拓地益廣，乃於東北邊置征夷大將軍。源、平二氏，世守其地。後來中央政爭，多借源、平二氏為助。平氏先以外戚執政，後為源氏所滅。乃遍置武職於諸州，以守護封土，而總其權於征夷大將軍。於是大權盡入幕府，皇室徒擁虛名而已──日本皇室，所以始終未曾易姓，就是為此。源氏之後，北條氏、足利氏，相繼以家臣覆滅幕府，特別大封將士；而其將士，又以其地分封其下，遂成全國分裂之勢。十六世紀之末，有個喚做豐臣秀吉的，起而平定全國。因念亂源終未盡絕，意欲把一班軍人，趕到外國去，遂有西元一五九二年渡海攻朝鮮之舉。朝鮮開國之主李成桂，本是以打倭寇出名的。當元朝時候，屢次干預高麗的內政。其國王多數是元朝的女婿，舉國多剃髮易服，習為胡化。明興之後，高麗王氏的末主，還想扶翼元朝。李成桂則傾向中國。於是覆王氏而自立。革新內政，輸入中國的文化，氣象一新。然而承平日久，兵備亦不免於廢弛。日本兵一至，遂勢如破竹。其王先奔平壤，後走義州，遣使求援於中國。神宗命李如松前往，一戰而勝，盡復漢江以北之地，旋因輕進，敗於坡州的碧蹄館，於是撫議復起，遷延數年，終不能就。直至西元一五九八年，豐臣秀吉死，日本兵乃解而東歸。這一次，明朝運兵籌餉，騷動全國，而竟沒有善策，可見其政治軍備的廢弛了。

第四十四章　明末的政局

明朝當世宗之時，萬事廢弛，本已成不能復振之局。世宗崩後，穆宗立，在位六年而崩。神宗立。時為西元一五七二年。穆宗時，張居正、高拱相繼為相。神宗立，年幼，拱復罷，居正輔政。居正有綜核之才。史稱其當國之時，一紙文書，「雖萬里之外，無敢不奉行唯謹」的。當時吏治敗壞，又承累朝的奢侈，國計民生，均極困難，居正乃裁減用度，刷新庶

政。「行官吏久任之法，嚴州縣諱盜之誅。」在相位十年，頗有「起衰振敝」之效。然神宗本性是昏惰的，所以自居正死後，綱紀便又廢弛了，而中年後的怠荒，尤為前此列朝所未有。

明朝的君主，視朝本不甚勤謹的。神宗則中年以後，不視朝者至二十餘年。專一聽信中官，派他們出去做稅使，並到各處開礦，借端誣索，毒流天下。皇帝既不管事，群臣就結黨相攻，而言路一攻，其人即自去，於是言路之權反重。明朝人本來和宋朝人一樣，喜歡爭意氣的。當時顧憲成等講學於無錫的東林書院，往住諷議執政，裁量人物。即朝士亦有遙相附和的，於是黨禍復起。

清室之先，就是隋唐時的白山靺鞨。遼時，謂之長白山女真。清人自謂國號滿洲。據近人所考證，則滿洲二字，明人寫作滿住，乃大酋之稱，不徒非國名，並非部族之名。清室之先，實在是明朝的建州女真。明朝分女真為三衛：曰海西，在今吉林的西部，遼寧的西北部。曰野人，在今吉、黑兩省的極東。曰建州，初設於朝鮮會寧府的河谷。時在西元一四一二年。受職為指揮使的，名猛哥帖木兒，即清人所謂肇祖。後為七姓野人所殺。弟凡察嗣職，遷居佟佳江流域。後來猛哥帖木兒的兒子董山出來，和凡察爭印。明朝乃將建州分為左、右二衛，以董山為左衛，凡察為右衛指揮使。董山漸漸桀驁。西元一四六六年，明朝檄調他到廣寧殺掉他，並出兵攻破其部落。部人擁戴其子脫羅擾邊，聲言復仇。久之，也就寂然了。於是左衛衰而右衛盛。右衛酋長王杲，其地在今寬甸附近，為李成梁所破，逃到扈倫四部中之哈達。據《清實錄》所載，當時的女真，分為滿洲、長白山、扈倫、東海四大部。滿洲、長白山，就是明朝的建州衛。東海為明朝的野人衛，扈倫則野人部落，南遷而據海西之地。其中哈達、葉赫，明人稱為南北關，倚以捍邊，視之尤重。王杲逃到哈達後，哈達酋長把他執送李成梁。李成梁殺掉他。王杲的兒子阿台，是清景祖的孫婿。景祖，《清實錄》名覺昌安，明人謂之叫場，即清太祖之祖。其第四子顯祖塔克

世，明人謂之他失，為太祖之父。阿台既抱殺父之怨，助葉赫以攻哈達。滿洲的蘇克蘇滸部長尼堪外蘭，為李成梁嚮導，以攻阿台。阿台被殺，叫場、他失亦俱死。清太祖向明邊吏呼冤，明人乃將叫場、他失的屍體還給他。此時清太祖勢甚微弱。至西元一五八三年，乃起兵以攻尼堪外蘭。西元一五八六年，尼堪外蘭奔明邊。明人非但不加保護，反把他執付清太祖，並開撫順、清河、寬甸、陽四關，許他互市。從此滿洲，就漸漸強盛起來了。清人既漸強，滿洲五部，都為所征服。扈倫、長白山聯合蒙古的科爾沁等部來伐，亦為清太祖所敗。太祖又聯合葉赫，以滅哈達。至西元一六一六年，遂起兵叛明。

清兵既起，明以楊鎬為經略，發大兵二十萬，分四路東征。三路皆敗。清人遂陷鐵嶺，進滅葉赫。明以熊廷弼為經略，旋代以袁應泰。應泰有吏材，無將略，遼、瀋遂陷。清太祖自赫圖阿拉遷居遼陽。西元一六二五年，又遷居瀋陽，儼然和明朝對抗了。

邊事如此，而明朝方忙於三案之爭。東林、非東林，互相攻擊。熹宗時，非東林黨人結中官魏忠賢，把東林黨人一網打盡。忠賢的驕橫，尤其前此宦官所未有。直到西元一六二七年，毅宗即位才除掉他。然而外患未平，流寇復起，終於不能支持了。

流寇是毅宗初年，起於陝西的。流入山西。又流入河北。渡河，犯湖廣、四川、襄鄖。明朝命陳奇瑜督剿。西元一六三四年，奇瑜蹙賊於車箱峽。賊勢業已窮蹙，而奇瑜信其偽降，受之，賊出峽即大掠。於是分為兩股：一為高迎祥、李自成。一為張獻忠。四處流竄。西元一六三六年，迎祥為孫傳庭所擒，自成逃向甘肅。獻忠亦給盧象昇打敗，詣湖北偽降，賊勢又已衰挫，而滿洲又於此時入犯，諸將都撤兵東援，賊勢遂復熾。

明自遼、瀋陷後，再起熊廷弼為經略。因為廣寧巡撫王化貞所掣肘，計不得行。遼西城堡多陷。明逮廷弼、化貞，俱論死，以王在晉為經略。在晉主守山海關，時袁崇煥以僉事監軍關外，主張守寧遠。大學士孫承宗

是崇煥議。乃罷在晉，代以承宗，旋又代以高第。第性怯惵，盡撤守備入關。崇煥誓以死守寧遠。西元一六二六年，清太祖見明大兵已撤，以為機有可乘，自將攻寧遠。大敗，受傷而死。太宗立。先定朝鮮。還攻寧遠、錦州，又大敗。西元一六二九年，太宗乃避正面，自喜峰口入長城。崇煥亦兼程入援。兩軍大戰，勝負未分。先是崇煥以皮島守將毛文龍跋扈，借閱兵為名殺掉他。毅宗雖加撫慰，實則不能無疑。至是，清人縱反間之計，毅宗遂將袁崇煥下獄殺掉，於是邊事愈壞。毛文龍死後，其部將孔有德、耿仲明等逃到登州。後來造反，給官軍打敗，浮海降清，引清兵攻陷廣鹿島。守將尚可喜降，皮島亦陷。明人前此，常借海軍勢力，牽制遼東，至此亦消滅了。然而遼西兵力還厚。太宗乃仍繞道長城各口，於西元一六三六、三八、四○等年，入犯京畿，蹂躪山東。明朝剿匪的兵事，因此大受牽制。西元一六四○年，清兵大舉攻錦州。明薊遼總督洪承疇往援，戰於松山，大敗。明年，松山破，承疇降。錦州亦陷。於是關外重鎮，只有一個寧遠了。然而明兵塞住山海關，清人還不敢深入。

　　李自成、張獻忠再叛之後，獻忠躥入四川，自成則再攻河南。是時，河南大饑，民從之者如流水，勢遂大熾。西元一六四三年，自成陷西安。明年，稱帝。東陷太原。分兵出真定，而自率大兵陷大同。遂陷宣府，自居庸關陷京師。毅宗自縊死。毅宗死的前一年，清太宗也死了。子世祖立。年才六歲，鄭親王濟爾哈朗、睿親王多爾袞同攝政。明山海關守將吳三桂，聞京城被圍，發兵入援。至豐潤，京城已陷。李自成招他投降，三桂已經答應了。後聞愛妾陳沅被掠，大怒，走回降清。多爾袞方略地關外，聞之，大喜，疾馳受其降，合兵打敗李自成。自成逃回陝西，清兵遂入北京，世祖即遷都關內。

第四十五章　明的制度

　　有明一代，政治雖欠清明，制度則頗為詳密。其大部，都為清代所沿襲，有到現在還存在的。所以明代的制度，在近世的歷史上，頗有關係。

　　明太祖初仍元制，以中書省為相職。後因宰相胡唯庸謀反，遂廢省不設，並諭後世子孫，毋得議置丞相，遂成以天子直領六部的局面。這斷非嗣世的中主所能辦到的。於是殿、閣學士，遂漸起而握宰相的實權。前代的御史臺，明時改稱都察院。設都御史、副都御史、僉都御史，都分左右。又有十三道監察御史。除糾彈常職外，提督學校、清軍、巡漕、巡鹽諸務，亦一以委之，而巡按御史，代天子巡守，其權尤重。給事中一官，歷代都隸門下省。明朝雖不設門下省，而仍存此官，以司封駁稽察，謂之科參。六部之官，沒有敢抗科參而自行的，所以其權亦頗重。外官則廢元朝的行省，而設布政、按察兩司，以理政事及刑事。但其區域，多仍元行省之舊。巡撫，本是臨時遣使。後來所遣浸廣，以其與巡按御史不相統屬，乃多以都御史為之。再後來，則以他官奉使，而加以都御史的銜。其兼軍務的，則加提督，轄多權重的稱總督。已有巡按，而又時時遣使，實亦不免於駢枝。但在明代，還未成為常設之官罷了。

　　明朝的學校選舉制度，是很有關係的。原來自魏、晉以後，國家所設立的學校，久已僅存其名，不復能為學校的重心；而且設立太少，亦不足以網羅天下之士。所以自唐以後，變為學問由人民自習，而國家以考試取之的制度，而科舉遂日盛。科舉有但憑一日之短長之弊，所以宋時，范仲淹執政，有令士人必須入學若干日，然後得以應試之議。王安石變法，則主張以學校養士。徽宗時，曾令禮部取士，必由學校升貢。其後都未能行。然應舉之士，仍宜由學校出身，則為自宋以來，論法制的人所共有的理想。到明朝，而此理想實現了。明制：京師有國子監。府、州、縣亦皆有學。府、州、縣學，初由巡按考試，後乃專設提舉學校之官。提學官在

任三載，兩試諸生。一名歲試，是所以考其成績優劣的。一則開科之年，錄取若干人，俾應科舉。應科舉的，以學校生徒為原則。間或於此之外，取錄一二，謂之充場儒士，是極少的。國子監生及府州縣學生，應鄉試中式的，謂之舉人。舉人應禮部試中式，又加之以殿試，則為進士。分三甲。一甲三名，賜進士及第。第一人授職修撰，第二、三人授職編修。二甲若干人，賜進士出身。三甲若干人，賜同進士出身。都得考選庶吉士。庶吉士是儲才之地，本不限於進士，而自中葉以後，非進士不入翰林，非翰林不入內閣。所以進士之重，為歷代所未有，其所試：則首場為四書五經義。次場則論、判及詔、誥、表、內科一道。三場試經、史、時務策。鄉會試皆同。此亦是將唐時的明經進士，及宋以後經義、詞賦兩科，合而為一。所試太難，實際上無人能應。於是後來都偏重首場的四書文，其他不過敷衍而已。其四書文的格式：（一）體用排偶，（二）須代聖賢立言，謂之八股。初時還能發揮經義，後來則另成為一種文字，就不懂得經義的人，也會做的。應試之士，遂多不免於固陋了。

　　明朝的兵制，名為摹仿唐朝，實在亦是沿襲元朝的。其制：以五千六百人為衛，一千一百一十二人為千戶所，一百一十二人為百戶所。每所設總旗二人，小旗十人。諸衛或分屬都司，或直屬中、左、右、前、後五軍都督府。都司則都屬都督府。衛所的兵，平時都從事於屯田。有事則命將充總兵官，調衛所之兵用之。師還，則將上所佩印，兵各歸其衛所。於此點最和唐朝的府兵相像，而衛指揮使和千戶、百戶，大都世襲；都督、同知、僉事等，多用勳戚子孫，則是摹仿元朝的。元朝以異族入居中國，這許多人，多半是他本族，所以要倚為腹心。明朝則事體不同，而還沿襲著它，實在很為無謂。凡勳戚，總是所謂世祿之家。驕奢淫佚慣了，哪裡有什麼勇氣？明朝後來，軍政的腐敗，這實在是一個很大的原因。其取兵之途有三：一為從征，二為歸附，都是開國的兵，後來定入軍

籍的。這亦是摹仿元朝，而明朝最壞的是謫發，便是所謂充軍。有罪的人，罰他去當兵，這已經不盡適宜，卻還有理可說，而一人從軍，則其子孫永隸軍籍。身死之後，便要行文到其本鄉去，發其繼承人來充軍，謂之句補。繼承人沒了，並且推及其他諸親屬，這實在是無理可說，而事實上弊竇又多，要算明朝第一秕政。

　　法律：明初定《大明律》，大致以《唐律》為本。又有《會典》，亦是摹仿《唐六典》的。中葉以後，則律與例並行。其刑法，亦和前代相同，唯充軍則出於五刑之外。

　　明代最精詳的，要算賦役之制。其制：有黃冊，以戶為主，備載其丁、糧之數。有魚鱗冊，以土田為主，詳載其地形地味，及其屬於何人。按黃冊以定賦役。據魚鱗冊以質土田之訟，其制本極精詳。後來兩種冊子都失實，官吏別有一本，據以徵賦的冊子，謂之白冊。白冊亦是以田從戶的。其用意本和黃冊一樣。但自魚鱗冊壞後，田之所在不可知，就有有田而不出賦役，無田而反出賦役的，其弊無從質證，而賦役之法始壞。明代的役法：是以一百一十戶為一里。分為十甲。推丁多之家十人為長。分戶為上、中、下三等以應役。役有「銀差」，有「力差」。中國財政，向來量入為出的，唯役法則量出為入。所以其輕重繁簡，並無一定。明朝中葉以後，用度繁多，都借此取之於民。謂之加派，就弄得民不聊生。役法最壞的一點，還不在其所派的多少，而在一年中要派幾次，每次所派若干，都無從預知。後來乃有「一條鞭」之法。總計一年的賦役，按照丁糧之數，均攤之於人民。此外更有不足，人民不再與聞。力役亦由官召募，人民乃少獲蘇息。唯其末年，又有所謂三餉，共加至一千六百七十萬，人民不堪負擔，卒至於亡國而後已。賦役而外，仍以鹽、茶為收入的大宗。明初，命商人納糧於邊，而給之以鹽，謂之開中鹽，而以茶易西番之馬。商人因運輸困難，就有自出資本，僱人到塞下屯墾的。不但糧儲豐滿，亦且邊地漸漸充實。國馬饒足，而西番的勢力，多少要減削幾分。真是個長駕遠馭之

策。後來其法壞了，漸都改為徵銀，於是商屯撤廢，沿邊穀價漸貴，而馬群也漸耗減了。茶鹽之外，雜稅還很多，大抵以都稅所或宣課司榷商貨，抽分場，局稅竹、木、柴薪，河泊所收魚稅，都不甚重要。唯鈔關之設，初所以收回紙幣，後遂相沿不廢，成為一種通過稅。在近代財政上，頗有關係。

第四十六章　元明的學術思想和文藝

　　元明的學術思想，是承宋人之流的。在當時，占思想界的重心的，自然還是理學。理學是起於北方的。然自南宋以後，轉盛行於南方，北方知道的很少。自元得趙復後，其說乃漸行於北。元時，許衡、姚樞等，都號為名儒，大抵是程朱一派。只有一個吳澄，是想調和朱陸的。明初，也還是如此。到西元十五六世紀之間，王守仁出，而風氣才一變。

　　王守仁之說，是承陸九淵之緒，而又將他發揚光大的。所以後來的人，亦把他和九淵並稱，謂之陸王，和程朱相對待。守仁之說，以心之靈明為知。為人人所同具。無論如何昏蔽，不能沒有存在的。此知是生來就有的，無待於學，所以謂之良知。人人皆有良知，故無不知是非之理。但這所謂知，並非如尋常人所謂知，專屬於知識方面。「如惡惡臭，如好好色」，知其惡，自然就惡，知其善，自然就好。絕非先知其惡，再立一個心去惡；先知其好，再立一個心去好的。好之深，自然欲不做而不能自已。惡之甚，自然萬不肯去做。所以說「知而不行，只是未知」，所以說知行合一。既然知行就是一事，所以人只要在這知上下功夫，就一切問題都解決了。時時提醒良知，遵照他的指示做，莫要由他昏蔽，這個便是致良知。如此，憑你在「事上磨煉」也好，「靜處體悟」也好。簡單直捷，一了百了。這真是理學中最後最透澈之說，幾經進化，然後悟出來的。

講理學的人，本來並沒有教人以空疏。但是人心不能無所偏重。重於內的，必輕於外。講理學的人，處處在自己身心上檢點，自然在學問和應事上，不免要拋荒些，就有迂闊和空疏之弊。程朱一派，注意於行為，雖然迂闊空疏，總還不失為謹願之士。王學注重於一心 —— 在理學之中，王學亦稱為心學 —— 聰明的人，就不免有猖狂妄行之弊。本來猖狂的人，也有依附進去的，其末流流弊就大著。於是社會上漸漸有厭棄心學，並有厭棄理學的傾向。但這所謂厭棄，並不是一概排斥，不過取其長，棄其短罷了。在明末，顧炎武、黃宗羲、王夫之三先生，最可以為其代表。

這三位先生，顧、王兩先生，是講程朱之學的。黃先生則是講陸王之學的。他們讀書都極博，考證都極精，而且都留意於經世致用，制行又都極謹嚴，和向來空疏、迂闊、猖狂的人，剛剛一個相反。中國自秦漢以後，二千年來，一切事都是因任自然，並沒加以人為的改造。自然有許多積弊。平時不覺得，到內憂外患交迫之日，就一一暴露出來了。自五代以後，契丹、女真、蒙古，迭起而侵掠中國。明朝雖一度恢復，及其末造，則眼看著滿洲人又要打進來。返觀國內，則朝政日非，民生日困，風俗薄惡，寇盜縱橫，在此都覺得相沿的治法，有破產的傾向。稍一深思熟考，自知政治上、社會上都須加一個根本的改造。三先生的學問，都注意到這一方面的。黃先生的《明夷待訪錄》，對於君主專制政體，從根本上下攻擊。王先生的《黃書》，這種意見也很多。顧先生的《日知錄》，研究風俗升降、政治利弊，亦自信為有王者起，必來取法之書。這斷非小儒誦讀，所能望其項背。後來清朝人的學問，只講得考據一方面，實不足以繼承三先生的學風。向來講學術的人，都把明末諸儒和清代的考證學家，列在一處，這實在不合事實，不但非諸先生之志而已。

講到文藝，元明人的詩文，亦不過承唐宋之流，無甚特色。其最發達的，要算戲曲。古代的優伶，多以打諢、取笑為事。間或意存諷諫，飾作古人，亦不可謂之扮演。扮演之事，唯百戲中有之。如《西京賦》敘述《平

樂觀》角觝，說「女媧坐而清歌，洪崖立而指揮」之類。然而不兼歌舞。南北朝時，蘭陵王入陳曲、踏謠娘等，才於歌舞之中帶演故事。然還不是代言體。宋時的詞，始有敘事的，謂之傳踏，後來又有諸宮體。至於元代的曲，則多為代言體。演技者口中所歌，就作為其所飾的人所說的話，其動作，亦作為所飾的人的表情，就成為現在的戲劇了。戲劇初起時，北方用絃索，南方用簫笛。明時，魏良輔再加改革，遂成為今日的崑曲。此外說話之業，雖盛於宋。然其筆之於書，而成為平話體小說，則亦以元明時代為多。總而言之，這一個時代，可以算得一個平民文學發達的時代。

第四十七章　元明的宗教和社會

元代是以蠻族入據中國，沒什麼傳統的思想的。所以對於各種宗教，一視同仁。各教在社會上，遂得同等傳播的機會。其中最活躍的，則要算佛教中的喇嘛教。喇嘛教是佛教中的密宗。其輸入西藏，據《蒙古源流考》，事在西元七四七年。始祖名巴特瑪撒巴斡。密宗是講究顯神通的，和西藏人迷信的性質頗為相近，所以輸入之後，流行甚盛。元世祖征服西藏後，其教遂流行於蒙古。西僧八思巴，受封為帝師，其後代有承襲，受別種封號的還很多。天下無論什麼事情，不可受社會上過分的崇信。崇信得過分，其本身就要成為罪惡了，喇嘛教亦是如此。元世祖的崇信喇嘛教，據《元史》上說，是他懷柔西番的政策，未知信否。然即使如此，亦是想利用人家，而反給人家利用了去的。當時教徒的專橫，可說是歷代所無。內廷佛事，所費無藝，還要交通豪猾，請釋罪囚以祈福。其詒害於政治，不必說了。其在民間，亦擾害特甚。當時僧徒，都佩有金字圓符，往來得以乘驛。驛舍不夠，則住在民間。驅迫男子，姦淫婦女，無所不至。還要豪奪民田，侵占財物。包庇百姓，不輸賦稅，種種罪惡，書不勝書。其

中最盛的楊璉真伽，至於發掘宋朝錢塘、紹興的陵寢和大臣塚墓一百零一所，殺害平民四人，受人獻美女寶物無算。攘奪盜取財物，計金一千七百兩，銀六千八百兩，玉帶九條，玉器一百十一件，雜寶一百五十二件，大珠五十兩，鈔十一萬六千二百錠，田二萬三千畝，包庇不輸賦的人民二萬三千戶。真是中國歷史上，從來未有的事情。次於喇嘛教，流行最盛的，大約要算回教。因為元時，西域人來中國的很多，大多數是信回教的。至於基督教，則義大利教士若望高未諾（Monte Corvino），曾於西元一二九四年，奉教宗的命令來華。元世祖許其在大都建立教堂四所。信教的亦頗不乏，但都是蒙古人。所以到元朝滅亡，又行斷絕了。廣東一方面，亦有義大利教士奧代理谷（Odoric）來華，都是羅馬舊教。

　　元代社會的階級，也很嚴峻的。蒙古人、色目人和漢人、南人，在選舉和法律上，權利都不平等，已見第三十九章。此外最利害的，要算掠人為奴婢一事。元初的制度，大約俘掠所得，各人可以私為己有；至於降民，則應得歸入國家戶籍的。然而諸王將帥，都不能遵守。其中最甚的，如滅宋時平定兩湖的阿里海涯，至將降民三千八百戶，沒為家奴，自行置吏治之，收其租賦。雖然西元一二四〇年，太宗曾籍諸大臣所俘男女為民。然西元一二八二年，御史臺言阿里海涯占降民為奴，而以為征討所得。世祖令降民還之有司，征討所得，籍其數賜臣下，則仍認俘掠所得，可以為私奴。《廉希憲傳》說他行省荊南時，令凡俘獲之人，敢殺者，以故殺平民論。則當時被俘的人，連生命也沒有保障了。

　　北族是歷代都辮髮的。所以在論語上，已有被髮左衽的話。南北朝時，亦稱鮮卑為索虜，但是自遼以前，似乎沒有敢強行之於中國的。金太宗天會七年，才下削髮之令。但其施行的範圍，仍以官吏為限，蒙古則不然，不論公人私人，都要強迫剃髮。其時幾乎舉國胡化，明有天下，才把它恢復過來。明太祖洪武元年的《實錄》說：

詔復衣冠如唐制。初,元世祖起自朔漠,以有天下,悉以胡俗變易中國之制,士庶咸辮髮椎髻,深襜胡俗。衣服則為袴褶窄袖及辮線腰褶。婦女衣窄袖短衣,下服裙裳,無復中國衣冠之舊。甚者易其姓氏,為胡名,習胡語。俗化既久,恬不知怪。上久厭之。至是,悉命復衣冠如唐制。士民皆束髮於頂……其辮髮、椎髻、胡服、胡語、胡姓,一切禁止……於是百有餘年,胡俗悉復中國之舊矣。

這個真要算中國人揚眉吐氣的一天了。

然而明太祖雖能掃除衣冠辮髮的汙點,至於社會上的階級,則初無如之何。太祖數藍玉的罪,說他家奴數百,可見明初諸將的奴僕,為數亦不在少。後來江南一帶,畜奴的風氣更盛。顧亭林《日知錄》說:「江南士大夫,一登仕籍,投靠多者,亦至千人,其用事之人,主人之起居食息,出處語默,無一不受其節制。有王者起,當悉免為良,而徙之以實遠方空虛之地。則豪橫一清,四鄉之民,得以安枕;士大夫亦不受制於人,可以勉而為善。政簡刑清,必自此始。」可以想見這一班人倚勢橫行,擾害平民的行徑。然亦明朝的士大夫,居鄉率多暴橫,所以此輩有所假借。明朝士大夫,暴橫最甚的,如梁儲的兒子次攄,和富人楊端爭田,至於滅其家,殺害二百餘人,王應熊為宰相,其弟在鄉,被鄉人詣闕擊登聞鼓陳訴,列狀至四百八十餘條,贓至一百七十餘萬。溫體仁當國,唐世濟為都御史,都是烏程人。其鄉人為盜於太湖的,至於以其家為奧主,都是駭人聽聞的事。這大約仍是元代遺風。因為當時劫於異族的淫威,人民莫敢控訴。久之,就成為這個樣子了。清朝管束紳士極嚴,雖說是異族入據,猜忌漢人,要減削其勢力,而明代紳士的暴橫,亦是一個大原因。

第三編　中古史

第四編　近代史

第一章　明清之際

「人必自侮，而後人侮之」，以中國之大，豈其區區東北一個小部落所能吞併？金朝的兵力，不算不強，然而始終不能吞滅南宋，便是一個證據。然則明朝的滅亡，並非清之能滅明，還只是明朝人的自己亡罷了。

北部淪陷之後，明朝的潞王常淓、福王由崧，都避難南來。當時眾議，因潞王較賢，多想立他，而鳳陽總督馬士英，挾著兵力，把福王送到儀征。眾人畏懼他，只得立了福王，是為弘光帝。士英引閹黨阮大鋮入閣，而把公忠的史可法排擠出去，督師江北。正人君子，非被斥，即引去。弘光帝又沉迷聲色，南都之事，就不可為了。

清朝的能入關，也並非全靠自己的兵力。占據北京，已為非望，如何會有吞滅全中國的心理呢？所以世祖入關後，給南方的檄文，還有「明朝嫡胤無遺，勢難孤立，用移大清，宅此北土。其不忘明室，輔立賢藩，戮力同心，共保江左，理亦宜然，予不汝禁」之語。然而南都既不能自立，清朝就落得進取。當清兵入北京之後，即已分兵打定河南，山東、西。及世祖入關，又遣英親王阿濟格，帶著吳三桂、尚可喜出榆、延；豫親王多鐸，帶著孔有德出潼關；以攻陝西。李自成走死湖北的通城。多鐸的兵，就移攻江南。這時候，史可法分江北為四鎮，而諸將不和，互相仇視。武昌的左良玉，又和阮大鋮不合，以清君側為名，舉兵東下。大鋮大懼，急檄可法入援。可法兵到燕子磯，左良玉已死在路上，其兵給守蕪湖的黃得功打敗了。可法再回江北，則清兵已至。可法檄諸鎮赴援，沒有一個來的。可法守揚州七日，城陷，死之。清兵遂渡江而南。弘光帝奔蕪湖。清兵追襲。黃得功拒戰，中箭而死。帝遂北狩，後來殉國於北方，清兵直打

到杭州而還，時為西元一六四五年。

於是明人奉魯王以海，監國紹興。唐王聿鍵，即位福州，是為隆武帝。當清兵初入北京之日，曾下令，強迫人民剃髮。二十日之後，又聽民自由。及下江南，復下剃髮之令。於是江南人民，紛紛起兵抗拒。然既無組織，又無訓練，大多數旬月即敗。清廷復遣肅親王豪格和吳三桂攻四川。張獻忠陣歿於西充。其黨孫可望、李定國、白文選、劉文秀，潰走川南，旋入貴州。清兵追至遵義，糧盡而還。貝勒博洛攻閩、浙，魯王走入海。隆武帝頗為英武，而為鄭芝龍所制，不能有為。時何騰蛟招降李自成餘眾，分布湖南、北。楊廷麟也起兵江西，恢復吉安。隆武帝想出就廷麟，未果而清兵至。帝從延平走汀州，入於清軍，後來崩於福州。時為西元一六四七年。

明人又立唐王之弟聿𨮁於廣州，桂王由榔於肇慶，是為永曆帝。清使李成棟攻廣東，聿𨮁殉國。孔有德、尚可喜、耿仲明攻湖南，何騰蛟退守桂林。金聲桓攻江西，楊廷麟亦敗歿。未幾，李成棟、金聲桓都反正，何騰蛟乘機復湖南。川南、川東亦來附。於是永曆帝有兩廣、雲、貴、江西、湖南、四川七省之地，形勢頗張，而張名振亦奉魯王，以舟山為根據地，出入江、浙沿海。清廷乃使洪承疇鎮江寧，吳三桂取四川，耿仲明、尚可喜攻江西，孔有德攻湖南。金聲桓、李成棟、何騰蛟都敗死。西元一六五〇年，清兵進陷桂林，瞿式耜亦殉節。明年，張名振和起兵浙東的張煌言合兵攻吳淞，不克，而舟山反為清所襲陷，二人奉魯王奔廈門。永曆帝避居南寧，遣使封孫可望為秦王。可望遣兵三千，扈桂王居安隆；而使劉文秀攻四川，李定國攻桂林。孔有德伏誅。吳三桂也戰敗，逃回漢中。清乃命洪承疇鎮長沙，以保湖南；李國英鎮保寧，以守川北；尚可喜鎮肇慶，以保廣東；無意於進取了，而永曆帝因孫可望跋扈，密使召李定國。定國迎帝入雲南，可望攻之，大敗，遂降清，洪承疇因之請大舉。西元一六五八年，清兵自湖南、四川、廣西三道入滇。李定國扼北盤江力戰，不能敵。乃奉帝入騰越，而伏精兵於高黎貢山。清兵追之，遇伏，大

敗而還。時劉文秀已死，李定國、白文選奉帝入緬甸。西元一六六〇年，三桂發大兵出邊。緬人乃奉帝入三桂軍。西元一六六二年，為三桂所弒，明亡。此時清世祖亦已死，這一年，是聖祖的康熙元年了。

　　明朝的統緒雖絕，然而天南片土，還保存著漢族的衣冠，和清朝相抗的，是為鄭成功。成功是芝龍的兒子，芝龍降清時，成功不肯順從，退據廈門，練著海陸兵，屢攻沿海之地。清兵入滇時，成功大舉入江以圖牽制。破鎮江，薄南京，清廷大震，旋為清兵所襲破，乃收軍，出海而還。西元一六六〇年，成功攻取臺灣。於是務農練兵，定法律，設學校，築館以招明之遺臣渡海，歸之者如織。天南片土，儼然獨立國的規模了。

　　即以閩、廣、雲南而論，實亦非清朝實力所及。清朝的定南方，原靠一班漢奸，為虎作倀。所以事定之後，仍不得不分封他們，以資鎮攝。於是以尚可喜為平南王，鎮廣東；耿仲明為靖南王，鎮福建；吳三桂為平西王，鎮雲南；是為三藩。三藩之中，三桂功最高，兵亦最強。他當時用錢用兵，戶、兵二部，不能節制。用人亦不由吏部，謂之西選。西選之官半天下，清朝之於南方，簡直是徒有其名，不但鞭長莫及而已。然而「債軍之將，不可以言勇；亡國之大夫，不足與圖存」，既已顏事仇，忽又起而反抗，就不免有些進退失據：天下的人，未免要不直他，士氣亦易沮喪，和始終以忠義激厲其下的，大不相同了。這是三藩之所以終於無成。尚可喜受封之時，年已老邁。乃將兵事交給其兒子之信。久之，遂為所制。乃請撤藩歸老遼東。清廷許之。時耿仲明已死，傳子繼茂，以及精忠，和吳三桂都不自安，亦請撤藩，以覘清朝的意向。當時明知許之必反，廷議莫敢主持。清聖祖獨斷許之。西元一六七三年，三桂遂舉兵反。三桂的意思，本想走到中原，突然舉事的，而為清朝的巡撫朱國治所逼，以是不得不發。既舉兵之後，有人勸他棄滇北上。三桂也暮氣深了，不能用。三桂舉兵之後，貴州首先響應。明年，攻下湖南。廣西、四川和湖北的襄陽，亦都響應。福建、廣東，更不必說了。於是三桂親赴常、澧督戰。派一支

兵出江西，以應福建；一支兵出四川，以攻陝西。清朝的提督王輔臣，亦據寧夏以應三桂。三桂想親出兵以應輔臣，不曾來得及，而清朝的兵，反從江西打入湖南。三桂雖然回兵，把他打退，然自此遂成相持之局。這是於三桂不利的，而耿、尚二藩，又因一和鄭成功的兒子鄭經相攻，一苦三桂征餉，復叛而降清，三桂勢窮。乃於西元一六七八年，稱帝於衡州，以圖維繫人心，未幾而死。孫世璠立，諸將又互相乖離。西元一六八一年，清兵自湖南、廣西、四川，分三道入滇，世璠自殺。尚可喜先已為清人所殺，至此又殺耿精忠。中國大陸之上，就真無漢族自立的寸土了。

然而海外的臺灣，還非清朝兵力所及。鄭成功以西元一六六二年卒，子經繼立。和耿精忠相攻。曾略取漳、泉等地。後為清兵所敗，並失金門、廈門，退歸臺灣。三藩平後，清廷想照琉球之例，聽其不剃髮，不易衣冠，與之言和，而閩督姚啟聖不可。水軍提督施琅，本是鄭氏的降將，尤欲滅鄭氏以為功。西元一六八一年，鄭經卒。群小構成功之妻董氏，殺其長子居，而立其次子克塽。鄭氏內部乖離，西元一六八三年，施琅渡海入臺灣，鄭氏亡。漢族遂全被滿人所征服。

第二章　歐人的東略

從亞洲的東方到歐洲，陸路本有四條：（一）自西伯利亞逾烏拉嶺入歐俄。（二）自蒙古經天山北路，出兩海之間。（三）自天山南路逾蔥嶺。（四）自前後印度西北行，兩道並會於西亞。第一路荒涼太甚。第二路則沙漠地帶，自古為游牧民族薦居之地，只有匈奴、蒙古自此以侵略歐洲，而兩洲的聲明文物，由此接觸的頗少。蔥嶺以西，印度固斯以南，自古多城郭繁華之國。然第三路有沙漠山嶺的阻隔，第四路太覺迂遠，而沿途亦多未開化之國，所以歐、亞兩洲，雖然陸地相接，而其交往的密切，轉有待於海路的開

通。自歐洲至東洋的海路：一自敘利亞出阿付臘底斯河流域；二泛黑海，自阿美尼亞上陸，出底格利斯河流域。兩路均入波斯灣。三自亞歷山大黎亞溯尼羅河，絕沙漠而出紅海。這都是自古商旅所經。自土耳其興，而一二兩道，都入其手，第三道須經沙漠，不便，乃不得不別覓新航路。其結果，海道新闢的有二：一繞非洲的南端而入印度洋。二繞西半球而入太平洋。

歐人的航行東洋，首先成功的為葡萄牙。西元一四八六年，始達好望角。西元一四八九年，進達印度的馬拉巴爾海岸，西元一五○○年，遂闢商埠於加爾各答。明年，略西海岸的臥亞，進略東海岸及錫蘭、摩洛哥、爪哇、麻六甲。西元一五一六年，遂來廣東求互市。明朝在廣州，本設有市舶司。東南洋諸國，來通商的頗多。都停泊在香山縣南虎跳門外的浪白洋，就船貿易。武宗正德時，移於高州的電白。西元一五三五年，指揮使黃慶納賄，請於上官，移之濠鏡，就是現在的澳門。是為西人在陸地得有根據之始，就有築城置戍的。中國人頗疑忌他，而西人旋亦移去。只有葡萄牙人，於隆慶初，歲納租銀五百兩，租地建屋。自此就公然經營市埠，視同己有。西元一六○七年，番禺舉人盧廷龍，入京會試。上書當道：請盡逐澳中諸番，出居電白。當事的人不能用。天啟初，又有人說「澳中諸番，是倭寇的嚮導」，主張把他們移到外洋。粵督張鳴岡說：「香山內地，官軍環海而守。彼日食所需，咸仰於我。一懷異志，立可割其死命。移泊外洋，大海茫茫，轉難制馭。」部議以為然，遂不果徙──這是後來借斷絕接濟，以制西洋人的根源。

葡萄牙人到好望角後七年，哥倫布始發現美洲，其到廣東後三年，則麥哲倫環繞地球。於是西班牙人，於西元一五六五年，據菲律賓，建馬尼刺。西元一五七五和八○年，兩次到福建求通商，都為葡萄牙人所阻。然中國商船，聚集於馬尼刺的頗多。

荷蘭人以西元一五八一年，叛西班牙自立。時西班牙王兼王葡萄牙，禁止其出入里斯本。荷人乃自設東印度公司，謀東航。先後據蘇門答臘、

爪哇、摩鹿加，於好望角和麥哲倫海峽，都築塞駐兵。其勢力反駕乎西、葡之上。西元一六二二年，荷蘭人攻澳門，不克。西元一六二四年，據臺灣、澎湖。至西元一六六○年，而為鄭成功所奪。清朝因想借荷蘭之力，以夾攻鄭氏，所以許其每八年到廣東通商一次，船數以四為限。

英吉利的立東印度公司，時在西元一五九九年。東航之後，和葡萄牙人爭印度。葡人戰敗，許其出入澳門。西元一六三七年，英船至澳門，為其地的葡人所拒。英人乃自謁中國官吏，求通商。至虎門，為守兵所炮擊。英人還擊，陷其炮臺，旋送還俘掠，中國亦許其通商。此時已值明末，旋廣東兵事起，英人貿易復絕。鄭經曾許英人通商於廈門和安平。然安平初開，實無甚貿易，止有廈門，英船偶然一到而已。

以上所述，是從明中葉到清初，歐人從海道東來的情形。其主要的目的，可說是在於通商。至於從陸路東來的俄人，則自始即有政治的關係。俄人的叛蒙古而自立，事在十五世紀中葉。至葡萄牙入航抵好望角時，則欽察汗國之後裔，殆悉為所壞滅。此時可薩克族附俄，為之東略。蒙古族在葉尼塞、鄂畢兩河間的，亦為所擊破。西元一五八七年，俄人始建托波兒斯克。其後托穆斯克、葉尼塞斯克、雅庫次克、鄂霍次克，相繼建立。西元一六三九年，直達鄂霍次克海，就想南下黑龍江。至西元一六四九年，而建立雅克薩城。西元一六五八年，又建尼布楚城。此等俄國的遠征隊，只能從事於剽掠，而不能為和平的拓殖。黑龍江流域的居民大受其害，而此時正值清朝初興，其兵力，亦達黑龍江流域。兩國勢力的衝突，就不可避免了。

第三章　基督教和西方科學的傳入

中國和外國的交通，也有好幾千年了。雖然彼此接觸，總不能無相互的影響，然而從沒有能使中國內部的組織，都因之而起變化的。其有之，

則自近世的中歐交通始。這其間固然有種種的關係，然而其最主要的，還是東西文化的差異。東西文化最大的差異，為西洋近世所發明，而為中國所缺乏的，便是所謂科學。所以科學的傳入，是近世史上最大的事件。科學與宗教，雖若相反，其最初傳入，卻是經教士之手的。

　　基督教的傳入中國，亦由來已久。讀第三編第二十五、第三十八兩章，就可知道了。可是因中國人迷信不深，對於外國傳入的宗教，不能十分相契，所以都不久而即絕。至近世，新教興於歐洲，舊教漸漸失勢，舊教中有志之士，乃思推廣其勢力於他洲。其中號稱耶穌會的，傳布尤力。耶穌會的教士，第一個到中國來的，是利瑪竇。於西元一五八一年至澳門，初居廣東的肇慶。西元一五九八年，始經江西到南京，旋入北京。西元一六〇〇年，神宗賜以住宅，並許其建立天主堂。天主教士的傳教於中國，和其在他國不同。他們深知道宗教的教理，是不易得華人尊信的，所以先以科學牖啟中國人，後來才漸漸地談及教理。利瑪竇到北京之後，數年之間，信教的便有二百餘人。徐光啟、李之藻等熱心科學之士，都在其內。當時的教士，並不禁華人拜天、拜祖宗、拜孔子。他們說：「中國人的拜天，是敬其為萬物之本；其拜祖宗，是出於孝愛之誠；拜孔子，是敬仰其人格；都不能算崇拜偶像。」教士都習華言，通華文。飲食起居，一切改照華人的樣子，他們都沒有家室，制行堅卓，學問淵深。所以很有敬信他們的人。然亦有因此，而疑其別有用心的。

　　當利瑪竇在日，就有攻擊他的人。神宗因其為遠方人，不聽之。西元一六一〇年，利瑪竇卒。攻擊的人，更為利害。到西元一六一六年，就被禁止傳布。教士都勒歸澳門。然而這一年，正是滿洲叛明自立的一年。自此東北一隅，戰爭日烈，明朝需用槍炮也日亟。至西元一六二二年，因命教士製造槍炮，而教禁亦解。明朝所行的大統曆，其法本出西域。所以當開國時候，就設有回回曆科。到了末年，其法疏舛了。適會基督教中深通天文的湯若望來華。西元一六二九年，以徐光啟之薦，命其在北京曆局

中，製造儀器，翻譯曆書，從事於曆法的改革。至西元一六四一年，而新曆成。越二年，命以之代舊曆。未及行而明亡。清兵入關後，湯若望上書自陳。詔名其歷為時憲。湯若望和南懷仁，都任職欽天監。這時候，基督教士，可以說很得信任了。到清世祖歿，而攻者又起。

當時攻擊基督教最烈的，是習回回曆法的楊光先。但他的主意，並不在乎曆法。他曾說：「寧可使中國無好曆法，不可使中國有西洋人。」他又說：「他們不婚不宦，則志不在小。其製器精者，其兵械亦精。」他們著書立說，說中國人都是邪教的子孫，萬一蠢動，中國人和他對敵，豈非以子弟拒父兄？「以數萬里不朝不貢之人，來不稽其所從來，去不究其所從去；行不監押，止不關防；十三省山川形勢，兵馬錢糧，靡不收歸圖籍，百餘年後，將有知予言之不得已者」。楊光先之說如此：利用傳教，以作侵略的先鋒，這是後來之事 —— 也可說是出於帝國主義者的利用，並非傳教者本身的罪惡 —— 基督教初入中國時，是絕無此思想的。楊光先的見解，在今日看起來，似乎是偏狹，是頑固。但是中國歷代，本有借邪教以創亂的人；而基督教士學藝之精，和其無所為而為之的精神，又是中國向來沒有看見過的。這種迷信的精神，迷信不深的中國人，實在難於了解。楊光先當日，有此疑忌，卻也無怪其然。不但楊光先，怕也是當日大多數人所同有的心理。即如清聖祖，他對於西洋傳入的科學，可以說是頗有興味的。對於基督教士，任用亦不為不至。然而在他的《御製文集》裡，亦說「西洋各國，千百年後，中國必受其累」，這正和楊光先是一樣的見解。不過眼前要利用他們，不肯即行排斥罷了。人類的互相了解，本來是不大容易的。在學藝上，只要肯虛心研究，是非長短，是很容易見得的。但是國際上和民族間的猜忌之心，一時間總難於泯滅，就做了學藝上互相灌輸的障礙。近世史的初期，科學輸入的困難，這實在是一個大原因。

楊光先以西元一六六四年，上書攻擊基督教士，一時得了勝利，湯若望等都因之得罪。當時即以監正授光先。光先自陳「通歷理而不知曆法」，

再三固辭。政府中人不聽。不得已任職。至西元一六六七年，因推閏失實，得罪遣戍。再用南懷仁為監正。自此終聖祖之朝，教士很見任用。傳教事業，也頗稱順利。直至西元一七〇七年，而風波才再起。

原來利瑪竇等的容許信徒拜天、拜祖宗、拜孔子，當時別派教士，本有持異議的。後來許諸教宗。至西元一七〇四年，教宗乃立《禁約》七條，派多羅到中國來禁止。多羅知道此事不可造次。直遲到這一年，才以己意發布其大要。聖祖和他辯論，彼此說不明白，大怒，命把多羅押還澳門，交葡萄牙人監禁。在中國的傳教事業，是印度的一部分，本歸葡萄牙人保護的。後來法國人妒忌他，才自派教士到中國。葡萄牙人正可惡不由他保護的教士，把多羅監禁得異常嚴密。多羅就憂憤而死。然而教宗仍以西元一七一五年，申明前次的禁約。到一八年，並命處不從者以「破門」之罰。於是在華教士，不復能順從華人的習慣，彼此之間，就更生隔礙。西元一七一七年，碣石鎮總兵陳昂，說天主教在各省，開堂聚眾，廣州城內外尤多，恐滋事端。請依舊例嚴禁，許之。西元一七二三年，閩浙總督滿保，請除送京效力人員外，概行安置澳門。各省天主堂，一律改為公廨。朝廷也答應了。自此至五口通商以前，教禁就迄未嘗解。

基督教士東來以後，歐洲的各種科學，差不多都有輸入。曆法的改革，槍炮的製造，不必論了。此外很有關係的，則為清聖祖時，派教士到各省實測，繪成的《皇輿全覽圖》。中國地圖中，記有經緯線的，實在從此圖為始。當明末，陝西王徵，曾譯西書，成《遠西奇器圖說》，李之藻譯《泰西水法》，備言取水、蓄水之法及其器械。徐光啟著《農政全書》，也有採用西法的。關於人體生理，則有鄧玉函所著的《人身說概》。關於音樂，則有徐日昇所修的《律呂正義續編》，而數學中，利瑪竇和徐光啟所譯的《幾何原本》，尤為學者所推重。代數之學，清朝康熙年間，亦經傳入，謂之借根方。清朝治天文、歷、算之士，兼通西法的很多。形而上之學，雖然所輸入的，大抵不離乎神學。然而亞里士多德的論理學，亦早經李之藻

之手，而譯成《名理探》了。就是繪畫、建築等美術，也有經基督教士之手而傳入的。所以在當時，傳入的科學，並不為少。但是（一）因中國人向來不大措意於形而下之學；（二）則科學雖為中國人所歡迎，而宗教上則不免有所障礙；所以一時未能發生很大的影響。

第四章　清初的內政

清朝的盛衰，當以乾隆時為關鍵。從世祖入關，到三藩平定，這四十年，算是清朝開創之期。自此至雍正之末，五十餘年，為乾隆一朝，表面上看似極盛，實則衰機潛伏於其中。至其末年，內亂一起，就步步入於否運了。

清朝的初起，和遼、金、元情形，又微有不同。遼、金、元初起時，都不甚了解中國的情形。清朝則未入關時，已頗能譯漢書、用漢人了。當太祖之時，憎惡漢人頗甚，當時俘獲漢人，都發給滿人為奴。尤其是讀書人，得者輒殺。到太宗時，才知道欲成大業，單靠滿洲人是不行的。所俘漢人，都編為民戶，令其與旗人分居，且另選漢官治理。對於讀書人，則加以考試，錄取的或減免差徭，賞給布帛。於明朝的降臣、降將，尤其重視。清朝當日的創業，和一班投效的漢人，如范文程、洪承疇、吳三桂等，確是很有關係的。

但是其了解中國深者，其猾夏亦甚。所以清朝的對待漢人，又非遼、金、元之比。即如剃髮一事，歷代北族，沒有敢強行之於全中國的。清朝則以此為摧挫中國民族性的一種手段，厲行得非常厲害。入關之後，籍沒明朝公、侯、伯、駙馬、皇親的田。又圈占民地，以給旗人。也是很大的虐政，而用兵之際，殺戮尤甚。讀從前人所著的《嘉定屠城》、《揚州十日》等記，就可以見其一斑了。

　　北族的政治，演進不如中國之深。所以其天澤之分，也不如中國之嚴，繼嗣之際，往往引起爭亂。清朝也未能免此。當太祖死時，其次子代善，五子莽古爾泰和太祖弟舒爾哈齊之子阿敏，還是和太宗同受朝拜，並稱為四貝勒的。後來莽古爾泰和阿敏，次第給太宗除去了。代善是個武夫，不能和太宗爭權。所以在關外之時，幸未至於分裂。太宗死後，世祖年幼。阿敏的兒子濟爾哈朗和多爾袞同攝政。後來實權都入於多爾袞之手。當時一切章奏，都經由多爾袞批答，御寶亦收歸其第。一時聲勢，是很為赫奕的。幸而多爾袞不久就死了，所以沒釀成篡弒之局。世祖親政後，大體還算清明，頗能釐定治法，處理目前的問題。當時中國的遺黎，經死亡創痛之餘，實在更無反抗的實力，而又得一班降臣，為虎作倀，就漸漸地給他都壓下去了。世祖在位不久。聖祖初立，亦年僅八歲。輔弼大臣鰲拜，頗為專權。然不久，亦就給聖祖除去。聖祖的聰明和勤於政治，在歷代君主中，也頗算難得的，而在位又很長久。內政外交，經其一番整頓，就頗呈新氣象了。

　　中國的國民，自助的力量，本來是很大的。只要國內承平，沒甚事去擾累他，那就雖承喪亂之餘，不過三四十年，總可復臻於富庶。清朝康熙年間，又算是這時候了。而清初的政治，也確較明中葉以後為清明。當其入關之時，即罷免明末的三餉。又釐定《賦役全書》，徵收都以明萬曆以前為標準。聖祖時，曾疊次減免天下的錢糧。後來又定「滋生人丁，不再加賦」之例，把丁賦的數目限定了。這在農民卻頗可減輕負擔，而當時的用度也比較的節儉。所以聖祖末年，庫中餘蓄之數，已及六千萬。世宗時，屢次用兵，到高宗初年，仍有兩千四百萬。自此繼長增高，至西元一七八二年，就達到七千八百萬的巨數了。以國富論，除漢、隋、唐盛時，卻也少可比擬的。

　　聖祖晚年，諸子爭立。太子允礽，兩次被廢。後來就沒有建儲。世宗即位之後，和他爭立的兄弟，都次第獲罪。因此撤去諸王的護兵，並禁止

諸王和內外官吏交通。滿洲內部特殊的勢力，可以說至此而消滅。但清朝的政治，卻亦得世宗整飭之益。聖祖雖然勤政，其晚年亦頗流於寬弛。各省的倉庫，多不甚盤查；錢糧欠繳的，也不甚追究。世宗則一反其所為，而且把關稅、鹽課，徹底加以整頓。徵收錢糧時的火耗，亦都提取歸公。如此，財政上就更覺寬裕，而康、雍對外的兵事，也總算徼天之幸，成功時多。清朝至此，就臻於全盛。

世宗死後，高宗繼之。高宗在表面上，是專摹仿聖祖的，但他沒有聖祖的勤懇，又沒有世宗的明察，而且他的天性是奢侈的，正合著從前人一句話，「內多欲而外施仁義」。在位時六次南巡，供帳之費無算。對外用兵，所費亦屬不貲。凡事專文飾表面，虛偽和奢侈之風養成了，而中年後，更任用和珅，其貪黷為古今所無。內外官吏，都不得不用賄賂去奉承他。於是上官貪取於下屬，下屬誅求於小民，至其末年，內亂就一發而不可遏了。

「國於天地，必有與立。」清朝歷代的君主，對於種族的成見，是很深的。他們對於漢人，則提倡尚文。一面表章程、朱，提倡理學，利用君臣的名分，以箝束臣下。一面開博學鴻詞科，屢次編纂巨籍，以牢籠海內士大夫。但一面又大興文字之獄，以摧挫士氣。乾隆時，開四庫館，徵求天下的藏書，寫成六部，除北京和奉天、熱河的行宮外，還分置於江、浙兩省。看似曠古未有的盛舉，然又大搜其所謂禁書，從事焚燬。據當時禮部的奏報，被焚的計有五百三十八種，一萬三千八百六十二卷之多。清朝的對於士子，是嚴禁其結社講學，以防其聯合的。即其對於大臣，亦動輒嚴詞詰責，不留餘地，還要時用不測的恩威，使他們畏懼。使臣以禮之風，是絲毫沒有的。如此，他們所倚為腹心的，自然是旗人了。確實，他們期望旗人之心，是很厚的。旗人應試，必須先試弓馬。旗兵是世襲的。一人領餉，則全家坐食。其駐防各省的，亦都和漢人分居，以防其日久同化，失其尚武的風氣，而又把東三省和蒙古都封鎖起來，不准漢人移殖。他們的意思，以為這是子孫帝王萬世之業了。然而旗人的既失其尚武之風，而

又不能勤事生產，亦和前代的女真、蒙古人相同，而至其末造，漢人卻又沒有慷慨奮發，幫他的忙的，於是清朝就成為萎靡不振的狀態，以迄於亡。這是他們在前半期造成的因，至後半期而收其果。

第五章　清初的外交

　　清初的外交，是幾千年以來外交的一個變局，因為所交的國和前此不同了。但是所遇的事情變，而眼光手段，即隨之而變，在人類是無此能力的。新事情來，總不免沿用舊手段對付，而失敗之根，即伏於此。不過當此時，其失敗還潛伏著罷了。

　　清初外交上最大的事件，便是黑龍江方面中俄境界問題。因為這時候，俄國的遠征隊，時向黑龍江流域剽掠。該處地方的居民，幾乎不能安其生了。當西元一六七〇年，聖祖嘗詒書尼布楚守將，請其約束邊人，並交還逃囚罕帖木兒。尼布楚守將允許了，而不能實行。及一六七五年，俄人遣使來議劃界通商。聖祖致書俄皇，又因俄人不通中國文字，不能了解。交涉遂爾停頓。西元一六八一年，三藩平定，聖祖乃決意用兵。命戶部尚書伊桑阿赴寧古塔造大船，並築齊齊哈爾、墨爾根兩城，置十驛，以通餉道。西元一六八五年，都統彭春，以水軍五千，陸軍一萬，圍雅克薩城。俄將約降，逃往尼布楚。彭春毀其城而還。俄將途遇援兵，復相率偕還，築城據守。明年，黑龍江將軍薩布素，再以八千人圍之。城垂下，而聖祖停戰之命至。

　　是時俄皇大彼得初立，內難未平，又外與波蘭、土耳其競爭，無暇顧及東方。在東方的實力，亦很不充足，無從與中國構釁。適會是時，聖祖又因荷蘭使臣，詒書俄皇。俄皇乃覆書，許約束邊人，遣使議劃疆界，而請先解雅克薩之圍。聖祖亦許之。於是俄使費耀多羅東來，而聖祖亦使內

大臣索額圖等前往會議。西元一六八八年，相會於尼布楚。當費耀多羅東來時，俄皇命以黑龍江為兩國之界，而索額圖奉使時，亦請自尼布楚以東，黑龍江兩岸之地，俱歸中國，議既不諧，聖祖所遣從行的教士徐日昇、張誠從中調停，亦不就。兵釁將啟。此時俄使者從兵，僅一千五百，而清使臣扈從的精兵萬餘，都統郎坦，又以兵一萬人，從璦琿水陸並進。兵釁若啟，俄人絕非中國之敵，俄人乃讓步，如中國之意以和。定約六條：西以額爾古訥河，東自格爾必齊河以東，以外興安嶺為界。嶺南諸川入黑龍江的，都屬中國，其北屬俄。立碑於兩國界上，再毀雅克薩城而還。

《尼布楚條約》既定，中俄的疆界問題，至此暫告結束，而通商問題，仍未解決。西元一六九三年，俄使伊德斯來。聖祖許俄商三年一至京師，人數以二百為限；居留於京師的俄羅斯館，以八十日為限；而免其稅，旋因俄人請派遣學生，學習中國語言文字，又為之設立俄羅斯教習館。

當尼布楚定約前三年，蒙古喀爾喀三汗，為準噶爾所攻，都潰走漠南，至西元一六九七年，乃還治漠北。於是蒙、俄劃界通商的問題復起。土謝圖汗和俄國是本有貿易的。此時仍許其每年一至。然因互市之處無官員管理，頗滋紛擾。蒙人逃入俄境的，俄國又多不肯交還。於是因土謝圖汗之請，於西元一七二二年，絕其貿易。至西元一七二七年，才命郡王策凌等和俄使定約於恰克圖。自額爾古訥河以西，至齊克達奇蘭，以楚庫河為界。自此以西，以博木沙奈嶺為界，而以烏帶河地方，為甌脫之地。在京貿易，與舊例同。俄、蒙邊界，以恰克圖和尼布楚為互市之地。西元一七三七年，高宗命停北京互市，專在恰克圖。此時中、俄交涉，有棘手時，中國輒以停止互市為要挾。乾隆一朝，曾有好幾次。

清初的中、俄交涉，看似勝利，然得地而不能守，遂伏後來割棄之根。這是幾千年以來，不勤遠略，不飭守備，對於邊地僅事羈縻的結果。至於無稅通商，在後來亦成為惡例。然關稅和財政、經濟的關係，當時自無從夢見；而一經允許，後來遂無從挽回，亦是當時夢想不到的。所以中

西初期交涉的失敗，可以說是幾千年以來，陳舊的外交手段不適用於新時代的結果，怪不得哪一個人，其失策，亦不定在哪一件事。要合前後而觀其會通，才能明瞭其真相。

　　至於海路通商，則因彼此的不了解，所生出的窒礙尤多。通商本是兩利之事，所以當臺灣平後，清朝沿海的疆吏，亦屢有請開海禁的，而其開始解禁，則時在西元一六八五年。當時在澳門、漳州、寧波、雲臺山，各設榷關。西元一六八八年，又於舟山島設定海縣，將寧波海關，移設其地。西元一七五五年，英人請收泊定海，而將貨物運至寧波，亦許之。乃隔了兩年，忽然有停閉浙海之議。原來中國歷代海路的對外通商，是最黑暗不過的。官吏的貪婪，商人的壟斷和剝削，真是筆難盡述。二千年以來，都是如此。到了近代，自然也逃不出此例的。當時在廣東方面，外人和人民不能直接貿易，而必經所謂官商者之手。後來因官商資力不足，又一人專利，為眾情所不服，乃許多人為官商，於是所謂公行者興。入行的所出的費用，至二三十萬之巨。所以其取於外商，不得不重，而因中國官吏，把收稅和管束外人的事，都交託給他，所以外人陳訴，不易見聽，即或徇外商之請，暫廢公行，亦必旋即恢復。於是外商漸舍粵而趨浙。西元一七五七年，閩督喀爾吉善、粵督楊應琚，請將浙關稅收，較粵關加重一倍。奉諭：「粵東地窄人稠，沿海居民，大半借洋船為生；而虎門、黃埔，好在設有官兵，較之寧波之可以揚帆直至者，形勢亦異；自以驅歸粵海為宜。明年應專令在粵。」英商通事洪任輝憤怒，自赴天津，訐告粵海關積弊。中朝怒其擅至天津，命由岸道押赴廣東，把他圈禁在澳門。雖亦將廣東貪汙官吏，懲治一二，而管束外人的苛例，反因此迭興。西元一七九二年，英人派馬甘尼東來，要求改良通商之事。其時正值清高宗八旬萬壽，高宗大開筵宴、賞許多禮物，而頒給英王《敕諭》兩道，將其所陳請之事，一概駁斥不准。未幾，東南沿海，艇盜橫行，而拿破崙在歐洲，亦發布《大陸條例》，以困英國。葡萄牙人不聽，為法所破。英人慮其侵及東洋，要派兵代葡國保守澳門，以保護中、英、葡三

國貿易，助中國剿辦海寇為由，向中國陳請。經清廷聲明中國主權，英艦始退去。西元一八〇八年，英人以兵船闖入澳門，遣三百人登岸。時粵督為吳熊光，巡撫為孫玉庭，遣洋行挾大班往諭，不聽，熊光命禁其貿易，斷其接濟。英人遂闖入虎門，聲言索還茶價和商欠。於是仁宗諭吳熊光：「嚴飭英人退兵，抗延即行剿辦。」而熊光等因海寇初平，兵力疲敝，主張謹慎，許其兵退即行貿易。乃退兵貿易而去。仁宗怒其畏葸，把熊光、玉庭都革職，代以百齡和韓崶。於是管理外人愈嚴。西元一八一〇年，英人再遣阿姆哈司來聘。又因國書及衣裝落後，未得覲見。於是中、英間的隔閡，愈積愈深，遂成為鴉片戰爭的遠因了。

第六章　清代的武功

　　中國歷代，對北方的用兵，大概最注重於蒙古。新疆地方，是不煩兵力而自服的。至於青海、西藏，則除唐代吐蕃盛強之時外，無甚大問題，而蒙、新、海、藏相互之間，其關係亦甚薄弱。自喇嘛教新派 —— 黃教盛行以後，青海、蒙古，都成了該教的區域；而天山南路，因回教盛行，團結力亦較前為強；而此諸地方，近代的形勢，遂較前代又有不同。

　　黃教始祖宗喀巴，以西元一四一七年，生於西寧。因舊派末流，頗多流弊，乃入雪山修苦行，自立一派，而黃其衣冠以示別。人因稱舊派為紅教，新派為黃教。黃教的僧徒，是禁止娶妻的。所以宗喀巴遺命，其兩大弟子達賴喇嘛、班禪額爾德尼，世世以呼畢勒罕，主持宗教事務。因西藏人信教之篤，而達賴和班禪的威權，遂超出乎政治勢力之上。馴致成為西藏政教之主。西元一五五九年，蒙古酋長俺答，遣其二子賓兔、丙兔，襲據青海。兩人亦都信了喇嘛教。西元一五七九年，俺答遂自迎達賴三世到漠南布教，是為喇嘛教化及蒙古之始，其後蒙人信教日篤，乃自奉宗喀巴

第三大弟子哲布尊丹巴胡克圖居庫倫，而達賴五世，曾通使於清太宗，清太宗亦有報使。至世祖入關，遂迎達賴入京，封為西天大善自在佛，而清人借宗教以懷柔蒙、藏的政策，亦於是乎開始。

　　因喇嘛教的感化，使漠南、北游牧民族獷悍之氣潛消。向來侵略他人的，至此反受人侵略，而有待於中國人的保護，這亦是一個新局面。衛拉特，就是元時的斡亦剌，明時的瓦剌。當清初，其眾分為四部：曰和碩特，居烏魯木齊。曰準噶爾，居伊犁。曰杜爾伯特，居額爾齊斯河。曰土爾扈特，居塔爾巴哈台。時紅教還行於後藏。後藏的藏巴汗，為其護法。達賴五世的第巴桑結，乃招和碩特固始汗入藏，擊殺藏巴汗，而奉班禪居札什倫布。是為達賴、班禪，分主前、後藏政教之始。於是和碩特部徙牧青海，遙制西藏政權。桑結又嫌惡他。再招準噶爾噶爾丹入藏，襲殺固始汗的兒子達顏汗。其時噶爾丹業已逐去土爾扈特，又懾服了杜爾伯特。至此，遂統一衛拉特四部，其勢大張。

　　西元一六八八年，噶爾丹攻喀爾喀。三汗部眾數十萬，同時潰走漠南。清聖祖乃命科爾沁部假以牧地，而親自出塞大閱，以耀兵威。西元一六九五年。噶爾丹以兵據克魯倫河上流，清聖祖出塞打敗他。西元一六九七年，又自到寧夏發兵邀擊。這時候，噶爾丹伊犁舊地，已為其兄子策妄阿布坦所據。噶爾丹窮蹙自殺，阿爾泰山以東悉平。三汗遂各還舊治。

　　然而伊犁之地，還是未能動搖。清朝乃以其間，平定西藏和青海。先是達賴五世死後，桑結祕不發喪，而嗾使噶爾丹內犯。噶爾丹敗後，盡得其狀。聖祖下詔切責。會桑結為固始汗曾孫拉藏汗所殺，奏立新六世達賴。聖祖乃封拉藏為翼法恭順汗，以為藏事可從此平定了，而青海、蒙古，都說拉藏汗所立達賴是假的。別於里塘迎立一達賴。詔使暫居西寧。正在相持之間，而策妄阿布坦又派兵入藏襲殺拉藏汗。於是藏事又告緊急。好在西藏人都承認了青海所立的達賴。聖祖乃派皇子允禵和年羹堯，從西寧、四川兩道入藏擊退準噶爾的兵，而送青海所立的達賴入藏。西元一七二二年，聖祖

死，子世宗立，固始汗之孫羅卜藏丹津，煽動青海諸喇嘛叛變，亦給岳鐘琪襲破。於是青海、西藏都平，梗命的只有一個準噶爾了。

西元一七二七年，策妄阿布坦死，子噶爾丹策凌繼立。清朝想一舉而覆其根本，還沒有出兵，而噶爾丹策凌先已入犯。清兵出戰不利。策凌就進犯喀爾喀。為額駙策凌所敗。清高宗乃定以阿爾泰山為準、蒙游牧之界。這是西元一七三七年的事。到西元一七四五年，噶爾丹策凌死，準噶爾又生內亂。高宗乃因輝特部長阿睦爾撒納的降，用為嚮導，發兵把準部蕩平，而既平之後，阿睦爾撒納又叛，亦於西元一七五七年，給兆惠等打定。

喇嘛教雖然盛行於蒙古和海、藏，而天山南路，則仍自成其為回教的區域。天山南路，在元時本屬察合台汗國。後來回教教主之裔和卓木，入居喀什噶爾，因為人民的尊信，南路政教之權，遂漸入其手，而和卓木之後，又分為白山、黑山兩宗，軋轢殊甚。策妄阿布坦曾廢白山宗，代以黑山，而質白山酋長的二子於伊犁，是為大小和卓木。清兵定伊犁後，二子歸而自立。西元一七五九年，亦給兆惠、富德等打平，於是從天山南北路以通西域的路全開。蔥嶺以西之國，如浩罕、哈薩克、布魯特、乾竺特、博羅爾、巴達克山、布哈爾、阿富汗等，都來通朝貢。清朝對西北的國威，這時候要算極盛了。

其對於西南，則因廓爾喀侵犯西藏，於西元一七九二年，遣福康安打敗他。廓爾喀人請和，定五年一貢之例。廓爾喀東邊的哲孟雅，本來服屬於西藏；更東的哲丹，則當雍正年間，即已遣使來進貢；也當然成為中國的屬國。清朝因為防護西藏起見，乃提高駐藏大臣的職權，令其在體制上和達賴、班禪平等。又頒發金奔巴兩個：一個藏在北京雍和宮，一個藏在西藏大昭寺。達賴、班禪和大呼圖克圖出世有疑義時，就在這瓶中抽籤。所以管理西藏，也漸漸嚴密了。

以上所述，是清朝對於西、北兩方面的武功。至於南方，歷代對外的關係，比之西北，似乎不重要些。然至近代，隨著世運的進化，而其關

係亦漸次重大。原來在南方和中國緊相鄰接的，便是後印度半島。自唐以前，安南本是中國的領土。其餘諸地方，開化的程度很淺。自宋以後，安南既已獨立，而半島的西北部，又日益開化。南方的國際關係，也就漸形複雜了。當明初，西南土司，以平緬、麓川為最大。其南為緬甸。又其南為洞吾。又其南為古剌。其在普洱之南的，則為車里。車南之南為老撾。老撾之南為八百。這時候，中國的領土，實尚包括伊洛瓦底江流域和薩爾溫、湄公兩江上游。平緬、麓川，在元代本為兩宣慰司。明太祖初命平緬酋長思氏兼轄麓川。後來又分裂其地，設立若乾土司。思氏想恢復舊地，屢次造反。自西元一四四一後十年間，明朝嘗三次發兵征討，卒不能克，僅立隴川宣撫司而歸。思氏在當時本有統一後印度半島西部的資格。自為明所破壞，亦終至滅亡。於是緬甸日強。西元一五八三年，因寇邊，為明將劉所擊破，然明亦僅定隴川。自此中國對西南，實力所至，西不過騰沖，南不過普洱附近，就漸成為今日的境界了。

緬甸酋長，本姓莽氏。西元一七五四年，為錫箔江夷族所殺，木梳土司雍籍牙，入據其地。取阿瓦、平古剌。至其子孟駁，又並阿剌干，滅暹羅，國勢頗盛。西元一七六五年，遂寇雲南邊境。高宗兩次發兵，都不能克，僅因其請和，許之而還。暹羅是當明太祖時，受封於中國的。既為緬甸所滅，其故相鄭昭 —— 本是中國潮州人 —— 起兵恢復。以西元一七七八年即王位，旋為前王餘黨所弒。養子華，定亂自立。以西元一七八六年，受封於中國。緬人怕中國和暹羅夾攻他，才遣使朝貢請封。安南黎氏，自離中國獨立後，至西元一五二七年，而為其臣莫氏所篡。至西元一六七四年，乃得完全恢復。當復國之時，實賴其臣阮氏之力，而鄭氏以外戚執政。阮氏和他不協，南據順化，形同獨立。至清高宗時，又為西貢的豪族阮氏所破。併入東京，滅鄭氏，留將貢整守之，貢整想扶黎拒阮，又為阮氏所破。時為西元一七八六年。清高宗出兵以討新阮，初破其兵，復立黎氏末主，後復為阮氏所襲敗，亦因其請和，封之而還。清朝對

於安南、緬甸的用兵，實在都不得利。但是中國國力優厚，他們怕中國再舉，所以雖得勝利，仍然請和，在表面上，總算維持著上國的位置。

至清朝對於川、滇、黔、桂諸省的用兵，雖然事在疆域之內，然和西南諸省的開拓，實在大有關係，亦值得一述。原來西南諸省，都是苗、傜、猓玀諸族所據。雖然，自秦、漢以降，久列於版圖，而散居其地的種落，終未能完全同化。元時，其酋長來降的，都授以土司之職，承襲必得朝命。有犯順、虐民，或自相攻擊的，則廢其酋長，代以中國所派遣的官吏，是之謂改流。雖然逐漸改流的很多，畢竟不能不煩兵力。湖南省中，湘江流域，開闢最早。澧、沅、資三水流域，則是自漢以降，列朝逐漸開拓的，至清朝康雍時代，闢永順和乾州、鳳凰、永綏、松桃等府廳，而大功告成。貴州一省，因其四面閉塞，開闢獨晚。直至西元一四一三年，始列於布政司，而水西安氏、水東宋氏，分轄貴陽附近諸土司，和播州的楊氏，仍均極有勢力。明神宗時，播州酋楊應龍叛。至熹宗時，調川、滇、湖南三省之兵，然後把他打平。其時水東宋氏已衰，而水西安氏獨盛。到毅宗初年，才告平定。於是貴州省內，唯東南仍有一大苗疆，以古州為中心，而雲南東北境，有烏蒙、烏撒、東川、鎮雄四土府。西南部普洱諸夷，亦和江外土司，勾結為患。清世宗以鄂爾泰總督雲貴，到底把雲南諸土司改流。鄂爾泰又委任張廣泗，把貴州的苗疆打定。此等用兵，雖一時不免勞費，然在西南諸省的統治和開發上，總可算有莫大利益。唯四川西北境的大、小金川，高宗用兵五年，縻餉七千萬，然後把他打下，那就未免勞費太甚。亦可見清高宗的舉措，都有些好大喜功，而實際則不免貽累於民了。

第七章　清中葉的內亂

清朝的中衰，是起於乾隆時代的，這個讀第四章所述，已可見其大概了。清朝是以異族入主中原的，漢人的民族性，雖然一時被壓抑下去，然

而實未嘗不潛伏著，得到機會，自然就要起來反抗。如此，就釀成了嘉、道、咸、同四朝的內亂。

清中葉的內亂，是起於西元一七九五年的。這一年，正是高宗傳位於仁宗的一年。其初先借苗亂做一個引子。漢族的開拓西南，從大體上說，自然於文化的廣播有功；便苗族，也是受其好處的。然而就一時一地而論，該地方原有的民族，總不免受些壓迫，前章所述湖南永順、乾州一帶，當初開闢的時候，土民畏吏如官，畏官如神。官吏處此情勢之下，自不免於貪求，而漢人移居其地的又日多，苗民的土地，多為所占。這一年，遂以「逐客民，復舊業」為名，群起叛亂。調本省和四川、雲南、兩廣好幾省的兵力，才算勉強打平。然而事未大定，而教匪已起於湖北了。

白蓮教，向來大家都說他是邪教。從他的表面看來，自然是在所不免。但是這種宗教，是起於元代的。當元末，教徒劉福通，曾經努力於光復事業，而當清代，此教的勢力，也特別盛，在清代起兵圖恢復的，都自托於明裔，而嘉慶初年的所謂川、楚教匪，其教中首領王發生，亦是詐稱明裔的。便可知其與民族主義不無關係。不過人民的程度不一，而在異族監製之下，光復的運動也極難，不能不利用迷信的心理，以資結合，到後來，遂不免有忘其本來的宗旨罷了。然而其初意，則蛛絲馬跡，似乎是不可盡誣的。

所謂白蓮教，是於西元一七七五年被發覺的。教首劉松，遣戍甘肅。然其徒仍祕密傳播。至西元一七九三年，而又被髮覺。其首領劉之協逃去。於是河南、湖北、安徽三省大索，騷擾不堪，反給教徒以一個機會。至西元一七九六年，劉之協等遂在湖北起事。同時，冷天祿、徐天德、王三槐亦起於川東。自此忽分忽合，縱橫於川東北、漢中、襄鄖之境。官軍四面圍剿，迄無寸效。你道為什麼？原來高宗此時，雖然傳位，依舊掌握大權。如此，和珅自然也依舊重用。和珅是貪黷無厭的，帶兵的人，都不得不刻扣軍餉，去賄賂他。——當時得一個軍營差使，無論怎樣赤貧的

人，回來之後，沒有不買田、買地，成為富翁的。——所以軍紀極壞，而清朝當這時候，兵力本已不足用。官兵每戰，輒以鄉勇居前，勝則攘奪其功，敗亦撫卹不及。匪徒亦學了他，每戰，輒以被擄的難民居前，勝則樂得再進，敗亦不甚受傷。加以匪勢飄忽，官兵常為所敗。再加以匪和官兵，都要殺掠，人民無家可歸的，都不得不從匪。如此，自然剿辦連年，毫無寸效了。直到西元一七九九年，高宗死了，和珅伏誅，仁宗乃下哀痛之詔；懲辦首禍官吏；優恤鄉勇；嚴核軍需；許匪徒投誠；又行堅壁清野之法；一面任能戰之將，往來追逐。至西元一八〇二年，大股總算肅清。明年，餘匪出沒山林的，也算平定，而遣散鄉勇，無家可歸的，又流而為盜。又一年餘，然後平定。這一次亂事，前後九年，雖然勉強打平，然而清廷之政治力量，就很情見勢絀了。

然而同時東南還有所謂艇盜。艇盜亦是起於乾隆末年的。當新阮得國之後，因財政困難，乃招徠沿海亡命，給以器械，命其入海劫掠商船。廣東沿海，就頗受其害。後來土盜亦和他勾通。一發深入閩浙。土盜倚夷艇為聲勢，夷艇借土盜為耳目。夷艇既高大多炮，土盜又消息靈通。政府以教匪為急，又無暇顧及沿海。於是其患益深。西元一八〇二年，安南舊阮復國。禁絕海盜，夷艇失勢，都並於閩盜蔡牽，後為浙江水師提督李長庚打敗，又與粵盜朱相合。清朝用長庚總統閩浙水師，而前後督臣，都和他不合，遇事掣肘。西元一八〇七年，長庚戰死南澳洋面，朝廷繼任其部將邱良功、王得祿。至西元一八一〇年，才算把艇盜打平。

川、楚教匪定後，不滿十年，北方又有天理教匪之亂。天理教，本名八卦教。——後來的義和團，也是出於八卦教的。此時的天理教，是反清的，而後來的義和團，至於以扶清滅洋為口實，民族意識的易於消亡，真可以使人警惕了。當時天理教的首領，是大興林清和滑縣李文成。他們吸收徒眾的力量極大，教徒布滿於直隸、河南、山東、山西。便是清朝的內監，也有願意做內應的。他們謀於西元一八一三年起事。乘清仁宗秋狝

木蘭時，襲據京城。未及期而事洩，李文成被捕下獄。林清仍進行其豫定計劃。以內監為鄉導，和內應，攻擊京城。攻入東、西華門的有百餘人。文成亦被教徒劫出，攻占縣城，殺掉知縣。長垣、東明、曹縣、定陶、金鄉，都起而響應。雖然其事終於無成，亦足使清朝大吃一驚了。

天理教匪亂後八年，便是西元一八二〇年，仁宗死了，宣宗即位。這一年，回疆又有張格爾之變。天山南路的回民，信教最篤。清朝的征服回部，本來不能使他們心服的。但是清朝知道他們風氣強悍，事定之後，亦頗加意撫綏。回民喪亂之餘，驟獲休息，所以亦頗相安。日久意怠，漸用侍衛和在外駐防的滿員，去當辦事領隊等大臣。都黷貨無厭，還要廣漁回女。由是民心憤怨。這一年，大和卓木之孫張格爾，就借兵浩罕，入陷喀什噶爾、英吉沙爾、葉爾羌等城。清廷命楊遇春帶著陝甘的兵，前往剿辦，打敗張格爾。張格爾走出邊，楊遇春又誘其入犯擒殺他，於是清廷命浩罕執獻張格爾家屬。這張格爾是回教教徒，認為教主後裔的，這如何辦得到？於是清廷絕其貿易。浩罕就又把兵借給張格爾的哥哥玉普爾，使其入寇。交涉，直到西元一八三一年，才定議：清朝仍許浩罕通商，而浩罕允代中國監視和卓木的家族，這交涉才算了結。清朝在這時候，對外的威嚴，就也有些維持不住了。

第八章　鴉片戰爭

鴉片戰爭，是打破中國幾千年來閉關獨立的迷夢的第一件大事。其禍雖若天外飛來，其實醞釀已久，不過到此始行爆發罷了。

中英通商問題，種種，已見第五章。英國在中國的貿易，自西元一七八一年以後，為東印度公司所專。至西元一八三四年才廢。公司的代理人，中國謂之大班。公行言「散商不便制馭，請令其再派大班來粵」。粵

督盧坤奏請許之。於是英人先派商務監督，後派領事前來，而中國官吏，仍只認為大班不肯和他平行交接。於是英領事義律，上書本國，說要得中國允許平等，必須用兵；而中英之間，戰機就潛伏著了，而其時適又有一鴉片問題，為之導火線。

鴉片是從唐代就由阿剌伯人輸入的。但只是作藥用。到了明代，菸草從南洋輸入，中國人開始吸食，至於用罌粟子熬的，則稱為鴉片煙，尚未通行全國。當時鴉片由葡萄牙人輸入，每年不過二百箱，而吸食鴉片煙，則當西元一七二九年之時，已有禁例。自英國東印度公司，壟斷在中國的貿易後，在印度地方，廣加栽種，而輸入遂多。乾隆末年，粵督奏請禁止入口。嘉慶初年，又經申明禁令。鴉片自此遂成為無稅的私運品，輸入轉見激增。海關每年，漏銀至數千萬兩之巨。不但吸食成癮，有如劉韻珂所說：「黃岩一邑，白晝無人，竟成鬼市。」林則徐所說：「國日貧，民日弱，十餘年後，豈唯無可籌之餉，亦且無可用之兵。」未免不成樣子，而銀是中國的貨幣，銀價日貴，於財政、經濟關係都是很大的。所以至道光之世，而主張禁煙的空氣，驟見緊張。

當時內外的議論，都是偏向激烈的。只有太常寺卿許乃濟一奏，較為緩和。宣宗令疆臣會議，覆奏的亦多主張激烈，而西元一八三八年，鴻臚寺卿黃爵滋奏請嚴禁的一疏尤甚。於是重定禁例，而派林則徐以欽差大臣，馳赴廣東，查辦海口事件。

則徐既至粵，強迫英商，交出鴉片二萬零二百八十三箱，悉數把它焚燬。又布告各國：商船入口，都要具「夾帶鴉片，船貨充公，人即正法」的甘結，各國都願遵照。唯英領事義律不可。則徐遂命沿海斷絕英人接濟。時英國政府，尚未決定對中國用兵；而印度總督，遣軍艦兩艘至澳門。義律大喜。以索食為名，炮擊九龍。時則徐在沿海亦已設防，英人不得逞。乃請葡萄牙人出而轉圜，請刪甘結中「人即正法」一語，餘悉如命。則徐仍不許。時英議會中，亦分為強硬、緩和兩派。然畢竟以九票多數，通過

「對中國此前的損害，要求賠償；對英人此後的安全，要求保證」。時為西元一八四〇年四月。於是英人調印度、好望角的兵一萬五千人，命伯麥和佐治義律統率前來，而中、英的兵釁遂啟。

英兵既至，因廣東有備，轉攻廈門。亦不克。乃北陷定海，投英國巴里滿致中國首相的書。浙江巡撫不受，乃轉赴天津。清宣宗是個色厲而內荏的人。遇事好貌為嚴厲，而對於事情的本身，實在無真知灼見。又沒有知人之明，所以其主意很易搖動。當時承平久了，沿海各省都無備，疆臣怕多事，都不悅林則徐所為，乃造蜚語以聞於上。於是朝意中變，命江督伊里布赴浙江訪致寇之由，又諭沿海督撫：洋船投書，許即收受馳奏。時林則徐已署理粵督，旋革其職，遣戍伊犁，而命琦善以欽差大臣赴粵查辦。

琦善既至，盡撤林則徐所設守備。時佐治義律有疾，甲必丹義律代當談判之任。琦善一開口，就許償煙價二百萬。義律見其易與，又要求割讓香港。琦善不敢許。義律就進兵，陷沙角、大角兩炮臺。副將許連陞戰死。琦善不得已，許開廣州，割香港。英兵乃退出炮臺。朝廷聞英人進兵，大怒。命奕山以靖逆將軍赴粵剿辦，英人遂進陷橫當、虎門兩炮臺。提督關天培又戰死，奕山既至，夜襲英軍，不克。城外諸炮臺盡陷。全城形勢，已落敵人手中。不得已，乃令廣州知府余葆純縋城出見英人。許償軍費六百萬，盡五天之內交出，而將軍率兵，退至離城六十里之處。英兵乃退出虎門。奕山乃冒奏：「進剿大挫凶鋒，義律窮蹙乞撫，唯求照舊通商，永遵不敢售賣鴉片。」而將六百萬之款，改稱商欠。朝廷以為沒事了，而英人得義律和琦善所訂的《草約》，以為償款太少，對於英人後此之安全，更無保證，乃撤回義律，代以璞鼎查。續調海軍東來，於是廈門、定海，相繼陷落。王錫朋、鄭國鴻、葛雲飛三總兵，同日戰死。英兵登陸，陷鎮海，提督余步雲遁走。江督裕謙，時在浙視師，自殺。英軍遂陷寧波。清廷以奕經為揚威將軍，進攻，不克，而英人又撤兵而北，入吳淞口，陷寶山、上海，又進入長江，陷鎮江，逼江寧。清廷戰守之術俱窮，

而和議以起。

先是伊里布因遣家人張喜，往來洋船，被參奏，革職遣戍。至是，乃用他和耆英為全權大臣，和璞鼎查在江寧議和。訂立條約十三款。時為西元一八四二年八月二十九日。是為中國和外國訂立條約之始。約文重要的：

（一）中國割香港與英。

（二）開廣州、廈門、福州、寧波、上海五口，許英人攜眷居住，英國派領事駐紮。

（三）英商得任意和華人貿易，無庸拘定額設行商。

（四）進出口稅則，秉公議定，由部頒發曉示。英商按例納稅後，其貨物得由中國商人，遍運天下，除照估價則例加收若干分外，所過稅關，不得加重稅則。

（五）英國駐在中國的總管大員，與京內外大臣，文書往來稱照會，屬員稱申陳，大臣批覆稱札行。兩國屬員往來，亦用照會，唯商賈上達官憲仍稱稟。

這一次條約，和英國巴里滿所要求的，可以說是無大出入。總而言之，是所以破此前（一）口岸任意開閉，（二）英人在陸上無根據地，（三）稅額繁苛，（四）不許英官和中國平行之局的。

五口通商的條約，可說是中國人受了一個向來未有的打擊。當時的不通外情，說起來也真可笑。當時英人進犯雞籠，因觸礁，有若干人為中國所獲。總兵達洪阿和兵備道姚瑩奏聞。廷寄乃命其將「究竟該國地方，周圍幾許？所屬之國，共有若干？其最為強大，不受該國統束者，共有若干人？英吉利至回疆各部，有無旱路可通？平素有無往來？俄羅斯是否接壤？有無貿易相通？……」逐層密訊，譯取明確供詞，據實具奏。在今日看起來，真正可笑而又可憐了，而內政的腐敗，尤可痛心。當時廣東按察使王廷蘭，寫給人家的信，說：「各處調到的兵，紛擾喧唊，毫無紀律。互鬥殺人，教場中死屍，不知凡幾。」甚而至於「夷兵搶奪十三洋行，官兵雜

入其中，肩挑擔負，千百成群，竟行遁去。點兵冊中，從不聞清查一二」。又說，從林則徐查辦煙案以來，「兵怨之，夷怨之，私販怨之，莠民亦怨之，反恐逆夷不勝，則前轍不能復蹈」，而劉韻珂給人家的信，亦說：「除尋常受僱，持刀放火各犯外，其為逆主謀，以及荷戈相從者，何止萬人？」人必自侮而後人侮之，這真可使人悚然警懼了。然而僅此區區，何能就驚醒中國人的迷夢？

第九章　太平天國和捻黨之役

　　滿族占據中國，倏忽二百年了。雖然他治理中國之法，還是取之於中國，然而在民族主義上，總欠光晶。加以他政治腐敗，國威陵替，五口通商之役，以堂堂天朝，而割地賠款於海外夷人，這在當日，確是個非常之變。英雄豪傑，豈得不乘時思奮？於是霹靂一聲，而太平天國以起。

　　太平天國天王洪秀全，是廣東花縣人。他於西元一八一二年誕生，恰在民國紀元之前百年。他是有志於驅除異族，光復河山的人。要做光復事業，不得不和下層民眾結合，乃不得不借助於宗教。廣東和外國交通早，西教輸入的年代亦多。所以洪秀全所創的上帝教，頗與基督教相近。以耶和華為天父，基督為天兄，而自稱為基督之弟。和馮雲山等同到廣西傳布，信他的人頗多，大多數都是貧苦的客民。西元一八四七、四八年間，廣西年荒盜起，居民倡團練自衛，和教中人頗有衝突。秀全乘機，以西元一八五〇年六月，起事於桂平的金田村。

　　時廣西盜賊甚多，清朝派向榮等剿辦，不利。洪秀全以起事的明年據永安。始建太平天國之號，自稱天王。又明年，突圍而出。攻桂林，不克。乃北取全州，浮湘而下。為江忠源鄉勇所扼，改由陸道出湘東。攻長沙，亦不克，而清援軍漸集，乃舍之，北出洞庭。克岳州，遂下武、漢。

221

沿江東下，直抵江寧，建為天京。時為西元一八五三年。

當洪秀全在永安時，有人勸他，由湘西出漢中，以圖關中。秀全不能用。及克武、漢，又有主張北上的，以琦善統大兵扼河南，不果。天京既建，清向榮以兵踵至，營於城東孝陵衛，而琦善之兵，移駐揚州，是為江南、江北兩大營。太平軍殊不在意。當時派兵兩支：一自安徽出河南北伐，一沿江西上。後來北伐的兵，因形勢太孤，雖經河南、山西，打入直隸，畢竟為清兵所殲滅。這個從太平軍一方面論起來，實在是件可惜的事。其西上之兵，則甚為得勢。再破安慶、九江，占據武、漢，並南下岳州、湘陰。

此時清朝的兵，不論綠營、八旗，都不足用，乃不得不專靠鄉勇。當時辦團練的地方很多，而湘鄉曾國藩，以在籍侍郎，主持辦團之事。國藩仿戚繼光之法，倡立營制。專用忠勇的書生，訓練誠樸的鄉農。又創立水師，以期和太平軍相角逐。遂成為太平軍的勁敵。湘軍以西元一八五四年，出境作戰。初出不利，旋復戰勝，克復岳州。又會湖北兵復武、漢。然進攻九江不能克，而石達開坐鎮安慶，遣兵盡取江西州縣。國藩孤居南昌，一籌莫展，形勢甚危。長江中流，太平軍仍占優勢，而天國於是時顧起了內訌，遂授清軍以可乘之隙。

洪秀全的為人，似長於布教，而短於治政和用兵。既據天京之後，就深居簡出，把軍國大事，一切交給楊秀清，旋又相猜忌，乃召韋昌輝，使殺秀清。石達開聞變回京，昌輝又殺其家屬。達開縋城而遁。自此別為一軍，不復受天京節制，秀全又使秀清餘黨，殺掉昌輝。於是太平軍初起諸人略盡，遂呈散漫之象。清軍乘之，以西元一八五七年冬克武、漢。明年春，又復九江。胡林翼居武昌，籌餉練兵，屹為重鎮。太平軍僅據安慶和天京相犄角，形勢就很危險了。

然而太平軍中，還有後起之秀，足以支持危局的，那就是李秀成。其時清軍上流一方面，分遣陸軍攻皖北，水軍攻安慶。下流一方面，向榮的江南大營，前此被太平軍攻破，清朝用其部將張國樑，主持軍事，於九江

失陷之際，再逼天京而軍。此時捻黨已盛於江北。李秀成和其首領張洛行相聯絡，把皖北的軍事，交託悍將陳玉成，而自己入京輔政。玉成殲湘軍精銳於三河集，安慶之圍亦解。李秀成知道江南大營的餉源出於浙江。其時江北大營，已不置師，舊江南大營兼統，汛地更廣。乃出兵陷杭州，以搖動其軍心。又分軍擾亂各處，以分其兵力，而突合各路的兵猛攻之，大營遂潰。國樑走死。蘇、松、常、太，相繼皆下，太平軍的形勢又一振。

　　然而大廈非一木所能支，單靠一個忠勇善謀戰的李秀成，到底不能挽回太平天國的末運。清朝此時，胡林翼已死，乃用曾國藩為兩江總督。發縱指示之責，集於國藩一身。國藩使弟國荃攻圍安慶。陳玉成不能將將，諸將都不聽命，遂不能救。西元一八六一年，秋間，安慶陷落。玉成戰敗走合肥，為苗沛霖所執，送於清軍，被殺。曾國藩乃薦沈葆楨撫贛，左宗棠撫浙，以敵太平軍方面李世賢、汪海洋的兵，使鮑超、多隆阿等分攻皖南、北。都興阿鎮守揚州，而使曾國荃沿江東下，楊岳斌、彭玉麟以水師為之聲援，以逼天京。又使李鴻章募兵淮、徐，以圖蘇、松。李秀成力勸洪秀全出兵親征，不聽。請與太子俱出，又不聽。秀成曾一度出兵江北，因張洛行已被擒，亦無成功。只得守了蘇州，和天京作為聲援。

　　借外力以平內亂是件可恥的事，亦是件可危的事。當道咸之世，清朝的昏憒反覆，很為外人所厭惡。太平軍在此時，很有和外人聯絡的機會，而太平軍未肯出此 —— 或亦是未知出此 —— 清朝則似非所恤。西元一八五八、六〇年兩役，外人在條約上所得的權利，實在多了，乃有助清人以攻太平軍之議，清廷初亦未敢接受。然至蘇、松失陷後，江蘇巡撫薛煥和布政使吳煦，避居上海，到底借外人所訓練統率的華兵，即所謂常勝軍者，以御太平軍。此時中國兵弱，洋將多不聽命。蘇人避居上海的，乃自雇汽船七艘，以迎李鴻章的淮軍。太平軍既未能邀擊。蘇州諸生王畹，獻策於李秀成，請先設計封鎖或擾亂上海，俾外人避居，然後出而招撫，收為己用，秀成又未能用。李鴻章至，淘汰前所募兵，代以淮勇，都強悍

能戰；常勝軍亦隸麾下，輔以精利的器械；而上海此時，餉源又甚豐富；太平軍東路的形勢，遂亦陷於危急。

李秀成此時，以一身負天京和蘇州兩方面守禦的重任，兼負調度諸軍之責。當西元一八六二年時，曾國荃已攻破沿江要隘，直逼天京。是年秋間，其軍大疫。秀成合李世賢攻浙的兵，猛攻其營。凡四十六日，卒不能破。天京之圍，自此遂不能解。至西元一八六三年初冬，而蘇州又失陷，秀成乃入天京死守。明年六月，天京亦陷。天王已仰藥殉國。秀成奉太子福瑱出走，於路相失，為清軍所獲，不屈，死之。太子會李世賢、汪海洋之師入贛，亦為清軍所執，殉國於南昌。海洋、世賢的兵，沒於閩、粵。石達開先別為一軍，歷贛、閩、湘、桂而入川，欲圖割據，亦為清兵合土司所擒。陳玉成敗後，在皖北的陳德才，北入河南，聞天京緊急，率兵還救，不及，自殺。太平天國自立凡十五年，兵鋒所至，達十六省，卒仍為滿族所征服。

然而其餘眾合於捻黨，猶足使清廷盱食者數年。所謂捻黨，是很早就有的。太平軍起而捻勢亦盛。蔓衍於蘇、皖、魯、豫四省之間。雉河集的張洛行、李兆受為其首領。壽州練總苗沛霖，亦陰和太平軍和捻黨相通。清命袁甲三等剿之，無效。西元一八六〇年，英、法兵陷京城。捻眾亦乘機北略，至濟寧。英、法兵既退，乃命僧格林沁剿辦。僧格林沁攻破雉河集，張洛行、姜台凌都死。苗沛霖亦被陳玉成餘眾所殺，捻勢稍衰。太平天國既亡，餘眾多合於捻，其勢復盛。僧格林沁勇而無謀，捻眾多馬隊，其勢飄忽，僧格林沁常為所致。遂以西元一八六五年，敗死於曹州。清廷命曾國藩往剿。國藩首創圈制之法，練黃河水師，以濟寧、徐州、臨淮關、周家口為四鎮，各派重兵駐紮。於運河東岸，賈魯河西岸築長牆，想把捻眾蹙之一隅。

然而止不住捻眾的衝突，西元一八六六年，捻眾突圍而出，張總愚入陝，任柱、賴文光入山東，於是罷國藩，代以李鴻章。鴻章仍守國藩遺

策，倒守運河，把東捻逼到海隅。於西元一八六七年打定。其西捻則由左宗棠剿擊。宗棠敗之渭北。捻眾乃北犯延綏，渡河入山西。再出河南，以入直隸。宗棠率兵追擊。李鴻章亦渡河相助，命直隸之民，多築寨堡以自衛，而沿黃、運二河築長牆以守。至西元一八六八年，才把他逼到黃、運、徒頰之間打平。

　　捻匪不過是擾亂，說不上什麼主義的。太平天國，則當其兵出湖南時，即已發布討胡之令。可謂堂堂之陣，正正之旗。其定都金陵後，定田制，改曆法，禁蓄妾及買賣奴婢，並禁倡伎，戒纏足，頒天條以為法律，開科舉以取士，亦略有開創的規模，且頗富於新理想。有人說：「中國當日，惡西教正甚，而太平天國，帶西教的色彩很重，這是其所以失人心的原因。」然而天王的創教，本不過是結合的一種手段，兵勢既盛之後，亦未曾盡力推行。太平天國的滅亡，其中央無真長於政治和軍事的人才，實在是其最大的原因，而其據天京之後，晏安鴆毒，始起諸人，不能和衷共濟，反而互相殘殺。又其後來，所謂老兄弟者日少，新兄弟日多，軍紀大壞，亦是其致亡的原因。太平天國，提倡民族主義，曾國藩等，則揭櫫忠君主義，以與之對抗。在當日，自然是忠君主義，易得多數人的扶助，然而民族主義的源泉，終不絕滅，遂潛伏著，以待將來的革命。

第十章　英法聯軍之役

　　鴉片戰爭，在中國歷史上，為從古未有的奇變，然其實不過外人強迫通商的成功而已。在實際上，關係還不算很大。其種種喪權辱國的條約，實在又是五口通商以後，陸續所造成的，至西元一八五八年的《天津條約》，西元一八六○年的《北京條約》，而作一總匯。

　　《江寧條約》成後，伊里布以欽差大臣赴廣東辦理通商事宜。死後，耆

英代之，與英另訂《五口通商章程》十五條，而法、美、瑞典，亦相繼和中國訂立條約。唯俄國仍不准在海口通商。

　　交涉的，起於廣東英人入城問題。先是西元一七九三年，高宗曾有「西洋各國商人，不得擅入省城」之諭。此時另訂條約，國交一新，此項上諭，自然無效，而粵民仍執之以拒各國領事入城。粵中大吏，既不能將此情形上以告於清廷，下以曉諭人民，又不敢明拒外人；而依違其間，於是粵民遂自辦團練，欲以拒絕外人。以為官吏軟弱，浸至官民亦生齟齬。耆英知道交涉是棘手的，乃陰謀內召。先是《江寧條約》，訂明舟山、鼓浪嶼的英兵，須俟賠款交清後，方行撤退。西元一八四六年，賠款清了，耆英要求英人撤兵。又另訂條約五條，申明許英人入城，而中國不得以舟山群島，割讓他國。明年，耆英內用，英人請實行入城之約。耆英知道廣東民氣難犯。請展期兩年。英人也答應了。

　　於是徐廣縉為總督，葉名琛為巡撫。兩人都是有些虛怯之氣，好名而不通外情的。西元一八四九年，英人以入城之期已屆，又請實行。廣縉登舟止之。英人謀劫廣縉，以求入城，廣東練勇數萬人，同時聚集兩岸，呼聲震天。英人懼，乃罷入城之議。事聞於朝，封廣縉一等子，名琛一等男，都世襲。餘官均照軍功例，從優議敘，並傳旨大獎粵民。於是廣東人民，更為得意。遂散布流言，要破壞通商之局。英人聞之，寫信給廣縉，請另訂《廣東通商專約》。廣縉要求其將不入城列入《專約》之中，英人也答應了。此時廣縉、名琛，都很負時望。

　　西元一八五〇年，宣宗死了，文宗繼立。明年而徐廣縉移督湖廣，葉名琛代為總督。此時太平天國正盛，清廷怕多生枝節，亦諭令交涉謹慎；而名琛以為外國人不過虛聲恐喝，遇事多置諸不理。既不能措置妥帖，而又不設防備。這時候，沿海的中國船，頗有恃外國旗號為護符的。西元一八五六年，有在英國登記，而業經滿期的亞羅船，停泊粵河，為水師千總捕去十三人。英領事巴夏禮，要求省釋。葉名琛也把所捕的人送還了，

而英人又要趁此要求入城，拒絕弗受：而提出四十八小時內無確實答覆，作為談判破裂的警告。名琛置之不答，英兵遂陷廣州。然既不得本國政府的允許，而兵又少，旋又退出。而粵人又盡焚英、法、美諸國商館。巴夏禮遂馳書本國政府請戰。

時英國議會，亦不主開釁。英相巴馬斯頓，把他解散，另行召集。通過「要求中國改訂條約，並賠償損失，否則開戰」的議案。英國又要約俄、法、美三國。俄、美僅派使臣偕行，而法國因廣西地方，教士被殺，派兵和英國同行。

西元一八五七年，四國使臣到廣州。英使先致書名琛，要求會議改約和賠償損失，法、美願任調停。名琛均置不答。英、法兵遂陷廣州，名琛被虜。四國要求派遣全權大臣至上海議善後。由江督何桂清奏聞。朝命革名琛職，代以黃宗漢。命英、法、美三使回廣東，聽候查辦。對俄國，則申明海口不許通商之旨，令回黑龍江，和將軍會議。四使不聽，徑行北上。明年三月，至天津。四月，陷大沽炮臺。清廷乃派大學士桂良、吏部尚書花沙納赴津，和四使會議。各訂條約。其稅則，命其赴滬會同何桂清，和各國會議。又成《通商章程》十條，英、法、美三國相同。是為西元一八五八年的《天津條約》。

其明年，英、法二使來換約。時僧格林沁在大沽設防，請其改走北塘。弗聽。強航白河。為炮臺守兵所擊，狼狽走上海。西元一八六〇年，英、法再派兵來。先照會何桂清，說：「若守《天津原約》，仍可罷兵。」而清廷上諭，又說他「輒帶兵船，毀我海口防具。首先背約，損兵折將，實由自取，所有八年議和條款，概作罷論。若彼自知悔悟，必於前議條款內，擇道光年間曾有之事，無礙大體者，通融辦理。仍在上海定議，不得率行北來」。於是兵端之啟，遂無可避免，此時清廷亦怕啟釁，所以美使後至，遵命改走北塘，即許其在天津換約。雖封鎖大沽，然仍留北塘為款使議和之地，而僧格林沁又惑於「縱洋人登陸，以馬隊蹂而殲之」之說，

遂棄北塘不守。其所埋地雷，為漢奸告知英人掘去。於是英、法兵從北塘登陸，攻陷大沽炮臺。僧格林沁退駐張家灣。清廷不得已，再派怡親王載垣和英、法議和。有人告載垣，說「巴夏禮衷甲將襲我」。載垣懼，以告僧格林沁。僧格林沁執巴夏禮。英、法兵進攻，僧格林沁敗績。助守的禁軍和旗兵亦都敗。文宗乃逃往熱河，而留恭親王奕訢守京城，旋以為全權大臣。英、法兵脅開京城，又焚圓明園。奕訢懼不敢出。因俄使伊格那提業幅的保證，乃出而與英、法議和，重行訂定條約，是為《北京條約》。

這兩約，實在是把五口通商以後，英、法兩國所訂的條約，合併整理而成的；而又有新喪失的權利。論口岸，則增開牛莊、登州、臺灣、淡水、潮州、瓊州及沿江各口。因此內河航行之權，亦和外人相共。領事裁判和關稅協定，都自此確定。內地遊歷通商和傳教的條文，亦起於此兩約。前此清朝中央政府，恆不願與外人直接交涉，至此則接待駐使，亦成為條約上的義務了，而又把九龍割給英國。賠英、法軍費及商虧，各八百萬兩。《美約》還是西元一八五八年所訂的，所以和英、法兩約，又有不同。然各國的條約，都有最惠國條款，則此等異同，也不足計較了。至對於俄國的條約，則損失尤大，別見下章。

第十一章　璦琿條約和北京條約

侵略國的思想，是愛好平和之國所夢想不到的。假如中國而有了西伯利亞的廣土，亦不過視為窮北苦寒之地，置諸羈縻之列 —— 所以黑龍江兩岸，遠較西伯利亞為膏腴，尚且不能實力經營。若說如俄國，立國本在歐洲，卻越此萬里荒涼之地，以求海口於太平洋，這是萬想不到的事。然而近世的帝國主義，則竟有如此的。所以近世中國受列強的侵削，歷史上國情的不同，實在是其最重要的根源。

　　凡事不進則退。《尼布楚條約》，中國看似勝利，然而自此以後，對於東北方，並沒有加意經營；而俄人卻步步進取，經過一世紀半之後，強弱自然要易位了。西元一八四七年，俄皇尼古拉一世以木喇福岳福為東部西伯利亞總督。木喇福岳福派員探測，始知庫頁之為島。西元一八五〇年，俄遂建尼哥來伊佛斯克為軍港。西元一八五二年，進占德喀斯勒灣和庫頁。東北的風雲，就日形緊急了。

　　這一年，俄、土開戰，英、法要援助土耳其。木喇福岳福歸見俄皇，極陳當占據黑龍江，於是決議和中國重行議界，而俄國的外務部，不以為然。致書中國，請協定格爾必齊河上流界標。於是吉、黑、庫倫，同時派員會勘。此時若能迅速定議，自是中國之利，而派出的人員，或以冰凍難行，或以期會相左，輾轉經年，終無成議，而俄國已和英、法開戰，尼古拉一世，已畀木喇福岳福以極東的全權，得徑和中國交涉了。

　　木喇福岳福致書中國政府，說為防守太平洋起見，要從黑龍江運兵，請派員會議疆界，使者至恰克圖，中國不許其進京。木喇福岳福遂徑航黑龍江，赴尼科來伊佛斯克布防。璦琿副都統見其兵多，不敢抗拒。西元一八五五年，木喇福岳福和黑龍江委員台恆會晤。藉口為防英、法起見，黑龍江口和內地必須聯絡，請劃江為界。台恆示以俄國外務部來文，說該文明認黑龍江左岸為中國之地，何得翻議？木喇福岳福語塞，乃要求航行黑龍江，而境界置諸緩議。這時候，朝命吉、黑兩將軍和庫倫辦事大臣照會俄國，說此次劃界，只以未設界碑的地方為限。會尼古拉一世卒，亞歷山大二世立。俄外部仍不以木喇福岳福的舉動為然。木喇福岳福乃再西歸，覲見俄皇，自請為中俄劃界大使。且請合堪察加半島、鄂霍次克海岸和黑龍江口之地，置東海濱省。其時江以北之地，實際上幾盡為俄國所占，清朝不過命吉、黑兩將軍，據理折辯，而且命理藩院行文俄國，請其查辦而已。

　　然而西元一八五七年，普提雅廷到天津，以劃界為請，上諭仍說交界

只有烏特河一處未定，飭其回黑龍江會議。及西元一八五八年，英、法兵陷大沽，木喇福岳福帶著兵到黑龍江口，派人約黑龍江將軍奕山，說自己要到璦琿去，可以就便開議。於是中國派奕山為全權大臣，和木喇福岳福定約三條：把黑龍江以北之地，都割給俄國，而以烏蘇里江以東，為兩國共管之地。黑龍江、松花江、烏蘇里江，只准中、俄兩國行船，是為《璦琿條約》。此約成後，侍講殷兆鏞，劾奕山「以黑龍江外之地，拱手讓人，寸磔不足蔽辜」。然奕山在當日，亦曾竭力爭執，而俄人以開戰相脅，這時候的情形，恰和結《尼布楚條約》時相反，倘使開戰，中國是萬無幸勝之理的，徒然弄得牽涉更廣。所以邊疆的不保，是壞在平時邊備的廢弛，並不能專怪哪一個人。

這時候，普提雅廷在天津，仍以添設通商海口；由陸路派員赴黑龍江，再清疆界為請。清朝對於俄國，前此迄未許其在海路通商。這時候，仍限於每國通商，只許五口。先是西元一八五〇年，俄人請在伊犁、塔爾巴哈臺和喀什噶爾三處通商，清廷議許伊犁和塔爾巴哈臺，而拒絕喀什噶爾。以奕山為伊犁將軍，和俄國訂立《通商章程》。所以這時候，清朝說俄國通商，已有三口，若再援五口之例，則共有八處，他國要求，無以折服，乃命於五口之中，選擇兩口，至多三口。後來因要借俄、美之力，以牽制英、法，乃先和俄、美兩國訂約，把前此所爭執，概與通融。是為西元一八五七年俄國的《天津條約》。約中訂明：（一）以後行文，由俄外務部直達軍機處或特派的大學士。俄使遇有要事，得由恰克圖故道，或就近海口進京。（二）開上海、寧波、福州、廈門、廣州、臺灣、瓊州七處通商。（三）陸路通商，人數不加限制。（四）許在海口和內地傳教。（五）京城恰克圖公文，得由臺站行走。（六）而仍有派員查勘邊界一條。

於是俄國以伊格那替業幅為駐華公使。西元一八六〇年之役，奕訢本懼不敢出，因俄使力保，和議才得成就。於是俄使自以為功，再和中國訂立《北京條約》：就把（一）烏蘇里江以東之地，亦割屬俄國。（二）交界各

處，準兩國的人，隨便貿易，並不納稅。（三）恰克圖照舊到京。所經過的庫倫、張家口，零星貨物，亦准行銷。（四）在庫倫設立領事。（五）西疆再開喀什噶爾。（六）而其未定之界，則此約第二條預行訂定大概，以俟派員測勘。這兩約，不但東北割地之廣駭人聽聞，而蒙占、新疆方面，亦幾於藩籬盡撤，就伏下將來無窮的禍根了。約既定，俄國遂將黑龍江以北之地，設立阿穆爾省，而將烏蘇里江以東，併入東海濱省並建海參崴為軍港。

第十二章　西北事變和中俄交涉

西北本是興王之地，在漢、唐之世，都以此為天下根本。當時關中的武力和文化，都為全國之冠。涼州的風氣，尤其強悍。所以經營西域的力量，也非常之強。自宋以後，武力不競。北方迭受異族的蹂躪，國都非偏在東南，則僻在東北。西北方的實力，遂漸漸落後，而自元以後，回教盛行於西北，漢、回之間，尤其多生問題。

中國人是不甚迷信宗教的，所以爭教的事情很少。但是信仰回教的人民，因其習俗不同，不易和普通人民同化，而漢、回之間，遂不免留著一個界限。在平時的爭執，原不過民間的薄物細故。但是回人團結，而漢人散漫。所以論風氣，是回強而漢弱。在官吏，就不免袒漢而抑回。到回民激而生變，則又不免敷衍了事。釀成了「漢、回相猜，民怨其上」的局面。咸、同大亂之時，又發生所謂「回亂」。

「回亂」是起於西南，而蔓延於西北的。西元一八五五年因臨安漢回的衝突，漸至蔓延。永昌的回民杜文秀，就起兵占據大理。回酋馬德新，則居省城，挾巡撫徐之銘為傀儡。之銘亦挾回以自重。清朝所派的督撫，不能到任的很多。後來布政使岑毓英，結回將馬如龍為援。先定省城。次平

迤東，誅叛酋馬連陞。清朝即用為巡撫，直到西元一八七二年，才把大理克復，雲南全省打定。總計其始末，也有十八年了，但還是限於一隅的。至西北則事變更形擴大。

西北的「回亂」，是起於西元一八六二年的。先是陝西募回勇設防。及是年，太平天國的陳得才，合捻黨以入武關。回勇潰散。有和漢人衝突的。彼此聚眾相仇，而雲南叛回任五，此時匿居渭南，遂誘之為亂。清朝派勝保剿辦，無功。賜自盡，改派多隆阿。回眾被驅入甘肅。於是固原、平涼和寧夏一帶，「回亂」大熾。回酋馬化龍，居金積堡，白彥虎居董志原，為其首領，陝西北部的游勇、土匪，亦都由叛回接濟，到處糜爛。叛回又派遣徒黨，四出招誘。於是回酋妥得璘，以西元一八六四年，據烏魯木齊，旋陷吐魯番。據南路八城。至西元一八六六年，遂陷伊犂和塔爾巴哈臺。其時漢人亦有起兵自衛的，以徐學功為最強，而浩罕又把兵借給張格爾的兒子布蘇格，令其入據喀什噶爾。西元一八六七年，布蘇格為浩罕之將阿古柏帕夏所廢。自稱喀什噶爾汗。和徐學功連和。合攻烏魯木齊，妥得璘走死。地皆入於阿古柏。於是阿古柏想聯合回教徒，在中、英、俄三國之間，建立一國。因徐學功的內附，介之以求封冊，而通使於英、俄和土耳其。先是伊犂危急時，將軍明緒、榮全，都想借助於俄。俄人卒未之應。及阿古柏陷北路後，俄人因與回眾衝突，於西元一八七一年，占據伊犂，然仍與阿古柏訂立《商約》。英人則更想扶助之以拒俄。英國的公使，亦替他向中國代求封冊。

時中國以左宗棠督辦陝甘軍務。因追剿捻匪，無暇顧及「回亂」，所以陝、甘兩省，更形糜爛。到西元一八六八年，捻匪平了。宗棠乃回到西安。先出兵肅清陝西，進取甘肅。甘回分擾陝西，宗棠又回兵定之。至西元一八一二年，而甘肅自黃河以東皆定。馬化龍被殺，宗棠又進兵河西。西元一八七三年，河西亦定。白彥虎走歸阿古柏。

其時英人仍為阿古柏祈請，而中國亦有因軍費浩大，主張以南路封之

的，左宗棠力持不可。西元一八七五年，乃以宗棠督辦新疆軍務。宗棠任劉錦棠，先進兵北路，西元一八七六年，復烏魯木齊。明年，遂克闢展，進取吐魯番。其時浩罕已為俄國所滅，而南路纏回，亦和阿古柏不洽。阿古柏窮蹙，乃飲藥自殺。其子伯克胡里，仍據喀什噶爾，而白彥虎則據開都河，以拒華軍。西元一八七八年，劉錦棠又進兵定之。兩人都逃入俄國。於是天山南、北路皆平，而伊犁仍為俄人所據，而中、俄的交涉遂起。

從西元一七五九年，天山南、北路平定以來，中國西北數千里，都和俄國接界，而地界則自西元一七二八年以後，迄未重定。所以中俄邊界，西方仍只規定至沙賓達巴哈為止。西元一八六○年的《北京條約》，訂明「西疆未定之界，應順山嶺大河，中國常駐卡倫，自沙賓達巴哈往西至齋桑淖爾，自此西南，順天山之特穆圖淖爾，南至浩罕邊界為界」，此約之誤，在「常駐卡倫」四字。其後西元一八六四年，明誼和俄人定立界約，就把烏里雅蘇臺以西之地，喪失一大段了。明誼之約既定，科布多、烏里雅蘇臺、塔爾巴哈臺所屬，均由中國派員，於西元一八六九、七○兩年間，與俄會立界牌鄂博，而伊犁屬境，始終未及勘定。

所以中國此時，所重要的實仍在劃界問題。劃界既定。則伊犁不索而自回，若但索一個伊犁城，就是走的下著了，而中國當日，派出一個全不懂事的崇厚到俄國去會議。不但在地界上損失甚巨，別一方面的損失，更其不可思議。議既定，中外交章論劾。主戰之論大盛。郭嵩燾上書力爭，論乃稍戢。於是改派曾紀澤使俄。於西元一八八○年，與俄重訂條約，總算把崇厚的原約爭回了些。然而其所損失，業已很大了。要明白中、俄的《伊犁條約》，先得知道前此的中俄《陸路通商章程》。原來俄國人對於東北，固然要想侵略，而其對於蒙古，亦是念念不忘的。於是《北京條約》立後，俄人又要求到京城通商。又要在蒙古地方，隨意通商。又要在張家口設立行棧、領事。且藉口陸路運費貴，定稅不肯照海口一律。於是於西元一八六二年，訂立《陸路通商章程》。西元一八六五、六九兩年，又兩次修

改。准（一）俄人於兩國邊界百里之內，均無稅通商。（二）中國設官的蒙古地方，和該官所屬的盟、旗，亦許俄人隨意通商，不納稅。其未設官的地方，則須有俄邊界官執照，方許前往。（三）由陸路赴天津的，限由張家口、東壩、通州行走。（四）張家口不設行棧，而准酌留貨物銷售。（五）稅則許其三分減一。中國這時候，於商務的盈虧和稅收，都不甚措意。所最忌的，是外人的遍歷內地。所以所就就注重的，全在乎此。

崇厚原約，收回伊犁之地，僅廣二百里，長六百里，曾紀澤改訂之約，則把南境要隘多索回了些，而原約償款五百萬盧布，改至九百萬。肅州、吐魯番兩處，均許設領事。原約尚有科布多、烏里雅蘇臺、哈密、烏魯木齊、古城五處。改約訂明俟商務興旺再議，而將蒙古的貿易，擴充至不論設官未設官之處，均准前往。凡設領事之處和張家口，都准造鋪房行棧，而天山南、北路通商，亦許暫不納稅。此約雖較原約為優，然所爭回的地界，亦屬有限；而後來定立界牌，於約文之外，又有損失。西北的境界遂大蹙，而蒙、新兩方面，自此以後，亦就門戶洞開了。

當曾紀澤使俄時，俄人持原議甚堅。其艦隊又游弋遼海以示威。中國亦召回左宗棠，命劉錦棠代主軍務。李鴻章在天津設防。後來總算彼此讓步，把事情了結了。中國知道西北情勢的危急，乃於西元一八八二年，改新疆為行省。

第十三章　晚清的政局

中國地方大而政治疏闊，要徹底改變，是很不容易的。所以一朝中衰之後，很難於重振。何況清朝，從道光以來，所遭遇的，是千古未有的變局。然而這時候，清朝還能削平內難，號稱中興，這是什麼理由呢？這都是漢人幫他的忙。

　　清朝人滿、漢之見，是很深的。從道光以前，總督用漢人的很少，專征更不必論了。到咸豐初年，而局面一變。清仁宗中歲以後，是信任曹振鏞的。振鏞的為人，瑣屑不知大體。宣宗則初任曹振鏞，後相穆彰阿。穆彰阿是個柔佞之徒。鴉片戰爭之役，他竭力主持和議。舊時人的議論，有詆為權奸的。其實他哪裡說得上權奸？不過坐視宣宗的輕躁，而不能匡正罷了。宣宗死於西元一八五〇年，子文宗繼立。文宗頗有志於圖治。這時候，正值海疆多事，太平軍又已起兵之際，時事很為艱難。文宗乃罷斥穆彰阿、耆英，昭雪林則徐、達洪阿、姚瑩等。又下詔求直言。曾國藩、倭仁等，都應詔有所論列。海內翕然，頗有望治之意。此時因內外滿員，多屬昏憒庸懦，不足任用。軍機大臣文慶，力言於帝，說要重用漢人。文宗頗能採納。這是咸同時代，所以能削平內亂的根本。

　　專制政體，把全國的事情，都交給一個人做主。於是這一個人的智愚仁暴，就能使全國的人民，大受其影響，而君位繼承之法，又和家族中的承繼，並為一談。於是家庭間的爭奪，亦往往影響於國事。這是歷代都是如此的，到晚清仍是其適例。清文宗因時事艱難，圖治無效，意思就倦怠了。其宗室中，載垣、端華、肅順，因此導之以遊戲，而暗盜政權，軍機拱手而已。西元一八六〇年，文宗因英、法聯軍進逼，逃到熱河。英、法兵退了，群臣都懇請回鑾，載垣等以在熱河便於專權，暗中阻止。明年，文宗就死在熱河。文宗皇后鈕鈷祿氏無子，貴妃葉赫那拉氏，生子載淳，是為穆宗。年方六歲。載垣等宣布遺詔，自稱讚襄政務大臣。葉赫那拉氏和奕訢等密謀回鑾，到京，便執殺載垣、端華、肅順。於是尊鈕鈷祿氏為母后皇太后，葉赫那拉氏為聖母皇太后，同時垂簾聽政，而實權都在那拉氏。

　　載垣等三人之中，肅順頗有才具。重用漢人之議，肅順亦是極力主張的。那拉后、奕訢，雖和肅順是政敵，卻於此點能遵循而不變。當時沈桂芬、李棠階等，盡忠於內；湘、淮諸將，戮力於外；所以能把內難削平。

內難既定之後，那拉后漸漸地驕侈起來。穆宗雖是那拉后所生，卻和鈕鈷祿后親暱。西元一八六九年，那拉后所寵的太監安德海，自稱奉旨出都。路過山東，山東巡撫丁寶楨，把他捉起來，奏聞。清朝的祖制，太監不准外出，出宮門便要處死的。那拉后無可奈何，只得許其照辦。有人說：此事實是穆宗授意的。從此母子之間，更生隔閡。西元一八七二年，穆宗將立皇后。鈕鈷祿氏屬意於尚書崇綺之女阿魯特氏，那拉后欲立鳳秀之女富察氏，相持不能決，乃命穆宗自擇。穆宗如鈕鈷祿后之意，那拉后大怒。大婚之後，禁止穆宗不得和皇后同居。穆宗鬱鬱，遂為微行，因以致疾，於西元一八七四年病死。宮中譁言是出天痘死的。

　　清朝當高宗時，曾定立嗣不能踰越世次之例。穆宗死後無子，照清朝的家法，自應在其姪輩中選出。但如此，那拉氏便要做太皇太后，未免位高而無權。加以醇親王奕譞的福晉，是那拉氏的妹妹。所生的兒子載湉，就是那拉氏的外甥。於是決意迎立了他，是為德宗。年方四歲，兩宮再垂簾。鈕鈷祿氏雖然無用，畢竟是嫡后，那拉氏終有些礙著她。西元一八八一年，鈕鈷祿后忽然暴死，那拉氏從此更無忌憚。寵太監李蓮英，罷奕訢，而命軍機大臣遇事和奕商辦。賣官鬻爵。把海軍衙門經費，移修頤和園。西元一八九一年，德宗大婚親政，然實權仍都在那拉后之手。因此母子之間，嫌隙更深。遂成為戊戌政變的張本。

　　中國當道咸之世，很不願意和外人交接。被迫通商，實在是出於無奈。同治初年，還是這等見解。所以當時歐美各國來求通商，還是深閉固拒。但是到後來，迫於無可奈何，也就只得一一和他們訂約了。至西元一八六七年，總署乃奏派志剛、孫家谷及美人蒲安臣等出聘有約各國。在美國訂約八條。在歐洲各國，則申明彼此交涉。當以和平公正為主，不可挾持兵力，約外要求。這實在是中國外交更新的第一聲。惜乎後來未能繼續進行。至於改革，此前是說不到的。同治以後，湘淮軍中人物，主持政事。他們都是親身經歷，知道西洋各國，確有其長處，我們欲圖自強，

是萬不能不仿效的。於是同文館、廣方言館、製造局、船廠、水師和船政
學堂，次第設立。輪船、電報、鐵路、郵政、新法採礦等，亦次第興辦起
來。但所學的，都不過軍械和技藝的末節，這斷不足以挽回國勢，而自進
於世界強國之林，而且當時，還有頑固守舊之士，聽說要造鐵路，就說京
津大路，從此無險可守的。聞同文館將招正途出身的人學習，就以為於人
心士氣，大有關係的。又有一種不諳國際情勢，而專唱高調，自居於清流
之列的。在民間，則因生產方法之不同，而在經濟上，漸漸受外國的侵
削，而大多數平民，依舊是耕鑿相安，不知道今日是何世界；即讀書人亦
是如此。這都是幾千年以來的積習，猝難改革，而外力卻愈逼愈深，就演
成晚清以後種種的事變。

第十四章　中法戰爭和西南藩屬的喪失

　　藩就是藩籬的意思。中國歷代，所謂藩屬，是外國仰慕中國的文明，
自願來通朝貢；或者專制時代，君主好大喜功，喜歡招徠外國人來朝貢，
以為名高，朝聘往來，向守厚往薄來主義。從不干涉人家的內政，或者榨
取什麼經濟上的利益。在國計民生上，是無甚實益的。所以歷代的政論
家，多以弊中國、事四夷為戒。然當帝國主義侵略的時代，有一藩屬，介
居其間，則本國的領土不和侵略者直接，形勢要緩和許多。所以當此時
代，保護藩屬，實在是國防和外交上的要義。然而中國卻不能然，藩屬逐
漸淪亡，本國的邊境也就危險了。

　　西南的屬國，後印度半島三國最大。當十八世紀的前半，尚在五口通
商之前，安南和緬甸即已和英、法有接觸。舊阮為新阮所滅後，其遺族
遁入暹羅。後來借暹羅和法國的助力，於西元一八〇二年滅新阮，仍受封
於中國，為越南國王。當越南人借助於法時，曾和法國人立有草約。許事

定後割化南島，租借康道耳島，並許法人自由來往居住。後因法國發生革命，此約未曾簽字。越南復國後，但許法人來往居住，而未曾割地，其歷代君主，又多仇視外人。因此，當中國訂立《天津條約》之年，法國和西班牙就聯兵入廣南。明年，陷下交趾。越南無力抗拒。於中國訂立《北京條約》之後二年，和法國立約：割邊和、嘉定、定祥三州及康道耳群島。西元一八六七年，法、越又因事啟釁。法人取永隆、安仁、河仙三州。下交趾遂盡為法有。這時候，馬如龍因平「回亂」，使法商秋畢伊購買軍械。秋畢伊發見溯航紅河，可通中國，遂於西元一八七二年，強行通航。因此又和越南啟釁。法人占據河內、北寧一帶。先是太平天國亡後，其將吳琨占據越南邊境，其後分為黃旗兵和黑旗兵，而黑旗兵較強。越南人乃結其首領劉義以拒法，打敗法國的兵！法人乃和越南結約：聲明越為自主之國，割下交趾屬法。從紅河至中國雲南的蒙自，許法人自由航行，而撤河內一帶的駐兵。時為西元一八七四年。法人以此約照會中國，中國不承認越南自主，提出抗議。法人置之不理，仍和越南訂結《通商條約》。

其緬甸和英國的衝突，則起於西元一八二四年。先兩年，阿薩密內亂，緬人據其地。阿薩密求救於英。英印度總督，遂於是年出兵，據仰光。緬人連戰不勝。乃於西元一八二六年，和英人議和。割阿薩密、阿剌干、地那悉林與英。許英人訂約通商。到西元一八五一年，又因商人受虐起釁。緬甸再割白古以和。自此緬人沒有南出的海口，伊洛瓦諦江流域貿易大減，國用日蹙。緬人屢圖恢復，終無成功。

廓爾喀、不丹、哲孟雄，都是西藏南方的封鎖，而哲孟雄尤為自印入藏要途。當林則徐燒煙之年，英人已向哲孟雄租得大吉嶺之地。到英法聯軍入北京的一年，又取得哲孟雄境內鐵路敷設之權，於是西藏藩籬漸撤。緬甸和西藏都是和雲南接界的，英人遂固求派員從印度入雲南探測，總署不能拒，於西元一八七三年允許了他。明年，英國的印度總督，遂派員前往，英使威妥瑪又遣參贊從上海溯江往迎。又明年，至騰越廳屬的蠻允，被殺。印

度所派武員續至，亦被人持械擊阻，退入緬甸境。中國派員入滇查辦。說英國參贊是野匪所殺，擊阻印度所派探測隊，是南甸都司李珍國主謀，而英人定說是大員主使。威妥瑪因此出居芝罘，交涉幾至決裂。乃由李鴻章追蹤往議，於西元一八七六年定約：中國許滇緬通商。開宜昌、蕪湖、溫州、北海四口。重慶許英派員駐紮，查看川省英商事宜，俟輪船能駛抵重慶時，再議英國商民在彼居住及開設行棧之事。大通、安慶、湖口、武穴、陸溪口、沙市，均准英商停輪，上下客商貨物，而另訂專條，許英派員由北京，或歷甘肅、青海，或自四川入藏抵印，探訪路程；或另由藏、印交界，派員前往。這一次條約，英人因一參贊之死，所得亦不可謂之薄了。

　　《煙臺條約》定後六年，即西元一八八二年，法人復和越南啟釁，陷河內。越南始來求援。中國遂由雲南方面派兵入越南。這一年冬天，法國公使到天津，李鴻章和他商議：彼此撤兵劃河內為界，北歸中國，南歸法國保護。紅河許各國通航，而中國在勞開設稅關，法使無異議。鴻章命駐法公使曾紀澤和法外交部定約，因法國求償軍費，不決。明年，法兵攻順化。越南立約，許受法國保護。時中國方面，李鴻章主和，而彭玉麟等主戰，清廷初以鴻章節制兩廣、雲、貴軍務，旋移鴻章督直隸，代以玉麟，而命滇、粵出兵。越南亦因政變，否認保護之約，戰端遂啟，旋雲南、廣西兵入越南的，戰皆不利。乃復由李鴻章在天津和法使議訂和約：中國許撤兵，承認法越前後條約。唯不得礙及中朝體制，而法允不索兵費，旋因撤兵期誤會，中、法兵衝突於北黎。法人復要求賠償兵費一千萬鎊。中國已批准草約，而此議仍不能決。法人乃欲占據一地，以利談判。命其海軍攻基隆，而致最後通牒於中國，將償金減為三百二十萬鎊，限四十八小時答覆。中國亦停止商議，而正式的戰事以起。

　　時北洋方面，主持外交軍事的是李鴻章。鴻章是顧慮國力，始終不願啟釁的，所以電令在福建方面的張佩綸等，勿得先行開釁。福州的海軍，遂為法所襲擊。兵艦十一艘沉其九，船政局和馬尾炮臺都被毀。明年，法

艦又入黃海，封鎖寧波口，破鎮海炮臺。又南陷澎湖。其陸軍亦破諒山，陷鎮南關。然劉銘傳棄基隆而守淡水，法軍進攻，卒不能克。其海軍大將孤拔，又因傷而死，而廣西提督馮子材，亦大破法兵於鎮南關，長驅復諒山。雲南岑毓英的兵，亦擊破法兵，進逼興化。乃由英國調停。由李鴻章在天津，再與法國立約：（一）法越條約，中國悉行承認。唯中越往來，不得有礙中國威望體面，然亦不致有違此次之約。（二）畫押後六個月，派員查勘邊界。（三）中國邊界，指定兩處通商。後來界約和商約，於西元一八八七年成立。廣西開龍州，雲南開蒙自和蠻耗。中國貨入越南的，照海關稅則，減十分之四。越南貨入中國的，則減十分之三。

緬甸自十八世紀以來，時有內亂。當西元一八八二年時，法人曾與結密約，允代監禁緬甸要爭位的王族，而緬甸人許割湄公河以東屬法。明年，此約宣露。英人大驚，乃於西元一八八五年，乘中法多事之秋，發兵陷蒲甘，遂陷舊都阿瓦和新都蠻得。俘其王，致諸印度。緬甸遂亡。中國和英交涉，英人說緬甸史籍，但稱饋贈中國禮物，並無入貢明文，不肯承認緬甸為中國藩屬。後來又說緬甸曾和法國立約，倘使仍立緬王，《法約》即不能廢，欲由緬甸總督派員來華。這時候，英人將實行《芝罘條約》，派員由印入藏。中國欲杜絕此事。乃於西元一八八六年，和英人訂立《會議緬甸條款》：（一）中國認英在緬政權。（二）每屆十年，由緬甸總督選緬人入貢。（三）彼此會勘邊界，另議通商專章。（四）而將派員入藏之事停止。

當英人初並緬甸時，因慮緬人不服，而中國從中援助，所以願允中國展拓邊界，並允將大金沙江，作為兩國公共河流。中國要求八莫，英人未允，而允另勘一地，由中國設官收稅。曾紀澤在英，和英國外部互書《節略》存案，後來中國遷延未辦。到西元一八九二年，薛福成再向英國提起，英國人就說《節略》在西元一八八六年條約之前，不肯承認。西元一八九四年，福成和英國訂立《續議滇緬界務商務條款》：（一）所謂展拓邊界者，遂僅允以北丹尼、科干之地歸我。兩屬的孟連、江洪，上邦之權，

仍歸中國。唯未經與英議定，不得讓給他國。（二）中國運貨和運礦產的船，得在大金沙江行走。稅鈔和一切事例，與英船同。（三）其出入貨品，照海口減稅十分之三，或十分之四，則和法、越之約一律。中國的邊界，向來是全不清楚的。當初和英國議界時，曾要求騰越所屬漢龍、天馬、虎踞、鐵壁四關。漢龍、天馬，本無問題。虎踞、鐵壁，照雲南省的地圖，亦均在中國界內。英人以為必不致誤，遂許照原界分劃，後來實行查勘，才知道二關久為緬占，英人遂不肯歸還，而漢龍、天馬，雖許歸還，漢龍又不知所在，於此約中訂明「由勘界官查勘；若勘得在英國界的，可否歸還中國，再行審量」，豈非笑柄？而此約所定之界，於北緯二十五度三十五分以北，又未能分劃，訂明俟將來再定，遂為後來英人占據片馬的根本。

《英約》所以訂明孟連、江洪，不得割讓他國，所防的是法國。法國既並越南之後，就想侵略暹羅。暹羅在後印度半島三國中，是最能輸入西方文化的，所以未致滅亡。然靠他獨拒英、法，自然力亦不足。西元一八九三年，法人以湄公河東曾屬越南為口實，向暹羅要求割讓，暹羅不能拒，而中國車里轄境，亦大半在湄公河以東，法人以劃界為請，遂於西元一八九五年，訂立《續議商務界務專條》、《商務專條》：（一）改蠻耗為河口，添開思茅。（二）雲南、兩廣開礦，先向法人商辦。（三）越南已成或擬設鐵路，可接至中國境內。《界務專條》，法人亦多所侵占，而其中猛烏、烏得，實在江洪界內，亦割歸法國，英人乃於其明年，與法國訂立協約，放棄江洪，定以湄公河為兩國勢力範圍界線，湄南河流域為中立之地。然後向中國提出違約割棄江洪交涉。於是西元一八九七年，中國再和英國訂立《中緬條約附款》。照西元一八九四年之約，地界又有變動，而（一）申明現存孟連、江洪之地，不得割讓。（二）駐蠻允領事，改駐騰越或順寧，並得在思茅設領。（三）雲南如修鐵路，即允與緬甸鐵路相接。（四）添開梧州、三水、江根墟。（五）許英人航行香港、廣州至三水、梧州。（六）江門、甘竹灘、肇慶、德慶，均准上下客商貨物。（七）北丹尼、科干，均

割屬英國。（八）而將查勘漢龍關一節取消。

　　雖然如此，西藏問題，仍未得平安無事。當西元一八八六年條約訂定時，英國所派入藏隊伍，仍未即折回。藏人乃於邊外隆吐山，修築炮臺以御英。英人以地屬哲孟雄，和中國交涉。總署行文駐藏大臣開導，藏人不聽。至西元一八八八年，遂被英兵逐回。西元一八九〇年，乃由駐藏大臣昇泰在印度和英人訂立《藏印條約》：（一）承認哲孟雄歸英保護。（二）藏哲通商等事，於批准後六個月會商。至西元一八九三年，乃成《接議印藏條約》。訂開亞東關，而西藏人拒絕肯行，遂為一九〇四年英兵侵藏張本。

　　於此還有一事，也是因英法侵略西南而引起的。葡萄牙人借居澳門，本來按年納租。到西元一八四九年，才藉口其頭目啞嗎嘞被殺，抗不交納。西元一八六二年，葡人請法國介紹，和中國訂立條約。因為澳門問題，未能互換。法、越事起，葡人自稱是無約之國，可以不守局外中立之例。中國人怕他引法國兵船從澳門侵入，頗敷衍他，後來事情也就過去了，而鴉片從五口通商以來，就不再提禁止之事。西元一八五五、五六年間，東南各省，且紛紛抽釐助餉。西元一八五八年，桂良、花沙納在上海所議《通商章程》，訂明每百斤抽稅三十兩，並訂明運入內地，專屬華商。如何抽稅，聽憑中國辦理。《煙臺條約》，又訂定釐稅在海關並徵，而所徵之數，仍未能定。後來彼此爭執。直到西元一八八三年，才於《煙臺條約續增專條》，定為每百斤徵收釐金八十兩，而緝私問題又起，英人藉口澳門若不緝私，香港亦難會辦。中國不得已，和葡人先訂《草約》四款，許其永居管理澳門。然後於西元一八七七年正式訂立條約，遂成割澳門以易其緝私之局了，而澳門割讓以後，界址又未能劃定，不但陸地多所侵占，一九一〇年議界時，葡人並要求附近大小橫琴諸島嶼。中國堅持不許。迄今尚為懸案。

第十五章　中日戰爭

使中國歷史大變局面的，前為鴉片戰爭，後為中日戰爭。

歡迎西學，而畏惡西教；西人挾兵力以求通商，則深閉固拒，以致危辱；到外力的壓迫深了，才幡然改圖，以求和新世界適應；這是歐人東略以後，東洋諸國所同抱的態度；而日本因緣湊合，變法維新，成功得最快，遂轉成為東方的侵略者。

中國在明代，受倭寇之患是很深的。所以清開海禁以後，仍只准中國人去，而不准日本人來，而且對於日本，戒備之情很深。在西元一八六八年以前，實無國交之可言。這一年，日本明治天皇立，和各國訂立條約。乃與其明年，遣使到中國來請立約。這時候，中國對於外國，還有深閉固拒之心。所以總署對於日本之請，是議駁的。西元一八七一年，日人復遣使臣前來。總署令其另派大臣再議。其時疆臣仍有以倭寇為言，奏請拒絕的。朝命曾國藩、李鴻章籌議。二人都說不可。拒絕之議乃罷。由李鴻章與立《修好規條》和《通商章程》：（一）領事裁判權，彼此都有。（二）進口貨照海關稅則完納；稅則未載明的，則值百抽五；亦彼此所同。（三）內地通商，明定禁止。都和泰西各國不同。明年，日本就派人來，要想議改。鴻章說約未換而先議改，未免失信貽笑，把他拒絕。

琉球是兩屬於中日之間的。西元一八七一年，琉球人遭風漂至臺灣，為生番所殺。西元一八七三年，日本小田縣民漂至，又被殺。這一年，日本副島種臣來換約。命其副使柳原前光詰問總署。總署說：「琉球亦我屬土。屬土之民相殺，與日本何預？小田人遇害，則沒有聽見。」又說：「生番是化外之民。」日本人說：「既如此，我們將自往問罪。」又爭琉球是日本屬國。彼此議不能決而罷。明年，日本派兵攻臺灣。又派柳原前光到中國來，說是問罪於中國化外之地。中國聲教所及，秋毫不犯。中國派沈葆楨巡視臺灣，調兵渡海。日人氣餒。其兵又遇疫。乃由英使調停，在津立

專約三款：中國恤日本難民家屬銀十萬兩，償還日本修築道路房屋之費銀四十萬兩了事。西元一八七九年，日本竟滅琉球，以為沖繩縣。中國和他交涉，迄無結果。

　　朝鮮離中國，本較日本為近；其文化程度，實亦較日本為高。不幸歐人東略之時，適值其國黨爭積弱之際，遂致一蹶不振。當清朝同光之際，正值朝鮮國王李熙初立之時。其父昰應攝政。昰應的為人，頗有才氣，而智識錮蔽，持閉關主義甚堅。歐美諸國去求通商，輒遭拒絕，各國來告中國。中國輒以向不干預朝鮮內政答之。在中國的習慣，固然如此。然和國際法屬國無外交之例，卻是相背的。日人乘此機會，西元一八七六年，用兵力強迫朝鮮立約通商，約文中竟訂明朝鮮為獨立自主之國。這時候，李鴻章主持中國外交，主張引進各國勢力，互相牽制。乃勸朝鮮和美、英、法、德，次第立約。約文中都申明朝鮮為中國屬邦。然和屬國無外交之例，仍屬相背。這時候，李熙已親政。其妃閔氏之族專權。昰應失職怏怏。西元一八八二年，朝鮮因聘日武官教練新兵，被裁的兵作亂，焚日使館，復擁昰應攝政。駐日公使黎庶昌，急電直隸總督張樹藩。樹藩立遣提督丁汝昌督兵船前往。總署又派吳長慶率兵繼往。代定其亂，執昰應以歸。這一次，日本亦派兵前往，而較中國兵遲到，所以於事無及。事定之後，吳長慶遂留駐朝鮮。這時候，朝鮮分為事大、獨立兩黨。在朝的事大黨，以王妃閔氏之族為中心。西元一八八四年，獨立黨作亂。為吳長慶所鎮定。日公使自焚其使館，說是我兵炮擊他的。明年，日本派伊藤博文來，和李鴻章在天津立約：（一）兩國均撤兵。（二）勿派員教練朝鮮兵士。（三）朝鮮有變亂事件，兩國派兵，均先行文知照；事定仍即撤回，中國和日本，對朝鮮遂立於同等地位了。其明年，出使英、法、德、俄大臣劉瑞芬建議，和英、美、俄諸國立約保護朝鮮。李鴻章頗贊成之，而總署持不可，其議遂罷。

　　西元一八九四年，朝鮮東學黨作亂。全羅道求救於我。李鴻章派葉志

超率兵前往。未至而亂已平。日兵亦水陸大至。屯據京城。鴻章責其如約撤兵，日本不聽，而要求中國共同改革朝鮮內政。中國亦拒絕。日使大鳥圭介，遂挾眾入朝鮮王宮。誅逐閔氏之黨。復起昰應攝政。派兵屯據朝鮮要害。李鴻章知道中國兵力，是靠不住的，不欲輕於言戰。遍告英、俄、德、法、美諸國，希望他們出來調停，而事終不就。中國租英船運兵，為日本所擊沉。中國主戰派，紛紛責備鴻章。中國乃正式宣戰。

　　時中國續派左寶貴等赴朝鮮，而前所派的葉志超等，已為日本所襲敗，退至平壤。日兵來攻諸軍敗績。左寶貴死之。海軍亦敗績於大東溝，自此蟄伏威海不能出。日人遂縱橫海上。宋慶總諸軍守遼東。日兵渡鴨綠江，連陷九連、安東。慶退守摩天嶺。日兵遂陷鳳凰城、寬甸、岫岩。其第二軍又從貔子窩登陸，陷金州。進陷大連灣，攻旅順。宋慶把摩天嶺的防守，交給聶士成，自統大軍往救，亦不克。旅順又陷落，於是中國僅以重兵塞山海關至錦州，而日兵又分擾山東。自成山登陸，陷榮城。攻威海。海軍提督丁汝昌以兵艦降敵，而自仰藥死。山東巡撫李秉衡，自芝罘退守萊州。日兵復陷文登、寧海。明年二月，日兵併力攻遼東，陷營口、蓋平、海城。遼陽、瀋陽，聲援俱絕。其艦隊又南陷澎湖，逼臺灣。於是中國勢窮力竭，而和議以起。

　　當旅順危急時，中國即派德璀琳赴日議和。後又改派張蔭桓、邵友濂。均給日本拒絕。乃改由李鴻章自往。日本要求駐兵大沽口、天津、山海關，方行停戰。鴻章不許。而日人持之甚堅。鴻章乃請緩停戰，先議和。議未定，鴻章為刺客所傷，日人慚懼，乃定停戰之約，旋議定《和約》十款。其中重要的：(一) 中國認朝鮮自主。(二) 割讓奉天南部和臺灣、澎湖。(三) 賠款二萬萬兩，分八次交清。(四) 換約後訂立《通商行船條約》、《陸路通商章程》，均以中國與泰西各國現行約章為準。(五) 添開沙市、重慶、蘇州、杭州。(六) 日軍暫占威海，俟一二次賠款繳清；通商行船約章批准互換；並將通商口岸關稅，作為餘款及利息的抵押；方行撤退。此約

割地之多，賠款之巨，不待更論。通商行船。一照泰西各國條約，是日本求之多年而不得的，而（七）約中又訂明「日本臣民，得在中國通商口岸城邑，從事各項工藝製造；又得將各項機器，任便裝運進口」，則又是泰西各國，所求之而不得的。從此以後，中國新興幼稚的工業，就更受帝國資本主義的壓迫，求自振更難了。

約既定，臺灣人推巡撫唐景崧為總統，總兵劉永福主軍政，謀自立，旋因撫標兵變，景崧出走，臺北失陷。永福據臺南苦戰，亦以不敵內渡，臺灣遂亡。

其奉天南部之地，則因俄、德、法的干涉而還我。三國當時由駐使照會日本外部，以妨礙東洋平和為辭，勸日本將遼東歸還中國。日人得照會，急開御前會議，籌商或許，或拒，或交列國會議。多數主張第三策，而其外相大為反對，說：「列國會議，各顧其私，勢必不能以遼東問題為限，全部條約，都要生變動了。」於是日人運用外交手腕，請美國勸俄國不必干涉。又求英國援助，願意給予報酬。英、美都不肯援助。日本再和俄國交涉，願意歸還遼東，但求割一金州，俄人亦不許。日人不得已，乃照三國的要求，徑行承諾，而要求我出償款一萬萬兩。後由三國公議，定為三千萬兩。由李鴻章和日人另訂《交還遼東條約》，把擬訂陸路章程之事取消。

第十六章　中俄密約和沿海港灣的租借

從鴉片戰爭到中日戰爭，為時恰好半世紀。這半世紀之中，中國藩屬的喪失和本國權利的被剝削，其情形也可謂很危急了，然而中日戰爭以後，還有更緊張的局勢。

當中日戰爭時，李鴻章知道兵力的不足恃，本想借別國之力牽制日本的。這時候，別國中對遠東有野心的，自然以俄國為最。所以後來三國

的干涉還遼，亦以俄國為主動。前門拒虎，後門進狼，當帝國主義橫行之日，哪裡有仗義執言之舉？果然，遼東甫行歸還，而俄國的要索繼起，西元一八九六年，俄皇尼古拉二世舉行加冕禮。俄人示意總署，要派李鴻章為賀使。鴻章到俄，俄人遂以援助中國等甘言相誘，訂立所謂《中俄密約》。其條件是：

（一）日本如侵占俄國亞洲、中國、朝鮮的土地，兩國應將所能調遣的水陸各軍，盡行派出，互相援助。軍火糧食，亦盡力互相接濟。

（二）當開戰時，如遇緊要之事，中國各口岸，均准俄兵船駛入。

（三）許俄國西伯利亞鐵路，經黑、吉以達海參崴。由中國國家交華俄銀行承辦。俄國於照前款禦敵時，可由此運兵、運糧、運械；平時亦得運過境的兵糧。

此項條約，是屬攻守同盟性質，以中國兵力之弱，俄人果何所利而與中國聯合呢？則其意之所在，不言可知了。李鴻章當時，亦深慮俄人借此以行侵略。所以對於鐵路，由俄國國家承辦，竭力反對。然而後來中國和俄國訂結的《華俄道勝銀行契約》，仍給該銀行以收稅、鑄幣、建築鐵路、架設電線之權。契約立後，復與該銀行訂立《東省鐵路公司契約》，又給以開礦和設警之權。其非單純承造鐵路的公司，又不言可知了。

勢力範圍這個名詞，本起於歐人分割非洲之際。儻使要實行分割，這預定的勢力範圍，便是分割時的界線。這真是個不祥的名詞，如何竟會使用到中國領土上來呢？列國在中國的所謂勢力範圍，以要求某某地方不割讓為保證，而以各於其中攘奪築路、開礦的權利為第一步的侵略。其事起於西元一八九五年的《中法續議商務界務專條》，已見第十四章。此次《界務專條》中，把前此許英人不割讓的江洪，割讓了一部分，於是又有西元一八九七年的《中緬附約條款》。其事亦已見十四章，而法人遂於是年，要求中國宣言海南島不得割讓他國。至此，則干涉還遼的俄、法兩國，都已得有報酬，唯德國尚抱向隅。

這一年冬天，山東巨野縣殺掉兩個德國教士。德國遂以兵艦闖入膠州灣。明年，強迫中國立《租借膠州灣條約》：（一）以九十九年為期。（二）膠濟、膠沂濟鐵路，由德承造。其由濟往山東邊界，與中國自辦幹路相接，則俟造至濟南後再商。（三）鐵路附近三十里內煤礦，許德開採。（四）山東各項事務，如用外國人、外國資本、物料，均先和德商辦。山東全省，儼然成為德國的勢力範圍了。

於是俄人起而租借旅順、大連灣，其租期為二十五年，並准東省鐵路，展築支線。英人亦起而租借威海衛，其租期和旅、大一樣。又立《展拓香港界址專條》，租借香港後面九龍地方，亦以九十九年為期，並要求長江流域各省，不得割讓他國。法人亦要求兩廣、雲南不割讓。日人亦要求福建省不割讓，這都是西元一八九八年的事。其明年，廣東遂溪縣殺害法國的武官和教士，法人又以兵船闖入廣州灣，迫我立租借之約，亦以九十九年為期。

中國當甲午以前，築路的阻力是很大的。甲午以後，卻漸漸地變了。於是有築蘆漢、津鎮兩大幹線之議，而蘆漢一線，遂成為各國爭奪的起點。此時爭中國路權的，英、美、德為一派，俄、法為一派。蘆漢鐵路的終點，在英國勢力範圍之內。倘使由俄、法承修，一定要為英人所反對，所以由此國出面，於西元一八九八年，成立契約。然而其內容是俄國，誰不知道？於是英人又要求（一）津鎮，（二）河南到山西，（三）九廣，（四）浦信，（五）蘇杭甬五路。同時俄人要求山海關以北的鐵路，全由俄國承造。英人又捷足先登，和中國訂定了從牛莊到北京的鐵路承造契約。英、俄兩國，鑑於形勢的嚴重，乃於西元一八九九年，在聖彼得堡換文。英國承認長城以北鐵路歸俄，俄國承認長江流域鐵路歸英。同時，英德由銀行團出面，在倫敦訂立條文。英國承認山東和黃河流域，為德國勢力範圍。但除外：山西鐵路，可與正定以南的京漢路相接，並再展築一線，以入於長江流域。德國承認山西省、長江流域及江以南各省為英國勢力範圍，而

津浦鐵路,遂由英、德兩國,分段承造。

如此,中國竟要成為機上之肉,任人宰割了。在中國,自然更無抵抗之力。然而列強的分臟,也很難得均勻。倘使因分臟不均,而引起衝突,中國固然很糟,列國亦有何利?況且其中還有在中國並無所謂勢力範圍的,豈非獨抱向隅?於是美國的國務卿海約翰,於西元一八九九年,向英、俄、德、法、意、日六國通牒,要求在中國有勢力範圍之國,都承認三個條件:

(一)各國對於中國所獲利益範圍,或租借地域,或他項既得權利,彼此不相干涉。

(二)各國範圍內各港,對他國入港商品,都遵中國現行海關稅率課稅,由中國徵收。

(三)各國範圍內各港,對他國船舶所課入口稅,不得較其本國船舶為高。鐵道運費亦然。

這就是所謂門戶開放主義。門戶開放,無非各國維持其對中國條約上已得的權利。倘使中國的領土而有改變,條約上的權利,不能維持,自然無待於言,所以又必聯帶而及於保全領土。這就是所謂均勢。勢力範圍,固然是瓜分的代名詞,固然很危險,借均勢而偷安,亦豈是長久之道?在這種情勢之下,無怪中國人要奮起而求自己解決自己的問題了。

第十七章　維新運動和戊戌政變

中國的該變法,並不是和外國人接觸了,才有這問題的。一個社會和一個人一樣,總靠新陳代謝的作用旺盛,才得健康。但是總不能無老廢物的堆積。中國自秦漢統一之後,治法可以說是無大變更。到清末,已經二千多年了,各方面的積弊,都很深了。便是沒有外人來侵略,我們種種

治化，也是應當改革的。但是物理學的定例，物體靜止的，不加之以力，則不能動，社會亦是如此。所以我們近代的改革，必待外力的刺激，做一個誘因。

中國受外力刺激而起反應的第一步，便是盲目的排斥，這可謂自宋以來，尊王攘夷思想的餘波。排斥的目的，已經非是，其手段就更可笑了。海通以後，最守舊的人，屬於這一派。其第二步，則是中興時代湘淮軍中一派人物。大臣如曾國藩、李鴻章，出於其幕府中的，則如薛福成、黎庶昌之類。此派知道閉關絕市是辦不到的。既已入於列國並立之世，則交際之道，不可不講，內政亦不得不為相當的改革。但是他們所想仿效他人的，根本上不離乎兵事。因為要練兵，所以要學他們的技藝；因為要學他們的技藝，所以要學他們的學術；因此而要學他們的語文。如此，所辦的新政雖多，總不出乎兵事和製造兩類。當這世界更新，一切治法，宜從根本上變革的時候，這種辦法，自然是無濟於事的。再進一步，便要改革及於政治了。

但是從根本上改革，這句話談何容易？在高位的人，何能望其有此思想？在下位的人而有此思想，談何容易能為人所認識？而中日之戰，以偌大的中國，而敗於向所輕視的日本，這實在是一個大打擊。經這一個打擊，中國人的迷夢，該要醒了，於是維新運動以起。

當時的維新運動，可以分做兩方面：一是在朝，一是在野。在朝一方面，清德宗雖然無權但其為人頗聰明，頗有志於變法自強，特為太后所制，不能有為。在野一方面，則有南海康有為。他是個深通舊學，而又講求時務，很主張變法的人。清朝是禁止講學的。但到了末年，其氣焰也漸漸地衰了，其禁令，在事實上，也就漸漸地鬆弛了。有為很早的就在各處講學，所以其門下才智之士頗多。西元一八八九年，有為即以蔭生上書請變法，格未得達。中日和議將成時，又聯合各省入都會試的士子，上書請遷都續戰，陳變法之計。書未上而和約已換，事又作罷。有為乃想從士大

夫一方面提倡。立強學會於京師。為御史楊崇伊所參，被封，而其弟子梁啟超，設《時務報》於上海，極力鼓吹變法，海內聳動。一時維新的空氣，瀰漫於好新的士大夫間了。—— 雖然反對的還是多數。

公車上書之後，康有為又兩次上書請變法。其中有一次得達，德宗深以為然。德國占據膠州灣時，有為又走京師，上書陳救急之計，亦未得達。其明年，恭親王奕訢死了。朝廷之上，少了一個阻力。德宗乃和其師傅翁同龢商議，決意變法，遂下詔定國是，召用康有為、梁啟超等。

此時所想摹仿的，是日本的睦仁、俄國的大彼得，想借專制君主的力量，把庶政改革得煥然一新。於是廢八股，設學校，獎勵著新書，制新器，裁冗兵，練新操，辦保甲，籌設銀行，造鐵路，開礦山，設農工局，立商會。大開言路，廣求人才。從戊戌四月至八月間，變法之詔，連翩而下。雖然不能盡行，然而海內的精神，確已為之一振了。

專制君主的權力，在法律上是無限制的，在事實上則不盡然。歷代有志改革的君主，為舊勢力所包圍，以致遭廢弒幽禁之禍的，正自不乏。這其間，由於意見的不同者半，由於保存權位之私者亦半。康有為是深知舊勢力之不可侮的。所以他於德宗召見之時，力言請皇上勿去舊衙門，但增設新差使；擢用的小臣，賞以虛銜，許其專折奏事；就夠了。有為此等見解，原以為如此，則舊人不失祿位，可以減少其反對之力，然而權既去，祿位亦終於准保；即可保，亦屬無味。這仍不足以滿守舊阻撓者之所欲。況且亦有出於真心反對，並不為祿位起見的，而那拉后和德宗的不和，尤其是維新的一大阻力。

那拉后是很不願意放棄權勢的，她當時見德宗變法，很不謂然。於是以其黨榮祿為直隸總督，總統近畿諸軍，以鞏固其勢力，而使裕祿在軍機上行走，以偵察德宗的舉動。自然有不滿意於德宗的大臣，用半虛半實的詔，譖訴於那拉后，而德宗也有「不容我變法，毋寧廢死」的決心。於是帝后之間，嫌隙愈深。就有舊黨將乘德宗到天津去閱兵，實行廢立的風說；

又有新黨將利用袁世凱的新兵，圍頤和園之說，而政變以起。

這一年八月，那拉氏由頤和園還宮，說德宗因病不能視事，復行垂簾聽政，而幽帝於南海的瀛臺。康有為之弟廣仁和新黨譚嗣同、劉光第、林旭、楊銳、楊深秀，同時被殺。時人謂之六君子。康有為因奉德宗密詔，先期出京走香港。梁啟超則於事變後走日本。新政一切廢罷。和新政有關連的人，一切罷斥，朝右的新黨一空。

然政治雖云復舊，人心則不能複變。於是康有為在海外立保皇黨。圖推翻那拉后，扶助德宗親政。一九○○年，其黨唐才常謀在武漢舉事，事洩被殺。有為等遊說當時的大臣，亦沒有敢聽他的話，實行清君側的。然而輿論的勢力，則日日增長。梁啟超走日本後，發行《清議報》，痛詆那拉后。便國內諸報，如上海的《蘇報》等，亦有明目張膽，反對舊黨的。其餘各報，雖不敢如此顯著，亦大都偏向維新。那拉后要想禁絕他，以其地在租界，未能辦到。要想照會外國，拘捕康、梁，外人又認為國事犯，加以保護。於是守舊之念，漸變而為仇外之念，而帝后間的嫌隙，積而愈深。那拉后想行廢立，其黨以意諷示各公使，各公使都表示反對。乃先立端郡王載漪之子溥為大阿哥，以覘輿情，而海外的華僑，又時時電請聖安，以示擁戴德宗。經元善在上海，亦合紳民等電爭廢立。太后要拘捕他，又被逃到澳門。於是后黨仇外的觀念愈甚，遂成為庚子拳亂的一因。

第十八章　八國聯軍和辛丑條約

天下事無其力則已，有其力，是總要發洩掉，才得太平的。義和團之事，亦是其一例。

中國從海通以來，所吃外國人的虧，不為不多了。自然，朝野上下，都不免有不忿之心。然而忿之而不得其道。這時候，大眾的心理，以為：

（一）外國人所強的，唯是槍炮。（二）外國人是可以拒絕，使他不來的。（三）而民間的心理，尤以為交涉的失敗，由於官的懼怕洋人。儻使人民都能齊心，一哄而起，少數的客籍，到底敵不過多數的土著。（四）而平話、戲劇，怪誕不經的思想，又深入民間。（五）在舊時易於號召的，自然是忠君愛國之說。所以有扶清滅洋的口號，所以有練了神拳，能避槍炮之說，所以他們所崇奉的孫悟空、托塔李天王之類，無奇不有。這是義和團在民間心理上的起源，而自《天津條約》締結，教禁解除以來，基督教的傳布，深入民間，不肖的人民，就有借教為護符，以魚肉良懦，橫行鄉里的，尤使人民受切膚之痛。所以從教禁解除以來，教案即聯綿不絕，而拳匪的排外、鬧教，亦是其中重要的一因。

這是說民間心理。至於堂堂大臣，如何也會相信這種愚謬之說呢？這真百思而不得其解了。須知居於高位的人，並不一定是聰明才智的，而位高之後，習於驕奢怠惰，尤足使其才智減退。所以怪誕不經之事，歷代的王公大人，迷信起來，和平民初無以異，況且當時的中朝大臣，還有幾種複雜的心理。（一）端郡王載漪，是想他的兒子早正大位的。（二）其餘親貴，也有人想居翊戴之功。（三）有一派極頑固的人，還是鴉片戰爭時代的舊思想，想把外國人一概排斥。如此，自然要以義和團為可信；或雖明知其不可信，而亦要想利用他了。

拳匪是起於山東的，本亦無甚大勢力，而當時巡撫毓賢，加以獎勵，其勢遂漸盛。地方上教案時起。山東是德國人的勢力範圍，自然德人不能坐視，於是向總署交涉。政府無可如何，把他開缺，代以袁世凱。袁世凱知道拳匪是靠不住的，痛加剿辦，其眾遂流入直隸。直隸總督裕祿是那拉后的心腹。其人是不懂事的，只知道仰承意旨。當時中央既有此頑固複雜的心理，自然要利用拳匪，裕祿自然也要加以獎勵了。於是拳匪大盛於京、津之間。自地方紳民，以至朝貴，也有懾於勢，不得不然；也有別有用心的，到處都迎奉他們，設壇練拳。於是戕教民，殺教士；焚教堂；拆

鐵路；毀電線；見洋貨則毀；身御洋貨的人，目為二毛子，則殺。京、津之間，交通為之斷絕。其時在一九〇〇年夏間。

外國公使，紛紛責問。極端守舊頑固之人，固然不知所謂。略明事理而有權的人，也開不得口。別有用心的人，又說外國人要如何，借此恐嚇那拉后。遂至對各國同時宣戰。其實這時候，英、美、德、奧、意、法、俄、日八國聯軍已到，大沽已失陷四日了。

其時駐守津、沽之間的為聶士成。因拳匪淫掠，痛加剿擊。拳匪很恨他。聯軍攻其前，拳匪亦攻其後。士成戰死。天津失陷。裕祿兵潰，自殺。巡閱長江大臣李秉衡，率兵北上勤王。兵潰，亦自殺。京城之中，其初命董福祥率甘軍，合著拳匪去攻使館。因有陰令緩攻的，所以使館沒有打破，而德國公使克林德、日本使館書記杉山彬，都為亂民所戕。天津失陷。聯軍進逼通州，遂逼京城。德宗及太后出居庸關，走宣、大以達太原，旋聞聯軍有西進之說，再走西安。聯軍的兵鋒，東至山海關，西南至保定而止。

這時候，兩江總督劉坤一、湖廣總督張之洞、兩廣總督李鴻章等，相約不奉偽命。派人和上海各國領事，訂結保護東南，不與戰事之約。戰禍的範圍，幸得縮小，而黑龍江將軍壽山，舉兵攻入俄境。於是俄人從阿穆爾和旅順，兩路出兵。阿穆爾的兵，分陷（一）墨爾根、齊齊哈爾；（二）哈爾濱、三姓；（三）琿春、寧古塔；合陷呼蘭、吉林。旅順的兵，一西陷錦州；二東陷牛莊、遼、沈、新民、安東；挾奉天將軍增祺，以號令所屬。東三省不啻全入俄人的掌握。

事勢至此，無可奈何。乃復派慶親王奕劻和李鴻章為全權大臣，和各國議和。鴻章未能竣事而卒。代以王文韶。明年秋，和議成。與議的凡十一國。其條件是：

（一）派親王大臣，赴德、日，表示惋惜之意。

（二）懲辦首禍諸臣，開復被害諸臣原官。

（三）諸國人民遇害被虐城鎮，停止考試五年。

（四）軍火暨製造軍火之物，禁止進口二年。

（五）賠款總數，海關銀四百五十兆兩，照市價易為金款，年息四釐，分三十九年償還。

（六）劃定使館境界，界內由使館管理，亦可自行防守。

（七）大沽及有礙京師至海口通路的各炮臺，一律削平。

（八）許諸國駐兵黃村、廊坊、楊村、天津、軍糧城、塘沽、蘆臺、唐山、灤州、昌黎、秦皇島、山海關，以保京師至海口的交通。

（九）許改訂通商行船各條約。

後來通商條約改訂的，有英、美、日、葡四國。（一）因賠款重了，許中國加海關進口稅至值百抽一二‧五，出口稅至七‧五，而以裁釐為交換條件。（二）中國許修改礦務章程，招致外洋資財，及修改內河行輪章程。（三）中國釐定國幣，外人應在中國境內遵用。（四）律例、審斷及一切相關事直，均臻妥善，則外人允棄其治外法權。（五）英允除藥用外，禁煙進口。亦皆在此約中。又開商港多處。

其俄國，當奕劻、李鴻章與各國議和時，藉口東三省事件與中國有特別關係，當另議。於是以駐俄公使楊儒為全權大臣和俄國外交部商議。俄人要求甚烈。日、英、美、德、奧、意等，均警告中國，不得和俄人訂立密約，交涉遂停頓。各國和約大致議定後，乃由李鴻章和俄人磋議。一九〇二年，奕劻、王文韶和俄使訂立《交收東三省條約》。俄人許分三期撤兵。第一期如約撤退，第二期則不但不撤，反要求別訂新約，且續調海陸軍。一九〇三年六月，俄人合阿穆爾、關東，設極東大都督府，以亞歷塞夫為總督。九月，俄兵復占奉天，而日、俄二國，作戰於中國境內的活劇，就不可免了。

第十九章　遠東國際形勢

　　遠東非復中國的遠東了，亦不是中國和一兩國關係簡單的遠東，而成為世界六七強國龍爭虎鬥之場。

　　在十六世紀以前，亞洲東北方還是個寂寞荒涼之境。乃自俄人東略以來，而亞洲的北部，忽而成為歐洲斯拉夫族的殖民地。俄人因在黑海、地中海防英、法等國所扼，轉而欲求出海之口於太平洋。於是中國黑龍江以北之地割，而尼科來伊佛斯克，而海參崴，相繼建立。再為進一步的侵略，則西伯利亞大鐵道，橫貫黑、吉二省，而又分支南下，旅順、大連灣，亦成為俄國遠東的軍商港。

　　此等情勢，自然和日本的北進政策是不相容的。日本是個島國，在從前舊式的世界，本可做個世外桃源。乃自帝國主義橫行以來，而此世外桃源，亦不復能守其閉關獨立之舊。不進則退，當明治維新以前，日本也是被人侵略的，這時候，就要轉而侵略他人了。日本的政策，原分南進、北進兩派。論氣候和物產，自然南進較為相宜。但是南洋群島，面積究竟有限，而且也早給帝國主義者所分據了，要想侵略他人，自然要伸足於大陸。如此，朝鮮半島和中國的東三省，遂成為日、俄兩國勢力相遇之地。

　　在中日戰前，競爭朝鮮的主角是中、日。中日戰後，中國的勢力，完全打倒了。但是日本是戰勝國，而俄合德、法干涉還遼，是戰勝國的戰勝國。其勢焰已使人可驚，況且當時，日本在朝鮮的勢力，很為瀰漫。朝鮮人處於日本鈐制之下，自然要想反抗。想反抗，自不得不借助於外力。於是俄國的勢力，便乘機侵入了。當中日戰時，日本即強迫朝鮮訂結攻守同盟。及中日戰後，《馬關條約》認朝鮮為自主之國，於是朝鮮改國號為韓，號稱獨立。然實權都在日人手中。日人所扶翼的是大院君。閔妃一派，要想反抗，自然要倚賴俄國。其結果，遂釀成西元一八九五年閔妃遇弒之變。這一次，大院君的入宮，挾著日本兵自隨，而日本公使三浦梧樓，又

以日使館衛隊繼其後，各國輿論嘩然，都不直日本。日本不得已，把三浦梧樓召回，禁錮在廣島，而實未嘗窮究其事，這就是所謂廣島疑獄。此等舉動，適足以形日人手段的拙劣。其結果，反益促成韓國的親俄。日人無可奈何，只得忍氣吞聲，和俄國商量。西元一八九六年，兩國因韓事訂立協商。在韓的權利，殆處於平等的地位。到西元一八九八年，又訂立第二次協商。俄人亦僅承認日人在韓國工商業上，有特殊的利益而已。對於東三省的利益，則絲毫不許日人分潤。於是亞洲的東北角，潛伏著一個日俄衝突的危機。

不但如此，便中、西亞之間，也是危機潛伏。當十八世紀中葉，中國蕩平天山南、北路之時，正值英人加緊侵略印度之際，而俄國的侵略中亞，亦已於此時開始進行。三國的勢力，恰成一三角式。不進則退，中國對於屬部，始終以羈縻視之，而英、俄兩國，卻步步進取。於是巴達克山，夷為英之保護國。乾竺特名為兩屬，實際上我也無權過問了，而俄國亦服哈薩克，懾布魯特，滅布哈爾，並基華，並取浩罕。三國間的隙地博羅爾，竟由英、俄兩國，擅行派員，劃定界線。中國最西的屬部阿富汗，則由兩國的爭奪，而卒入於英人的勢力範圍，而兩國的爭點，遂集於西藏。蒙古支族布里雅特人，是多數居住在俄國的伊爾庫次克和外貝加爾兩省的，亦信喇嘛教。俄人乃利用其人入藏，以交結喇嘛。西元一八九九和一九〇〇兩年，達賴和俄政府之間，竟爾互通使聘。中國還熟視無睹，英人看著，卻眼中出火了。

在中國本部的利益，自然是列國所不肯放鬆的，而東北一片處女地，尤其是要想投資的人眼光之所集注。當《辛丑條約》業經訂結，而東三省尚未交還時，俄人侵略的形勢，最為可怕，日人於此，固然視為生死關頭；便英人也不肯落後，法國在東洋，關係較淺，而其在歐洲，頗想拉攏俄國，所以較易附和俄人的主張。德國便不然了。它從占據膠州灣以後，對於東方，野心勃勃，斷不容俄國人獨強的，至於美國，在東方本沒有什麼

深固的根蒂，其利於維持均勢，自更無待於言了。

所以當此時，頗有英、德、日、美諸國，聯合以對付一個俄國之概。當庚子拳亂，俄人占據東三省時，英國方有事南非，自覺獨力不足以制俄，乃和德國在倫敦訂立《協約》，申明開放門戶，保全領土之旨。此約經通知各國，求其同意。日、美、法、奧、意都覆牒承認。獨俄國主張限於英、德的勢力範圍，不適用於東三省。德國因關係較淺，就承認了俄國的主張，唯英、日兩國，反對最力。於是英人鑑於德國之不足恃，知道防禦俄國，非在遠東方面，有個關係較深切之國不可，而且印度和英國，關係太深了，亦非有一國助英防護，不足以壯聲勢。乃不惜破棄其名譽的孤立，而和日本訂立同盟。此事在一九○二年，而俄國亦聯合法國，發表宣言，說：「因第三國侵略，或中國騷擾，致兩國利益受侵犯時，兩國得協力防衛。」這明是把俄、法同盟的效力，推廣及於遠東，以對抗英、日同盟。日、俄兩國的決裂，其形勢已在目前了。但是以這時候的日本而和俄國開戰，究竟還是件險事。所以在日人方面，還斤斤於滿、韓交換之論。至一九○四年，日本公使和俄國交涉，卒無效果，而戰機就迫在眉睫了。

第二十章　日俄戰爭和東三省

當一九○三年之時，日俄戰爭，業已迫在眉睫了。此時亦有主張中國應加入日本方面的。然（一）中國兵力，能幫助日本的地方很少。（二）而海陸萬里，處處可以攻擊，儻使加入，無論如何是不會全勝的。那麼，日本即獲勝利，亦變為半勝了，而議和之際，反受牽制，所以日本是絕不願意中國加入的，而且中國加入，則戰禍益形擴大，於列強經濟利益有礙，所以亦都不願中國加入。中國的外交，自動的地方很少，而這時候，確亦很難自動。於是日俄戰事，於一九○四年之初爆發，而中國亦於其時，宣

告中立，劃遼河以東為戰區。

　　日本海軍，先襲敗俄艦於旅順和韓國的仁川，把旅順港封鎖了。海參崴的軍艦，亦屢為日兵所擊敗。俄國太平洋艦隊，失其效力。日軍遂得縱橫海上。其陸軍：第一軍自義州渡鴨綠江，連陷九連城、鳳凰城，直迫摩天嶺。後又別組第三軍，以攻旅順。旅順天險，所以相持久之不下。這一年秋間，日本一、二兩軍，合攻遼陽。再加以從大孤山登陸的第四軍，遼陽遂陷。俄國的運兵，比日本為遲。遼陽陷後，而其西方的精銳始漸集。乃反攻遼陽，不克。這時候，天氣已漸寒冷了。兩軍乃夾渾河相持。而日人於其間，竭盡全力攻陷旅順。到明年，俄國西方之兵益集，日亦續調大軍。日兵三十四萬，俄兵四十三萬，開始大戰。經過兩旬，俄軍敗退。日軍遂陷奉天，北取開原。俄國波羅的海艦隊，因英日同盟，不敢航行蘇彝士運河，繞好望角東來。又為日人邀擊於對馬海峽，大敗。於是俄國戰鬥之力窮，而樸資茅斯的和議起。

　　《樸資茅斯和約》，共十五條。其重要的：（一）俄承認日本對韓，有政治上、軍事上和經濟上的卓絕利益。（二）租借地外，日、俄在滿洲的軍隊，盡數撤退，以其地交還中國。俄人在滿洲，不得有侵害中國主權，妨礙機會均等主義的領土上利益，暨優先及專屬的讓與權利。（三）中國因發達滿洲的工商業，為各國共同的設置時，日、俄兩國，都不阻礙。（四）俄國以中國政府的承認，將旅、大租借地和長春、旅順間的鐵路，讓與日本。（五）庫頁島自北緯五十度以南，讓與日本。（六）日人在日本海、鄂霍次克海、白令海的俄領沿岸，有漁業權。

　　此時日本可調的兵，差不多都已調盡。其財政亦異常竭蹶。其急於要議和的情形，反較俄國為切。所以賠款分文未得，而且一切條件，差不多都是照俄人的意思決定的。日本戰爭雖勝利，和議是屈辱的。所以其全國人民，大起騷擾，費了許多氣力才鎮壓定。然而日本雖未能大有所得於俄，而仍可以取償於中。當戰役將終時，中國輿論，有主張乘機廢棄《俄

約》，並向英交涉，收回威海，而自動地和日本訂立新約的。列國的眼光，則不過要把東三省作為共同投資之地，不欲其為一國所把持。而又希望其地的和平秩序，可以維持，所以有主張以東三省為一永世中立之地的。中國這時候，希望立憲之心正盛，而滿族皇室，終竟遲遲不肯放棄其權利，亦有就此議論，加以修正，主張以滿洲為一王國，放奧匈、瑞那之例，由中國皇帝兼其王位，而於其地試行憲政的。這許多議論，都成為畫餅。僅於日、俄議和之時，由中國政府照會二國，說和約條件有涉及中國的，非得中國承認不生效力而已。日、俄議既定，日本乃派小村壽太郎到中國來，和中國訂立《會議東三省事宜協約》，中國政府承認《日俄和約》第五、第六兩條，而日本政府，承認遵行中俄租借地和築路諸約。別結《附約》：(一) 開鳳凰城、遼陽、新民、鐵嶺、通江子、法庫門、長春、吉林、哈爾濱、寧古塔、三姓、齊齊哈爾、海拉爾、璦琿、滿洲里為商埠。(二) 安奉軍用鐵路，許日本政府接續經營，改為商運鐵路。除運兵歸國十二個月外，以兩年為改良竣工之期。自竣工之日起，以十五年為限。屆期請他國人評價，售與中國。(三) 許設中日合辦材木公司，採伐鴨綠江左岸森林。(四) 滿韓交界陸路通商，彼此以最惠國待遇。明年五月，日人設立南滿洲鐵道株式會社。七月，又設關東都督府。於是東北一隅，成為日、俄兩國劃定範圍，各肆攘奪的局面，不但介居兩大之間而已。

《會議東三省善後事宜協約》，立於一九〇五年十二月二十六日。照約，安奉鐵路的興工，應在一九〇六年十二月二十七日之後，而其完工，則應在一九〇八年十二月二十六日之前。乃日人至一九〇九年，才要求派員會勘線路。郵傳部命東三省交涉使和他會勘。會勘既竣，日人要收買土地。東三省總督錫良，忽然說路線不能改動。日人就自由行動，徑行興工。中國人無可奈何，只得同他補結《協約》，承認了他，而所謂滿洲五懸桑，亦於此時解決。

(一) 撫順煤礦。日人主張是東省鐵路的附屬事業。中國人說在鐵路線

三十里之外。日人則說照該《鐵路條例》，許俄人開礦，本沒限定三十里。此時並煙臺煤礦，都許日人開採。

（二）間島問題。圖們江北的延吉廳，多韓民越墾。日人強名其地為間島。於其地設立理事官。這時候，仍認為中國之地。日所派理事官撤退。唯仍准韓民居住耕種，而中國又開龍井村、局子街、頭道溝、百草溝為商埠。

（三）新法鐵路。中國擬借英款興造。日人指為南滿鐵路的平行線。這時候，許興造時先和日本商議。

（四）東省鐵路營口支路。是中俄《東省鐵路公司契約》許俄人興造的，這是為運料起見，所以原約規定八年之內，應行拆去，而日人抗不履行。至此，准其於南滿鐵路限滿之日，一律交還。

（五）吉會鐵路。滿鐵會社要求敷設新奉、吉長兩路，業於一九〇七年訂立契約。該會社又要求將吉長路展至延吉，和朝鮮會寧府鐵路相接。至此，許由中國斟酌情形，至應開辦時和日本商議。

自日俄戰後，各國已認朝鮮為日本囊中之物了。所以日俄議和的一年，英、日續訂盟約，即刪去保全朝鮮領土一條。然而對於中國門戶開放，領土保全的條文，依然如故，一九〇七年的《日法協約》、《日俄協約》，一九〇八年的《日美照會》，都是如此，然而日本的行動，則大有唯我獨尊，旁若無人的氣概，列國自然不肯放手，而中國也總希望引進別國的勢力，以抵制日、俄兩國的。當新法鐵路照日本的意思解決，中國要求築造錦齊鐵路時，日不反對。日人亦要求昌洮路歸其承造。彼此記入會議錄中。懸案解決後，中國要借英、美兩國之款，將錦齊鐵路，延長到瑷琿，改稱錦瑷。日人嗾使俄人，出面抗議。於是美國人提議，各國共同出資，借給中國，由中國將滿洲鐵路贖回。此項借款未還清以前，由出資各國共同管理，禁止政治上、軍事上的使用。── 此即所謂滿洲鐵路中立。── 其通牒，向中、英、德、法、俄、日六國提出。明年，日、俄二

國，共提抗議。這一年，日、俄兩國就訂立新協約。約中明言維持滿洲現狀，現狀被迫時，兩國得互相商議。如此，英、美的經營，反促成日、俄的聯合了，而這新約，或云別有密約，俄國承認日本併吞韓國，而日本則承認俄國在蒙、新方面的舉動，所以這《協約》於七月四日成立，而朝鮮即於八月三十日滅亡，而到明年，俄人對於蒙、新，就提出強硬的要求了。

第二十一章　清末的憲政運動

戊戌變法、庚子拳亂，清朝的失政，一步步的使人民失望，而其時人民的程度亦漸高，於是從改革政治失望之餘，就要擬議及於政體了。

中國的民主思想，在歷史上，本是醞釀得很深厚的。不過國土大，人民多，沒有具體的辦法罷了。一旦和外國交通，看見其政體有種種的不同，而且覺得他們都比我們富強；從國勢的盛衰，推想而及於政權的運用，自然要擬議及於政體了。於是革命、立憲，遂成為當日思潮的兩流。

戊戌政變以後，康有為在海外設立保皇黨。梁啟超則在日本橫濱發行《清議報》，痛詆那拉后，主張擁戴德宗，以行新政。這時候，還是維新運動的思想。但是空口說白話，要想那拉后把政權奉還之於德宗，是無此情理的，所以雖保皇黨要想奪取政權，亦不得不訴之於武力。人民哪裡來武力呢？其第一步可以利用的，自然是會黨。原來中國各種會黨，溯其原始，都是人民受異族的壓迫，為此祕密組織，以為光復之豫備的。日久事忘，固然不免漸忘其原來的宗旨，然而他們，究竟是有組織的民眾，只要有有心人，能把宗旨灌輸給他們，用以舉事，自較毫無組織的人民為易。所以在當時，不論保皇黨、革命黨，都想利用他們。就是八國聯軍入京的這一年，康有為之黨唐才常，在上海設立國會總會，漢口設立分會，才常居漢口。後來的革命黨人黃興居湖南，吳祿貞居安徽的大通，聯絡哥老

會黨，廣發富有會票，謀以這一年七月間，在武漢同時舉事，而湖南、安徽，為之策應。未及期而事洩。才常被殺。鄂、湘、蘇、皖四省，搜捕黨眾，殺戮頗多。當時鄂督張之洞，有一封信，寫給上海國會總會中人，勸他們不要造反。國會中人，也有一封信覆他，署名為是中國民。暢發國家為人民所公有，而非君主所私有之義，為其時之人所傳誦。保皇運動，浸浸接近於革命了。

但是到十九世紀的初年，保皇黨宗旨漸變。《清議報》發刊，滿一百期而止。梁啟超改刊《新民叢報》。其初期，頗主張革命。後來康有為鑑於法國大革命殺戮之慘及中南美諸國政權的爭奪，力主君主立憲，詒書諍之，梁啟超漸漸改從其說。於是《新民叢報》成為鼓吹立憲的刊物，和當時革命黨所出的《民報》對峙。以立憲之說，可以在國內昌言之故，《新民叢報》在國內風行頗廣，立憲的議論漸漸得勢。到日俄戰爭以後，輿論都說日以立憲而勝，俄以專制而敗，立憲派的議論，一時更為得勢。庚子一役，相信一班亂民，做這無意識開倒車的運動，以致喪權辱國，賠款之巨，尤其詒累於人民，清朝自己，也覺得有些難以為情了。於是復貌行新政，以敷衍人民。然而所行的都有名無實，人民對於朝廷的改革，遂覺灰心絕望。除一部分從事於革命外，其較平和的，也都想自己參與政權，以圖改革，這是十九世紀初年立憲論所以興盛的原因，而其首將立憲之舉，建議於清朝的，則為駐法公使孫寶琦。其後兩江、兩湖、兩廣諸總督，相繼奏請。到一九〇五年，直督袁世凱，又奏請簡派親貴，分赴各國，考察政治。於是有派五大臣出洋考察之舉。明年回國，一致主張立憲。於是下上諭：「先將官制改革，次及其餘諸政治，使紳民明悉國政，以備立憲基礎。數年之後，查看情形，視進步之遲速，以定期限之遠近。」是為清末的所謂預備立憲。於是改定內外官制。設資政院、諮議局，以為國會及省議會的基礎，頒布《城鎮鄉自治章程》。立審計院，頒布《法院編製法》及《新刑律》。設省城及商埠的檢察、審判廳，又設憲政編查館，以為舉行憲政的總匯。

看似風起雲湧，實則所辦之事，都是不倫不類的，而且或格不能行，或行之而名不副實，人民依舊覺得失望。於是即行立憲和預備立憲，遂成為當日朝廷和人民的爭點。

朝廷上說：「人民的程度不足，是不能即行立憲的。」輿論則說：「程度的足不足，哪有一定標準？況且正因為政治不良，所以要立憲。若使把件件政治都改好了，然後立憲，那倒無須立憲了。」當時政府和人民的爭點，大要如此。當時的政府，是軟弱無力的。既沒有直捷痛快拒絕人民的勇氣，又不肯直捷痛快實行人民的主張。一九〇八年，各省主張立憲的政團和人民，上書請速開國會。朝廷下詔，定以九年為實行之期。這一年冬天，德宗死了。那拉后立醇親王載灃之子溥儀，年四歲，以載灃為攝政王。明日，那拉后也死了。其明年，各省諮議局成立，組織國會請願同志會，於一九一〇年，入都請願，亦不許。這一年，京師資政院開會，亦通過請願速開國會案上奏。清廷乃下詔，許縮短期限，於三年之後，開設國會。人民仍有不滿，請願即行開設的，遂都遭清廷驅逐，並命京內外，有倡言請願的，即行彈壓拿辦。其的聲音顏色，可謂與人以共見了。

當時的清廷，不但立憲並無誠意，即其政治亦很腐敗。政府中的首領，是慶親王奕劻。他是個老耄無能的人，載灃性甚昏庸。其弟載洵、載濤，亦皆欲干預政治，則又近於胡鬧。到革命這一年，責任內閣成立，仍以奕劻為總理，閣員亦以滿族占多數。人民以皇族內閣，不合立憲公例，上書請願。諮議局亦聯合上書，不聽。到第二次上書，就遭政府的嚴斥。這時候的政治家，鑑於中國行政的無力，頗有主張中央集權之論的。政府也頗援為口實。但政治既不清明，又不真懂得集權的意義，並不能勵精圖治，將各項政權集中，而轉指人民奔走國事的，為有妨政府的大權，一味加以壓制。於是激而生變，醞釀多年的革命運動，就一發而不可遏了。

第二十二章　清代的制度

　　清代的制度，在大體上可以說是沿襲前朝的。至於摹仿東西洋，改革舊制，那已是末年的事了。

　　清代的宰相，亦是所謂內閣。但是只管政治，至於軍事，則是交議政王大臣議奏的。世宗時，因西北用兵，設立軍機處，後遂相沿未撤。從此以後，機要的事務都歸軍機，唯尋常本章乃歸內閣。軍機處之權，就超出內閣之上了。六部長官，都滿、漢並置，而吏、戶、兵、刑四部，尚侍之上，又有管部大臣，以至互相牽制，事權不一。還有理藩院，是管理蒙古的機關，雖以院名，而其設官的制度亦和六部相同。都察院，左都御史和左副都御史亦滿、漢並置，其右都御史和右副都御史，則為總督、巡撫的兼銜。外官：督、撫在清代，亦成為常設的官，而屬於布、按兩司的道，亦若自成一級。於是督、撫、司、道、府、縣，幾乎成為五級了。壓制重而展布難，所以民治易於荒廢；統轄廣而威權大，所以長官易於跋扈。和外國交通以後，首先設立的，為總理各國事務衙門，後來改為外務部。末年因辦新政，復增設督辦政務處等，其制度都和軍機處相像。到一九〇六年，籌備憲政，才把新設和舊有的機關，改並而成外務、吏、民政、度支、禮、學、陸軍、農工商、郵傳、理藩、法十一部。革命的一年，設立責任內閣，並裁軍機處和吏、禮兩部，而增設海軍部和軍諮府。省的區域，本自元、明兩代，相沿而來，殊嫌其過於龐大。末年議改官制時，很有主張廢之而但存道或府的，但未能實行。當時改定外官制，仍以督撫為一省的長官。但改按察司為提法、學政為提學，而增設交涉司；裁分巡，而增設勸業、巡警兩道。東三省和蒙、新、海、藏的官制，在清代是和內地不同的。奉天為陪京，設立戶、禮、兵、刑、工五部，而以將軍管旗人，府尹治民事。且有奉天、錦州兩府。吉、黑則只有將軍、副都統等官。後來逐漸設廳。直至日俄戰後，方才改設行省。其蒙古和新疆、

青海、西藏，則都治以駐防之官。新疆改設行省，在中俄伊犁交涉了結之後。青海、西藏，則始終未曾改制。

清代取士之制，大略和明代相同。唯官缺都分滿、漢，而蒙古及漢軍、包衣，亦各有定缺，為其特異之點。戊戌變法時，嘗廢八股文，改試論策經義。政變後復舊。義和團亂後，又改。至一九〇五年，才廢科舉，專行學校教育。但學校畢業之士，仍有進士、舉貢、生員等名目，謂之獎勵。到民國時代才廢。

兵制有八旗、綠營之分。八旗編丁，起於佐領。每佐領三百人。五佐領設一參領。五參領設一都統，兩副都統。此為清朝初年之制。後來得蒙古人和漢人，亦都用此法編制。所以旗兵又有滿洲、蒙古、漢軍之分。入關以後，收編的中國兵，則謂之綠營，而八旗又分禁旅和駐防兩種。駐防的都統，改稱將軍。乾嘉以前，大抵出征以八旗為主，鎮壓內亂，則用綠營。川楚教匪之亂，八旗綠營，都不足用，反靠臨時招募的鄉勇，以平亂事，於是勇營大盛。所謂湘、淮軍，在清朝兵制上，亦是勇營的一種。中法之戰，勇營已覺其不足恃，到中日之戰，就更形破產了。於是紛紛改練新操，是為新軍。到末年，又要改行徵兵制，於各省設督練公所，挑選各州縣壯丁有身家的，入伍訓練，為常備兵。三年放歸田里，為續備兵。又三年，退為後備兵。又三年，則脫軍籍。當時的計劃，擬練新軍三十六鎮，未及成而亡。水師之制，清初分內河、外海。太平天國起後，曾國藩首練長江水師和他角逐，而內河水師的制度一變。至於新式的海軍，則創設於一八六二年。法、越戰後，才立海軍衙門。以旅順和威海衛為軍港，一時軍容頗有可觀，後來逐漸腐敗，而海軍衙門經費，又被那拉后修頤和園所移用。於是軍費亦感缺乏。中日之戰，遂至一敗塗地。戰後，海軍衙門既裁，已經營的軍港，又被列強租借，就幾於不能成軍了。

清朝的法律，大體是沿襲明朝的。其初以例附律。後末就將兩種合纂，稱為《律例》。其不平等之處，則宗室、覺羅和旗人，都有換刑，而其

審判機關，亦和普通人民不同。流寓中國的外國人，犯了罪，全由中國的官長審訊，這是清初尚然如此。不過同類自犯，可以參酌本俗法為理。鴉片戰後，各國有裁判權，就於國權大有損害了。末年，因為要取消領事裁判權，派沈家本、伍廷芳為修訂法律大臣，把舊律加以修改。曾頒行《商律》和《公司律》。其民、刑律和民商、刑事訴訟律，亦都定有草案，但未及頒行，審判機關，則改大理寺為大理院，為最高審判，其下則分高等、地方、初等三級。但亦未能推行。

　　賦役是仍行明朝一條鞭之制的。丁稅既全是征銀，而其所謂丁，又不過按糧攤派，則已不啻加重田賦，而免其役，所以清朝的所謂編審，不過是將全縣舊有丁稅若干，設法攤派之於有糧之家而已。和實際查驗丁數，了無干涉。即使按期舉行，所得的丁額，亦總不過如此。清聖祖明知其故，所以於西元一七一二年，特下「嗣後滋生人丁，永不加賦；丁賦之額，以康熙五十年冊籍為準」之詔。既然如此，自然只得將丁銀攤入地糧，而編審的手續，也當然可省，後來就但憑保甲以造戶口冊了。地丁而外，江蘇、安徽、江西、湖北、湖南、浙江、河南、山東八省，又有漕糧。初征本色，末年亦改征折色。田賦而外，以關、鹽兩稅為大宗。鹽稅仍行引制。由國家售鹽於大商，而由大商各按引地，售與小民。此法本有保護商人專利之嫌。政府所以要取此制，只是取其收稅的便利。但是初定引地時，總要根據交通的情形，而某地定額若干，亦是參照該地方消費的數量而定的。歷時既久，兩者的情形，都不能無變更，而引地和鹽額如故，於是私鹽賤而官鹽貴，國計民生，交受其弊，而商人也不免於坐困了。關有常關和新關兩種。常關沿自明代，新關則是通商之後增設於各口岸的。稅率既經協定，而總稅務司和稅務司，又因外交和債務上的關係，限用外國人。革命之後，遂至將關稅收入，存入外國銀行，非經總稅務司簽字，不能提用。甚至償還外債的餘款，就是所謂關餘的取用，亦須由其撥付，這真可謂太阿倒持了。釐金是起於太平軍興之後的。由各省布政司委員，設局征收。其額是值百抽一，所以謂之釐金。但

是到後來，稅率和應稅之品，都沒有一定，而設局過多，節節留難，所以病商最甚。《辛丑和約》，因中國的賠款負擔重了。當時議約大臣，要求增加關稅，外人乃以裁釐為交換條件。許我裁釐後將關稅增加至值百抽五，然迄清世，兩者都未能實行。

第二十三章　清代的學術

清代學術的中堅，便是所謂漢學。這一派學術，以經學為中心。專搜輯闡發漢人之說，和宋以來人的說法相對待，所以得漢學之稱。

漢學家的考據，亦可以說是導源於宋學中之一派的，而其興起之初，亦並不反對宋學。只是反對宋學末流空疏淺陋之弊罷了。所以其初期的經說，對於漢宋，還是擇善而從的，而且有一部分工作，可以說是繼續宋人的遺緒。但是到後來，其趨向漸漸地變了。其工作，專注重於考據。考據的第一個條件是真實，而中國人向來是崇古的。要講究古，則漢人的時代，當然較諸宋人去孔子為近。所以第二期的趨勢，遂成為專區別漢、宋，而不復以己意評論其短長。到此，才可稱為純正的漢學。所以也有對於這一期，而稱前一期為漢宋兼采派的。

第一期的人物，如閻若璩、胡渭等，讀書都極博，考證都極精。在這一點，可以說是繼承了明末諸儒的遺緒的。但是經世致用的精神，卻漸漸地缺乏了。第二期為清代學術的中堅。其中人物甚多，近人把他分為皖、吳二派。皖派的開山，是江永，繼之以戴震。其後繼承這一派學風的，有段玉裁、王念孫、引之父子和末期的俞樾等。此派最精於小學，而於名物制度等，搜考亦極博。所以最長於訓釋。古義久經湮晦，經其疏解，而燦然復明的很多。吳派的開山，是惠周惕、惠士奇、惠棟，父子祖孫，三世相繼。其後繼承這一派學風的，有餘蕭客、王鳴盛、錢大昕、陳壽祺、喬

樵父子等。這派的特長，尤在於輯佚。古說已經亡佚，經其搜輯而大略可見的不少。

漢學家的大本營在經。但因此而旁及子、史，亦都以考證的方法行之。經其校勘、訓釋、搜輯、考證，而發明之處也不少。其治學方法，專重證據。所研究的範圍頗狹，而其研究的工夫甚深。其人大都為學問而學問。不攙以應用的，亦頗有科學的精神。

但是隨著時勢的變化，而漢學的本身，也漸漸地起變化了。這種變化，其初也可以說是起於漢學的本身，但是後來，適與時勢相迎合，於是漢學家的純正態度漸漸地改變，而這一派帶有致用色彩的新起的學派，其結果反較從前純正的漢學為發達。這是怎樣一回事呢？原來漢學的精神，在嚴漢、宋之界。其初只是分別漢、宋而已，到後來，考核的工夫愈深，則對於古人的學派，分別也愈細。漢、宋固然不同，而同一漢人之中，也並非不相違異。其異同最大的，便是第三篇第九章所講的今、古文之學。其初但從事於分別漢、宋，於漢人的自相歧異，不甚措意。到後來，漢、宋的分別工作，大致告成，而漢人的分別問題，便橫在眼前了。於是有分別漢人今古文之說，而專替今文說張目的。其開山，當推莊存與，而繼之以劉逢祿和宋翔鳳，再繼之以龔自珍和魏源。更後，更是現代的廖平和康有為了。漢代今文學的宗旨，本是注重經世的。所以清代的今文學家，也帶有致用的色彩。其初期的莊、劉已然，稍後的龔、魏，正值海宇沸騰，外侮侵入之際。二人都好作政論，魏源尤其留心於時務。其著述，涉及經世問題的尤多。最後到廖平，分別今古文的方法更精了。至康有為，則利用經說，自抒新解，把春秋三世之義，推而廣之，而又創託古改制之說，替思想界起一個大革命。

清學中還有一派，是反對宋學的空談，而注意於實務的。其大師便是顏元。他主張仿效古人的六藝，留心於禮、樂、兵、刑諸實務。也有少數人佩服他。但是中國的學者，習慣在書本上費工夫久了，而學術進步，學理上的探討

和事務的執行，其勢也不得不分而為二。所以此派學問，傳播不甚廣大。

還有一派，以調和漢、宋為目的，兼想調和漢、宋二學和文士的爭執的，那便是方苞創其前，姚鼐繼其後的桐城派。當時漢、宋二學，互相菲薄。漢學家說宋學家空疏武斷，還不能明白聖人的書，何能懂得聖人的道理？宋學家又說漢學家專留意於末節，而忘卻聖人的道理，未免買櫝還珠。至於文學，則宋學家帶有嚴肅的宗教精神，固然要以事華采為戒；便是漢學家，也多自矜以樸學，而笑文學家為華而不實的——固然，懂得文學的人，漢、宋學家中都有，然而論漢、宋學的精神，則實在如此。其實三者各有其立場，哪裡可以偏廢呢？所以桐城派所主張義理、考據、辭章三者不可缺一之說，實在是大中至正的。但是要兼采三者之長而去其偏，這是談何容易的事？所以桐城派的宗旨，雖想調和三家，而其在漢、宋二學間的立場，實稍偏於宋學，而其所成就，尤以文學一方面為大。

清朝還有一位學者，是很值得介紹的，那便是章學誠。章學誠對於漢、宋學都有批評。其批評，都可以說是切中其得失，而其最大的功績，尤在史學上。原來中國人在章氏以前不甚知道「史」與「史材」的分別，又不甚明瞭史學的意義。於是（一）其作史，往往照著前人的格式，有的就有，無的就無，倒像填表格一樣，很少能自立門類或刪除前人無用的門類的。（二）則去取之間，很難得當。當歷史讀，已經是汗牛充棟，讀不勝讀了，而當作保存史材看，則還是嫌其太少。章氏才發明保存史材和作史，是要分為兩事的。儲備史材，愈詳愈妙，作史則要斟酌一時代的情勢，以定去取的，不該死守前人的格式。這真是一個大發明。章氏雖然沒有作過史，然其借改良方志的體例，為預備史材的方法，則是頗有成績的。

理學在清朝，無甚光彩。但其末造，能建立一番事功的曾國藩卻是對於理學，頗有工夫的，和國藩共事的人，如羅澤南等，於理學亦很能實踐。他們的成功，於理學可謂很有關係。這可見一派學問，只是其末流之

弊，是要不得，至於真能得其精華的，其價值自在。

　　以上所說，都是清朝學術思想變遷的大概，足以代表一時代重要的思潮的。至於文學，在清朝比之前朝，可說無甚特色。稱為古文正宗的桐城派，不過是謹守唐、宋人的義法，無甚創造。其餘模仿漢、魏、唐、宋的駢文……的人，也是如此。詩，稱為一代正宗的王士禎，是無甚才力的。後來的袁、趙、蔣，雖有才力，而風格不高。中葉後競尚宋詩，亦不能出江西派杵臼。詞，清初的浙派，尚沿元、明人輕佻之習。常州派繼起，頗能力追宋人的作風，但是詞曲，到清代，也漸成為過去之物。不但詞不能歌，就是曲也多數不能諧律，至其末年，則耳目的嗜好也漸變，皮黃盛而崑曲衰了。平民文學，倒也頗為發達。用語體以作平話、彈詞的很多。在當時，雖然視為小道，卻是現在平民文學所以興起的一個原因。書法，歷代本有南、北兩派。南派所傳的為帖，北派所傳的為碑。自清初以前，書家都取法於帖。但是屢經翻刻，神氣不免走失。所以到清中葉時，而潛心碑版之風大盛。主持此論最力，且於作書之法，闡發得最為詳盡的，為包世臣，而一代書家，卓然得風氣之先的，則要推鄧完白。清代學術思想，都傾向於復古，在書法上亦是如此的。這也可見一種思潮正盛之時，人人受其鼓蕩而不自知了。

第二十四章　清代的社會

　　論起清代的社會來，確乎和往古不同，因為它是遭遇著曠古未有的變局的。這曠古未有的變局，實在當十六世紀之初 —— 歐人東略 —— 已開其端。但是中國人，卻遲到十八世紀的中葉 —— 五口通商 —— 方才感覺到。自此以前，除少數 —— 如在海口或信教 —— 與西人接近的人外，還是絲毫不這麼覺得。

　　清代是以異族入主中國的，而又承晚明之世，處士橫議、朋黨交爭之後，所以對於裁抑紳權、摧挫士氣二者，最為注意。在明世，江南一帶，有所謂投大戶的風氣。仕宦之家，僮僕之數，盈千累百。不但擾害小民，即主人亦為其所挾制。到清代，此等風氣可謂革除了。向來各地方，有不齒的賤民，如山、陝的樂籍，紹興的惰民，徽州的伴檔，寧國的世僕，常熟、昭文的丐戶，江、浙、福建的棚民，在清世宗時，亦均獲除籍。此等自然是好事。然而滿、漢之間，卻又生出不平等來了。旗人在選舉、司法種種方面，所占地位都和漢人不同，具見第二十二章所述，而其關係最大的，尤莫如摧挫士氣一事。宋、明兩朝，士大夫都很講究氣節。風會所趨，自然不免有沽名釣譽的人，鼓動群眾心理，勢成一哄之市。即使動機純潔，於事亦不能無害，何況持之稍久，為野心者所利用，雜以他種私見，馴致釀成黨爭呢？物極必反，在清代，本已有動極思靜之勢，而清人又加之以摧挫，於是士大夫多變為厭厭無氣之流，不問國事。高者講考據、治詞章，下者遂至於嗜利而無恥。管異之有〈擬言風俗書〉，最說得出明、清風氣的轉變。他說：

　　明之時，大臣專權，今則閣、部、督、撫，率不過奉行詔命。明之時，言官爭競，今則給事、御史，皆不得大有論列。明之時，士多講學，今則聚徒結社者，渺焉無聞。明之時，士持清議，今則一使事科舉，而場屋策士之文，及時政者皆不錄。大抵明之為俗，官橫而士驕。國家知其敝而一切矯之，是以百數十年，天下紛紛，亦多事矣。顧其難皆起於田野之間，閭巷之俠，而朝寧學校之間，安且靜也。然臣以為明俗敝矣，其初意則主於養士氣，蓄人才。今夫鑑前代者，鑑其末流，而要必觀其初意。是以三代聖王相繼，其於前世，皆有革有因，不力舉而盡變之也。力舉而盡變之，則於理不得其平，而更起他禍。

　　清朝當中葉以後，遇見曠古未有的變局，而其士大夫，迄無慷慨激發，與共存亡的，即由於此。此等風氣，實在至今日，還是受其弊的。

　　我們今日，翻一翻較舊的書，提到當時所謂「洋務」時，率以通商、傳教兩個名詞並舉。誠然，中西初期的交涉，不外乎此兩端。就這兩端看來，在今日，自然是通商的關係，更為深刻。—— 因為帝國主義者經濟上的剝削，都是由此而來的 —— 其在當初，則歐人東來，所以激起國人的反抗的，實以傳教居先，而通商顧在其次。歐人東來後，中國反對他傳教的情形，讀第二章已可見其大略。但這還是士大夫階級的情形。至西元一八六一年，《天津》、《北京》兩條約發生效力以來。從前沒收的教堂，都發還。教士得在中國公然傳教。從此以後，洋人變為可畏之物，便有恃入教為護符，以魚肉鄰里的。地方官遇教案，多不能持平，小民受著切膚之痛，教案遂至聯綿不絕。直至一九〇〇年，拳匪亂後，而其禍乃稍戢。

　　至於在經濟上，則通商以後，中國所受的侵削尤深。通商本是兩利之事，歷代中外通商，所輸入的，固然也未必是必須品。然中國所受的影響有限。至於近代，則西人挾其機制之品，以與中國的手工業相競爭。手工業自然是敵不過它的。遂漸成為洋貨灌輸，固有的工商業虧折，而推銷洋貨的商業勃興之象。不但商工業，即農村亦受其影響，因為舊式的手工，有一部分是農家的副業。偏僻的農村，並有許多粗製品，亦能自造，不必求之於外的。機製品輸入而後，此等局面打破，農村也就直接、間接受著外人的剝削了。此等情勢，但看通商以後，貿易上的數字，多為入超可見。資本總是向利息優厚之處流入的，勞力則是向工資高昂之處移動的。遂成為外國資本輸入中國，而中國勞工紛紛移向海外的現象。

　　外人資本的輸入，最初是商店 —— 洋行和金融機關。從《馬關條約》以後，外人得在中國通商口岸設廠，而輕工業以興。其後外人又競攬我的鐵路、礦山等，而重工業亦漸有興起。此等資本，或以直接投資，或以借款，或以合辦的形式輸入，而如鐵路礦山等，並含有政治上的意味。至於純粹的政治借款，則是從西元一八六六年，征討「回亂」之時起的。此後每有缺乏，亦時借洋債，以資挹注。但為數不多。中、日戰後，因賠款數目

較巨，財政上一時應付不來，亦借外債以資應付。但至一九○二年，亦都還清，而其前一年，因拳亂和各國訂立和約，賠款至四萬五千萬兩之巨。截至清末，中國所欠外債，共計一萬七千六百萬，僅及庚子賠款三之一強，可見拳亂一役，貽累於國民之深了。

中國的新式工業初興起時，大抵是為軍事起見，已見第十三章。其中僅西元一八七八年，左宗棠在甘肅倡辦織呢局；稍後，李鴻章在上海辦織布局；張之洞在湖北辦織布、紡紗、製麻、繅絲四局，可稱為純粹工業上的動機。此等官辦或官商合辦的事業，都因官場氣習太深，經營不得其法，未能繼續擴充，而至於停辦。前清末造，民間輕工業，亦漸有興起的，亦因資本不足，管理不盡合宜，未能將外貨排斥。在商業上，則中國所輸出的，多是天產及粗製品。且能直接運銷外國者，幾乎無之，都是坐待外商前來採運，其中損失亦頗巨。

華人移殖海外，亦自前代即有之。但至近世，因交通的便利，海外事業的繁多，而更形興盛。其初外人是很歡迎中國人前往的。所以西元一八五八年的《中英條約》，西元一八六一年的《中俄條約》，西元一八六四年的《西班牙條約》，西元一八六八年的《中美續約》，都有許其招工的明文。今日南洋及美洲繁盛之地，原是華人所開闢者不少。到既經繁盛，卻又厭華人工價的低廉，而從事於排斥，苛待、驅逐之事，接踵而起了。但在今日，華僑之流寓海外者還甚多。雖無國力之保護，到處受人壓迫，然各地方的事業，握於華人之手者仍不少。譬如，暹羅、新加坡等，一履其地，儼然有置身閩、粵之感。中國的國際收支，靠華僑匯回之款，以資彌補者，為數頗巨。其人皆置身海外，深受異民族壓迫之苦，愛國之觀念尤強，對於革命事業的贊助，功績尤偉。若論民族自決，今日華僑繁殖之地，政權豈宜握在異族手中？天道好還，公理終有伸張之日，我們且靜待著罷了。

第五編　現代史

第一章　革命思想的勃興和孫中山先生

什麼叫做革命？前編第十七章，已經說過了。凡事積之久則不能無弊。這個積弊，好像人身上的老廢物一樣，非把它排除掉，則不得健康。人類覺悟了，用合理的方法，把舊時的積弊摧陷廓清，以期達於理想的境界，這個就喚做革命。

革命不是中國一國的事。以現在的情形而論，是全世界都需要革命的。但是我們生在中國，其勢只得從中國做起。

然則中國的革命思想，又是如何產生的呢？我說其動機有三：

其（一）是民族思想。人生在世界上，最緊要的，是自由平等。但是因為民族的差殊，彼此利害不同，而又不能互相諒解，就總不免有以此一民族，壓制彼一民族之事。

中國待異民族是最寬大的。只覺得我們是先進的民族，有誘掖啟導後進的責任，絕無憑恃武力，或者靠什麼經濟的力量，去壓迫榨取異民族之事。但是此等理想，要實現很難，而以過尚平和故，有時反不免受異族的壓迫。中古史的後半期，遼、金、元、清，疊次侵入，便是其適例。到了近世，歐人東略，民族間利害衝突的情形就更形顯著了。我們到此，自然覺得我們自己有團結以爭生存的必要。同時，就覺得阻礙中國民族發展，或者要壓迫榨取中國的，非加以排除抵禦不可。這是潛伏在人心上的第一種動機。

其（二）是民權思想。中國的民權思想，發達得是最早的。「民為貴，社稷次之，君為輕。」「賊仁者謂之賊，賊義者謂之殘，殘賊之人，謂之一夫。聞誅一夫紂矣，未聞弒君也。」在西元前四世紀時，就有人說過了。但是因為地大人多，一時沒有實現的方法。每到政治不良，人民困苦的時

候，雖然大家也能起來推翻舊政府，然而亂事粗定之後，就只得仍照老樣子，把事權都交給一個人。於是因專制而來的弊害，一次次地復演著，而政治遂成為一進一退之局。這種因政體而來的禍害，我們在從前，雖然大家都認為無可如何之事，然而從海通以來，得外國的政體，以資觀摩，少數才智之士，自然就要產生疑問了。這是潛伏在人心上的第二種動機。

其（三）是民生問題。歷代的革命，從表面上看，雖然為著政治問題。然而民窮財盡，總是其中最主要的原因，這是誰都知道的。歷代的困窮，不過是本國政治的腐敗，經濟制度的不良，其程度尚淺。到歐人東略以來，挾著帝國主義的勢力，天天向我們侵削，我們就不知不覺地淪入次殖民地的地位。全社會的經濟既然日益艱窘，生於其中的人民，自然要覺得不安了。這是潛伏在人心上的第三種動機。

此等現象，或非全國人民所共知，即其知之，亦或不知其原因所在。然而身受的困苦，總是覺得的，覺得困苦，而要想奮鬥以求出路，也是人人同具的心理。如此，革命思想就漸漸地興起於不知不覺之間了。「山雨欲來風滿樓」，人心上雖然充滿著不安，至於有意識、有組織的行動，則仍有待於革命偉人的指導。

革命偉人孫中山先生，是生在廣東香山縣 —— 現在的中山縣的。他從小就感覺外力的壓迫，中國政治的不良，慨然有改革中國以拯救世界之志。他雖學的是醫學，卻極留心於政治問題。當西元一八八五，就是中國因和法國交戰而失掉越南的一年，他才決定顛覆清廷，建立民國的志願。此時他的同志，只有鄭士良、陸皓東等幾個人。西元一八九二年，中山先生才在澳門創立興中會。由鄭士良結合會黨，聯絡防營，以為實際行動的準備。中日戰後，中山先生赴檀香山，設立興中會。西元一八九五年，謀襲據廣州，不克，陸皓東於此役殉難。中山先生乃再赴檀島，旋赴美洲，又到歐洲。這時候，清朝已知道中山先生是革命的首領了。由其駐英公使龔照瑗，把先生誘到公使館中拘執起來。卒因先生感動了使館的侍役，

替他傳遞消息出去。英國輿論譁然，先生乃因此得釋，此即所謂「倫敦蒙難」。這時候，先生在歐洲考察，覺得他們國勢雖號強盛，人民仍是困苦。才知道專一仿效歐洲，也不能進世界於大同，畀生民以樂利的，才決定民生主義與政治問題並重。

戊戌變法這一年，中山先生始抵日本 —— 因其距中國較近，革命事業易於圖謀之故。庚子拳亂這一年，先生命史堅如入長江，鄭士良在香港，設立機關，以聯絡會黨。於是哥老、三合兩會，都決議併入興中會。鄭士良旋襲入惠州，因接濟無著，退出。史堅如潛入廣州，謀炸粵督德壽，以圖響應，不克，亦殉難。中山先生乃再經安南、日本、檀島，以赴美洲。所至都聯絡洪門，替他們改訂《致公堂章程》。其第二章，說：「本黨以驅除韃虜，恢復中華，建立民國，平均地權為宗旨。」革命的主義，於此確立，其氣勢也更形磅礡了。

這時候，中國風氣亦漸變。留學日本的人士很多。中山先生知其可以啟導，乃於一九〇五年赴日本，改興中會為同盟會。其本部設於東京，支部則分設於海內外各處。當同盟會本部成立，加入的有中國內地十七省的人士。從中山先生提倡革命以後，至此才有中流以上的人士參加。中山先生乃編定《革命方略》，分革命進行的次序，為軍法、約法、憲法三時期。當革命行動時，一切略地、因糧……以及占領地方後治理之法，也有詳細的規定，並發表對外《宣言》。中山先生說：「到這時候，我才相信革命的事業，可以及身見其成功。」從此以後，革命的行動，就如懸崖轉石，愈接愈厲了。

第二章　清季的革命運動

清季的革命運動，有同盟會所指導的；亦有同盟會員非秉承會的計劃而自行行動的；並有並非同盟會會員、懷抱政治革命或種族革命的思想而

行動的。三者比較起來，自以同盟會所策劃的為最多，而其聲勢也較壯。

一九○三年一月，廣東有洪福全，自稱洪秀全兄弟，聯絡內地洪門會，謀以舊曆壬寅除夕，乘廣州文武官吏聚集在萬壽宮時，加以襲擊，然後起事。因事洩，未成。明年，黃興組織華興會。聯絡哥老會黨，謀以秋間起事於長沙，亦不克。又明年，便是同盟會成立的一年了。

革命運動的初期，所聯絡的不過是會黨。雖亦曾運動防營，而防營武力有限，且其人見解多陳舊，不易受主義的感動。會黨雖徒眾頗多，究不能公然行動，而其組織也並不十分緊密，所以其收效頗遲。到同盟會成立的前後，則中流社會覺悟的漸多。其時在上海報館中，則有從戊戌政變以後，始終反對舊黨的《蘇報》。又有章炳麟所著的《訄書》、鄒容所著的《革命軍》等發行。在日本的留學界，定期和不定期的刊物尤多，大都帶有革命色彩。人心風動，而革命主義的傳播，遂一日千里。到同盟會成立後，更加以組織和策劃。於是各種革命的勢力，漸匯於一，其行動就更有力了。

此時同盟會在日本，發刊《民報》，以為宣傳主義的機關。派遣同志入內地，聯絡各陸軍學堂的學生及新軍、工人。海外的同志，則擔任籌募軍費、接濟軍械等。一九○六年，同盟會會員劉道一、蔡紹南等，聯絡會黨，並運動防營和工人，以初冬在萍鄉、醴陵、瀏陽三處，同時舉事。以力薄致敗。這一次，是同盟會會員個人的行動，未秉承會中計劃。事發之後，會中分籌應援，亦無所及，然而清廷合湘、鄂、蘇、贛四省的兵力，然後把他打平。可見清廷的無用，而革命黨人身殉主義的堅強了。明年，黨員許雪秋又以夏初起事於廣東饒平縣的黃岡，亦以勢弱致敗。

然而黃岡事定後，未幾，即有安徽候補道徐錫麟槍殺巡撫恩銘之事。徐錫麟此時，是警察學堂的提調，而恩銘則是總辦。錫麟潛以革命思想灌輸學生，乘學堂畢業之時，槍斃恩銘，率領學生占據軍械局，旋因被圍攻致敗。清官剖其心以祭恩銘。錫麟在其本籍紹興，辦有大通學堂。其表

妹秋瑾，在學堂中擔任教員，暗中主持革命事務。清人又加以圍捕，殺害秋瑾。

這一年秋間，同盟會策劃在廣東的欽州舉事。占據防城，旋以接濟不至，退入十萬大山。冬間，又襲據鎮南關，以百餘人守三炮臺。清兵攻擊的數千人不能進，旋亦以無接濟退出。別將入欽、廉、上思的，同時退回。此時孫中山先生身居越南，為之調度。清朝和法國交涉，法國強迫先生退出，先生乃和黨員遍歷南洋英、荷各屬和暹羅、緬甸，在新加坡設立同盟會南洋支部，而這一年，同盟會會員，還有擬在四川舉事的。雖然未能有成，而清廷處此，真覺得風聲鶴唳，草木皆兵了。

一九〇八年春，我軍復集合越邊之眾，舉義於河口。一戰而清兵大敗，我師進迫蒙自。這一役，革命軍可謂聲勢百倍，旋亦以無接濟退卻。是年冬，清德宗和那拉后都死了。適會湖北、兩江的陸軍，因秋操聚於安徽的太湖縣。安徽炮營隊官熊成基，乘機起事。攻城不克，乃整隊北行，沿途解散其眾，而自赴東三省。明年，清攝政王載灃之弟載洵赴歐洲視察海軍，路經哈爾濱，成基謀把他炸死，事洩，被執，就義。

這一年秋天，同盟會在香港成立支部，策劃進行。此時廣東的新軍，因黨員的運動，充滿革命空氣，乃派人和他聯絡。一九一〇年春，廣東新軍舉事，不克。事敗之後，同盟會中人因屢次舉事不成，乃有謀暗殺以搖動清廷的。於是汪兆銘隻身入北京，謀炸載灃，亦因事洩被執。

一九一一，便是武昌舉義的一年了。革命黨人決意更圖大舉，乃選各路敢死之士五百人為先鋒，以為新軍和防營的領導。決議由黃興率之，以攻督署。擬事成之後，分為兩軍：黃興出湖南，以攻湖北，趙聲出江西，以攻南京。乃因各路先鋒和器械，未能同時到達，而會城之內，人多口雜，風聲洩露，未能按照預定的計劃行事，遂爾又無所成。這一役，黨人攻督署殉難，事後覓得屍體，叢葬於黃花崗的，共計七十二人，世稱為

「七十二烈士」。其時在三月二十九日，為自有革命以來最壯烈的一舉。不及二百天，而武昌城頭，義旗高舉，滿族占據了中國二百六十年，就不得不自行退讓了。

第三章　辛亥革命和中華民國的成立

中國國土大，邊陲的舉動不容易影響全局。要能夠振動全國，必得舉事於腹心之地。但是登高一呼，亦必得四山響應，而其聲勢方壯，此種情勢亦是逐漸造成的。革命黨的運動，固然是最大的原因，而清廷的失政，亦有以自促其滅亡。

清廷到末造，是無甚真知灼見的，只是隨著情勢為轉移。當時的輿論，因鑑於政府的軟弱無力，頗有主張中央集權的。政府感於中葉以後，外權漸重，亦頗想設法挽回。但不知道集權要能辦事，其舉動依然是凌亂無序，不切實際，而反以壓制之力，施之於愛國的人民，就激成川、鄂諸省的事變，而成為革命的導火線。

當清末，外人圖謀瓜分中國，以爭築鐵路，為其一種手段，這是人人共知的事實。國民鑑於情勢的嚴重，於是收回外人承造的鐵路和自行籌辦鐵路之議大盛。因資力和人才的闕乏，能成功的頗少，這也是事實。清廷因此而下鐵路幹線都歸國有的上諭。粵漢鐵路，初由清廷和美國合興公司訂立草約。後來合興公司逾期未辦，乃由中國廢約收回自辦。此事頗得輿論的鼓吹和人民的助力。於是清廷派張之洞督辦川漢、粵漢鐵路。之洞和英、美、德、法四國銀行，訂立借款草約。約未定而之洞死。宣統末年，盛宣懷做了郵傳部尚書，就成立了這一筆借款。川、鄂、湘、粵四省人民，爭持自辦頗烈，清廷把「業經定為政策」六個字拒絕。川督王人文，湘撫楊文鼎，代人民奏請收回成命，都遭嚴旨申飭。又以王人文為軟弱，派

趙爾豐代之。爾豐拘捕保路同志會和股東會的會長和諮議局議長。成都停課，罷市，各州縣亦有罷市的。朝命端方帶兵入川查辦。人民群集督署，要求阻止端方的兵，爾豐縱騎兵衝殺。成都附近各縣人民群集省外，爾豐又縱兵屠殺，死者甚多，於是人心益憤。

其時革命黨人，雖屢舉無成，然仍進行不懈。川省事起，黨人乘機，運動湖北陸軍，約以舊曆中秋起事，旋改遲至二十五日。未及期而事洩，乃以十九夜，即新曆十月十日起事。清鄂督瑞澂、統制張彪都逃走。眾推黎元洪為中華民國軍政府鄂軍都督，連克漢口、漢陽。照會各國領事，領事團即宣告中立，旋都承認我為交戰團體。

清廷聞武昌事起，即調近畿陸軍南下，派陸軍大臣蔭昌督師，並命海軍和長江水師赴鄂，旋召蔭昌回，起袁世凱為湖廣總督，清兵連陷漢口、漢陽，而各省亦次第光復。唯清提督張勳，負固南京，亦為蘇、浙兩省聯軍攻克。停泊九江、鎮江的海軍，又先後反正。

清以吳祿貞為山西巡撫。祿貞頓兵石家莊，截留清軍前敵軍火，為清廷遣人刺殺，而張紹曾駐兵灤州，亦對清廷發出強硬的電報。清廷乃罷盛宣懷，下罪己之詔。又罷奕劻，以袁世凱為內閣總理，旋宣布十九信條。其中第八條：「總理大臣，由國會公選。」第十九條：「國會未開會時，資政院適用之。」於是載灃退位。資政院選舉袁世凱為內閣總理。

先是各省都督府，於上海設立代表聯合會，旋以一半赴湖北，一半留上海。赴湖北的，議決《臨時政府組織大綱》。南京光復後，又議決：「以南京為臨時政府所在地。各省代表，限七日內齊集。有十省的人到齊，即開臨時大總統選舉會。」其時武昌民軍，以英領事介紹，自十一月三十日起，許清軍停戰三天，旋又續停三天。期滿之後，又續停十五天。袁世凱派唐紹儀為代表，和黎都督或其代表人討論大局。民軍以伍廷芳為代表。旋以廷芳為民軍外交代表，不能離滬，乃改以上海為議和地點。其時民軍聞袁

世凱亦贊成共和,乃議緩舉總統,舉黎元洪為大元帥,黃興為副元帥。(先本舉黃正黎副,後改定。)臨時大總統未舉定前,由大元帥暫任其職權,而由副元帥代大元帥,組織臨時政府。議和代表旋在上海開議。議決開國民會議,解決國體。

十二月二十五日,孫中山到上海。二十九日,十七省代表,開臨時大總統選舉會。選舉孫中山為臨時大總統。通電改用太陽曆。以其後三日,為中華民國元年元月元日。孫中山即以是日就職。

於是唐紹儀因交涉失敗,電清廷辭職。和議停頓。其時清廷親貴中,最反對共和的,為軍諮使良弼,被革命黨人彭家珍炸殺。段祺瑞復合北方將士,電請改建共和,並說要帶隊入京,和各親貴剖陳利害。清廷乃以決定大計之權,授之內閣總理。由袁世凱和民國議定優待滿、蒙、回、藏暨清室條件,而清帝於二月十二日退位。失陷二百五十八年的中華,至此恢復。

第四章　二次革命的經過

革命是要從根本上打倒一切舊勢力,這是談何容易的事?辛亥革命,不過幾個月就告成功,自然不是真正的成功了。

當清帝尚未退位時,孫中山先生曾提出最後協議條件,由伍代表轉告袁世凱。(一)袁世凱須宣布政見,絕對贊成共和。(二)中山辭職。(三)由參議院舉袁世凱為大總統。參議院是根據《臨時政府組織大綱》,由各省都督府所派參議員,組織而成的。於元年一月二十八日成立。到清帝退位之後,袁世凱電參議院,表示絕對贊成共和。於是中山向參議院辭職,並薦舉袁世凱。參議院於二月十五日,選舉袁世凱為臨時大總統。

袁世凱既當選,就發生國都在南在北的問題。當時民黨中人,多數主

張在南。以為南方空氣較為清新，多少可以限制舊時的惡勢力。——但亦有主張在北，以為較便於統馭北方的。參議院本已議決臨時政府移設北京。後來覆議，又議決仍設南京。於是派員北上，歡迎袁世凱南下就職，而北京和天津、保定，相繼兵變。乃又議決：許袁世凱在北京就職。袁世凱派唐紹儀南下，組織新內閣，辦理接收事宜，而臨時政府和參議院，遂先後北遷。孫中山先生於四月一日去職。

依據《臨時政府組織大綱》，臨時政府成立後六個月，即應召集議會。這時候因為來不及，內參議院將《臨時政府組織大綱》修改為《臨時約法》。於三月十一日公布。依照《臨時約法》，本法施行後十個月內，應由臨時大總統召集國會。於是由參議院制定《國會組織法》、《參眾兩院選舉法》，據以選舉、召集。於二年四月八日成立。

當袁世凱當選後，孫中山知道新舊勢力一時不易合作，主張革命黨人退居在野的地位，而自己願意專辦實業。但是這時候的革命黨人，步調未能一致。於是同盟會於民國元年八月，改組為國民黨。——從革命團體變為政黨。此時國民黨的宗旨，近於急進，其主張偏於分權。其傾於保守，而主張擴張中央政府的權力的，則集合而為共和黨。國會選舉，參、眾兩院，都以國民黨占多數。共和黨乃和統一黨、民主黨合併而成進步黨。在眾院中，席數差足相敵，而在參院中，則仍以國民黨占多數。此時進步黨是接近於政府的，國民黨則與政府立於反對的地位。當國民黨未成立時，袁世凱和唐紹儀內閣的同盟會閣員，已有齟齬。到國民黨改組完成，國會開幕之後，兩者間隔閡的情勢，就更形顯著了。

但是政治既未上軌道，則借為政爭武器的，自然還不是議會中的議席，而是實力。以實力論，自然北政府為強。當孫中山辭職之後，曾在南京設留守府，以黃興為留守，然未久即撤消。此時民黨中人為都督的，只有安徽的柏文蔚、江西的李烈鈞、湖南的譚延闓、福建的孫道仁、廣東的胡漢民而已。

　　舊勢力既已瀰漫，則二次革命已勢不可免。但是當時民黨中人，還不能一致，而其與二次革命以刺激，而為之導火線的，則有善後大借款、俄蒙交涉和刺宋案三事。善後大借款和俄、蒙交涉，別見下章。至於刺宋案：則唐紹儀內閣的閣員宋教仁，亦是民黨中人，是主張政黨內閣的。去職之後，為國民黨理事，遊歷長江流域各省，發表其政見。二年三月二十日，在上海車站遇刺，越二日身故。政府命江蘇都督，民政長查究。據其宣布證據，則凶手武士英，是受應桂馨主使，而應桂馨又是受國務院祕書洪述祖主使。於是輿論大嘩。

　　南北新舊的裂痕，既日益顯著。袁世凱乃於六月中，下令免柏文蔚、李烈鈞、胡漢民之職。於是李烈鈞以七月十二日起兵，稱討袁軍。安徽、湖南、福建、廣東，相繼俱起。黃興亦入南京。陳其美又起兵於上海。袁世凱早有布置，命李純扼守九江、鄭汝成守上海製造局。這時候，又派段芝貴、馮國璋率軍南下，而以倪嗣沖為安徽都督，龍濟光都督廣東，張勳為江北宣撫使。安徽、江西、廣東、南京、上海，均因兵力薄弱失敗。湖南、福建兩省，則自行取消獨立。二次革命遂告失敗。

　　《臨時約法》第五十四條，以制定憲法之權，屬之國會。《大總統選舉法》本憲法的一部分，二次革命之後，乃有先舉總統，後製憲法之議。於是由憲法會議，將《大總統選舉法》，先行議決公布。十月初六日，開總統選舉會。有自稱公民團的，包圍議院，迫令當天將總統選出。投票三次，袁世凱乃當選為大總統。次日，又選舉黎元洪為副總統。袁世凱於十月十日就職。

　　袁世凱就職後，兩次通電各省都督、民政長，反對國會所定《憲法草案》。十一月四日，又稱查獲亂黨魁首和議員往來密電，遂下令解散國民黨，凡國會議員，籍隸國民黨的，一律追繳證書、徽章，旋又下令：各省省議會，也照此辦理。籍隸國民黨的候補當選人，亦一律取消。議員缺

額，無從遞補，國會遂不能開會。

這時候，熊希齡為內閣總理，擬定大政方針。因為要設法實行，所以命各省行政長官，派員來京會議。適逢國會停頓，遂改組為政治會議。各都督民政長，呈請遣散殘餘議員。大總統據以諮詢政治會議。三年正月四日，據其呈復，停止兩院議員職務。其省議會，亦於三月二十八日解散。又令停辦地方自治，由內務部另行釐定章程。政治會議呈請特設造法機關。乃議決《約法會議組織條例》，據以選舉議員。將《臨時約法》修改為《中華民國約法》，於五月一日公布，此項《約法》，亦稱為《新約法》。改內閣制為總統制，廢國務院，於總統府設政事堂。另設參政院，以備大總統的諮詢，審議重要政務，並令其代行立法。

革命尚未成功，國內到處充滿著舊勢力。於是孫中山先生另行組織中華革命黨，以三年七月八日成立於日本的東京。以達到民權、民生主義，掃除專制政治，建設真正民國為目的。其實行的方法，仍和從前所定相同。因鑑於前此黨員多有自由行動的，黨的紀律未免鬆弛，所以此次組織，以服從黨魁命令為重要條件。

第五章　民國初年的外交和蒙藏問題

民國初年，原是一個外交更新的好機會，然而其劈頭記錄在外交史上的，卻是大借款和邊疆交涉問題。

要講民國初年的借款問題，必須回溯到清末。原來當清末，日、俄兩國，在東三省的勢力太膨脹了。政府乃想引進各國的資本，以為抵制之計。於是革命這一年，有向英、美、德、法，訂借改革幣制和東三省興業借款一千萬鎊之議，期限為二十五年。以東三省菸酒、生產、消費稅及各省新課鹽稅為抵。革命軍興，其事就擱起了。革命軍既起，外交團協議，

由銀行代表，組織委員會，監督關鹽兩稅的收入，以為外債的擔任。並決議，對於南北兩軍，都不借款。到唐紹儀到南京，組織新內閣時，才以將來大借款為條件，向四國銀行團，借到墊款三百萬元。北京政府成立後，又以善後的名義，向四國銀行團續商六億元的借款。此時四國銀行團，覺得將日、俄兩國除外，終竟不妥。於是向其勸誘加入，成為六國銀行團。在倫敦開會。日、俄兩國，要求借款不得用之滿、蒙，四國不許。又改在巴黎開會。決議將此問題歸外交解決。各國的意見，既大略一致，乃向中國提出條件。其時中國，因六國團的條件過於苛刻，有自向他銀團借款之舉。為外交團和銀團所阻止，而美政府亦命令其國的銀行退出。於是四國團變為五國。卒因需款孔亟，中國政府不得已而俯就銀團的範圍。於二年四月間，以關鹽餘的全數為擔保，向五國團借得善後借款二千五百萬鎊，期限為四十七年。於北京鹽務署設稽核所，用洋員為會辦。各產鹽地方設分所，用洋員為協理。稅款盡存銀行，非總會辦會同簽字，不能提取。本利拖欠逾近情的日期，即將鹽政併入海關辦理。其用途，則於審計處設立稽核外債室，以資稽核。提起「監督財政」四個字來，閱者無不不寒而慄，然而這實在就是部分的監督財政了。

　　日、英、俄三國，對於東三省和蒙、新、西藏的侵略，其事是互相關聯的。當前清末年，英、俄因西藏問題，互相猜忌，已見前編第十九章。一九〇四年，英人乘日俄戰爭，中、俄兩國，都無暇顧及西藏，於是有派兵入藏之舉。達賴出奔。英人和班禪立約：（一）開江孜、噶大克為商埠。（二）賠償英國軍費五十萬鎊。（三）藏人非經英國許可，不得將土地租賣給外國人。鐵路、道路、電線、礦產，不得許給外國或外國人。一切入款、銀錢、貨物，不得抵押給外國或外國人。一切事情，都不受外國交涉，亦不許外國派官駐紮和駐兵。中國得報，大驚。再立交涉，到底於一九〇六年，訂立《英藏續約》，承認《英藏條約》為附約。聲明英國不占西藏的土

地，不干涉西藏的內政。中國亦不許他國占藏地，干藏政，並聲明《附約》中所謂外國或外國人，中國不在其內，賠款由中國代為付清。英兵方始撤退。然而其前一年，日、英續盟，《條約》有日本承認英國在印度附近必要的處分一款，英人對西藏，就更覺肆無忌憚了。

《藏印條約》締結後的四年，便是一九一〇年，日、俄訂立《協約》。有人說：實在另有密約，俄人承認日本吞併韓國，而日人承認俄國在蒙、新方面的舉動。果然，其明年，俄國向中國提出蒙、新方面強硬的要求，並聲明：如不全部承認，就要自由行動。後來又提出最後通牒。中國無可奈何，就只得覆牒承認了。然而條約未及訂結。革命軍興未幾，活佛竟在庫倫宣布獨立，並陷呼倫貝爾。亡清當這時候，固然無暇顧及蒙古。民國成立以後，亦未有何等適當的措置。於是俄人擅和蒙人立約：許代蒙古人保守自治制度，不許中國駐兵殖民，而別訂《商務專條》，以為報酬。這《商務專條》所許與俄人的權利，真是廣大得可驚。中國再三交涉。至二年七月間，才和俄國議定草約。提出於國會，眾議院通過，而參議院否決。直到國會停頓以後，才成立所謂《聲明文件》。（一）俄人承認中國在外蒙古的宗主權。（二）而中國承認外蒙古的自治權。（三）不派兵，不設官，不殖民。另以《照會》聲明：自治區域，以前清庫倫大臣、烏里雅蘇台將軍、科布多大臣所轄之地為限。其隨後商訂事宜，則由三方面約定地點，派員接洽。於是三年九月，中、俄、蒙三方會商於恰克圖。至四年六月，才訂成《中俄蒙條約》，而呼倫貝爾，亦因俄人的要求，於是年十一月，改為特別地域。

俄、蒙的交涉未平，而英、藏的風波又起。英兵入拉薩的明年，中國因駐藏幫辦大臣鳳全，被藏番殺害，任趙爾豐為邊務大臣。命四川提督馬維祺，出兵剿討。遂將川邊之地，改設縣治。又以聯豫為駐藏大臣。當達賴出奔時，清政府曾革其封號。一九〇八年，達賴到北京，乃將其封號

恢復，加意撫慰。及達賴回到拉薩，遽向中國反抗。聯豫電調鍾穎，以一千五百人入藏。達賴又逃到印度。清朝就下詔把他廢掉。這是一九一〇年的事。革命消息傳至西藏，西藏人遂驅逐中國軍隊。達賴回到拉薩，宣布獨立，並發兵陷巴塘、里塘，攻打箭爐。民國元年七月間，四川都督尹昌衡出兵征討，雲南亦出兵相助，恢復失地，而英人又提出抗議。中國不得已，改剿為撫，並恢復達賴封號，以示羈縻，而派員和英、藏代表，共同會議。到三年四月，在印度的西摩拉，議定草約。（一）英國承認中國在西藏的宗主權，而中國承認外藏的自治權。（二）不干涉其內政。不將其地改省。（三）彼此不派官，不駐兵，不殖民，而所謂內外藏，則將紅藍線畫於所附的地圖上。中國政府，不承認此項附圖的界線，英國亦不肯改變，直爭執到如今。

這是民國初年的蒙、藏交涉。至其後來，則因俄國的革命，頗替中國造成一個好機會。外蒙因失其援助，且受兵匪的侵略，於八年十一月，籲請取消自治。呼倫貝爾的自治，亦隨之而取消，其時政府方任徐樹錚為西北籌邊使，編練邊防軍。然而駐紮在外蒙古的，只有一旅一團。直皖戰後，更其無人過問，而白俄卻計劃以外蒙為根據地，以反對赤俄。又得他國接濟軍械。至九年十一月，庫倫遂為白俄所陷，中國不能鎮定。至十年七月，為遠東共和國的兵所打平。其時蒙古人已在恰克圖成立政府。至此，遂移於庫倫。以活佛為皇帝。十三年五月，活佛卒，遂取消君主制，而唐努烏梁海，亦由俄人扶助，自立為共和國。西藏方面，中、英的交涉，依然停頓。藏番卻於六年、七年、九年、十年、十九年，迭次入犯。西康之地，多為所陷。班禪於十二年出奔，至今滯留在內地，而達賴又於二十二年十二月圓寂。藏事的解決，就更難著手了。

民國初年，還有一件重要的交涉，於此也得補敘的。那就是所謂滿、蒙五路的建築權。當民國成立以後，國人頗關心於承認問題。外國中有好幾國，是在正式國會成立之後承認的。有許多國，則在正式大總統選出之

後承認，而日、英、俄三國，都附有條件。俄國要求外蒙古自治。英國要求外藏自治。日本則提出所謂開海、四洮、洮熱、長洮、海吉五路的建築權。這要求的提出，還和二次革命時張勳兵入南京，殺害日本人三名有關，但其提出恰在選舉正式總統之前一日。中國政府也承認了。日本自此覬覦蒙古之心就更切。

第六章　帝制運動和護國軍

凡事總免不了有反動的。中國行君主制度二千餘年，突然改為共和，自不免有帝制的迴光返照，然不過八十三日而取消，這也可見民意所在了。

當民國四年八月間，總統府顧問美人古德諾氏，忽然著論，論君主與共和的利弊，登載在北京報紙上，旋有楊度等發起籌安會，說從學理上，研究君主、民主兩種制度，在中國孰為適宜。通電各省軍民長官，上海、漢口各省城商會，請派代表來京，旋由各省旅京人士組織公民請願團，請願於參政院代行立法院，要求變更國體。參政院建議：召開國民會議，以謀解決。已而國民代表一千九百九十三人，所投的票，全數主張君主立憲，並委託參政院為總代表，推戴袁世凱為皇帝。袁氏於十二月十二日，下令允許。於是設立大典籌備處。改明年為洪憲元年。

已而前雲南都督蔡鍔，祕密入滇。和督理軍務唐繼堯、巡按使任可澄於二十三日發出電報，請袁氏取消帝制，限二十五日答覆。屆期無覆，遂宣告獨立，定軍名為護國軍，並通電，宣布袁氏偽造民意的證據。

護國軍興後，貴州首先響應。五年，正月一日，雲南成立都督府，推唐繼堯為都督，以蔡鍔為第一軍長，李烈鈞為第二軍長。蔡鍔即率師入川。

袁世凱聞護國軍興，派兵分駐上海和福建，又命原駐岳州的兵，擇要

進扎，而命張敬堯率師入川，龍繼光以廣東兵攻廣西。北軍在四川不利，而廣西、廣東、浙江、四川、湖南，先後獨立。陝西為反帝制的兵所占，山東亦有民軍起事，而日、英、俄、法、意諸國，又先後提出警告，勸袁氏緩行帝制。袁氏派往日本的專使，日人又請其延期啟行。袁氏乃於三月二十二日，下令取消帝制，恢復黎元洪的副總統，以徐世昌為國務卿，段祺瑞為參謀長。由黎、徐、段三人通電護國軍，請停戰商善後。

護國軍覆電，要求袁氏退位，並通電，恭承黎副總統為大總統。暫設軍務院，設撫軍若干人，以合辦制裁決庶政。六月六日，袁氏因病身故，遺命命以副總統代行職權。黎氏於七日就職。黎氏就職後，下令恢復臨時約法，召集國會。國會於八月一日開會，旋重開憲法會議，並選舉馮國璋為副總統。獨立諸省，相繼取消，軍務院亦即裁撤。

一場帝制的風波，表面上總算過去了，然而暗中隱患還潛伏著。原來天下大事，都生於人心。當袁氏帝制自為時，雖然咈逆民心，而中外有權力的人，卻多持著觀望的態度。所以護國軍初起時，通電各省說：

堯等志同填海，力等戴山。力征經營，固非始願所及。以一敵八，抑亦智者不為。麾下若忍於旁觀，堯等亦何能相強？然長此相持，稍互歲月，則鷸蚌之利，真歸漁人；其豆相煎，空悲轢釜。言念及此，痛哭何云，而堯等與民國共存亡，麾下為獨夫作鷹犬，科其罪責，必有攸歸矣。

這真可謂語長心重了。然而誰肯覺悟？談何容易覺悟？當南方要求袁氏退位，而袁氏尚未身故時，江蘇將軍主張聯合未獨立各省，公議辦法。通電說：「四省若違眾論，固當視同公敵；政府若有異議，亦當一致爭持。」正在南京開會，而袁氏病殁。長江巡閱使張勳，其時駐紮徐州，就邀各省代表到徐州開會，後又組織各省區聯合會。於是全國的重心，既不在西南，連北政府也把握不住，而其餘各方面的人也無甚覺悟，就近之釀成復辟之役，和護法之戰，遠之則伏下軍閥混戰的禍根了。

第七章 「二十一條」的交涉

當十九世紀末葉，中國的安全久和世界大局，有複雜的關係，已見第四編第十九章。當這改革還沒有成功的時候，在中國，是利於列強的均勢的，而民國三年，即一九一四年，歐戰爆發，各國都無暇顧及東方，遂造成日本機會，不但德國在東方的權益全被攫去，更視中國為囊中之物了。

歐戰的爆發，時在民國三年六月間。中國於八月初六日，宣告中立。日本藉口英、日同盟，於八月十五日，對德國發出最後通牒。要求：（一）德國艦隊，在日本、中國海洋方面的，即時退去，否則解除武裝。（二）將膠州灣租借地全部，以還付中國的目的，於九月十五日以前，無償無條件，交付日本。以二十三日為最後的期限。屆期，德國無覆，日本遂對德宣戰。

膠州灣本非德國土地，日本即欲對德宣戰，亦只該攻擊膠州灣。乃日人於九月初二日，派兵由龍口登岸。中國不得已，劃萊州龍口接近膠州灣的地方為戰區，而與日本約，不得越過濰縣車站以西。其時英國兵亦從勞山灣登陸，與日軍會攻膠州灣。至十一月七日，膠州的德人降伏，而日軍先已於九月二十六日，占領濰縣車站。十月六日，並派兵到濟南，占領膠濟鐵路全線和鐵路附近的礦產。中國提出抗議。日本說：「這是膠州灣租借地延長的一部。」到青島降伏後，又將中國海關人員，盡行驅逐。中國於四年一月七日，要求英、日兩國撤兵。英國無異議，而日本公使日置益，於十八日徑向袁世凱，提出五號二十一條的要求。你道哪五號二十一條：

【第一號】（一）承認日後日、德政府協定德國在山東權利，利益讓與的處分。（二）山東並其沿海土地及各島嶼，不得租借割讓與他國。（三）允許日本建造，由煙臺或龍口接連膠濟的鐵路。（四）自開山東各主要城市為商埠。——應開地方，另行協定。

【第二號】（一）旅順、大連灣、南滿、安奉兩鐵路的租借期限，均展至

九十九年。（二）日本人在南滿、東蒙，有土地所有權及租借權。（三）日人得在南滿、東蒙，任便居住往來，經營工商業。（四）日人得在南滿、東蒙開礦。（五）南滿、東蒙，（甲）許他國人建造鐵路，或向他國人借款建造鐵路；（乙）以各項課稅，向他國人抵借款項，均須先得日本同意。（六）南滿、東蒙，聘用政治、財政、軍事各顧問、教習，必須先向日政府商議。（七）吉長鐵路，委任日政府管理、經營。從本條約畫押日起，以九十九年為期。

　　【第三號】（一）將來漢冶萍公司，作為合辦事業。未經日政府同意，該公司一切權利產業，中國政府不得自行處分；並不得使該公司任意處分。（二）漢冶萍公司各礦附近的礦山，未經該公司同意，不得准公司以外的人開採。此外凡欲措辦，無論直接、間接，恐於該公司有影響的，必先經該公司同意。

　　【第四號】（一）中國沿岸港灣及島嶼，概不租借或割讓與他國。

　　【第五號】（一）中國政府，聘日本人為政治、財政、軍事等顧問。（二）日本人，在內地設立寺院、學校，許其有土地所有權。（三）必要地方的警察，作為中、日合辦。或由地方官署，聘用多數日本人。（四）由日本採辦一定量數的軍械。或設中日合辦的軍械廠，聘用日本技師，並採買日本材料。（五）接連武昌與九江、南昌的鐵路，及南昌、杭州間，南昌、潮州間鐵路的建造權，許與日本。（六）福建籌辦路礦，整理海口——船廠在內——和需用外資，先向日本協議。（七）允許日人在中國傳教。

　　並要求嚴守祕密。如其洩露，日本當另索賠償。

　　中國以陸徵祥、曹汝霖為全權委員。於二月初二日，和日本開始會議。日使日置益，旋因墜馬受傷，乃即在日使館中，就其床前會議。至四月十七日，會議中止。二十六日，日使提出修正案二十四條。聲言「系最後修正。儻使中國全行承認，日本亦可交還膠澳」。五月一日，中國亦提出最後修正案，說明無可再讓。七日，日本發出《最後通牒》。「除第五號

中，關於福建業經協定外，其他五項，俟日後再行協議。其餘應悉照四月二十六日修正案，不加更改，速行承諾。以五月九日午後六時為限。否則當執必要的手段。」袁世凱未經國會通過，於五月九日午前，答覆承認。到二十五日，由陸徵祥和日使日置益，訂立條約「二十一條」。

其後日人又於六年十月，在青島設立行政總署。濰縣、濟南等處，都設分署。受理人民訴訟，抽收捐稅，並於署內設立鐵路科，管理膠濟鐵路及其附近礦產。中國抗議，日本置諸不理。到七年九月，才由駐日公使章宗祥和日本訂立《濟順高徐豫備借款契約》，並附以照會，許膠濟鐵路所屬確定後，由中、日合辦，而日本將膠濟路沿線軍隊，除留一部於濟南外，餘悉調回青島，並將所施民政撤廢。中有「中國政府，欣然同意」字樣。遂為巴黎和會中國交涉失敗之一因。見第九章。

第八章　復辟之役和護法之戰

袁世凱死後，北方連形式上的統馭都失掉了，而南方的新勢力又未能完成，就釀成復辟之役和護法之戰。

當民國六年之初，歐洲戰事，德、奧方面漸已陷入困境。德國乃於二月初，宣布無限制潛艇戰爭。中國提出抗議，無效，即提議對德絕交。參、眾兩院，先後通過。於十四日宣布，因進而謀對德宣戰。於是國務總理段祺瑞，召集各省、區督軍、都統，在京開軍事會議。於四月二十五日開會。一致主張對德宣戰。五月一日，通過國務會議。提出於眾議院。七日，眾議院開委員會籌議。有自稱公民團的，包圍議院，要求必須通過，旋外交、司法、農商、海軍四總長辭職。十九日，眾議院決議：「閣員零落不全，宣戰案應俟內閣改組後再議。」是晚，各督軍、都統，分呈總統和國務總理，反對國會所通過的憲法。說「如不能改正，即請解散，另行組

織」，旋即先後出京赴徐州。二十三日，黎總統免國務總理段祺瑞職，以外交總長伍廷芳代理。二十九日，安徽宣告和中央脫離關係。於是奉天、陝西、河南、浙江、山東、黑龍江、直隸、福建、山西，紛紛繼起，並在天津設立軍務總參謀處。通電說：「出師各省，意在另訂根本大法，設立臨時政府，臨時議會。」六月一日，黎總統令：「安徽督軍張勳來京，共商國是。」張勳帶定武軍五千，於初八日到天津。要求黎總統解散國會。十二日，伍廷芳辭職，國會解散。十四日，張勳入京。

七月一日，張勳擁廢帝溥儀在京復辟。黎總統避入日本使館，電請馮副總統代行職務，以段祺瑞為國務總理。四日，馮、段通電出師討賊，段祺瑞在馬廠誓師。以段芝貴、曹錕為司令，分東、西兩路進討。十二日，我師復京城。

京師既復，黎總統通電辭職。馮代總統於八月初一日入京。十四日，布告對德宣戰。

當國會解散後，廣東、廣西，即宣告軍民政務，暫行自主。重大政務，徑行秉承元首，不受非法內閣干涉。復辟之後，定後，有人主張：「民國業經中斷，可仿初建時之例，召集臨時參議院。」於是海軍第一艦隊，開赴廣東。雲南亦宣言擁護約法。八月二十五日，國會開非常會議於廣州。議決《軍政府組織大綱》：在臨時約法未恢復以前，以大元帥任行政權，對外代表中華民國。選舉孫中山為元帥。

此時兩廣、雲、貴，完全為護法省分。四川、福建、湖南、湖北、陝西，也有一部分獨立的。南北相持於湖南。六年十一月，南軍攻入長沙、岳州。七年三月，復為北軍所取。南方由兩院聯合會，修改《軍政府組織大綱》：「以政務總裁，組織政務會議，各部長都稱政務員，由政務員組織政務院；以政務院贊襄總裁會議，行使軍政府的行政權。」旋選出孫中山等七人為總裁。於六月初五日，宣告成立。推岑春煊為主席。國會於十二日在廣州開正式會，並續開憲法會議。北方則召集參議院，修改《國會組織

法》和《兩院議員選舉法》，據以選舉、召集。八月十二日，選舉徐世昌為大總統。於十月十日就職。南方不承認，由兩院聯合會委託軍政府，代行國務院職權，以攝行大總統職務。

徐世昌就職後，通電南方，停戰議和。八年二月六日，南北各派代表，在上海開會，至五月初十日而決裂。九年四五月間，北方駐紮衡陽的第三師長吳佩孚，撤防北上。七月間，在近畿和定國軍衝突。定國軍敗。於是裁督辦邊防事務處，解散安福俱樂部，是為皖直之戰。第三師撤防之後，南軍即占領湖南。此時南北兩方，均撤換議和總代表，而國會議員，已先於四月間離粵。通電：「政務會議，不足法定人數。所有違法行為，當然不生效力。」七月十日，國會在雲南開會。撤岑春煊總裁之職，代以劉顯世。八月十七日，議決國會，軍政府移設重慶。十月十四日，又宣言另覓地點。是時陳炯明以駐紮漳、泉的粵軍回粵。十月二十四日，岑春煊等通電解除軍政府職務。二十六日，廣東都督莫榮新，亦宣布取消自主。三十日，徐世昌據之，下令接收，並通令依元年《國會組織法》暨《兩院議員選舉法》籌辦選舉。是為「舊法新選」。孫中山等通電否認。回粵再開政務會議。十年一月十二日，國會再在廣州開會。四月七日，議決《中華民國政府組織大綱》。選孫中山為大總統，於五月五日就職，軍政府即於是日撤消。中山宣言：「儻徐世昌捨棄非法總統，自己亦願同時下野。」

此時北方曹錕為直魯豫巡閱使，駐保定。吳佩孚為副使，駐洛陽。王占元為兩湖巡閱使，駐武昌。張作霖為東三省巡閱使，兼蒙疆經略使，節制熱、察、綏三區，駐瀋陽。是年五月，以閻相文為陝西督軍。命十六混成旅馮玉祥等入陝。八月，相文暴卒，以玉祥署理。七月末，在湘鄂籍軍官，組織湖北自治軍，湖南組織援鄂軍，攻入湖北。北政府免王占元，以蕭耀南為湖北督軍，吳佩孚為兩湖巡閱使。吳佩孚陷岳州，和湖南定約休戰。川軍入宜昌，亦被吳佩孚回軍擊退。十二月，吳佩孚電攻內閣撥借日款贖膠濟路，及發行九千六百萬元公債之事。奉天亦通電，「以武力促進統

一」。十一年四五月間，直、奉兩軍，在近畿衝突。奉軍敗退出關。河南督軍趙倜起兵，馮玉祥出關打敗他。於是以馮玉祥為河南督軍，免張作霖之職。六月四日，東三省省議會舉張作霖為聯省自治保安總司令，吉、黑兩督軍為副司令。十月三十日，以馮玉祥為陸軍檢閱使，移駐南苑。

孫中山就職後，以陳炯明為陸軍總長，兼粵軍總司令。是年六月至九月間，陳炯明平定廣西。八月十日，國會通過北伐請願案。孫中山在桂林，籌備北伐。十一年四月，中山將大本營移設韶關。陳炯明辭職，走惠州。中山命其辦理兩廣軍務，肅清土匪。五月，北伐軍分三路入江西。六月二日，徐世昌辭職。曹錕等十五省督軍電請黎元洪復位。元洪覆電說：

諸公所以推元洪者，謂其能統一也，毋亦癥結固別有在乎？癥結唯何？督軍制之召亂而已。督軍諸公，如果力求統一，即請俯聽芻言，立釋兵柄。上至巡閱，下至護軍，皆刻日解職，待元洪於都門之下，共籌國事。微特變形易貌之總司令，不能存留，即欲畫分軍區，擴充疆域，變形易貌之巡閱使，亦當杜絕。

旋以各督軍、巡閱使，先後來電，均表贊同，於十一日先行入都，十三日，撤消六年六月十二日解散國會之令。國會於八月一日開會。宣言是繼六年第二期常會，而浙督盧永祥又通電說河間代理期滿，即是黃陂法定任期終了。廣州國會，亦通電否認。孫中山則宣言：

直軍諸將，應將所部半數，由政府改為工兵。其餘留待與全國軍隊，同時以次改編。如能履行此項條件，本大總統當立飭全國罷兵。若唯知假借名義，以塗飾耳目，本大總統深念以前禍亂，由於姑息養奸，決為國民一掃凶殘，務使護法戡亂之主張，完全貫徹。

這時候，在廣西的粵軍，先後返粵。六月十五日，圍攻總統府。聲言要求孫總統實踐與徐同退的宣言，孫中山避居軍艦，旋由香港赴上海。陳炯明復出任粵軍總司令。北伐軍回攻，不克。粵軍退入福建，滇軍退入廣西。十月，徐樹錚在延平設建國軍政制置府。通電擁戴段祺瑞、孫中山為

領袖人物。粵軍退福建的，合駐延平的王永泉旅，攻入福州。徐樹錚旋出走。北政府命長江上游總司令孫傳芳入福建。是歲歲杪，在廣西的滇、桂軍聲討陳炯明。廣東軍隊，亦有響應的。陳炯明再走惠州。十二年二月，中山返粵，以大元帥名義，主持軍務。

護法的始末，大略如此，至國民政府成立，而後風雲一變。

第九章　參戰的經過和山東問題

中國和德、奧宣戰的經過，已見第八章。當這時期，中國曾設立參戰事務督辦處，並借入參戰借款二千萬，練成參戰軍，但實際都用之於內爭，對於歐戰，不過曾招募華工赴歐而已。

這時候，日本正想獨霸東洋。當中國對德提出抗議時，其公使即向中國外交部說：「日本贊成中國的抗議，然而如此大事，中國竟不通知日本，甚為遺憾。」又向英、俄、法、意交涉，日本承認中國參戰，各國卻要保證日本接收德國在山東的權利。於是英、法兩國和日本都立有密約，俄、意亦經諒解。

八年一月十八日，歐洲和會在巴黎開幕。中國亦派代表參與，先是七年一月間，美總統威爾遜，曾提出和平條件十四條。中有外交公開、減縮軍備、組織國際聯盟等項。各國都認為議和的基本條件。所以中國對於和會，當時頗抱熱望。曾作成希望條件，和《取消對日二十五條條約》，和《換文的陳述書》，一併提出。各國說：「這不是和會權力所及。當俟國際聯盟的行政部能行使權力時，請其注意。」

時英、美、法、意、日五國，別組所謂最高會議。一切事情，頗為其所壟斷。關於山東問題，中國要求由德國直接交還，而日本則主張德國無條件讓與日本，相持不決。到四月二十四日，最高會議開會，招中國代表出席。威爾遜朗誦英、法兩國和日本的《祕密換文》。又誦《中日條約》和

《換文》的大要。問為什麼有這條約？中國代表說：「是出於強迫。」威爾遜又問：「七年九月，歐戰將停，日本絕不能再壓迫中國，為什麼還有欣然同意的換文？」這消息傳到中國，輿情大為激昂。於是有五月四日，北京專門以上學校學生停課，要求懲辦曹汝霖、章宗祥、陸宗輿之舉。風聲所播，到處學校罷課，商店罷市，又有鐵路工人，將聯合罷工之說。政府乃於六月十日，將三人罷免。是之謂「五四運動」。

當時山東問題，在和會中，交由英、法、美專門委員核議。卒因英法的袒日，依照日本的意思，將德國在山東的權利，讓與日本。插入《對德和約》第一五六、一五七、一五八三條中，中國代表提出保留案。聲明中國可以在《和約》上簽字，但關於山東條項，須保留另題。——始而要求於《和約》內山東條項之下，聲明保留，不許。繼而要求於《和約》全文之後，聲明保留，不許。改為《和約》之外，聲明保留，不許。再改為不用保留字樣，但聲明而止，不許。最後要求臨時分函聲明，不能因簽字有妨將來的提請重議，不許。代表電告政府，說：「不料大會專橫至此，若再隱忍簽字，我國將更無外交之可言。」二十八日，《和約》簽字，中國代表，就沒有出席。於是對德戰爭，由大總統以《布告》宣布中止。至於《奧約》，則由代表於九月十日簽字。《國際聯盟條約》，美國提出後，經各國同意，插入《和約》中，作為全約的一部，中國雖未簽字於《德約》，而曾簽字於《奧約》，所以仍為會員國之一。《德奧和約》，兩國都應放棄因庚子拳匪在中國所得的權利和賠款，將專用的租界，改為各國公用。德國並須將庚子年所掠天文儀器交還。中國雖未在《德約》簽字，德國仍照《約》履行。其後德、奧兩國，於十年、十一年，先後和中國訂立條約，亦改為平等關係，和從前的條約不同。

至於對俄國的問題，則最為複雜。原來俄國從革命以後，其所採取的政體，業已和各國格不相入，而俄又於七年二月間，對德國成立和議。於是德奧武裝俘虜，在俄國大為活動。反俄的捷克軍，為其所制。各國乃有共同出兵之議。中國亦追隨其後，於七年三月、五月間，與日本訂立《共

同防敵海陸軍協定》，而中國兵艦和英、美、法、意、日軍艦，亦先後駛入海參崴，旋又聯合俄國，組織一鐵路委員會，將西伯利亞和中東兩鐵路，置於管理之下。此時各國的出兵，都不甚起勁。唯日本則擁立俄舊黨謝米諾夫於赤塔、卡爾米哥夫於哈巴羅甫喀，並分兵占據海蘭泡、阿穆爾、伊爾庫茨克。直至十四年三月，方才和俄國訂約撤兵，而當共同出兵之時，日兵由中東路運出的甚多。吉、黑兩省，大受騷擾，而鐵路委員會的技術部長，且有共管中東鐵路的提議，在華盛頓會議席上提出。經中國代表力爭，方才作罷。這反是中國因參戰所受的損失了。

　　《和約》既經批准，日本遂要求中國，直接辦理交還膠澳交涉。中國輿論，都主張提出國際聯盟，經政府拒絕，到十年十一月，華盛頓會議開會。中國決將山東問題提出。乃由英、美兩國調停，在會外交涉。英、美兩國，都派員旁聽。直至十一年一月，才訂成條約二十八條。膠濟鐵路，由中國發國庫券贖回，期限十五年。但五年之後，以先期六個月的知照，得隨時為全部或一部的償還。在償款未清以前，用日人為車務總管和總司計。其高徐、濟順鐵路，讓歸國際財團。煙濰鐵路，中國如用本國資本築造時，日本不要求並歸國際銀團辦理。溜川、坊子、金嶺鎮三礦，由中政府許與中、日合組的公司。膠州灣由中國宣告開放。鹽業及公產，都交還中國，其償價為日金一千六百萬元。其中二百萬元為現款，餘為十五年期的國庫券。青島佐世保間海電，亦交還中國。青島一端，由中國運用，佐世保一端，由日本運用，而日兵於是年四五月之間撤退。

第十章　華盛頓會議和中國

　　華盛頓會議，是民國十年十一月十四日，在美國的華盛頓開會的。因為所議的都是太平洋問題，所以一稱太平洋會議。

　　歐戰以前，日、俄、英、美、德、法，在太平洋上，本來都是有勢力的。歐戰以後，德國在海外的屬地，業已喪失淨盡。俄國承大革命擾攘之餘，法雖戰勝而疲乏已極，亦都無力對外。在歐洲方面，只有英國向來是稱霸海上的，而和東方的關係最為密切，所以雖當大戰之後，對於太平洋的權利，還是不肯放棄。美國和日本，則是大戰期間，都得有相當利益的。所以這時候，太平洋上，遂成為此三國爭霸的世界。

　　講起地位來，則日本是立國於太平洋之中的。自中日、日俄兩戰後，南割臺灣，北有旅、大租借地和南滿、安奉等鐵路。又承俄國革命之時，加以侵略，而德屬太平洋中赤道以北的島嶼，戰後議和，又委任它統治。其在西太平洋的勢力，可謂繼長增高。所以這時候，美國要召集這個會，主要的意思，就是對付它。

　　要講華盛頓會議，卻要先明白歐戰以來中國的形勢，「二十一條」的交涉，已見第七章。此項交涉，雖由兵力的迫脅，訂立二十五條條約，然而未經中國國會通過，以法律論，本不能發生效力。但是雖然如此，日本在事實上，其勢力卻是伸張無已的。除山東問題，已見上章外，當六七兩年，中國因忙於內戰，所借日債頗多。吉長、吉會和所謂（一）開海、海吉，（二）長洮，（三）洮熱，（四）洮熱間一地點到某海口的鐵路，均曾因此而訂有借款或借款的豫備契約。歐戰停後，英、美兩國，又提起中國鐵路統一之議。因中國輿論不一致，未有具體辦法，旋英、美、法、日四國組織新銀行團，於民國八年五月，在巴黎開會。十一日，訂立《草合約》。規定：（一）除實業事務——鐵路在內——已得實在進步者外，現存在中國的借款合約及取捨權，均歸共同分配。（二）聯合辦理將來各種借款事務。後因日本提出滿、蒙除外停頓。至九年，美銀行團代表赴日，和日銀行團談判。日乃放棄洮熱和洮熱間到海口兩路，而承認《草合同》。新銀行團於以成立。但因中國沒有統一的政府，所以借款之事，迄亦未能進行。

　　華盛頓會議開會後，分設限制軍備和遠東問題兩委員會。限制軍備委

員會，由英、美、法、意、日五國組織。遠東問題委員會，則更加中、葡、荷、比四國。當開會之初，中國代表，即提出大綱十條。後由美國代表羅德氏，總括為四原則。訂立《九國公約》。所謂《九國公約》：第（一）條，系列舉羅德氏四原則：（甲）尊重中國的主權獨立和領土及行政的完全。（乙）給中國以完全而無障礙的機會，以發展並維持穩固的政府。（丙）確立、維持工商業機會均等的原則。（丁）不得利用現狀，攫取特殊的權利；並不得獎許有害友邦安全的舉動。第（二）條說締約國不得締結違背此項原則的條約。第（三）條：不得在中國要求優先權或獨占權。第（四）條：不得創設勢力範圍和實際排他的機會。第（五）條：中國全部鐵路，不得自行或許他國，對於各國為差別的待遇。第（六）條：中國不參加戰爭時，應尊重其中立權。此外還訂立《九國中國關稅條約》，見第十六章。其 (A) 撤退外國駐兵；(B) 撤廢領事裁判權；(C) 關於中國的條約公開；(D) 撤廢在中國的外國郵政局；(E) 無線電臺；(F) 中國鐵路統一；(G) 交還租借地諸議案，則或有結果，或無結果。

　　山東問題，即在會外解決，已見前章。二十一條件問題，又經中國代表在遠東問題委員會中提出。日代表說：「與會國要提出從前的損害，要求會議中重行研究和考慮，日本必不能贊成。但因《中日條約》和《換文》成立後，事勢已有若干變遷。所以允將南滿、東蒙的鐵路借款權及以租稅為擔保的借款權，開放於國際財團，共同經營。其南滿洲聘用顧問、教練，日本並無堅持的意思。原提案中的第五項，日亦將其保留撤回。」中國代表仍聲明不能承認。因此此問題在華會中，未能得有結果。其後十一年十一月、十二年一月間，眾、參兩院，先後通過請政府宣布二十五條條約及《換文》無效案。乃由政府照會日本，聲明廢棄。

　　至於各國所訂條約，有關東方大局的，則有英、美、法、日四國《海軍協定》。訂明相互尊重在太平洋中島嶼和殖民地的權利。如或發生爭議，當請其他締約國調停。此約既立，一九一一年七月十三日的《英日協約》，

即因之而廢。國聯委任日本統治的德屬島嶼，中有雅浦島，為美國和西太平洋交通孔道。當時美國即提出保留。此時亦成立《協定》，規定使用無線電，日、美兩國，處於同等地位，美人得在雅浦島居住、置產、自由貿易。後來民國十二年，英、美、法、意、日五國，又有《海軍協定》。十九年，又有《海軍公約》。規定英、美、日三國海軍的比例為五五三。雖然如此，日本在太平洋中形勢，還較英、美為優勝。海軍協定和公約的期限，都到一九三六年為止，所以大家都說：一九三六年是世界的危機，然而苟非中國強盛，誰能保證太平洋上風雲的穩定。

第十一章　軍閥的混戰

照第六、第八兩章所說，民國成立以後，內爭之禍，也可謂很利害了。然而這還是有關大局的，其比較的限於一隅的，還不在內。現在且揀幾件重要的說說：

民國以來，最安穩的，要算山西。它從民國十四年以前，簡直沒有參加過戰爭。閻錫山提倡用民政治，定出六政、三事，以為施政的第一步。教育、實業，都定有逐年進行的計劃。又竭力提倡村自治。在當時，亦頗有相當的成績。惜乎到後來，牽入戰爭旋渦，以前些微的成績，也就不可得見了。次之，倒還是新疆。從民國十七年楊增新被殺以前，大體也還算安穩。此外就很難說了。

其中分裂最甚，而爭戰最烈的，要算四川。四川從袁氏帝制失敗後，北政府所任命的將軍解職。當時政府曾命蔡鍔入川。但不久蔡鍔就病故了。代理的人，為川軍所逐。其後滇軍又打入四川，後來又被川軍逐回。於是四川本省，分為一、二、三軍，各有防地。北政府的勢力，常常從漢中和宜昌一帶 —— 所謂長江上游侵入，而滇、黔兩省，亦時和四川發生關

係。各省軍人，派別不一，離合無常。其失敗的，往往要借助於人，而有野心的人，亦落得利用他，收為己助，或者藉以擾亂敵方，所以其紛擾迄不能絕。西南如滇、黔，西北如甘肅，雖然因地位偏僻，對大局的關係較少，然而其內部，也都不能沒有問題。

因為一切紛爭，都起於軍隊太多和軍人擁兵自重、爭奪權利之故，於是有廢督裁兵的呼聲，並有聯省自治的議論。聯省自治之說，其由來也頗早。原來行省的區劃，還沿自元朝。明、清兩代的省區雖然逐漸縮小，然而其區域還是很大，猶足以當聯邦國的一邦而有餘，而自清末以來，已漸成外重之局。辛亥革命，亦是由各省響應的。民國成立以來，中央事權，迄未能真正統一，而以中國疆域的廣大、交通的不便、政務的繁瑣，一個中央政府，指揮統馭，也頗覺得為難。於是有創聯省自治之議，希望各省各自整理其內部的。當民國八、九年間，也頗成為一部分有力的輿論。於是有起而實行的，省各自制憲法。其中以浙江省成立為最早，於十年九月九日公布。湖南省制憲最早，而公布較遲，事在十一年一月一日。既已公布省憲，自然用不著什麼督軍。於是浙江於布憲之日，即同時宣布廢督。即未制省憲的省分，也有宣布廢督的，如雲南省是。然而名為廢督，而軍隊仍未能裁，即督軍之實，亦仍舊存在，不過換一個總司令或督辦善後軍務等等的名目罷了，所以還是無濟於事。

又有想以會議之法解決國是的。當華府會議將開時，外人曾警告我速謀統一。於是有人想利用這個機會，促起國人的覺悟。主張華會開會之前，先在廬山開一個國是會議，其辦法：分為國民會議和國軍會議。國民會議，以制定國憲解決時局。國軍會議，則議決兵額、兵制及裁兵問題。其所議決之件，再交國民會議通過。當時有力的軍人，都曾發電贊成，然而後來竟就暗葬了，而上海一方面，又有國民所發起的國是會議。其議發動於商教聯合會。於十一年三月十五日，在上海開會。議決其組織：為（一）各省省議會。（二）各省、區教育會。（三）各省總商會。（四）各省、

區農會。(五) 各省、區總工會。(六) 各律師公會。(七) 各銀行公會。(八) 各報界公會。其中 (二)、(三)、(五) 三項，都包含華僑團體。各推出代表三人。定名為中華民國八團體國是會議，於五月二十九日開會，旋組織國憲起草委員會。製成《國憲草案》，分送各方面。然後來亦未有何等影響。

此等解決時局之法，都是國民黨第一次宣言所明指為無用的。我們且進而看國民黨改組和國民政府成立以後的事實。

第十二章　中國國民黨的改組和國民政府的成立

二次革命失敗以後，孫中山先生在海外組織中華革命黨，這話在第四章中已經說過了。袁世凱死後，中華革命黨的本部移於上海。八年十月十日，改稱中國國民黨。此時在國內還未明白組黨。到十二年一月，才發表宣言，宣布黨綱和總章，這一年十一月，中山先生鑑於蘇俄革命的成功，由於組織嚴密，決意改組國民黨。於是月十一日，發表改組宣言。十三年一月二十日，開全國代表大會，決議將大元帥府改組為國民政府，發表宣言，表明主義政綱和對內對外的政策。六月，又在黃埔設陸軍軍官學校。又就原有的軍隊中，設立黨代表，宣傳主義。於是南方的組織，驟見精嚴，旌旗變色了。

當十二年六月間，北京軍警包圍總統府索餉，旋又全體罷崗。黎總統移居私宅辦公，又被便衣隊包圍，並有人在天安門自稱開國民大會，主張驅黎。十三日，黎總統赴津，總統印信，由其妾危氏攜帶，住居法國醫院。至天津，被邀於火車站。迫令打電話給危氏，將印信送國務院，然後放行。黎總統通電：「離京係為自由行使職權起見，並非辭職。」並通告外國公使。北京一方面，則宣告總統辭職，由國務院攝行。議員亦分為兩派：一部分赴上海開會，一部分留京，都不足法定人數。照《大總統選舉法》，

國務院攝職，只能以三個月為限，九月十二日，北京的國會，人數依然不足。到十月十日，就連國會也要任滿了。於是由眾議院提出延長任期案，通過。十月五日，選舉曹錕為大總統。八日，通過《憲法》。十日，曹錕就職。是日，《憲法》由眾議院公布。曹錕既就職，以吳佩孚為直魯豫巡閱使，蕭耀南為兩湖巡閱使，齊燮元為蘇皖贛巡閱使。十三日，浙江和北京政府斷絕公文往來。雲南和東三省旋都通電討曹。

十三年九月初旬，江蘇和浙江開戰。江蘇方面，號稱蘇、皖、贛、閩四省聯合，而浙江方面，則聯合淞滬鎮守使，組成浙滬聯軍。主力軍相持於崑山。別將則在蘇州、嘉興間，宜興、長興間作戰。至九月中旬，而奉直戰事亦作。奉軍於九月廿二陷朝陽。進攻山海關，陷九門口。吳佩孚親臨前敵指揮。自十月六日，大戰開始。江、浙方面，孫傳芳自福建入浙。九月十八日，陷杭州。盧永祥宣言：將浙江交還浙江人。把軍隊都撤至淞滬之間。十月九日，松江陷落。十三日，盧永祥下野。二十二日，馮玉祥自古北口回兵北京。和胡景翼、孫岳宣言組織國民軍。馮為第一軍，胡為第二軍，孫為第三軍。十一月二日，曹錕辭職。於是山東宣告中立。山西兵扼守正太路和京漢路的交點。國民一軍占楊村，三軍入保定。奉軍陷灤州、山海關、秦皇島，抵塘沽。吳佩孚自海道南下，經南京、漢口回河南。馮玉祥、張作霖會於天津，推段祺瑞為臨時執政。段於十一月二十四日入京。

當直奉大戰時，南方亦出兵北伐，分攻湖南、江西。北方政局既變，段祺瑞請孫中山北上。中山於十二月三十一日至北京。時孫中山主張開國民會議，以解決時局糾紛。段祺瑞就職後，亦宣言於一個月內，召集善後會議，以解決時局糾紛；三個月內，召集國民代表會議，以解決根本問題，並聲言：「會議成功之日，即為祺瑞卸職之時。」孫中山以其所謂兩會議者，人民團體，無一得與，命國民黨員，勿得參與。十四年三月十二日，孫中山卒於北京。段祺瑞所召集的善後會議，於三月一日開會，僅議決軍事、

財政兩善後委員會的條例而止。後來兩委員會於十月五日開會。因時局紛亂，也就無從議起了。

段祺瑞就職後，裁巡閱使、督軍。管理一省軍務的，都改稱督辦軍務善後事宜。以張作霖為東北邊防督辦，馮玉祥為西北邊防督辦，胡景翼督辦河南軍務善後事宜，孫岳為省長。免齊燮元，以盧永祥為蘇皖贛宣撫使。齊走上海，組織蘇浙聯軍。盧永祥以奉軍張宗昌的兵南下。齊走日本。浙奉軍在上海定約。浙軍退松江。奉軍退崑山以西。上海則彼此均不駐兵。時在十四年二月間。其時胡景翼的兵，自河北下河南，而鎮嵩軍的憨玉琨，已先據洛陽，東下鄭縣和開封。時政府又以孫岳為豫陝甘剿匪總司令。即以憨為副司令，命其退出。憨軍退至洛陽以西。二月下旬，胡憨的兵衝突。三月八日，胡軍入洛陽。鎮嵩軍援憨，不克，退入山西邊境。四月十日，胡景翼卒。乃以岳維峻督豫。於是國民二軍的李雲龍師入西安。馮玉祥亦讓出南苑防地。至八月杪，遂以玉祥督甘，孫岳督陝。李雲龍為幫辦。直隸當段祺瑞就職後，即以盧永祥為督辦。永祥南下後，改李景林。四月間，以張宗昌督山東。至是，又以楊宇霆督江蘇，姜登選督安徽。時奉軍張學良、郭松齡駐兵於京、津、山海關之間。自五卅案起後，奉軍並駐紮到上海。

是年十月十五日，孫傳芳自稱浙、閩、蘇、皖、贛五省聯軍總司令。發兵入江蘇。上海的奉軍即撤防。楊宇霆、姜登選亦北走。孫軍入南京。渡江，取浦口、蚌埠。十一月十七日，入徐州。越四日，吳佩孚起兵漢口，稱討賊軍總司令。其明日，郭松齡自稱東北國民軍，率兵出關。十二月二十三日，敗死於巨流河。當郭松齡起兵時，近畿和熱河的奉軍都退出，旋直、魯組織聯軍。十二月八日，國民一軍和直軍開戰。二十四日，陷天津。李景林走濟南。是時吳佩孚的兵，正作戰於山東，三十一日，吳通電，停止討奉軍事。十五年一月一日，馮玉祥下野。十九日，奉軍復占山海關。二十三日，東三省各法團制定《聯省自治規約》，推張作霖維持東

北治安。二月杪，吳佩孚兵入開封。三月，鎮嵩軍入洛陽。直魯聯軍亦北上。二十三日，入天津。吳軍亦占據保定。三十日，國民一軍退出北京。四月九日，曹錕恢復自由。段祺瑞走東交民巷。十七日，復入執政府。二十日，復走天津。通電引退。五月一日，曹錕通電引退。十七日，國民軍將領宣言：「專意開發西北。未有適合民意的政府以前，一切命令，概不承認。」於是熱河的國民一軍亦退出。奉軍以七月一日，攻占多倫，八月十九日，占張家口。吳軍攻南口，不克。後由奉軍會攻，於八月十四日占領。山西軍以八月十八日占大同，九月一日占綏遠，十日占包頭，而鎮嵩軍攻西安，迄未能下。此時國民政府的北伐軍，業已整隊北上了。

第十三章　五卅慘案和中國民族運動的進展

　　近代的外侮和前代不同。前代的外侮，只是一個政治問題，近代則兼有經濟、文化諸問題。非合全民族的力量奮鬥，無以圖存。這是孫中山先生所以要提倡民族主義的理由。從中山先生提倡而後，中國民族就漸漸地覺悟；而其實際的運動，也就逐步進展了。

　　講起中國民族運動的進展來，卻要連帶到一件傷心的歷史。這便是民國十四年上海地方的所謂五卅慘案。原來從一八九五年，中、日訂立《馬關條約》以來，外人便有在中國設立工廠，以利用中國的原料和低廉的工價的，勞資之間，自然免不了有些糾紛。這一年五月十五日，日本人在上海所設的內外棉織會社，無故停工。工人要求上工，日人竟爾開槍，死顧正紅一人，重傷者三十七人，被捕者無數。各學校學生大憤，起而援助。因此募捐和赴追悼會的學生，為租界捕房所拘捕者數人。三十日，學生大隊遊行講演。又有二百餘人被拘。群眾聚觀的，群趨捕房，要求釋放。英捕頭竟下令開槍轟擊，當場死者四人，送至醫院後因傷斃命者七人。六月

一日，公共租界全體罷市。三、四兩日，外人所經營的事業和有關交通事業的華人，繼之以罷工。英人調兵艦至滬。工部局宣布戒嚴。調海軍陸戰隊和萬國義勇隊壓迫。續有被槍傷、拘捕的人。於是罷課、罷工、罷市的風潮蔓延各處，到處遊行講演，以促民眾的覺悟。提倡和英、日經濟絕交。民族運動的氣勢，一時異常蓬勃，而慘案亦即繼之而起。其中最為重大的，要算廣東的沙基慘案，次之則是漢口和重慶的事件。

漢口事件，發生於是年六月十日。因英商大古公司的船抵岸，船員和工人衝突，工人被毆傷。明日，工人兩千餘人，集隊遊行。英人調義勇隊及海軍陸戰隊，分布租界，並於要路架設機關槍。後因群眾擁擠，竟爾開槍掃射，死者八人，傷者數十。其時英國的兵艦，並上溯到重慶。華人聚集觀看，英人又調海軍登陸，用刺刀驅逐，死傷多人。事在七月二日。沙基慘案，則發生於六月二十三日。當五卅慘案消息到達廣東之後，廣東即起一種抵制運動。香港工人，都回內地。英租界的工人，亦都回廣州。這一天，廣東開市民大會。會後遊行，經過租界對岸的沙基，對岸外兵突然開槍射擊，繼以機關槍掃射。華人死者五十，傷者百餘。此外九江、汕頭等處，還有較小的衝突。

當五卅慘案發生後，北京政府即行派員調查。英、美、法、意、比、日六國公使館，亦派委員團赴滬調查真相。交涉於六月十六日，在上海開始，未幾即行破裂。九月中，公使團提出司法調查之議，要求中國亦派員。經中國拒絕。但彼仍自行派員。其結果，令上海總巡捕和捕頭辭職，而略給死者家屬恤金。中國否認，外人亦遂置諸不理。直到十九年二月，工部局徑將銀十五萬元交給死者家屬，這件事就算如此結局了。漢口方面，中國亦曾提出條件多款。其結果，則十四年十月間，僅將先決條件簽字。英軍艦撤退，巡捕的武裝解除，太古公司在租界外的行棧碼頭撤消，英人並允賠償損失。其餘的交涉，就未有結果。重慶交涉，亦是如此。廣東一方面對英抵制最久。華人設立罷工委員會，以謀罷工工人的善後。又

設立工商檢驗處，以檢查輸入的貨物。直到十五年十月十一日。乃由英人許我在海關抽收內地稅，普通貨物二・五，奢侈品加倍，以謀罷工工人的善後，而中國許將工商檢查處取消。

因五卅慘案而引起的民族運動，似乎是失敗了。然而絕非如此。因此慘案，而中國人的民族意識，特別發達。從此以後，民族運動就更有不斷的進展。大之則如取消不平等條約呼聲的加高，小之則如上海會審公廨的收回，以至國民軍到達長江流域後，漢口、九江、鎮江等地租界的交還，都是和五卅慘案很有關係的。

第十四章　國民革命的經過

當國民黨改組後，十三年秋間，即乘北方騷亂之際，出兵北伐，旋因段祺瑞就臨時執政職，邀請孫中山先生北上，乃又罷兵，已見第十二章。自中山先生卒後，北方的局勢，騷亂更甚。北伐之舉，乃到底不能不實現。

中山先生北上後，國民政府以十四年四月平東江，旋滇軍回據兵工廠，桂軍亦附和，政府遷於河南。六月初，黨軍和粵軍還攻。廣州於十二日恢復。國民黨中央執行委員會，議決改組政府，廢元帥，代以委員制，於七月一日成立。軍隊都改稱國民革命軍。黨軍和粵軍回攻廣州時，東江復為叛黨所占。十一月，再把東江打平。十二月，平定高、雷、欽、廉和瓊崖等地。廣西亦依國民政府所定《省政府組織法》，組織政府。十五年一月，開第二次全國代表大會。六月五日，中央執行委員會召集臨時會，通過迅速北伐案。以蔣中正為總司令。

先是國民革命軍分為六軍。後來廣西歸附，編為第七軍。是時湖南紛擾，唐生智來求援，乃編為第八軍。派四、七軍往援。七月十二日，七、

八兩軍克長沙。八月十二日，蔣中正到長沙。於是分兵為三：右入江西，左出荊、沙，而中路直攻武、漢。二十四日，吳佩孚自至漢口督戰。國民革命軍北進，破敵於汀泗橋、賀勝橋。九月六、七兩日，連下漢陽、漢口、武昌亦被包圍。——後來到十月十日降伏。正面的兵進展後，左路軍亦於九月十五日達到沙市。其右路軍，與蘇、皖、贛、閩、浙五省聯軍相持於江西，爭戰最為激烈。至十一月七日，南昌陷落，江西平定。

北方的國民軍，以是年七月進甘肅。九月十五日，馮玉祥遊俄歸來，抵五原，諸將仍推為總司令。進甘肅的兵，以十一月入陝。是月杪，遂解西安之圍。至十二月初，而到達潼關。留守東江的兵，以十月入福建。至十二月而福建平定。浙江於十月間響應國民軍，不克。十二月一日，北方推張作霖為安國軍總司令，張宗昌、孫傳芳為副司令。孫軍撤退江北。張宗昌軍復入滬寧線。國民革命軍乃以湖南、北的兵為西路，進攻河南。出福建的兵為東路，進浙江。江西的兵為中路，復分江左、江右兩軍，沿江東下。東路軍以十六年一月入杭州。分兵為三：一沿滬杭鐵路達上海，一出平湖抵蘇州，一自宜興進常、鎮。均於二月中到達，而江左軍亦於三月初下蕪湖，江右軍於十六日占當塗。至二十三日，遂入南京。西路軍於五月中北上。馮玉祥亦進兵洛陽。是月末，進至鄭州、開封，兩路兵會合。

當這北伐順利時，而南方有清黨之事起。先是孫中山改組國民黨時，第三國際共產黨員，聲明以個人名義加入。中山先生許之。但其後，共產黨員仍圖在國民黨中，擴充該黨的勢力。中山先生逝世後，第一屆執行監察委員，就有在山西開會，議決肅清共產分子的，旋在上海別組中央黨部。北伐之後，政治會議議決遷都武漢，而中央黨部，則在南昌，委員也有前赴武漢的。到三月廿八日，中央監察委員在上海開會，議決清共。四月七日，中央政治會議議決遷都南京。於是寧、漢之間，遂成對立之勢。直到七月十五日，武漢方面，亦舉行清黨，而寧、漢合作，乃漸告成。當寧漢分裂時，北軍乘機占揚州和浦口。曾渡江占龍潭，給國民軍打退。其

時蔣中正辭總司令之職。國民政府乃命何應欽定江北，馮玉祥下徐州。山西亦於九月間出兵攻奉，奉軍退守河北。

　　十七年一月八日，蔣中正再起為北伐軍總司令。於是分各軍為四集團，再行北伐。四月，北伐軍下兗州、泰安。五月一日，入濟南。至三日而慘案作。國民軍乃繞道攻德州，進下滄州。六月三日，張作霖出關。四日，至皇姑屯車站，遇炸身死。東三省人推張學良繼其任。至十二月二十九日，三省通電服從國民政府，於是國民政府的統一告成。其後雖尚不免紛擾，然真正的統一，總不難於不遠的期間達到了。

第十五章　五卅慘案和對日之交涉

　　中國的統一，是對帝國主義者所不利的，所以要多方阻撓。如利用中國的內爭，將借款軍械等，供給一方面等都是，而其尤露骨的，則莫如十七年的五三慘案。

　　當十六年五月間，國民革命軍奠定東南，渡江北伐。當時日本政府，便有乘機干涉的意思。乃借保護僑民為名，運兵到山東。經中國政府迭次交涉，方才撤退。十七年四月，國民軍既克兗州。日本閣議，又通過第二次出兵案。先將駐津日軍三中隊，調赴濟南。又派第六師團，從青島登岸到濟。五月三日，在濟南的日兵和中國無端啟釁。中國徒手的軍民，被殺的不計其數。甚且闖入交涉公署，一齊殺害特派交涉員蔡公時和職員十人、勤務兵七名。中國為避免枝節起見，即將在濟南的兵退出，只留一團駐守，而日本於七日，又對中國提出無理的要求：（一）高級軍官，嚴行處分。（二）和日兵對抗的軍隊，解除武裝。（三）我軍離開濟南和膠濟鐵路二十里。限十二小時答覆，而又不待中國答覆，於八日，徑用大砲攻城。中國守城的一團兵，奉命於十日退出。十一日，日兵入城，又大肆屠戮，

並且扣留車輛，截斷津浦路，強占膠濟沿線二十里內的行政機關。

當日兵攻城之際，中國政府即致電國際聯盟，請其召集理事會，籌劃處置，中國願承諾國際調查或國際公斷等辦法。但是國際聯盟並無適當的處置。日本卻又徑致《覺書》於中國說：「戰爭進展到京、津，其禍亂或及滿洲之時，日政府為維持滿洲起見，或將採取適當有效的處置。」日本此時，以為如此一來，北伐必然停頓；即使繼續，也要經過長時間的鬥爭，日本於中取利的機會甚多。尤其兵爭延及東北時，日本可以遂其所大欲。誰知國民革命軍，依舊繞道北上，而且經此事變，中國人反有相當的覺悟，東北軍也發出息爭禦侮的通電，於六月初，竟退出關。膠東的兵，於九月一日易幟。在天津以東的直魯軍，亦因關內外的夾擊，於九月中旬解決。日人無可奈何。十月初，乃和中國開始交涉。中國提出：（一）先行撤兵；（二）津浦通車；（三）交還膠濟沿線二十里內的行政機關；（四）膠濟路沿線土匪，由中國負責肅清等項。日人不願意，交涉停頓。後來屢經波折，到十八年三月二十八日，才定議：日軍於兩個月內撤退。雙方損害，則設共同委員會調查。議定之後，我方派出接收委員。日兵初定四月十八至二十五日之間撤退，旋又說膠東匪亂甚熾，坊子以東，要議展期。中國政府不贊成分期接收，索性將全部展緩。直至六月五日，日方才開始撤兵，至十六日而接收完畢。

在山東一方面，日人雖未遂其阻撓北伐的野心，然而對於東三省，則還是野心勃勃，所以有十七年六月四日，張作霖在皇姑屯車站遇炸之事。這一次的炸彈案，布置得很為周密，非經多數人長時間之布置不可。鐵路警備森嚴，其斷非張作霖的政敵或匪徒少數人所能為，不問可知了。經這一次陰謀，更促成東北的覺悟，於是有七月一日通電服從國民政府之舉。日本又命其駐奉天的總領事勸告：易幟之事，宜觀望形勢。又派專使到奉，以弔喪為名，勸告奉方，不宜與國民政府妥協。奉方都不聽從。三省實行

易幟之後，東北一方面，收回權利的事，也逐漸進行，日人心懷忿恨，就伏下民國二十年「九一八」的禍根了。

第十六章　關稅自主的交涉經過

中國自海通以來，和外國所訂的不平等條約，可謂極多，而其最甚的，則無過於關稅稅率的協定。現在世界上，經濟競爭，日烈一日。貿易上的自由主義，久成過去，各國都高築關稅壁壘，以保護本國的產業。獨稅率受限制的國，則不能然。所以舊式和新興幼稚的產業，日受外力的侵略壓迫，而無以自存。中國所以淪入次殖民地的地位，這是一個最大的原因。

中國關稅，除（一）海關稅率，協定為值百抽五外，（二）其內地稅，並亦協定為值百抽二‧五。（三）而英、法、俄、日，在陸路上的通商，還有減免，而且（四）海關稅率，名為值百抽五，實際上，因貨價的高昂，所抽還遠不及此數。

改訂稅率之議，起於一九○二年。這是義和團亂後訂定和約的明年。因賠款的負擔重了，所以這一年的《中英商約》，許我於裁釐之後，把進口稅增加到百分的一二‧五，出口稅增加到百分的七‧五。其所裁的釐，則許辦出產、銷場、出廠三稅，以資抵補。一九○三年《中美》、《中日商約》，一九○四年《中葡商約》，規定大致相同。這一次的失策，在於將裁釐作為加稅的交換條件。不但有損主權，而且裁釐在事實上猝難辦到。事後，果因中國人憚於裁釐，外人，則其貨物運銷中國，本有內地半稅，以省手續，事實上釐金所病，是屬中國商人，所以也不來催問。這一次條約，就如此暗葬了。至於海關估價，則《辛丑和約》，訂定將從價改為從量，即於一九○二年實行。然而所估的價，仍不能和實際符合。

　　還有一件事，也是很有損於主權的，那便是稅務司的聘用。當中外通商之初，海關稅本由外國領事代收。到西元一八五一年，才廢其制，由華官自行徵收。西元一八五三年，上海失陷，清朝所派官吏逃去，仍由英、美領事代課。其明年，上海道和領事商定，聘用英、美、法人各一，司理徵稅事務。是為稅務司的起源。此時的外人，是由上海道聘用。西元一八五八年，《中英通商章程善後條款》規定：中國得邀請英人，幫辦稅務。然仍訂明由中國自由邀請，「毋庸英官指薦干預」，而且法、美二約，亦有同樣的條文，並非英人獨有的權利。西元一八六四年，總理衙門公布《海關募用外人章程》。自此以後，各關稅務司，遂無一華人，而西元一八九六、九八兩年的英、德借款，《合約》均訂明：「此項借款未還清時，海關章程，暫不變更。」英人又要求：「英國在華商務，在各國中為最大時，總稅務司必須任用英人。」亦於西元一八九八年，經總署答覆允准。於是中國所用的稅務人員，其地位，就儼然發生外交上的關係了。

　　辛亥革命，外人怕債權無著，由公使團協議，將關稅存放外國銀行。非經總稅務司簽字，不能提用，即償付外債的餘款——所謂關餘，亦是如此。於是中國財政上，又多一重束縛。民國六年，中國因參加歐戰，要求各國修正海關稅則。經各國允許，於次年實行。這一次的修改，據專家估計，亦不過值百抽三‧七而已。巴黎和會開會時，中國曾提出關稅自主案，被大會拒絕。華盛頓會議時，又經提出。其結果，乃訂成《九國中國關稅條約》。訂明批准後三個月，中國得召集與約及加入各國，開一關稅會議，實行一九〇二年的《中英商約》。在此約未實行以前，得在海關徵收一種值百抽二‧五，其奢侈品，則加至值百抽五的附加稅。至於估計物價，切實值百抽五，則不待此約的批准，即可實行。約中並訂明中國海、陸邊關的稅率，應行劃一。其後關稅會議，於民國十四年，由段政府召集。十月二日，在北京開會。中國又提出關稅自主案。十一月十九日，通過：

　　各締約國，承認中國享受關稅自主的權利，允解除各該國與中國間各

項條約中關稅的束縛，並允許中國國定關稅條例，於一九二九年一月一日，發生效力。

而中國政府，申明裁釐之舉，與國定稅率，同時施行。同時，中國擬定七級稅則，實際上得各國的承認。至於海關附加稅問題，則未能議決而段政府倒。關稅會議，於十五年七月三日，由各國代表，宣告停頓。

國民政府定都南京後，一方面宣告取消不平等條約，並宣布於十六年九月一日，實行關稅自主，同日裁釐。屆時未能實行。十七年七月，政府和美國先訂立《整理關稅條約》。約中訂明：「前此各約中，關於關稅的條文作廢，應用自主的原則。」自此以後，德、挪、荷、英、瑞、法六國的《關稅條約》，先後訂成，而比、意、丹、葡、西五國，是年亦均訂有《友好通商條約》。約文規定，大致相同。政府乃將七級稅公布，於十八年二月一日實行。其後裁釐之舉，於二十年一月一日實現。同時廢七級稅，另定新稅率。關稅自主，到此才算真實現了。關稅既已自主，其他一切，自然不成問題。況且陸路邊關稅率：中日間早於民國九年，訂立協定，申明和海關一律。中英、中法間，亦於十七年《換文》，申明舊辦法於十八年作廢。俄國則參戰後另訂新約，本是彼此平等。自更不成問題。稅務司雖仍任用，而從前約束，既已失效，亦可解為中國自由任用了。關稅自主，本是國家應有的權利，而一經喪失，更圖恢復，其難如此。此可見外交之不可不慎，而民國創業的艱難，後人也不可不深念了。

第十七章　廢除不平等條約的經過

廢除不平等條約，可以有兩種辦法：其（一）是片面的宣告。其（二）是共同或個別的談判。中國在國際間，不平等條約的造成，全由前清政府昧於外情之故。至其末造，則外力的壓迫已深。帝國主義者，是很難望其

覺悟的。無論共同或個別的談判，都很難望其有效。所以國民政府，於奠都南京後，即毅然發表廢除不平等條約的宣言。十七年七月七日，更照會各國公使，請其轉達各該國政府，定為三種辦法：（一）舊約期滿的，當然廢除另訂。（二）未滿期的，以相當的手續，解除重訂。（三）已滿期而未訂新約的，另定臨時的適當辦法，旋頒布臨時辦法七條。此項照會，既經發出後，和我訂立條約的，十七年有比、意、丹、葡、西五國。十八年有希、波二國。十九年有捷克和法國的《越南通商專約》。至土耳其的《友好條約》，則是二十三年四月訂成的。在此諸國以外，德、奧與俄，戰後的條約，本已平等，其餘各國，雖然新約尚未訂成，然廢除不平等條約，既經中國定為政策，此後自然要本此進行，平等條約的訂立，只是時間和手續的問題了。

　　不平等條約，貽害最大的，要算（一）關稅協定，（二）領事裁判權，（三）租界，（四）租借地，（五）內河航行五端。關稅交涉，已見前章。取消領事裁判權的動機，也起於《辛丑條約》。見第四編第十八章。巴黎和會中，中國亦曾提出撤消領判權，給大會拒絕。華盛頓會議中，又經提出。乃議決：由各國各派代表，組織委員會，調查在中國的領判權的現狀和中國法律、司法制度、司法行政的情形後再議。此項委員會，於十五年一月，在北京開會，至九月十五日而畢。撰有《調查報告書》。對於撤消領判權，仍主緩辦。國民政府和意、丹、葡、西所訂條約，均有於十九年一月一日，放棄領判權的條文。《比約》則規定另訂詳細辦法。如詳細辦法尚未訂定，而現有領判權諸國過半數放棄，比國亦即照辦。五約均附有（一）中國於十九年一月一日以前，頒布民、商法。（二）放棄領判權後，外人得雜居內地，經營工商業，享有土地權。—— 但仍得以法律或章程，加以限制。（三）彼此僑民捐稅，不得較高或有異於他國人的條件。墨西哥未定新約，但該國政府，於十八年十一月，宣言將領判權放棄。

　　租界的設立，本不過許外人居住通商。但是因中國人的放棄和外國人

的侵奪，而行政、司法、警察等權，往往受其侵害。這還是事實。到西元一八九六年的《中日通商口岸議定書》就索性將管理道路、稽查地面之權，明定其屬於該國領事，這更可稱為不平等條約之尤了，而在事實上，妨害中國主權尤甚的，則要算上海的租界。上海租界的市政，屬於工部局。其根據，是西元一八九六年的《洋涇濱章程》。此章程由外人納稅會通過，經各國領事認可，駐紮北京的公使批准。工部局董事，是由納稅人選舉，而納稅人年會，則由領事團召集。是以各國的外交代表，和其照料商務的領事，而干涉起中國的市政來了。民國以來，除德、奧、俄三國在天津、漢口的租界因歐戰而取消外，其餘一切，都因仍舊貫。到國民軍到達長江流域以後，英國在九江、漢口的租界，才和中國訂結協定交還。鎮江的英人，於當時退出，後亦申明願將租界交還中國。於十七年十一月十五日交還。比國的天津租界，則於十八年八月交還。英國在廈門的租界，亦於十九年九月，以協定聲明取消。現在所有的，除日本最多外，只英在廣州、天津、營口，法在廣州、漢口、上海、天津和鼓浪嶼、上海、芝罘，還有公共租界而已。

內河和沿海的航行權，各國通例，都是保留之於本國人的。這不但以權利論，應為本國人民所獨享，即在國防上，亦有很重要的關係，而前清政府，不明外情，西元一八五八年的《天津條約》，許英人在長江航行。各國援最惠國之例，群起攘奪，而長江航權，遂非我所獨有。西元一八九五年《馬關條約》，開蘇、杭為商埠，後四年，遂頒布《內港行輪章程》。華洋輪船，照章註冊的，一律准其通航。外人在華航行權，遂愈加推廣。至於沿海，則條約未訂立以前，外人業已自由航行，更其不必說了。前清所訂的條約，只有西元一八九九年的《中墨條約》，申明「不得在國內各口岸間，往來貿易」，然而無補於事。民國現在，雖亦未能將已喪失的航行權，即時收回。然十八年的《中波條約》，十九年的《中捷條約》，均訂明將內河

和沿海的航權保留。其餘各國，重訂條約時，亦可漸謀改正了。

租借地在法律上，本來和割讓地顯然有別。但在事實上，則外人據之，亦未免隱然若一敵國。中國的有租借地，自德人之於膠州灣始，而旅、大、威海、九龍、廣州灣，就紛紛繼起了。歐戰之際，膠州灣又為日人所據。其後因山東問題的解決而交還。至於華盛頓會議中，中國代表要求各國交還租借地，則只有英國允將威海衛交還，其後於十九年四月實行。至英於九龍，日於旅、大，則均聲明不肯放棄。法於廣州灣，當時雖聲明願與各國同行交還，然迄今亦仍在觀望之中。

不平等條約的內容，其犖犖大端，要算前列的幾件。此外，和外人得在中國境內駐兵；又如因劃定勢力範圍，而得有築路、開礦之權；又如外人在中國遊歷、傳教，中國政府負有特別保護的義務等都是。總而言之，凡其性質超過於國際法的範圍，而又是片面性質的，都可稱為不平等條約。一概蕩滌淨盡，而達於完全平等之域，現在固尚有所未能。然既已啟其端倪，則此後的繼續進行，只看政府和國民的努力了。

第十八章　中俄的齟齬

最近的外交，中、俄之間，關係要算最為複雜了。俄國侵害中國的權利，中東鐵路要算是其大本營。當民國七年時，中國曾因俄國新舊黨的衝突，把中東路的護路權收回。俄人曲解《中東鐵路合約》，握有哈爾濱的市政權，亦經中國於九年三月，將其廢除，改為東省特別區。俄國自革命以後，備受各國的封鎖，很想有一國能和它通商。曾於八年、九年，兩次宣言：願放棄舊俄帝國以侵略手段在中國取得的特權和土地，拋棄庚子賠款，無條件將中東路交還中國。此時中、俄關係，很有改善的希望，而中國因和協約國取一致的步驟，始終未能對俄開始交涉。直到九年九月間，才將

舊俄使領待遇停止。此時距離俄國的革命，為時已有三年半了。此時在蒙古一方面，既因舊俄的侵擾，遠東軍占據庫倫，而中東路則自共同出兵以來，列強頗有借端干涉的趨向。中國乃於九年一月間和道勝銀行代表，另訂合約。規定：鐵路人員，除督辦歸我外，餘均中、俄各半。否認中、俄以外的第三國，和鐵路有關。俄政府管理鐵路之權，由中國政府代為執行，以正式承認俄國，商有辦法之日為止。其對俄國通商，則僅是年四月間，新疆省政府曾和俄國訂立《局部通商條約》。十年五月間，呼倫貝爾善後督辦，亦曾和遠東共和國，訂立《境界交通協定》。此外迄無何等辦法。而十一年，遠東共和國派來中國的代表，也否認蘇俄曾有交還中東鐵路的宣言。直到十三年，遠東共和國，早已合併於蘇俄，而英、意兩國，也都承認蘇俄了。中國和蘇俄的交涉，才逐漸開展。於是年五月，訂定《中俄解決懸案大綱》及《暫行管理中東鐵路兩協定》。《解決懸案大綱》中：（一）俄國許拋棄帝俄時代在中國所取得的特權和特許。（二）庚子賠款。（三）取消領事裁判權。（四）及關稅協定。（五）帝俄時代，與第三者所訂條約，有妨中國主權的，一概無效。（六）承認外蒙古為中國領土的一部分，尊重中國的主權。（七）彼此不容許反對政府的機關和團結，並不為妨礙對方公共秩序，及反於社會組織的宣傳。（八）簽字後一個月，舉行會議，解決外蒙撤兵、重行劃界、賠償損失、通商航行諸問題。（九）中東路許我出資贖回，亦於此會議中商定辦法。其後此項會議，至十四年八月始開，而其時東三省對中央獨立，三省的事，事實上和中央政府商量無效。俄人乃又於九月中，和奉天派出的人，訂立協定，是稱《奉俄協定》。

十六年四月，北京方面派兵搜查俄使館，旋又搜查天津的駐華貿易處等。俄國召還北京的代理公使，以示抗議。是年十一月，共產黨起事於廣州。政府認蘇俄有援助的嫌疑，於十二月十四日，對蘇俄領事撤消承認。蘇俄在中國各地方的國營商業機關，亦勒令停止營業。十八年五月二十七日，蘇俄駐哈領事館集會。中國認為有煽動嫌疑，派員搜查逮捕。七月十

日，又另派中東路督辦。撤換蘇俄正副局長，將蘇俄職員多人解僱，並查封其國營商業機關。蘇俄遂於七月十八日，對中絕交，時中國仍願和平處理。訓令駐芬蘭公使，因回任之便，赴哈調查，轉赴滿洲里和俄人商洽，而俄國無人前來。哈爾濱交涉員，雖和俄國領事接洽過幾次，亦不得要領，旋因蘇俄駐德大使，有願意交涉的表示，政府亦飭中國駐德公使，借德人居間與俄商洽。至十月中，亦決裂。自八月中旬以後，俄兵即時侵中國境界。中國軍人防禦很為勇敢，但因邊備素虛，又後援不繼，同江、滿洲里，於十月、十一月中相繼陷落，而外蒙之兵，亦陷呼倫貝爾。十二月，因英、美兩國，勸告息爭，乃派員在伯力開豫備會議。二十二日，將《草約》簽字。中東路回復七月以前的狀況。彼此恢復領事。訂於明年一月二十五日，在莫斯科開正式會議。其後此項會議，久無進步。直到日本占據東北以後，外交上的形勢一變。二十一年十二月十三日，乃由中、俄兩國出席軍縮會議的代表，在日內瓦互換文件復交。

第十九章　日本的侵略東北

在中華民國革命造行的程途中，可謂重重魔障，然而其嚴重，要未有若民國二十年九月十八日，日人侵略東北之甚的。

日人的侵略東北，本是處心積慮之舉。近年來，中國對於東北的開發，頗有進展。盜憎主人，乃更引起日本的猜忌，而促成其積極侵掠之舉。是年六月間，因長春附近的朝鮮農民，強毀中國的民田築壩。該處日本駐軍，遂槍殺我無辜民眾，釀成所謂萬寶山慘案。日人又在朝鮮境內，鼓動排華風潮，華人被殺的無算。然仍未能引起中國的釁端。至九月十八日夜，日人乃將南滿鐵路，自行炸毀一段，誣為我軍所為，徑向中國瀋陽的駐軍進擊。我軍奉命無抵抗退出。日人乃進占瀋陽。其在長春、安東等

地的駐軍，同時發動。不數日間，而遼、吉兩省間的要地，悉為所占。

國際公法，不必說了。華府會議《九國條約》，有保持中國領土、行政完整的義務。便是一九二八年八月二十七日在巴黎所立的《非戰公約》，日本也與中國共同簽字的。日本此舉，其為蔑棄國際信義，自不待言。中國因國力懸殊，且為愛護和平起見，不願訴之武力，乃訴之於國際的信義。除對日本提出抗議外，即電日內瓦代表，要求根據《盟約》第十一條，召集理事會。行政院開會後，一面通知中、日兩方，避免事態的擴大。一面通知美國，旋決議：令日兵撤回鐵路線內，盡十月十四日撤盡。

而日本悍然不顧。一面派兵進攻黑龍江。一面要求中國在錦州所設的遼寧行署，撤退關內。我黑省的兵，奮力抵抗，日人頗受損失，旋因援絕，於十一月十八日，退出省垣。日軍犯錦，我軍亦不戰而退。至二十一年一月一日，日兵遂陷錦州。我關外僅存的行政機關，遂又被破壞，而日兵又先於二十年十一月間，勾通漢奸，擾亂天津，挾廢帝溥儀而去。

先是國聯行政院，於十月十三日開會。邀請美國列席。二十四日，以十三票對日本一票議決，令日兵於下次開會，即十一月十六日以前，全行撤退，而日軍置若罔聞。及期，行政院在巴黎開會。乃議決：由國際聯盟，派遣委員團，到東北調查。及錦州陷落，美國乃照會日本，不承認任何事實上所造成的情勢為合法。日人仍置若罔聞。時日本又派兵艦，在我沿江、沿海一帶，肆行威脅。二十一年一月十八日，藉口該國僧人被毆，要求我上海市政府：懲凶、道歉、撫卹、取締反日運動。市府業經接受，日領事亦宣稱滿意了。乃日軍於二十八夜，突然進攻。我駐滬的十九路軍，奮勇抵抗。日兵大敗。乃續調大軍，擴大戰事。延及吳淞、太倉、嘉定一帶，並派飛機，到蘇、杭等處轟炸。因我軍抵抗甚力，日軍累戰皆北，乃又續調精銳，拚命進犯。直至三月一日，我軍因人少，不敷分布，瀏河被襲，乃自動撤至第二道防線。這一役，我軍雖未能始終保守陣地，然以少數之兵，抗數倍之眾，使日軍累次失利，列國評論，多認戰事勝利，當

屬華軍，而國民自動接濟餉需的，其數亦超過千萬，亦足以表示中國的民氣，而寒敵人之膽了。

當日兵進攻淞、滬時，中國代表曾在國聯提出援用《盟約》第十條和第十五條，國聯乃議決：成立上海國際調查團，以英、德、法、意、西領事為委員，並邀美國加入。三月三日，國聯大會開會，十一日，通過上海、東北問題，均適用《盟約》第十五條。限日兵於五月十日以前，恢復去年九月十八日以前的原狀。此正式決議案，如中國接受，而日本拒絕，則《盟約》第十六條自然生效。又通過：以十九國的委員，組織特別委員會，負責處理糾紛，並建議調解方案。十九國委員會於十六日開會。十九日，議決：令日兵撤退。將地方交還中國警察。在上海組織共同委員會證明。其間又屢經頓挫，直到五月五日，《上海停戰協定》，方才簽字。

日人在上海尋釁時，又派軍艦到首都附近，肆行威脅。中國政府為保中樞的安全，以便長期抵抗起見，乃於一月三十日，遷都洛陽。四月七日，並在洛陽召開國難會議，至十二月一日，才遷回南京。仍繼續長期抵抗的宗旨，努力進行。

日人為遮掩耳目起見，乃肆其掩耳盜鈴之技，於三月九日，在長春擁廢帝溥儀，建立偽滿洲國。以溥儀為終身執政。中國的稅關、郵局以及鹽務等機關，次第為所攘奪。並將直屬日皇的關東軍司令，受外務、拓殖兩省監督的關東長官及派遣偽國的大使，實際上任用一人，使其監督領事，並與偽滿簽訂所謂《議定書》，將前此和中國所訂的不平等條約，關涉東北的，勒令承認履行，並藉口共同防衛，允許日軍駐紮偽國境內。然而東北正式軍隊和民眾，奮起抗日的，所在都是。屢次攻破城邑，擊敗日、偽軍。日人勢力所及，實在只是鐵路沿線罷了。

是年春間，國聯所派調查團東來。於四月二十一日，開始調查。至六月四日而完畢。在北平製作報告，於九月四日完成。報告書的總括是：

日本的軍事行動，不能認為合法的自衛。

偽滿洲國，並非由真正自然的民意所產生。

主張召集顧問會議，設立特殊制度，以治理東北。中國表示不能完全接受。日人則痛詆調查團認識不足，堅持既成事實。到二十二年二月二十四日，國聯開非常大會，通過十九國委員會的報告書，決定不承認偽國，而依調查團《報告書》，覓取解決辦法，日人惱羞成怒，就竟於三月二十七日，退出國際聯盟了。

其時日本又一意孤行，宣言熱河當屬滿洲國，以長城為國境。二十二年一月三日，攻陷山海關。二月二十一日，日、偽軍入寇熱河，至三月一日，而承德陷落。我軍分退多倫及長城各口。日偽軍又跟蹤追擊，並進犯灤東。我軍在喜峰口等處，亦曾與敵以重創，然因軍備之懸殊，至五月間，卒將長城各口放棄，東路亦僅守灤西。至是月三十一日，乃成立《塘沽協定》。我軍退至延慶、昌平、通州、香河等地，日軍撤至長城。中間地方，定為非武裝區域，僅由警察維持治安。熱河既陷，則東北的義軍，更陷於勢孤援絕之境，然而矢志抵抗者仍不絕。

日人既志得意滿，乃於二十三年三月一日，擁溥儀僭號於長春。議定所謂滿洲經濟計劃，把東北的利源，要想一網打盡。吉會鐵路，既於二十二年八月完成。中東鐵路，又想用非法手段從俄國手裡奪取。此外添築鐵路、公路，繼續經營葫蘆港等，還正在計劃進行，在日人的意思，以為東北就是如此，算奪到手了。

第二十章　全面抗戰的前夕

日本自從民國二十年九月十八日發動瀋陽事變，唾手而得東北三省後，又於二十二年一月攻陷山海關，三月入寇熱河；熱河湯玉麟不戰而退，全境淪陷。日軍更進攻察東，占領沽源，脅迫中國當局與訂《塘沽協定》，由

關外而侵入關內。於是再進一步，喊出「華北是日本的生命線」的口號，企圖進掠華北五省，即冀、察、綏、晉、魯的全部主權。至其手段，則武力控制，經濟侵略，以及以華制華，製造傀儡組織，乘隙即入，了無顧慮。

民國二十四年五月，日本天津駐軍司令藉口中國援助東北義勇軍，派兵侵入冀東，同時增兵華北，向中國提出極無理的要求。中國當局因於抵抗未有準備，只得忍辱含垢，與訂《何梅協定》[018]，將中央及東北軍隊悉數南調，平津兩市及河北省黨部也自動撤銷，暫時緩和了緊張的局面：這即是所謂「河北事件」。

敵人利用「河北事件」控制了冀、察的政局之後，就策動華北五省自治，使脫離中央政權。其時山西的閻錫山和山東的韓復榘都不願與「自治運動」發生關係。敵人導演自治的結果，成立了冀東自治委員會：這是繼「滿洲國」而起的第二個偽組織，唯日本之命是聽。至於以宋哲元將軍為主席的冀察政務委員會，那是個由中央委派的地方行政機關；其中雖含有王克敏等親日的漢奸在內，但冀察政務委員會從未完全受日本控制，且宋哲元亦避免受日本指揮，而與中央政府日趨接近。此外，敵人更利用成立蒙古德王所謂「蒙古自治軍政府」；並於二十五年冬使蒙古偽軍勾結土匪與日軍進攻綏遠。綏遠傅作義將軍領導綏遠軍民奮起抗戰。在紅格爾圖大敗日、偽匪軍，並且收復了百靈廟。這使中國民眾久抑的情緒為之一振，知道抵抗強權，與打擊者以打擊，才是中國唯一的生路。

日本在華北經濟侵略的作風尤使人不寒而慄。《塘沽協定》之後，日本即阻止中國海關在長城南岸行使職權。日人的運輸公司公開輸入無稅日貨，傾銷華北各省。冀東偽組織成立後，走私情形益趨惡化。人造絲、香菸、棉織品以及其他大批物品，洪水似的沖入進來，日人稱之為「特殊貿易」。二十五年一年間，因冀東一地的走私，中國損失五千萬元：達關稅總收入六分之一之巨。走私而外，更隨之以「販毒」。嗎啡廠及製造海洛因之

---

[018]　簽字者，中國為何應欽將軍，日本為天津駐軍司令梅津，故稱《何梅協定》。

場所先後設立於張家口及平、津等處。日、韓浪人公開設立鴉片吸食館。此種毒化華北企圖，使華北人民消滅中國民族意識之惡辣手段，就是在整部帝國主義的侵略史上也是僅見的。

在此國脈民生存亡絕續的關頭，中國朝野上下的對策究竟怎樣呢？孟子說得好：「無敵國外患者國恆亡。」在民國十六年定都南京之時，中國內部紛亂，完全屬於中央統治下的不過東南五省。到了二十六年，所有省分均在中央管轄之下。西安事變[019]之後，共產黨亦承認「國事至今日捨委員長外實無第二人可為全國領袖」。而多年來政府剿共之舉也隨之而停止。英記者尤脫來 (Utley) 所謂：「日本的侵略對於中國的統一與團結，直接間接，為助甚多。」確為事實。政府除於軍事政治的統一方面有巨大的進步外，經濟方面，實行幣制改革，使人民樂以銀元來換取不兌現的紙幣：實為統一幣制的一大成功。交通方面，如修築蘇嘉路與浙贛路，並竭力築成東南各省的公路網，對於此後的全國抗戰亦有密切的關係。實在政府已在作種種準備，對於對日作戰，確已下了決心。不過爾時民眾情緒激昂，政府的步驟不能與之一致，所以政府忍辱負重的行為亦不大為一般民眾所諒解罷了。

民眾方面救亡運動中最悲壯的要算北平學生的「一二·九」運動。二十四年十一月冀東偽組織的成立，激起北平學生久已蘊積著的義憤。他們於十二月九日及十六日冒著種種危險舉行兩次大示威。高喊著：「打倒日本帝國主義！」「停止內戰，一致對外！」嗣此，全國各大城市都有各種反日團體紛紛組織起來。要求蔣委員長動員全國人力、財力、智力、物力，發動神聖的民族解放戰爭。二十五年冬，綏遠抗戰開始後，全國各地的募捐團、勞軍團、戰地服務團、宣傳隊、看護隊都應有盡有地組織起來，進行工作。「槍口對外」、「全國一致」的救亡運動，已經發展到最高點。所以日本軍人

---

[019] 民國二十五年十二月十二日剿共副司令張學良受了抗日情緒的鼓動，態度轉變，停止了對於共軍的進攻：突以「兵諫」方式，劫持蔣委員長，事態十分嚴重，後經中央要人奔走疏解，張氏悔悟，於二十五日下午陪送委員長飛歸洛陽，隨同入京待罪。

有「究竟帝國打倒蔣介石乎？抑蔣介石及其一黨打倒帝國乎」的疑問[020]，而要趁早下手，挑動全面戰爭來打擊中國的統一，破壞中國的抗日力量了。

第二十一章　抗戰建國的經過（一）

中國對於日本的武力侵略如何應付，只有二條路可走：一條為絕不抵抗自甘淪亡的死路；一條為全國一致抗戰救亡圖存的生路。採取抗戰的生路是誰也知道的。可是中國是個積弱之國，海軍、空軍俱不足道。陸軍雖多，而機械化重軍器非常缺乏。軍隊大都未經新式訓練，對於現時代的立體戰爭，如何應付，如何反擊，殊無把握。所以唯一的辦法，就是持久戰，所謂長期抵抗。日本利於速戰速決；若曠日持久，則早先準備的力量，愈戰愈分，愈分愈弱，必致精疲力竭，一蹶不振。中國則利用在長時期中，集中力量，即屢戰屢敗，亦愈戰愈勇。直至日本泥足深陷，攻勢全挫之時，中國乃以逸待勞，亟起反攻，作最後的一擊，以迎光榮的勝利：這是中央久定的勝算。因此，於全面抗戰之前，一再宣言：「我們準備應戰而絕不求戰。應戰以後，就只有犧牲到底，無絲毫僥倖求免之理。」「我們只有拼民族的生命，以求國家的生存。那時節再不容我們中途妥協。中途妥協，便是整個投降，整個滅亡。……唯有犧牲到底的決心，才能博得最後的勝利[021]。」實在說來，這次全面抗戰，工作之艱，關係之大，確是五千年來，史無先例的。稍一徬徨，即可陷於萬劫不復之地。中國全國上下，萬死不回，堅持到底，實在是中華民族精神最偉大的表現。最後勝利的獲得，自屬事在必然，絕非幸致的。

外軍駐防華北，始於《辛丑協約》以後。規定地點為自京師至海道凡十三處，每國兵額不得越二千人。但日本駐屯軍在二十五年時已增至八千

---

[020]　日本天津駐屯軍司令官發給日軍的小冊中語。

[021]　二十六年七月十六日，蔣委員長廬山談話會中對於盧溝橋事變之報告。

人以上，地點也越出規定之十三處。二十六年七月七日，日豐臺駐軍深夜在盧溝橋附近演習[022]，揚言有日兵一名失蹤，強欲進入宛平城內搜尋，且迫令我城內守軍撤退。我方當場拒絕，日軍即以迫擊炮轟城，而戰事遂作。事後雙方雖進行外交折衝，而日本軍部已在國內下動員令，大批軍隊從關外調來，飛機也增至百餘架之多。二十六日日軍炸轟廊坊，要求宋哲元的軍隊退至河北省的南部。宋氏知和平無望，命令軍隊「抵抗任何侵略」。時敵軍包圍平津，兵員已達十萬人以上。我宋部二十九軍寡不敵眾，經一日夜之戰鬥後，退向保定。北平即於二十九日失陷。二十九日晨，天津日軍同時出動，與我方保安隊發生激戰。日機到處轟炸，南開大學即於是時被日機炸毀。三十日晨，天津陷落。華北日軍分三路進攻：一路由平漢路向中原；一路由津浦路南下；另一路由平綏路出南口進逼張家口。至此而盧溝橋星星之火，已成燎原之勢了。

敵人要囊括華北，必須牽制華中的兵力。同時，他企圖毀滅中國經濟心臟的上海，使中國的抵抗力為之消失。於是不斷地以軍艦運兵南來，發動「八一三」的淞滬戰爭。

八月九日，日駐滬海軍陸戰隊沖入虹橋中國飛機場，結果引起衝突，死中國保安隊員一名，日兵兩名一死一傷。日方即以此為由，一面與我方交涉，一面積極增兵。到了十二日，調集淞滬的日艦已有二十餘艘之多。楊樹浦、虹口一帶日兵紛紛登陸。中國當局乃亦臨時加緊調八十七、八十八兩師來滬布防。十三日晨，敵軍於天通庵附近向我軍進攻，我軍應戰，中國全面抗戰之幕就在上海閘北展開了。

滬戰最初的旬日中，我軍對於虹口、楊樹浦一帶敵軍加以嚴重打擊，曾一度衝至敵軍司令部匯山碼頭。空軍亦全部出動，轟炸其軍艦。日軍以

---

[022]　盧溝橋是盧溝河上長達六百六十尺的大橋。盧溝河即永定河。北方稱不純黑之色曰盧；以此處之河水作濁色，故稱盧溝。橋在北平西南二十六里。宛平城即在橋首。平漢鐵路則在橋北半里。平綏鐵路自西北南下，於北平西便門外與平漢路相交，直至豐臺而止，亦近在咫尺，此可見盧溝橋地位的重要。

街市戰失利，改變計劃，施用「一‧二八」之故技，援軍於吳淞口外登陸，把戰線從黃浦江延展至揚子江，以襲華軍的後路。華軍以江防線極長，不能遏止日軍的登陸。是以與登陸軍作數次的激戰後，九月中起，改守自瀏河起經羅店、劉行、廟行、江灣而及於北站之防線，全線長六七十公里。時華方雖援軍四集，以防線過長，力量終嫌單弱。十月二十日起，日軍集中重兵，突破廟行以西之防線，直撲大場。華軍與之血戰五日夜，大場失守，閘北華軍，亦不得不隨之西退。

　　華軍自大場閘北撤退後，改守自瀏河起經曹王廟、廣福、南翔、跨京滬路越蘇州河而至梵王渡之新防線。日軍於南翔、蘇州河等處屢次進攻，俱被擊退。十一月五日，日海軍突於杭州灣之金山衛登陸，北進抄襲滬西華軍的後路。華軍乃不得不放棄滬西陣地，與浦東南市之軍隊於十一日開始退向京滬路以西。大上海乃完全落於日軍之手。然此三個月之中，日軍增兵先後七次，傷亡之數達十餘萬人；代價之大，也是空前的。

　　上海失守後，敵軍連陷我京滬、滬杭及蘇嘉路上重要城市。不一月，集中全力，進攻南京。我政府為長期抗戰計，遷都重慶。十二月十三日南京陷落。軍民被屠殺者約三十萬人 [023]。此後敵軍渡江而北，由安徽而至蘇北，企圖與華北南下的敵軍，雙方夾擊，打通津浦路，貫通南北兩戰場。時我各路軍隊亦集中於蘇北魯南，因此，敵我兩方有徐州的大會戰。

　　津浦路北段，在二十六年秋冬間，與華北各線局勢同樣逆轉。南下的敵軍於九月底已陷滄州而向山東北部的德州進發。山東韓復榘受了敵方的離間，所部逡巡不進。十月四日，德州失陷。韓部又輕棄濟南、泰安、濟寧等重要據點。魯境軍事，幾有不可收拾之勢。

　　二十七年一月十五日，蔣委員長飛抵開封，召集軍事會議。將貽誤戎機之韓復榘明正典刑，並以津浦線劃為一個戰區，任李宗仁上將為司令長

---

[023] 敵軍陷我首都以後，焚燒、姦淫、屠殺，無所不至。據首都敵人罪行調查委員會調查結果：我軍民被敵集體射殺者十九萬餘人，此外零星屠殺屍體經收埋者十五萬餘具。是為南京大屠殺案。

官。於是士氣大振，魯南戰局，為之一變。

時津浦線南段的敵軍已向北推進。一月至三月間，敵我兩軍在魯南和淮河兩岸展開廣泛的爭奪戰。三月底，敵方主力磯谷、板垣師團被我軍吸引至徐州東北臺兒莊附近。四月五日，我軍孫連仲將軍所部及湯恩伯、關麟徵二將軍所率的軍隊聯絡進攻，三面夾擊。一日之間，殲敵三萬餘人。七日拂曉，殘敵潰不成軍。倉皇北竄。臺兒莊一役我軍遂獲極大勝利。敵軍敗退之後，不斷於津浦線南北兩段大量增兵，企圖包圍我徐州大軍。五月十日至十五日，更以飛機不斷地轟炸，幾乎把徐州炸為平地。我軍以死守無益，徒傷實力，乃將魯南兵隊整軍西移，徐州守軍亦於十九日退出。至此而徐州會戰遂告結束。

第二十二章　抗戰建國的經過（二）

民國二十七年三月二十九日，國民黨臨時全國代表大會在重慶開會。四月一日通過《抗戰建國綱領》。關於外交、軍事、政治、經濟、教育及民眾運動，總計三十二條。自此而「抗戰必勝，建國必成」之口號，全國一致。四月十二日，政府根據《抗建綱領》公布《國民參政會組織條例》。六月十六日，參政員人選決定，除各黨的代表外，凡救國人士、社會賢達均預其選。第一次參政會隨於七月六日在漢口舉行，通過擁護政府，擁護《抗戰建國綱領》，擬設省縣參議會、完成自治等案。由此中國民族一致抗戰的陣線完成，民主政治的基礎奠定。中國政治在嚴重的國難之中，走上了光明的大道。

南京陷落後，政府遷重慶。事實上，軍事與政治中心卻在武漢。日軍亦以武漢居南北水陸之中心，決意冒險進攻，以圖把中國南北兩方從中隔斷。因此於六月初起，即作進攻武漢之舉。軍隊分水、陸兩路。陸路分二

支：一由合肥六安而入河南省，於信陽轉南，遵平漢路南下；一由合肥取桐城，於長江北岸向西挺進。水路則以海軍溯江而上，由安慶襲馬當。陸戰隊到處登陸，或於九江沿南潯路南進，或由瑞昌西進，直撲武昌。動員人數：約空軍萬人，海軍十萬人，陸軍八十餘萬人。以江南天氣炎熱，特調久駐臺灣的軍隊為前驅。我軍節節抵抗，正面迎戰而外，不斷從側面襲擊[024]。日軍師久無功，屢屢使用毒氣。我軍於防毒用具，設備不周，致兵士多遭損傷。但此時期雙方死傷之數，已達一對一之比，以視淞滬戰爭中三對一，徐州會戰時二對一之比，已經改變得很有利了。

　　日方屢次揚言攻下武漢的日期，最初定在七月中旬，後來改為八月中旬、九月中旬，以至於雙十節。到了十月中，非但依舊無進展，且在南潯路上德安附近吃了一個大敗仗，死傷二萬餘人。又在平漢路上信陽方面遭遇我方胡宗南、孫連仲兩軍的夾擊，死傷達七萬人。日軍不得已，又改期至十一月三日的日皇誕辰，其實也是姑妄言之而已，而其時先後日方消耗的兵力已達三十萬人以上。日軍閥為掩飾敗績，併圖牽制我華中保衛大武漢的兵力計，乃決定以海軍向華南作冒險的進攻。

　　民國二十七年（即西元一九三八年）十月中，在中國是武漢外衛戰事最激烈的時期，未遑他顧；在歐洲是英、法犧牲捷克對德簽定慕尼黑（Munich）屈辱條約的時候，無暇注意到東方。日軍閥即乘此時機，於十一日起，由海空軍護送一個半師團四萬餘人，向華南的大亞灣進襲。登陸之後，因為華南軍事當局警覺不夠，防務空虛，十五日惠州即被攻占。惠州為廣州東面的屏障，惠州一失，廣州即受威脅。敵由東、北二路西犯，企圖包圍廣州。二十一日廣州全市大火，日軍開入城東，我軍遂棄城西退。距日軍在大亞灣登陸，先後不過十日，失地之速，開抗戰以來之先例。廣州失守後，通香港之路阻塞，我方對外一個重要的港口從此失去，這也是

---

[024]　此時期中每一個戰鬥上，日軍正面戰的死傷比較少，側面戰之死傷比較多。日軍都是前面打勝仗，後面吃敗仗，這表現出華軍的機動性空前地增加了。

於戰局方面極重大的損失。

　　廣州失陷之後，武漢在東、南、北三方面俱受威脅，形勢不利，戰事亦陡趨惡化。長江北岸之敵，迭又加增援軍，策應沿江西進之敵，與我軍到處混戰。沿江登陸之敵企圖進犯粵漢線之側面，與豫南南下之敵，對我主力作合圍的攻擊。二十四日，北岸敵軍進至黃陂，南岸敵軍亦陷我鄂城。我統帥部即完成武漢撤退的部署，將南北主力，於二十五日開始向西南轉移[025]。是日漢口失守，二十六日武昌陷落，漢陽亦於二十七日棄守。我軍的抗戰中心，也就西移入蜀，可是保留在日軍後方的游擊隊與正式部隊還有十師團上下。武漢雖失，武漢三鎮還是無一日不是搖擺不定的。

第二十三章　抗戰建國的經過（三）

　　武漢會戰以後，我最高統帥部召開南嶽軍事會議。斷定敵軍的戰鬥能力已發揮至最高點，今後在山岳地帶作戰，完全於我軍有利。蔣委員長更指示了爭取勝利的二十要點。其中（一）政治重於軍事，（二）民眾重於士兵，（三）精神重於物質，（四）訓練重於作戰，（五）情報重於想像，（六）行動重於理論等諸項最為切要。經過此次軍事會議中調整之後，不僅士氣振作，戰鬥力加強，長期抗戰必勝之信心也從將領到士兵都堅定起來了。

　　戰事進入二十八年以後，敵我兩軍有江西、南昌之戰及湖北、隨、棗之戰。敵軍被我膠著於固定地點，很少新的進展。到了九月中旬，敵軍企圖進犯長沙[026]，以遂其打通粵漢路的夢想。於是南昌之敵向贛江西移，鄂南之敵向湘北移動，長江敵艦向岳陽集中：企圖三路會攻長沙。十九

---

[025]　自六月十二日敵軍在安慶登陸至十月二十五日我軍撤離武漢，先後四個半月，大小戰鬥數百次，為抗戰以來戰線最長、戰鬥最久的戰役。

[026]　武漢淪陷後，敵軍於十一月十二日攻陷岳陽，有向長沙推進之勢。因情報不正確，前後方聯絡不切實，湘省當局為實行堅壁清野計，於十二日晚間將長沙付之一炬，數十處同時焚燒，到了十四日才熄。全城精華，化為灰燼。

日，敵人在海空軍協助下，向我新牆河陣地猛攻。我軍由正面撤退，置重
兵於兩側。九月底，敵軍迫近長沙，我軍乃猛力反攻，激戰達二十晝夜。
敵死傷達四萬人以上，狼狽潰退。這是第一次的長沙大捷。三十年七八月
間，敵以十萬之眾復向湘北進犯，九月下旬，竄入長沙近郊。二十八日，
我各路大軍達到預定地點，將敵包圍，同時在鄂東外圍發動攻勢，從旁策
應。敵彈盡糧絕，慘敗而退。是為第二次長沙大捷。三十年十二月八日
敵人發動太平洋戰爭後，華南戰場的重要性更為顯著。敵軍於島嶼攻防戰
順利完成之後，作進攻我西南大後方的計劃。湘北、鄂南之敵集中嶽陽。
於三十一年一月初向長沙猛撲。我軍沉著應戰，乘隙反攻。敵軍被我包圍
攔擊，死傷奇重；雖二度增援，亦被我軍各個擊破，不能與主力會合。至
十五日，殘敵肅清，敵軍死傷達五萬七千人。是為我方第三次長沙大捷，
而亦為太平洋戰爭爆發後，敵軍第一次遭遇的大敗仗。

　　敵人除以武力對我作軍事侵略外，另有政治侵略與經濟侵略二種陰謀
的口號，為「以華制華」、「以戰養戰」。二十六年，平、津淪陷之後，敵人
即指使王逆克敏組織華北偽政府於北平，其管轄區為冀、察、綏、豫、魯
五省。二十七年三月底，又令梁逆鴻志等在南京組織「維新政府」統轄蘇、
浙、皖三省的淪陷區。此外，又在內蒙組織「蒙古自治政府」。有了這些工
具，乃進行所謂「治安運動」、「清鄉運動」，以此消滅我遍布敵後的地方政
權和游擊軍隊。經濟方面，更以收買、征發、掠奪等手段，收括我華北的
礦產與食糧和華中的食糧與特產品。偽組織均秉承日方意旨，設立銀行，
發行紙幣。於是華北有所謂「聯合準備銀行」的「聯準券」，華中有「華興銀
行」的「華興券」及後來「儲備銀行」的「中儲券」，內蒙有「蒙疆銀行」的
偽蒙銀券。敵軍所到之處亦盡量發行軍用手票。券票每無號碼，發行額毫
無限制。或以換我法幣，或以強購物資，以致淪陷區域經濟枯竭，民生塗
炭。不甘受敵偽的荼毒而能歷險長征的，紛紛遷往西南。僅江南各省人民
移往大後方的在一千六百萬人以上，實為近代史上最大規模的移民。

　　敵人原是夢想不戰而屈服中國的。開戰之後，還是希望速戰速決。及中國長期抵抗，敵人無計可施；「以華制華」、「以戰養戰」原為不得已的辦法。迨一遇機會，便想以誘降的陰謀來結束中國的戰事。武、漢淪陷之後，極少數意志薄弱的要人曾一度動搖。十一月三日敵近衛內閣發表第二次《對華聲明》。略謂：「至於國民政府倘能拋棄從來錯誤政策，另由其他人員從事更生之建樹，秩序之維持，則帝國亦不事拒絕。」其意在希望中國內部分化，由「其他人員」出面投降，以遂其勝利結束的迷夢。邇時向無抗戰信心而又為親日小組領袖的汪精衛竟趁此機會決意背叛黨國，公開斥責「焦土抗戰」政策，潛行由昆明飛往河內，與敵人作祕密的勾結。二十八年元旦，中央開除汪逆的黨籍，免去他的本兼各職。汪逆便留在河內，至五月初由敵方護送到了上海，與其徒黨等奔走南北，籌備組織「偽府」。自謂組「府」之後，將有二十師軍隊及過半數國民黨黨員來歸附他，敵人自然樂於利用。其實到二十九年三月三十日偽中央政府成立時，勢力所及，僅限蘇、浙、皖三省淪陷區的狹小範圍，依然是以前「維新政府」的舊地盤。非但不能支配華北偽政府，且不足以與「偽滿」、「偽蒙」相抗行。縱使盡量迎合敵意，與敵訂立所謂「中日關係基本條約」，發表所謂「日滿華共同宣言」，也絲毫不足以影響抗戰到底的局面。徒使中國國民愈益明白他通敵賣國的無恥行為，反使中國政府肅清了混在後方的背叛分子；反使大後方抗戰者的信心愈益堅固。偽府作用徒使淪陷區的人民茹苦益深而已。

　　自一九三九年（民國二十八年）九月初德國進攻波蘭，英法對德宣戰，第二次世界大戰在歐洲戰場上開始之後，侵略國家與反侵略陣線間的界線便劃然分明。德意勸我投降的試探久已成為過去[027]，而英、美助我抗戰的行動則漸見積極了[028]。尤其是美國，對於日本的侵略行為屢次提出抗議，

---

[027]　南京淪陷之後，敵方授意德國駐華大使向我當局提出議和條件。其中有中日訂立經濟協定，反共公約及內蒙獨立日軍永遠駐防中國等項，極端苛刻。當時我政府中汪精衛等走德意路線的人們想從這些條件來還價，終遭蔣委員長斬釘截鐵的拒絕而罷。

[028]　英國是個實利的國家，對於日本，英相張伯倫（Neville Chamberlain）亦持犧牲弱小與強權妥洽的

一十八年七月美國廢止日美商約。二十九年七月禁運石油廢鐵出口。三十年三月通過租借法案，開始以物資供給反侵略各國。七月底凍結日本的在美資金。日·美關係，日見惡化。日本蓄心要獨吞中國，打倒英、美在東亞的勢力。知道美國無論如何不肯讓步，乃姑與美國作無誠意的外交談判以拖長時間；一面則趁其同盟國德、意軸心在歐洲揚威耀武聲勢極盛之時，亦想在東亞方面，因美國之未及準備，突然與以打擊，以遂其先發制人獨霸太平洋的夙願。因此到了一九四一年十二月八日，實施其預成的策略，大舉偷襲珍珠港，使美國的海軍一時癱瘓[029]，而以它優勢的海軍席捲南洋，取威定霸；以為形勢既成，將來英、美也終難與爭衡了。

太平洋戰爭開始之後一日（三十年十二月九日），中國同時向德、意、日三國宣戰，與英、美、蘇站在同一戰線上，因為德、蘇戰爭已於是年六月中開始，蘇聯早已加入反侵略的聯合陣線了。日本在太平洋戰事發生之前，早已勾結泰國（暹羅），進兵越南，封鎖香港，包抄緬甸。開戰之後，香港、新加坡迅被攻陷。為徹底打擊英軍，並遮斷中國際路線起見，敵又以重兵進攻緬甸。三十一年二月，我軍為應英軍之請，即以在滇軍隊進入緬境，協助英軍作戰。三月七日敵軍攻占仰光後，乘勝北上與我軍對峙於西湯河、東瓜一帶。二十五日起，敵我展開激戰，持續達四晝夜。四月初，敵軍循鐵道向西北挺進。仁安羌（Yenanyaung）英軍被圍。我軍星夜馳援，自十七日起與敵激戰二晝夜，解除英軍之圍。先後救出被俘英軍、美傳教士及新聞記者五百餘人。英軍七千餘人都獲安全撤退。四月下旬，敵軍從泰國由緬東抄襲臘戍，滇緬路被敵切斷。英軍於五月中退入印度。我遠征軍除在緬北建立據點外，也有一大部分入印。

「綏靖主義」。邱吉爾（W.Churchill）上臺之後，也曾順從日本的要求，封鎖中國的國際交通線滇緬路。直至二十九年十月中，日軍侵入越南，威脅英、美在東亞的勢力，英內閣才決定改變對華態度，重開滇緬路。

[029] 據美海軍部公報：「八艘主力艦、十艘小型艦、一個浮動船塢以及二五十架海陸空軍飛機全被日機所炸毀或炸傷。僅僅一小時之內，美國艦隊所受的損失大過第一次世界大戰時美國海軍全部的損失。」

第二十四章　抗戰建國的經過（四）

在抗日戰爭中，我方在軍事上最吃虧的就是空軍太差。自淞滬戰爭至武漢戰爭中間，我方曾屢次出動空軍，當然損失很大，後來幾乎無以為繼。雖曾從蘇聯方面得到若干幫助，可是為數無多，以較敵軍在中國戰場上保持八百架的紀錄，相差甚遠。陪都重慶，自二十八年日軍利用漢口機場之後，即不斷遭受日空軍的轟炸。三十年八月之後，中國空軍得到一大助力，即美國飛虎志願隊成立（八月一日），由陳納德上校（C.L.Chennault）為指揮，有飛機一二五架，在中國戰場上助戰。太平洋戰爭開始後，美國接管飛虎隊，改為美國駐華空軍；一九四三年後，又加以擴充，改稱第十四航空隊。中國則動員大批農民在西南各地建築機場，以供中美空軍之用。成都的飛機場最大，為動員五十萬人所築成。美海軍未曾在太平洋上奪得關島塞班島（Saipan I.）時（一九四四年七月），轟炸日本本土的空中堡壘便是從華西成都方面飛去的。

到了抗戰後期，我方物資極感缺乏[030]。國際交通線，西北只有通蘇聯的一條路。德蘇開戰之後，蘇方自顧不暇，無力相助。西南僅有通香港及滇越、桂越、滇緬三線。太平洋戰爭開始後，越南被脅附日，香港淪陷極早，只剩一條時開時閉的滇緬路，每月約有一萬五千噸的物資由美軍助我運入，實在不夠耗費的。一九四二年中印緬戰場美軍司令史迪威將軍（Gen.Stilwell）來華，向中國建議開築一條中印公路[031]；自印度孟加拉的雷多（Ledo）開始，由緬北[032]，連接滇緬路而入滇西，全線長達一○四四英里。中美雙方合力，自一九四二年十一月初著手興工，至一九四五年一月底告成。嗣後每月物資運入

[030] 中印公路未開通時，第二次參政會中，據當局的報告，大後方全數汽車僅有五千輛，只及上海車輛三分之一。
[031] 為紀念史氏之功，命名為史迪威公路。
[032] 印境雷多以東，中印公路所經過的野人山（Kachin Hills）、戶拱（Hukong）、河谷等地，為中國孟養土宣慰司舊境，不屬於緬甸，現為滇緬間未定界之邊境。

增至四萬五千噸。公路而外，又鋪設中印油管 [033]，口徑四吋，綿延千里：從此大量的飛機用油，不必靠飛機本身運過喜馬拉雅山了。這兩種工程都是非常偉大，在中國史上只有長城的工程可以相比，該得在抗戰史上大書一筆的。

　　太平洋戰爭開始以後，敵人怕閩、浙沿海之地被英美空軍利用為進攻太平洋日本各島的根據地，所以竭力「掃蕩」。又一九四二年四月中，美國杜立特少將 (J.H.Doolittle) 第一次率領重轟炸機自航空母艦起飛轟炸東京名古屋日方的造船廠、飛機廠、鋼鐵廠、煉油廠，任務完成後，西飛抵我浙東衢州機場降落，敵方深感威脅，乃自四月下旬調集重兵發動浙贛之戰。六月初，浙贛全線盡陷敵手。敵人為進一步打倒中國政府不使與英美合作計，於是年冬間又發動大別山戰鬥，明年（民國三十二年）二月間有沙市東南的戰鬥，四月間有荊江兩岸的戰鬥，十月間有常德的會戰：雙方損失均巨。到了三十三年，盟軍在太平洋上的攻勢已很得手。敵軍海運困難，想在中國境內開闢一陸上路線，藉以運輸華方刮得的物資，供應與越、泰、緬甸、馬來境內的日軍。因此對中國戰場的攻勢特別加強，企圖將平漢、粵漢兩線完全打通。此外更擬打通湘桂路，向中國西南大後方進攻。四月中起，敵軍在豫西開始攻勢，先陷許昌，繼陷洛陽，進犯南陽。五月底，又以強大兵力四次進犯湘北，竟然攻陷長沙，再進而包圍衡陽。衡陽失陷前，中國守軍苦戰至四十七日之久，實開守城戰之紀錄。三十三年十一月底，敵軍忽由湘桂路竄至黔邊的獨山，非但貴陽驚恐，即陪都亦為之震動。時由河南南調的湯恩伯所率軍隊，已步行入黔，中國軍事當局急用美國空軍將其有力部隊空運至貴州，並調緬北的新六軍增援，始於十二月中旬將敵軍全部驅出黔邊，穩定了整個後方的局勢。

　　中國在緬北作戰的遠征軍退入印度之後，在藍伽 (Ramgarh) 經過了六個月的訓練，先後編為新一軍與新六軍。三十二年春，從雷多出發，一面

---

[033]　緬甸未淪陷時，滇緬路上往來的車輛，大都是運油的。但卡車從仰光至昆明，跑來跑去，就消耗了運量的一半，極不經濟。滇緬路中斷後，美國飛機飛過喜馬拉雅山，從「空中滇緬路」運油至中國，消耗量更大，更不經濟。所以設油管把油送入中國，與築中印公路把物資運入中國，同樣重要，惜乎油管接通未久，戰事便即結束，千辛萬苦設成的油管，未曾十分利用，也就廢棄不問了。

掃蕩緬北的日軍，一面作中印公路的開路先鋒。在孟拱（Magaung）河谷作戰後，新六軍被調返國，新一軍繼續南下殲滅了密支那（Myitkyina）、八莫（Bhamo）、臘戌（Lashio）等處頑抗的敵軍，於三十四年一月在滇緬路與中印公路的交點芒友（Mong Yu）與強渡怒江攻入緬境的滇西遠征軍舉行會師典禮。迨新一軍於四月初返國時，緬北的敵人已完全肅清了。

民國三十四年春，歐洲戰場上德國即將屈服，美軍在太平洋上節節勝利，日本因本土屢被轟炸，大勢已去，而中國則自中印公路通車後，物資充牣，積極準備大反攻。福州、桂林、柳州、南寧等重要城市，於春夏間，相繼克復。德國投降（五月九日）後，中國於七月二十五日與英、美兩國聯合通牒，迫令日本無條件投降。八月八日蘇聯對日宣戰。六日及九日美軍以新發明之原子炸彈轟炸廣島與長崎。敵人自知絕望，於八月十日向中、美、英、蘇四國無條件投降。九月二日，向盟國簽訂正式降書。中國戰區的日軍則於九月九日在南京正式向中國簽訂降書。從此橫行東亞壓迫中國的日本帝國主義者完全沒落，而中國八年來的堅苦抗戰也便勝利結束了。

第二十五章　戰時外交與國際合作

七七事變以後，中國即向國聯提出申訴 [034]，國聯譴責日本空軍轟炸中國不設防城市，並促各盟國個別援助中國，又因遠東問題與美國關係極切，議決召集《九國公約》會議。二十六年十一月《九國公約》簽字國在比京開會，主旨在從事調解，以恢復遠東和平。但日本拒絕參加，且拒絕調解。會議遂無結果，僅通過宣言，譴責日本而罷。歐洲戰事未爆發時，各國都以自身利害關係決定其外交方針。英國雖說同情中國，軍火方面卻不大賣給中國，而繼續以軍需品供日本。德國官方聲明支持日本，可是繼續以軍火出售給中國。及至歐戰

---

[034]　日本雖已退出國聯，但中國為國聯會員國，當然有向國聯通知的義務，並有要求制裁的權利，並不是信賴國聯，希望調解，忘卻抵抗之意。

爆發，侵略國與反侵略國家的陣線劃然分明。德、意承認「偽滿」，站在日本方面。英國亦明白中國抗戰實在亦於同時為全世界爭和平，為全人類爭正義，不僅為中國自身而已，因即隨美國的後塵，於經濟方面援助中國。

最先幫助中國的是蘇聯。淞滬戰事開始的第二星期（八月二十一日），《中蘇互不侵犯條約》即在南京簽訂。蘇聯的飛機，重炮和軍事顧問團也跟著到中國來了。這些幫助在抗戰初期是有決定性的作用的。

太平洋戰爭發動後，中、美、英、蘇等二十六個反侵略國家於一九四二年元旦在華府發表共同宣言，聲明對德、日、意三國作戰，各國成立軍事與經濟的合作，絕不單獨媾和。隨又成立太平洋作戰會，中國蔣委員長任中國戰區（包括泰、越）陸空軍總司令。接著美國派遣軍事代表團到重慶，協助中國軍事的改進，軍需品開始輸入中國。二月中，美國貸款中國五萬萬美金，英國亦採取同樣行動，貸予中國英金五千萬鎊。

至於盟國間所表現超於物質方面的合作，則以一九四二年十月間英美自動放棄在華治外法權，實為重要之一端。當日本席捲南洋，英美束手無策之時，中國擔當了砥柱東亞獨支危局的責任，自值盟邦的敬視，而甘願取消其不平等的待遇。爾時英、美及加拿大政府通知中國，準備立時與中國談判，締結放棄在華治外法權及有關問題的新條約。一九四三年一月，中美新約在華府簽訂，中英新約則在重慶簽字。從此滿清末造《辛丑和約》中所賦予各國的特權：包括在中國的駐兵權，關於通商口岸，北平使館界，上海、廈門公共租界等一切特權，內河航行及沿海貿易的特權以及各該國兵艦在中國領水內所有的特權，一律取消。這可說是中國外交上近來莫大的收穫。中國與蘇聯間的《中蘇友好同盟條約》成立於三十四年八月中。原為對日作戰而設。但條約成立，戰事即告結束，所以於我方殊無利益。

一九四三年十一月二十二日開始，中國蔣主席[035]與美總統羅斯福，英

---

[035] 民國三十二年八月一日，國民政府主席林森逝世，蔣委員長代理主席。是年國慶日，蔣委員長就國民政府主席職。

首相邱吉爾在埃及首城開羅（Cairo）舉行三巨頭會議，討論反攻日本聯合作戰的計劃。會議結束後，共同發表宣言，聲明：「三大盟國此次進行戰爭之目的，在於制止及懲罰日本之侵略。三國絕不為自身圖利，亦無拓展領土之意。三國之宗旨，在剝奪日本自一九一四年第一次世界大戰開始以後在太平洋所奪得或占領之一切島嶼。在使日本所竊取於中國之領土，例如滿洲、臺灣、澎湖列島等歸還中華民國。我三大盟國軫念朝鮮人民所受之奴隸待遇，決定在相當期間使朝鮮人民獨立。」

開羅會議之前，中、美、英、蘇四國代表曾在莫斯科會議，發表四國關於普遍安全之宣言。共同承認有於最早日期成立一普遍國際組織之必要，以維持國際和平與安全：此為國際和平機構聯合國的濫觴。開羅會議之後，英、美、蘇三巨頭旋開德黑蘭會議（Teheran Conference），討論對德作戰諸問題。宣言中亦確定要建立一個和平機構，排除戰爭的災難和恐怖。一九四四年八九月間，中、美、英、蘇代表又舉行頓巴敦橡林會議（Dumbarton Oak Conference），會後共同公布「世界和平機構建議案」，規定未來的國際機構稱為「聯合國」。一九四五年四月，以中、美、英、蘇四大國為邀請國，邀請世界愛好和平國家在舊金山舉行聯合國大會，通過《聯合國憲章》。先後參加者共五十一國。聯合國人口合計占全世界人口百分之八十以上。其主要的機構為安全理事會及經濟暨社會理事會。前者的責職在防止戰爭，維持國際和平；後者的責職在從事和平工作，促進人類的福利。安全理事會由十一個會員國所組成，中國與英、美、法、蘇為常任理事國，有否決權[036]。經濟暨社會理事會為十八個會員國所組成，我與英、美、法、蘇均為理事國之一。經

---

[036] 安全理事會中凡重要議案必須全體通過，始能成立。若享有否決權（Veto power）的任一會員國如投否決票，該議案即便打消。從前的國聯中每一會員國，都有否決權，以致往往因私利關係，濫投否決票，結果使國聯寸步難行。國聯之失敗，此亦其原因之一。聯合國中，只有中、美、英、法、蘇五個大國享有否決權，此外小國均無此項特權。自然關於小國的事情，此後只要多數處決，比較容易解決。關於五大國的，則仍不易有所行動。那是現今事實上無可勉強之事。但我們有了這個比已往國際組織都有進步的機構，使世界各國今後如有爭端，都有討論之機會，輿論之監督，強凌弱眾暴寡之事，不能任意進行，不受制裁：這不是於和平前途已有莫大的效果嗎？「天下太平」自當由漸而進，愈進愈近。方向不變，努力不息，終有達到目的的一天。一蹴即至，原是事理所不能的。

濟暨社會理事會這個機構為已往國際組織中所無。目的既在謀社會文化一般的進步，實際是在創造和平，不只是偏重政治，維持目前的和平而已。聯合國的機構較之現已壽終的國際聯盟[037]，大有進步。各會員國如能痛絕戰禍，誠心合作，則天下一家，大同之世確可實現在這個世界上的。

第二十六章　國民政府的政治

政治制度，是沒有絕對的好壞的，要視乎其運用之如何。民國肇建，本是仿效歐、美成例，行三權分立之制。以國會司立法，並監督政府；以大理院以下的法院掌司法：以國務院掌行政的。因國民未能行使政權，遂至為野心家所利用。紀綱不立，政爭時起。國事紊亂，外患迭乘，中山先生鑑於革命之尚未成功，乃有以國民造黨，以黨建國，以黨治國，然後還付之於國民之議。

中山先生的革命方略，是分軍政、訓政、憲政三時期的。軍政時期，由黨取得政權。訓政時期，代國民行使。經過此時期後，將政權還付國民，則入於憲政時期。在訓政時期中，代人民行使政權的是國民黨；行使治權的，則是國民政府。政綱和政策，發動於國民黨，由國民政府執行之。二者之間，則以政治會議為連鎖。

國民黨的組織，以全國代表大會為最高機關。在閉會期間，則其權力屬於中央執行委員會，而以中央監察委員會監察之[038]。次於全國的，為省和特別市、未改省而與省相等的區域及海北總支部。再次則縣及重要市鎮和國外支部。更次則區與區分部及國外分部。都以其代表或全體大會為最高機關。平時則權力屬於執行委員會，而以監察委員監察之。亦與中央

---

[037] 國聯自戰事開始後，以無制裁實力，停止活動。聯合國成立之後，國聯僅存的保管機關逐步將檔案財產移交聯合國接收。國聯這個機構也就無形中消滅了。

[038] 中央執行委員會，每半年至少應開大會一次。平時則互選常務委員若干人，以執行職務。

黨部同。黨部不直接干與政治，然對於同級政府的施政方針或政治有疑義時，得請其改正、解釋或呈請上級執行委員會，轉請其上級政府辦理。所以黨的監督權，是兼及於行政的。

國民政府初成立時，設委員若干人，推一人為主席，若干人為常務委員。其下分設各部。十七年十月，公布《組織法》。行政、立法、司法、考試、監察五院次第成立。各部均屬行政院[039]。司法則改前此的四級三審製為三級[040]。二十一年五月，國民會議開會，制定訓政時期的約法。其後又經中央執行委員修正[041]。於是國民政府的組織，亦隨而變更。設主席一人，委員二十四至三十六人。各院皆設院長及副院長，均由中央執行委員會選任。主席不負實際政治責任。五權由各院分別行使。唯遇院與院間不能解決的事務，則由主席團解決之。主席並對外代表中華民國。此外直屬於國民政府的，還有軍事委員會、訓練總監部、參謀本部、軍事參議院、全國經濟委員會、建設委員會等。

地方制度，民國以來，還是沿襲前代的省制的。但廢去府直隸州廳，而成為初級制。民國初元，各省的軍民長官，稱為都督和民政長。三年，改稱將軍、巡按使。六年，又改稱督軍、省長。統轄幾省軍事的，又有巡閱使、經略使等名目。裁兵議起，則督軍改稱督理或督辦軍務善後事宜。省與縣之間，又曾設立道尹。國民政府所頒布的《省政府組織法》，亦取委員制。以一人為主席，其下分設民政、財政、教育、建設、實業各廳，廳長即就委員中任命。首都及人口百萬以上或政治經濟有特殊情形的為特別市，與省同屬行政院[042]。其人口在三十萬以上或在二十萬以上，而營業、

---

[039]　現設內政、外交、軍政、海軍、財政、實業、教育、交通、鐵道、司法行政十部；蒙藏、僑務、禁煙、勞工四委員會。

[040]　四級，謂初級、地方、高等審判廳及大理院。三審，謂同一案件，只能經過三級法院審判。如初審在第一級，則上訴終於第三級。現制則分地方法院、高等法院、最高法院三級，較為名實相符。

[041]　第三屆第五次、第四屆第一次全體大會。

[042]　但是省政府所在地者，仍屬於省。

土地等稅占全收入之半數以上的,則為普通市,不屬縣而直隸於省。市設市長,縣設縣長,其下都分設各局,以理庶政。未能設縣的地方,則立設治局,置局長。其交通便利或向來自治較有成績之地,則設縣政建設實驗區。其區域或一縣或合數縣不定。得設立區公署。不設道尹,唯近年蘇、皖、贛、鄂等省,設立行政督察專員。

縣在建國大綱中,本定為自治單位,其下分為若干區。區之下為鄉鎮。鎮之下為閭,閭之下為鄰。鄰五家。閭五鄰。鄉指村莊,鎮指街市,大約在百戶以上[043],而不得超過千戶。全縣分十區至五十區。區及鄉鎮,各設公所。區長、鄉長、鎮長,本應由人民選舉,但在未實行前,區長得由民政廳就考試合格人員中委任,鄉、鎮長由人民加倍選出,由縣長擇任。閭、鄰長則都由民選。市以二十閭為坊,十坊為區,亦有區長、坊長,閭、鄰長及區坊公所。區、坊、鄉、鎮,亦各有監察委員。到一縣的區長都由民選時,即得成立縣參議會。

以上所說,都是訓政時期的辦法。國民政府的政治,是以人民自治為目的的。所以到一縣自治完成之後,其人民即得行使選舉、罷免、創製、複決四權,縣長由人民選舉,並得選出國民代表一人,組織代表會,參與中央政事。一省的縣都完成自治時,即為憲政開始。省長亦由人民選舉。全國有過半數省分,達到憲政開始時期,則開國民大會,決定憲法頒布。憲法頒布之後,中央統治權歸國民大會行使 —— 即國民大會,對中央政府官吏,有選舉、罷免之權,對中央法律,有創製複決之權 —— 是為憲政告成。全國國民,即依憲法行大選舉。國民政府,於選舉完畢後三個月解職,授權於民選的政府,是為建國的大功告成。

以上所說,為國民政府施政的綱領。至於目前的政務,則最要的,自然要推軍財兩端。民國的軍制,本以師為單位,合若干師,則稱軍。國民政府北伐時,曾合所有的軍隊,編為四集團軍。十八年的編遣會議,全國定設

---

[043]　不滿百戶的,可以互相聯合。

六十五師。但其後編遣迄未能就緒。兵制之壞，由於招募烏合。所以軍人程度不一，而散遣之後，亦往往無家可歸。二十年六月，國民政府頒布《兵役法》。常備兵役，分為現役、續役、正役三種。民年二十至二十五，得為現役兵，期限三年，退為正役兵六年。再退則為續役，至年四十歲止。其年自十八至四十五，不服常備兵役的，則服國民兵役。平時受規定的軍事教育。戰時由國民政府以命令徵集。海軍，當民國初年，曾按江防、海防，分為第一、第二隊艦。護法戰起分裂。十八年編遣會議，議決海軍重行編制，乃復歸於統一。空軍起於民國以來，北京政府即設立航空署。國民政府，亦經設立，直隸於軍政部。中國陸軍，苦於兵多而不能戰；海、空軍則為力甚微，殊不足以御外侮，這是國民不可不亟思努力的。

　　財政本苦竭蹶，而自帝制運動以後，中央威權失墜，各省多不解款，遂致專恃借債，以資彌補。歐戰以前，所舉最大的債，為善後大借款，已見第五章。歐戰期間，各國無暇顧及東方，則專借日債。自九年以後，並日債亦不能借，則專借內債。國民政府，將中央和地方的稅款劃清。中央重要的收入，為關稅、鹽稅、統稅[044]、菸酒稅、印花稅、礦稅等。田賦劃歸地方，和契稅、營業稅等，同為地方重要收入。病商的釐金，已於二十年裁撤。二十三年，又開財政會議。限制田賦的附捐，並通令各省，裁撤苛捐雜稅。豫算亦在屬行。但在目前，收支還未能適合。時時靠內債以資補苴，其為數亦頗巨。

第二十七章　現代的經濟和社會

　　講起現代的經濟和社會來，是真使我們驚心動魄的。帝國主義者的剝削我們，固然不自今日為始，然而在現代，的確達到更嚴重的時期了。這個，只要看民國以來，貿易上入超數字的激增，便可知道。假如以民國元

---

[044]　卷煙、麥粉、棉紗、火柴、水泥、熏煙、啤酒、洋酒各項，即貨物稅的改變。

年的一萬零三百萬為百分，民國三年，便超過了一倍。四年至八年，正值歐洲大戰凋敝之時，美國、日本等，都因此而大獲其利，中國卻仍未能挽回入超的頹勢。九年以後，其數即又激增。此後十年之間，常在兩萬萬兩左右 [045]。十九年增至四萬萬。二十年超過五萬萬。二十二年，又超過七萬萬。甚至合一切項目，還不能保持國際收支的平衡，而要輸出現銀了。

新式工業，當歐戰時期，頗有勃興之象，但因基本工業不興，又資本、人才，兩俱缺乏，所以所振興的，都不過是輕工業。歐戰以後，不但外貨的輸入，回復到戰前的景象，抑且因世界不景氣之故，而群謀對我傾銷，中國新興的工業，遂大受其壓迫。而且所輸入的，都是日用必需之品 [046]。中國的天產，向稱獨占市場的，如絲茶等，則無一不受排擠而失敗。大豆近來稱為出產的大宗，然而從東北淪陷後，偌大的產地又喪失了，而且失掉了很廣大的國內市場。長此以往，中國的工商業，將何以支持呢？

中國是號稱以農立國的。全國之民，業農的總當在百分之八十左右。據近歲的調查，自耕農不過百分之五十二。其餘半佃農占百分之二十二，佃農占百分之二十六。即自耕農的土地面積，也是很小的 [047]。農民的生活，本來已很困苦了。加以二十年來，內戰不息，兵燹時聞，租稅加重。微薄的資本不免喪失，或者壅塞不能流通，又或因求安全之故而集中於都市；農村的資本，益形枯窘。谷價低落，副業喪失，而日用之品，反不免出高價以求之於外，就呈現普遍破產的現象了。

天災，人禍，帝國主義者的剝削，農村之民，日益不能安居，紛紛流入都市。都市中的勞動者，日漸增加，勞資問題，遂隨之而日趨嚴重。

雖然如此，總還有一部分人，度其奢侈的生活的。尤其大都市的生活程度和窮鄉僻壤，相去天淵。遂貽以舊式生產，營新式消費之譏。

---

[045] 僅十六年不滿一萬萬。

[046] 如米、麥、麵粉、砂糖、海產、卷煙、藥品、棉紗、人造絲及其織品、五金、機械、木材、紙張等。

[047] 十九年《統計月報》第二卷第六期。

經濟是社會組織的下層。其餘一切機構，都是建築在這基礎上面的。經濟組織而生變化，其他一切，自亦必隨之而生變化。況且喜新驚奇，是人們同具的心理。又且處於困苦之中，總想要奮鬥以求出路。所以近數十年來，文化變動的劇烈，亦是前此所未有。自由平等之說興，而舊日等位上下之說，不復足以維繫人心。交通便利了，人們離鄉背井的多了，而舊日居田園長子孫之念漸變；甚且家族主義，因之動搖，而父子、夫婦間的倫理，都要發生問題。新興的事業多了，成功之機會亦多，而舊日樂天安命的觀念漸變。物質的發達甚了，則享樂的慾望亦增，舊日受人稱賞的安貧樂道，或且為人所鄙夷。凡此種種，固然是勢所必至。亦且人們能隨環境為轉移，不為舊習慣所囿，原是件好事。然而舊時共信的標準，既已推翻；現代必須的條件，卻又未能成立；就不免有青黃不接之感了。混亂、矛盾，這就是我們現在的社會現象。

我們的出路在哪裡呢？

好了，救星來了。救星為誰，便是孫中山先生所提倡的民生主義。現代的經濟，維持現狀，總是不行的了，總是要革命的。革命走哪一條路呢？共產、集產，路是多著呢，卻都不是沒有流弊的。尤其是中國，情形和歐、美不同，斷不能盲從他人，削足適履。所以中山先生，提倡這大中至正的民生主義，以平均地權、節制資本為宗旨，而節制資本之中，又包含節制私人資本、發展國家資本兩義。

要發展國家資本，總免不了利用外資的。所以中山先生，很早就訂定《實業計畫》。想利用列國的資本和技術，來開發中國。這不但有益於中國，亦且有益於世界。苦於二十年來，列強則忙於爭城奪地，競事擴張軍備。中國亦內戰不息，借入的外資，大部用諸不生產之地。到後來，就連借外債而談不到了，而中國的經濟建設，亦就更無端緒。直到民國二十年，國民政府才設立了一個全國經濟委員會。國府要人，都被任為委員。所以其所計劃，容易見諸實行。設立之初，即致電國際聯盟行政院，請其

為技術上的合作。國聯亦很為贊成，即派聯絡代表來華，並供給了許多技術人員。從全國經濟委員會設立以來，努力於經濟的建設。對於復興農村、整治水利、改進交通三端，尤其注意。現在和國聯，雖不過是技術上的合作，然進一步而謀利用外資，亦非不可能的。資力雄厚，進步就自然更快了。

農村的建設，最重要的是經濟的流通。現在國民政府所努力指導農民的，則是合作事業。從十七年合作運動委員會設立以來，各地方的合作事業，便日有進展，尤其是江、浙兩省，農民銀行業已成立，而其放款，是以合作社為限的，所以尤其興盛，截至二十二年止，註冊的已有二千七百餘了。勞工團體的組織，亦是近年的事，民國十一年，第一次全國勞動大會，才開會於廣州。其後第二、第三次大會，相繼舉行 [048]。工會的興盛，要算十六年為最。十七年以後，又逐漸加以整理。《工會》、《工廠》、《工廠檢查》、《勞資爭議處理》及《團體協約》諸法，亦已次第頒布。果能循序進行，自可達到平和革命的目的，而免卻階級鬥爭的危險了。

第二十八章　現代的教育和學術

使社會變動的根本，到底是什麼？要問這句話，我們現在只得回答道是文化，而教育和學術是文化變動的根源。所以這兩者和社會的關係是非常密切的。

中國的新式教育，雖然導源清末，然既存有獎勵章程，則仍然未脫科舉的意味。所以正式的新教育，實在要算從民國時代開始。民國的釐定學制，事在元年七月間。先是，把清代的獎勵章程停止。又通令：凡學堂都改稱學校。至是，將舊制的初等小學，改稱國民學校。其期限為四年，國

---

[048]　第二次大會，在十四年。第三次在十五年。

民學校以上為高等小學，其期限為三年。更上為中學，四年。大學分文、理、法、商、工、醫六科。預科二年，本科三年，相當於高等小學的，有乙種實業學校；相當於中學的，有甲種實業學校；期限均同。和高小及中學相當的補習學校，則期限均為二年。師範較中學，多預科一年。和大學相當的高等師範，期限為三年；專門學校為四年；均有預科一年。十一年，又將學制改革。把教育分作三個階段。小學教育，初級四年，高級二年。中學教育，初級、高級各三年。師範、職業學校同。大學六年，專門學校四年，高師改為師範大學。十一年的學制，得設單科大學。十八年，又改大學為文、理、法、教育、農、工、商、醫各學院。醫科年限五年，餘均四年。有三學院的，乃得稱大學，否則稱獨立學院、專門學校，期限為二或三年。又增特別、幼稚、簡易各種師範。特別師範，招收高級中學畢業生，期限一年。幼稚師範，收初級中學畢業生，期限二年或三年。簡易師範，初級中學畢業生一年。高級小學畢業生四年。私人不准設立師範學校。自大學以上為研究院，為研究學術的機關。其期限無定。此外，如民眾學校及各種補習學校、圖書館、博物館、美術館、講演所、體育場等，則均屬於社會教育的範圍。留學外國的，自清季即甚盛。其時因路近費省，又文字較易學，往日本的最多。民國以來，則赴歐、美者漸眾。其中公私費的都有。因庚子賠款，美國首先退還，規定作為派遣學生赴該國留學之用，所以赴美者尤盛。

中國對於社會科學的研究，本來亦很精深。唯對於自然科學，則較諸歐、美各國，瞠乎其後，而歐美各國，對於社會科學，其研究方法，亦有取自自然科學的。中國對於自然科學，既然落後，對於社會科學的研究方法，自亦不逮他人了。這是今日急當採取他人，以補我之所不足的。西學初輸入時，中國人未能認識其真價值，只是以應用的目的，去採取它。所以有所謂「中學為體，西學為用」之說。此時所得，只是一點微末的技能罷了。戊戌以後，漸知西人政治、法律、經濟、教育諸端，都有可取之處。

然仍未能認識科學的真價值。科學的認識，不過是近二十年之事。到此，才算能真知道西人的長處。所以中國人和西人交接雖早，而其認識西人則甚遲。知道科學方法之後，則一切學問，都可以煥然改觀。所以近來研究之家，所利用的材料，雖然有時甚舊，然其結論，亦就和前人判然不同了。這才是中國學問真正的進步。現在還正值開始，將來研究得深了，或者突飛猛進，能有所新發現，以補現今東西洋學術的不足，或者竟能另闢途徑，出於現世界上所有的學術以外，都未可知的。

　　研究學術和普及教育，都要注意於其工具。工具是什麼？這是一時很難列舉的，然而語言、文字，要為其中最重要的一種。中國的語言，實在是很統一的。但因地域廣大，各地方的方音不同，所以詞類語法，雖然相同，而出於口，入於耳，還是彼此不能相喻。又歷代的言語，不能沒有變遷，而文人下筆，向來務效古語，於是普通的文字，亦為普通人所不能了解。雖亦有徑用口語，筆之於書的，然其範圍甚狹，只有佛家及理學家不求文飾的語錄、官府曉諭小民的文告、慈善家勸導愚俗的著述以及本於說書的平話用之而已。感於中國文字認識之難，而思創造音符以濟其窮者，久有其人，如清末勞乃宣所造的官話字母，便是其一例。民國以來，教育部知道漢字不能廢棄，而讀音則不可不統一。乃召集一讀音統一會，分析音素，制定符號，以供注音之用。於七年公布。八、九年間，又有人創新文學之論，謂著書宜即用現在的口語。於是白話文大為風行。此事於教育亦是很有利的。但其功用還不止此。因為文學思想，本是人人所同具。但是向來民眾所懷抱的感想，因限於工具，無從發表，而埋沒掉的很多。從白話文風行以來，此弊亦可漸漸革除了。所以最近的文學，確亦另饒一種生趣，這都是不可否認的事實。但是舊文學亦自有其用，謂其可以廢棄，則又是一偏之論了。

第六編　結論

第一章　中國民族發展的回顧

　　少年人的思想，總是往前進的。只有已老衰的人，才戀戀於已往。然則一個民族，亦當向前邁進，何必回顧已往的事呢？然而要前進，必先了解現狀；而要了解現狀，則非追溯到既往不可。現在是絕不能解釋現在的。這話，在第一編第一章中，業已說過了。然則我民族已往的發展，又何能不一回顧呢？

　　外國有人說：「中華民國，是世界上的怪物。」因為世界非無大國，而其起源都較晚；古代亦非無大國，然而到現在，都早已滅亡了。團結數萬萬的大民族，建立一個世界上第一等的大國；而文明進步，在世界上亦稱第一等；這是地球之上，中華民國之外，再沒有第二個國家的。中國民族，能成就如此偉大的事業，這豈是偶然的事呢？我們試一回顧已往的發展：

　　當西元前三千年以前，中國民族，棲息於黃河流域的時代，已經有高度的文化了。這就是傳說中所謂巢、燧、羲、農之世。當這時代，中國民族的疆域還不甚大，與中國同棲息於神州大陸之上的民族很多。其後黃帝起於河北。黃帝一族的武力，似乎特別強盛。東征西討，許多異民族，都為我們所懾服了，然而這一族，也不是專恃武力的，同時亦有較高度的文化。此時中國民族，行封建政體。凡封建所及之處，即是中國民族足跡所及之處。星羅棋布於大陸之上，各據一定地點，再行向外發展。武力、文化，同時並用。至於戰國之末，而神州大陸之上，可以稱為國家的，都因競爭而卒並於一。至此，而中國為一大國的基礎定；原本民族融合神州諸民族，而形成一大民族的基礎亦定。

　　秦、漢以後，中國本部之地，既已統一了，乃再行向外發展。其中

漢、唐時代，是中國民族，以政治之力，征服異民族的。五胡亂華，以及遼、金、元、清的時代，則不免反受異族的蹂躪。但因中國文化程度之高，異族雖一時憑藉武力，薦居吾國，卒仍不能不為我所同化。此諸族者，當其薦居中國之時，亦能向外拓展，大耀威稜。這並非他們有此能力，實在還是利用中國的國力的。所以還只算得我民族的事業。當此時代，我國力之所至，西逾蔥嶺，東窮大海，南苞後印度半島，北抵西伯利亞的南部。亞洲的地理，若依自然的形勢，分為五區，則其中部及東部，實在是隸屬於中國的。中國今日，本部以外的疆域，都戡定於此時代之中。這是說國力所及。至於人民的足跡，則其所至較此尤遠。地球之上，幾乎無一處不達到。現在南洋、美洲，都有很多的華僑。便是西伯利亞，西至歐洲，亦都有華人流寓。其形勢，亦從這時代已開其端。雖然政治之力，尚未能及於此諸地方，這是中國民族不尚武力的結果。最後的勝利，本未必屬於武力，中國民族自然發展所及之處，真要論民族自決，恐未必終處於異族羈軛之下的。若論內部的文化，則中國當此時代，有很完密的政治制度，很精深的學術，很燦爛的文明，都為異族所取法。不但已同化於中國的民族，深受吾國文化之賜，即尚未同化於中國的民族，其沐浴吾國文化的恩惠，亦自不少，如朝鮮、日本、安南等，都是其最顯著的。這實在是中國民族在發展的過程中，對於世界最大的貢獻。

　　世界的文明，一起源於美洲，一起源於亞洲的東部，一起源於亞洲南部的大半島。而一起源於亞、歐、非三洲之交。除西半球的文明，因距舊世界太遠，為孤立的發達，未能大發揚其光輝外，其印度半島的文化，當西元一世紀至七世紀之世，即與中國的文化相接觸、相融合的，當其接觸融合之時，彼此都保持平和的關係，絕無侵略壓迫的事實發生。乃至最近四世紀以來，中國的文化，和西洋的文化接觸，就大不然了。他們的文化，是挾著武力而來的；而且輔之以經濟之力。中國民族遂大受其壓迫。土地日蹙，生計日窘，不但無從發展，幾乎要做人家發展的犧牲了。然而

這只是一時的現象。須知一種文化的轉變，是必須要經過相當的時間的。其體段大，而其固有的文化根柢深的，其轉變自不如淺演的小民族之易。然而其變化大的，其成就亦大。中國民族，現在正當變化以求適應於新環境的時候。一旦大功造成，其能大有造於世界，是可以豫決的。到這時代，中國民族的發展，就更其不可限量了。中國民族，是向不以侵略壓迫為事的。中國而能有所貢獻於世界，一定是世界的福音。所以中國民族的發展，和對於世界的使命，兩個問題，可以合而為一。

然則中國國民對於世界的使命安在呢？請看下章。

第二章　中國對於世界的使命

羅素說：「東西洋人，是各有長處的。西洋人的長處，在於科學的方法。東洋人的長處，在於合理的生活。」這句話，可謂一語破的，自來談東西洋異點的人，沒有像這一句，能得其真際的了。

唯其有科學方法：所以對於一切事物，知之真切。然後其利用天然之力大，然後其制服天然之力強。以此種方法，施之於人事，則部勒謹嚴，布置得當。不論如何精細的工作，偉大的計劃，都可以刻期操券，而責其必成。西洋人近興，所以發揚光大者，其根本在此。這真是中國人所闕乏，而應當無條件接受他的。

然而人與人相處之間，其道亦不可以不講。《論語》說得好：「信如君不君，臣不臣，父不父，子不子，雖有粟，吾得而食諸？」利用天然之力雖大，制服天然之力雖強，而人與人之相處，不得其道，則其所能利用的天然，往往即成為互相殘殺之具。以近代科學之精，而多用之於軍備，即其一證——假使以現在的科學，而全用之於利用厚生方面，現在的世界，應當是何狀況呢？

　　若論人與人相處之道，則中國人之所發明，確有過於西洋人之處。西洋人是專想克服外物的，所以專講爭鬥。中國人則是專講與外物調和的。不論對於人，對於天然，都是如此。人和物，本來沒有一定界限的。把仁愛之心，擴充至極，則明明是物，亦可視之如人。近代的人，要講愛護動物，不許虐待，就是從這道理上來。把為我之心，擴充至極，則明明是人，亦將視之如物。它雖然亦有生命，亦愛自由，到與我的權利不相容時，就將視同障礙的外物，而加以排除、殘害，當作我的犧牲品了。天然之力，實在是無知無識的，我們應得制服它、利用它，以優厚人生，而中國一味講調和，遂至任天然之力，橫行肆虐，而人且無以遂其生。人和人，是應得互相仁偶的，而西洋人過講擴充自己，遂至把人當作犧牲品而不恤，這實在都有所偏。中國人的對物，允宜傚法西洋，西洋人的對人，亦宜傚法中國。這兩種文化，互相提攜，互相矯正，就能使世界更臻於上理，而給人類以更大的幸福。採取他人之所長，以補自己所短；同時發揮自己的所長，以補他人之所短。這就是中國對於世界的使命。

　　中西文化的異點，溯其根源，怕還是從很古的時代，生活之不同來的。西洋文化的根源，發生於游牧時代。游牧民族，本來以掠奪為生的，所以西洋人好講爭鬥。中國文化的根源，則是農耕社會。其生活比較平和，而人與人間，尤必互相扶助，所以中國人喜講調和。中國人最高的理想，是孔子所謂大同。這並不是一句空話，而是有歷史事實，以為之背景的。其說，已見第一編第二章。文化不是突然發生之物。後來的文化，必以此前的文化為其根源。出發時的性質，往往有經歷若干年代。仍不磨滅的。大同的社會，在後來雖已成過去。然而其景象，則永留於吾人腦海之中，而奉為社會最高的典型。一切政治教化，均以此為其最後的鵠的。這是中國人的理想，所以能和平樂利的根源。

　　中國人既以大同為最高的典型，所以其治法，必以平天下為最後的目的，而不肯限於一國，而其平天下的手段，則以治國為之本；治國以齊

家為本，齊家以修身為本，凡事無不反求諸己，而冀他人之自然感化；非到萬不得已，絕不輕用武力。這又是中國人愛尚平和的性質的表現。其目的，既然不在發展自己，而是要求「萬物各得其所」的平，則絕無以此一民族，壓迫彼一民族；以此一階級，壓迫彼一階級之理。所以中國的內部，階級比較平等，經濟比較平均；其對於外國，亦恆以懷柔教化為事，而不事征伐。既然不講壓迫，則必然崇尚自由。自由，就沒有他人來管束你了，就不得不講自治。中國政體，雖號稱專制，其實人民是極自由的；而其自治之力，也是極強的。這個，只要看幾千年來政治的疏闊，就是一個很大的證據。我們既不壓迫人，人家自樂於親近我。所以不論什麼異族，都易於與我同化。中國的疆域，大於歐洲；人口亦較歐洲為眾。他們幾千年來，爭奪相較，迄今不能統一。中國則自西元前兩世紀以來，久以統一為常，分裂為變。人之度量相越，真不可以道里計了。

以歐洲近世文明的發展，而弱小民族，遂大受壓迫，國破、家亡，甚而至於種族夷滅。這種文明，到底是禍是福？至少在弱小民族方面論起來，到底是禍是福？實在是很可疑惑的了。此種病態的文明，豈可以不思矯正？要矯正它，非有特殊的文化，和相當的實力，又誰能負此使命。中國人起來啊！世界上多少弱小的民族，待你而得解放呢。

呂思勉的中國通史

作　　者：呂思勉

發 行 人：黃振庭

出 版 者：複刻文化事業有限公司

發 行 者：複刻文化事業有限公司

E-mail：sonbookservice@gmail.com

粉 絲 頁：https://www.facebook.com/
　　　　　sonbookss/

網　　址：https://sonbook.net/

地　　址：台北市中正區重慶南路一段六十一號八
　　　　　樓 815 室

Rm. 815, 8F., No.61, Sec. 1, Chongqing S. Rd.,
Zhongzheng Dist., Taipei City 100, Taiwan

電　　話：(02)2370-3310

傳　　真：(02)2388-1990

印　　刷：京峯數位服務有限公司

律師顧問：廣華律師事務所 張珮琦律師

定　　價：450 元

發行日期：2024 年 02 月第一版

◎本書以 POD 印製

國家圖書館出版品預行編目資料

呂思勉的中國通史 / 呂思勉 著 . --
第一版 . -- 臺北市：複刻文化事業
有限公司 , 2024.02
面；　公分
POD 版
SBN 978-626-7426-46-3(平裝)
1.CST: 中國史
610　　　113000674

電子書購買

臉書

爽讀 APP